子育ち支援の創造

アクション・リサーチの実践を目指して

●編著
小木美代子
立柳　聡
深作拓郎
星野一人

学文社

加えていちじるしいハイテク機器環境の進化などが、子どもはもとより家族、多くの人びとの上に強烈に襲いかかってきており、より深刻な状況を突きつけてきているからです。そして、それらの動きが子どもたちの世界にどんな影響を及ぼしているのか、また、私たちの日常とが直接間接にどうかかわっているのかについて、総合的論理的に的確かつ分かりやすく解いて話してくれる機会も少なく、多くは十分に理解し得ないままに、個々バラバラに必死にあえぎながら生きて活動しているといえるのです。

しかし、反面で、それらの動きに抗し、直接阻止運動を展開したり、実践でもってよい方向に向けていこうという動きもあります。本書は、そうしたエネルギーに満ち溢れた子ども実践者と若い世代の人たちに是非読んでいただきたいと願っています。激動するこの三〇年の子どもにかかわる動きが、通史として丸ごと捉えられるとともに、地域における子ども実践の変化と今後の方向が示されているからです。

＊

本書は、子どもの権利条約批准一〇周年をひとつのマイルストーンと捉えるとともに、社会教育推進全国協議会子ども分科会（以下、社全協「子ども分科会」という）創設三〇周年を総括する意味で編み出した一冊です。これを契機として、私たちもそろそろ本格的な組織化（仮称「子育ち学ネットワーク」）に向かおうとしています。ちなみに、本書の構成は、大きく分けて三部構成になっています。

まず、第一部では、子どもを取り巻く国内外の激動する社会的文化的状況の三〇年を辿り、その変化を歴史軸に沿って明らかにするとともに、問題点や課題点を抉り出しています。第二部では、七〇年代後半からの「子ども分科会」の三〇年のあゆみを実践と研究・理論の二側面に分け、それぞれの時期の真っ只中を突き進んできた人物に登場していただき、社全協の第四四回福島・猪苗代全国集会（二〇〇四年）でリポートしていただいたものを、それぞれ文章化してもらった上で、それらをまとめた到達点と課題を加えました。

第三部では、子ども実践と研究を捉える上での私たちのコンセプトである〝アクション・リサーチ〟の視点から、全国各地で取り組まれている近未来を志向した先駆的な実践を一九本掲げてあります。私たちが先に刊行した『子育ち学へのアプローチ』（エイデル研究所、二〇〇〇年）、『子どもの豊かな育ちと地域支援』（学文社、二〇〇二年）掲載の実践とつなげて読んでいただくと、社会の変化に対応して実践も変化してきており、進展してきている様子がよく分かり、今後の子ども地域実践の指針がよく見えてくるのではないかと思います。他方、理論研究の方は、〝アクション・リサーチ〟の方法が叫ばれるようになったとはいうものの、今一歩進展していないのが現状です。また、〈地域子育ち支援の創造〉は、実践者と研究者の共同作業によってなされるものであるはずの認識が、今一歩進んでいないのも残念なところです。

そうした現状を、つぶさに知っていただくためにも、多くの地域子ども実践にかかわっていられる方々、とくに児童館職員、学童保育の指導員の方、子どもＮＰＯで奮闘されている方、子育てサークル、子ども会関係者、保育者、教師、学生の皆さん、そして何よりも子育て中の親御さんに是非読んでいただきたい一冊です。

＊

最後になりましたが、本書の刊行にあたり玉稿をお寄せ下さった執筆者の皆さん、表紙の装丁を快くお引き受け下さった高橋雅子さんにお礼を申し上げるとともに、無理難題を聴き入れ速やかに本書を作り上げてくださった学文社の三原多津夫さん、中谷太爾さん、落合絵理さん、その他本書の製作にかかわってくださった多くの皆さんに、深謝を申し上げます。

二〇〇五年八月　戦後六〇年目の夏をむかえて

編著者を代表して

小木　美代子

目次

Ⅲ 21世紀にはばたく地域・子ども実践

〔福島AD／HDの会『と―ます！』〕【福島】 209
6 YMCAウエルネス倶楽部のめざすもの……〔財団法人 岡山YMCA〕【岡山市】 216
7 わたしの里親（養育里親）奮闘記：弘幸よ、ありがとう――「めだか」（里親情報紙）……〔子どもと家庭の会〕【静岡】 223
8 土曜日はわくわく体験！～子どもの心に寄り添って～……〔学童保育 おやこぼし学園〕【沖縄・宮古島】 230
9 社会教育系NPO・自然学校の役割りと可能性――自然・産業体験型環境教育・生活体験教育の場づくり～地域との協働・〔NPO法人 ねおす 黒松内ぶなの森自然学校〕【北海道・黒松内町】 237
10 島が丸ごと博物館：地元の素材で子どもを育てる……〔NPO法人 黒潮実感センター〕【高知県・大月町】 245
11 森のアート 海のゲイジュツ――心の豊かな子どもの育ちを願って……〔Wonder Art Production〕【全国】 255
12 耳からの読書「語り」を：物語の世界を子どもたちに……〔NPO法人 まちだ語り手の会〕【東京・町田市】 262
13 アーツマネジメントによる子どもの育ちと文化実践の広がり
――地域づくりと文化創造をめぐる全国的な動きから：アウトリーチなど……【全国】 269
14 ひろがる冒険遊び場づくり――「冒険遊び場全国研究集会」をとおして……〔NPO法人 日本冒険遊び場づくり協会〕【全国】 277
15 甦れ木造校舎と子どもたち：個人立の民営児童館の挑戦――民営児童館・移動児童館の取り組み……〔NPO法人 三波川ふるさと児童館「あそびの学校」〕【群馬・鬼石町】 284
16 チャイルド・ライフ・プログラムの取り組み：こどもが主役の医療を求めて…〔日本チャイルド・ライフ研究会〕【全国】 291
17 高校生による子育てマップ製作と地域交流の中で――出会い・ふれあい・学びあい……〔千葉県立木更津東高校家庭クラブ〕【千葉・木更津市】 298

I

子どもと子どもを取り巻く環境の変化

1 激動する世界の三〇年と子どもの育ちの変化
―地球規模のグローバリゼーションのもとでの日本の政策動向・概観（一九八〇年代以降の日米関係を中心にして）―

今日、わが国においては、市町村合併、郵政民営化、大学の独立法人化、金融のペイ・オフ解禁、税制改革、年金制度や保険制度の見直し、やがては消費税アップなどと、矢継ぎ早の行財政改革が進められています。子どもにかかわる政策に関しても、児童福祉法や社会教育法の度重なる「改正」、児童虐待防止法の見直し、次世代育成支援の新たな展開など、あわただしく動いています。

こうした動きをいち早くキャッチし、素早く対応していくことは大切ですが、その動きの根幹にあるグローバル化する世界の動きをきちんと捉えたうえで対処することは、もっと重要です。

というのは、やはり今日の日本の政治や経済の状況、さらにいえば、教育や子どもにかかわるすべての動きを正しく理解する上では、ベトナム戦争終結前後からの国際関係、とりわけアメリカを中心とした動きを正しく押さえておく必要があるからです。以下は、紙幅の関係もあり、その概観（スケッチ）に過ぎませんが、この本全体の内容を理解する上で、ぜひ押さえておいていただきたいところです。[*1]

① 八〇年代から顕在化する新自由主義的政策とそれをうながした要因

八〇年代から台頭してくる〝新自由主義〟についての捉え方ですが、これは経済用語で「国家による管理や裁量的政策を排し、できる限り市場の自由な調節に問題をゆだねようとする」（広辞苑）もので、一言でいえば、〝市場原理主義″に基づいて経済を動かしていこうという考え方をさしています。この考え方そのものは、一九世紀後半にはすでに存在していたといいますが、その頃は社会主義の拡がりを懸念して、その力はむしろ福祉国家づくりへと向かっていったとされています。

この考え方が二〇世紀後半の八〇年代に入ってから頭をもたげてきた背景としては、第一次オイル・ショック（七三年）やベトナム戦争の終結（七五年）が大きな要因として横たわっていたといえます。もっとも、新自由主義が入り込むためには、大衆社会化が進み、所得の再配分や公共政策が充実し、社会階層がある程度平準化しているという基盤ができ上がっていないと無理な面があります。そうした中でアメリカはそれ以前から長引くベトナム戦争の影響と膨大な対外援助費の負担で国家財政の逼迫をきたしていました。アメリカの国際収支の危機は極限状態に達し、内外のドル不安も高まり、国際通貨危機をＩＭＦ体制の枠内で収拾することが困難となっていたので、ニクソン大統領は七一年八月に突如として、「金・ドル交換」の停止を外国に対して一方的に押し付けるとともに、自国の通貨供給拡大景気刺激策をとったために、インフレは他の資本主義諸国にも波及し、ドル不安が再熱した丁度その時期に第一次オイル・ショックが起きたのです。

というのは、ドル建て産油国の不安や不満・怒りが、七三年一〇月の第四次中東戦争の勃発を契機として爆発し、親イスラエル諸国、とくにアメリカや日本に対して原油の輸出制限策をとるとともに、ＯＰＥＣは原油の公示価格を大幅に引き上げ、これまでは石油メジャーに握られていた原油の供給量と価格決定権を事実上産油国が掌握することに成功したのです。その上に原油の投機的ヘッジ買いが活発化し、他の多くの国際的原材料費もい

図１　日米指導者の変遷

<table>
<tr><th>年</th><th>71</th><th>72</th><th>73</th><th>74</th><th>75</th><th>76</th><th>77</th><th>78</th><th>79</th><th>80</th><th>81</th><th>82</th><th>83</th><th>84</th><th>85</th><th>86</th><th>87</th><th>88</th><th>89</th><th>90</th><th>91</th><th>92</th><th>93</th><th>94</th><th>95</th><th>96</th><th>97</th><th>98</th><th>99</th><th>2000</th><th>01</th><th>02</th><th>03</th><th>04</th><th>05</th></tr>
<tr><td>米大統領</td><td colspan="7">ニクソン・フォード（共）</td><td colspan="4">カーター（民）</td><td colspan="8">レーガン（共）</td><td colspan="4">ブッシュ（共）</td><td colspan="8">クリントン（民）</td><td colspan="4">ブッシュJr.（共）</td></tr>
<tr><td>日本の首相</td><td colspan="12">田中　三木　福田　大平　鈴木</td><td colspan="5">中曽根</td><td colspan="6">竹下　宇野　海部　宮沢</td><td colspan="2">細川　羽田</td><td colspan="6">村山　橋本　小渕　森</td><td colspan="4">小泉</td></tr>
</table>

ちぢるしく高騰することになり、世界的大不況を招くことになったのです。

わが国も同様に、〝狂乱物価〟といわれた二桁のインフレ不況に見舞われましたが、政府・財界は日本的減量経営（生産面での効率化や労働面でのコスト削減など）やＩＣ関連技術の導入、輸出関連（電子関連機器などを中心に）の大企業・商社、銀行等が巨額の為替差益を獲得し（反対に日銀は為替差益損を被った）、例外的な早い立ち直りを見せたのでした。

これに対してアメリカは、七五年のベトナム戦争の終結で、いっそう社会全体が無気力状態になり、スタグフレーション（不況下のインフレの進行）に陥っていきました。その後のフォード大統領やカーター大統領も緊急経済政策とかドル防衛策を講じたり、中国との国交を回復するなど、さまざまな政策をとりましたが赤字は減少せず、七〇年代半ば以降において、日本との貿易摩擦が深刻さを増していきます。とくにアメリカの中枢産業ともいうべき自動車やエレクトロニクス製品のわが国からの洪水のような輸出に怒りをあらわにして、ダンピング提訴などもしばしば行われました。その後は品目ごとの数値目標を協議で決めたり、日本側で輸出量の自主規制をしたりしていましたが、それでもアメリカの赤字傾向は収まらず、日米間の貿易摩擦がさらに激しさを増していき、八〇年代の半ば以降において、アメリカの本格的な日本攻撃が始まるのです。ちょうどその時期にイギリスでは保守党のサッチャー首相が登場し（七九年）、アメリカでは共和党のレーガン大統領が就任する（八一年）ことになり、日本では、中曽根内閣が成立し（八二年）、ここに仲良しトリオで活動することにもなるのです。

レーガン大統領は就任直後の八一年二月に、経済再建計画を発表しました。それがいわゆる「小さな政府」構想で、国防費以外に国が出費する費用はできるだけ少なくし、後は民間活力にゆだねて競争をさせるというものでした。レーガン大統領は二期八年を務め、次々に国力を回復させる政策を打ち出したのです。この頃には、アメリカの新自由主義的政策動向が歴然としてきます。

②　新自由主義に翻弄される日本

その頃、わが国では、毎年五月頃に首相がワシントン参りをしていて、時の大統領といろいろ話をしてきていたのですが、これを受けて中曽根首相は八三年に、基本政策として四大改革を発表します。ごく端的にいえば、それは①行政改革、②規制緩和・民間活力の導入、③国際化、④防衛力増強の四つでした。たとえば①の行政改革では、それまでの三大公社といわれてきていた日本電信電話公社、日本専売公社、日本国有鉄道をそれぞれＮＴＴ（八五年）、ＪＴ（八五年）、ＪＲ（八七年）とし、とくに国鉄（ＪＲ）については国庫助成金の大幅カットによる赤字国債減らしを図り、負債分の解消も民間で競わせるように仕向けていったのです。もっともＮＴＴは大もうけをしましたし（株式の高値上場など）、同時に総評や国労などの組合を分断させることにも成功しました。ただ、注目すべきことは、この内閣のときは行政改革どまりで、財政改革にまで深く入り込んでいかなかったのです。その頃政府は臨時行政改革推進審議会（八三年）、臨時教育審議会（八四年）などを次々と設置し、日本も本格的に「小さな政府」（民活化）を目指していくことになります。こうして中曽根内閣は三期約六年ほど続き、強力な個性で改革を推進していったのです。

アメリカの強い圧力の下で日本のとった政策

新自由主義との関係で注目しなければならないのが、八五年にニューヨークのプラザホテルで開かれた主要五カ国蔵相会議での〝プラザ合意〟です。アメリカの赤字が克服できないのはドル高の所為なので、各国が協調してドル安にもっていく必要がある。たとえばわが国の場合、当時一ドルが二四〇円台の半ばくらいで推移していましたが、それを一〇〇円を切る水準にまで円高に誘導していくというのです。これでは工業生産品の輸出を中心に進めてきていた日本企業は、輸送費や人件費がかかりすぎて、とても国内で生産していては採算が合わなくなりました。そこでやむなく、生産拠点を海外に移すことになり、大手企業を中心に、やがては中規模の企業も海外に生産拠点を設け、多国籍企業化していくことになります。これが、今日まで尾を引いている深刻な産業の空洞化を招き、不況を引き起こしている元凶ともなったといえるのです。

また、八〇年代の半ばに、アメリカの象徴ともいえるロックフェラービルを三菱地所が買い取り、ソニーが米コロンビアを取得したりしてアメリカの怒りに触れ、以後アメリカによる徹底した日本研究が行われ、日本の弱点が見つけ出され、猛烈な日本たたきが始まるのです。八六年のG７では日本と西独が目の敵にされて、名指しで数値目標をあげて内需拡大を迫られたのです。四三〇兆円（後に六三〇兆円に増やされる）の国内投資を迫られた政府は、八七年に急遽総合保養地域整備法（通称「リゾート法」）を成立させ、その場しのぎの対策を講じたものの、これがその後のバブル景気を引き起こす元凶になっているといっても過言ではありません。この動きは、中曽根内閣から竹下内閣に引き継がれてからも止まらず、竹下内閣は大都市開発から着手し、次第にリゾート地開発[*2]（テーマパークやレジャーランド、ホテルの設置など）へ、あるいはそれへのアクセスとしての全国縦断新幹線敷設計画や道路網の一層の整備、一県に一カ所以上の空港建設をと、とにかくこれらの構想・計画とかかわって土地転がしが起き、国立公園の一部がリゾート地として開発されたり、全国各地で自然破壊がもたらされ、環境汚染が急速に進みました。公共投資と建設業との結びつきが一層強化されたのもこの時期です。実は、このリゾート法を通すために、国民の反対が強かった「売上税」（消費税の前身）とセットで国会に法案を出したともいわれており、しかも一週間くらいの超スピード審議で衆議院を通過させたといういわくつきの法律でした。ここにも、アメリカ追随型の従順な日本の姿勢が如実にうかがえるのです。

また、内需拡大要求の他にも、日本は「労働時間が長すぎる」「外国人労働者を受け入れていない」「アメリカが防衛費を肩代わりをしているから、日本は儲かっている」などと圧力をかけられ、それが雇用労働者の週休二日制や学校五日制の導入を早めたり、外国人労働者を受け入れたりする契機となっています。これらは、とにかく外圧をかわし、経済の活性化を目論んだ苦肉の策であったといえます。しかし、それらの方策は、ほとんどが国民の論議・合意抜きでなされ、時期尚早のものも多く、それが尾を引いて現在の多くの矛盾の根源になっているものも少なくありません。

また、在日米軍の駐留費のいくらかはすでに出していましたが、そこで働く日本人の経費を全額負担するようになったのは、八八年の改訂からで、いわゆる「思いやり予算」といわれるものです。これに留まらず、八八年には、オレンジや牛肉の輸入自由化もなされるようになり、米の輸入自由化まで迫られる羽目になり、[*3] その要求はどんどんとエスカレートしていくことになります。また、アメリカがわが国に対して年一回の「年次改革要求書」を出すようになったのも、八九年からです。

八九年からは消費税が導入されることになり、政府は財政的見通しが少しはもてるようになりましたが、その頃にバブル経済のほころびも見え始め、九一年の春にはそれが崩壊することがはっきりしてきます。八九年といえば、国内外で大きな変化のあった年で、アメリカでは一月にレーガン大統領からブッシュ大統領に代わり、一二月にはベルリンの壁が崩され（一年後に東西ドイツが統一される）、翌九〇年にはソヴィエト連邦が崩壊し、ロシアといくつかの共和国に分かれ、ここに東西冷戦が終結し、アメリカの一極支配の構図が確立される基盤が整うことになったのです。

臨時教育審議会答申と生涯学習推進の手段としてのメディア環境の整備

教育政策との関連でいえば、政府は八四年に臨時教育審議会（以下「臨教審」という）を設置し、教育の捉え方を大きく変えようとしました。つまり、従来の学校教育を中心とした「教え込み」という概念を、自らが学習するという「生涯学習」の概念で置き換える、言い換えれば多様なメディアをフルに活用し、個々で学習を推進していくという「生涯学習」という考え方に転換させようと企図したのです。とくに、一九八七年四月に発表された臨教審の第三次答申は、当時「一夜漬けの答申」とも評されたものですが、「生涯学習社会」への移行を前面に出すとともに、「資格制度」の拡大、国際化、情報化・ＩＴ化を志向するなど、二一世紀へ向けた産業構造の再編にリンクした教育改革を打ち出したのでした。それは、学校教育を労働市場に従属させるという六〇年代の発想は変わらないものの、より即戦力のある労働力を企業外（高校、専修学校、大学など）に求め、資格制度を強化し、実習教育などを重視するなど、その関係の大幅な組み換えが企図されたのでした。また、労働市場の二分化（正規雇用者層と非正規雇用者層）は、親たちの教育意識を大きく変え、塾産業を高揚させるとともにいっそうわが子たちを競争に駆り立て、その費用を稼ぐために母親のパート雇用を促しました。

そして、それはまた、教育の概念をあいまいにするとともに学校教育制度はもとより、教育界全体の規制緩和や再編成を推進させることになり、「社会教育の終焉」というような言い方までされるようになりました。これを、今改めて捉えなおしてみますと、中曽根首相の真意は、公教育（学校教育）改革もさることながら、教育改革を手がかりとして、社会全体のＩＴ革命化を企図し、二一世紀社会のあり方を示唆したものであったといえそうです。それは、学校へのコンピュータの導入、やがては公民館などでもコンピュータ講座を開かせ、大幅にコンピュータ人口を増やし、ＩＴ機器の販路をいちじるしく広げるとともに、やがては社会全体をＩＴ化することに繋いでいく契機をつくったのです。

図２　一般会計歳出の主要経費別割合の変化

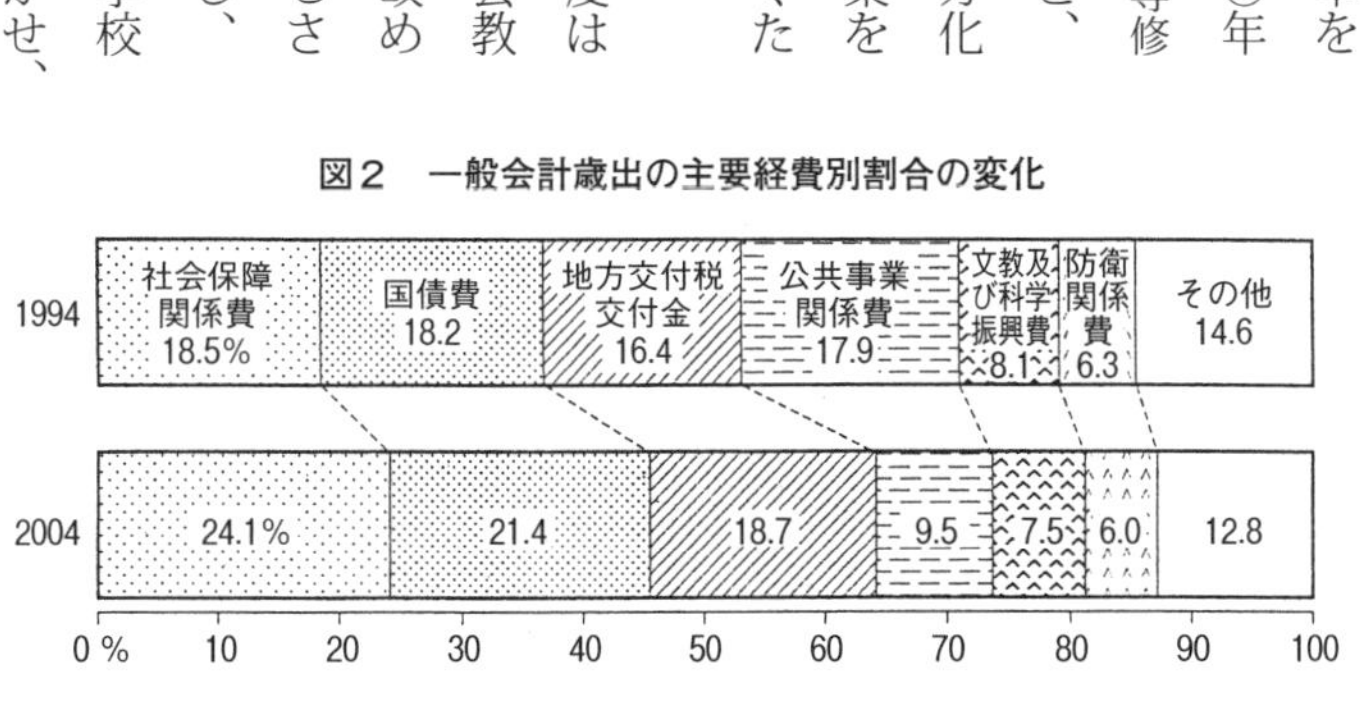

財務省「財政統計」（2003年度）および同「2004年度一般会計歳入歳出概算」による。
会計年度。1994年度は決算で，2004年度は政府案。
出所：『日本国勢図会』2004/05　P.385

学校五日制の九二年秋からの月一回（第二土曜日）休校日という変則的導入も、もとはといえば外圧かわしであり、経済活性化の一対策であったことは、今や周知の事実となっています。[*4]

③ 九〇年代に加速する新自由主義の潮流と日本型新自由主義の特徴

ソヴィエト連邦が崩壊し、ゴルバチョフがロシア共和国の大統領になり、イギリスのサッチャー首相もメージャー首相に交代します（九三年）。アメリカは社会主義・共産主義の脅威がなくなったということで、超大国として巨大な軍事力をバックに一国だけでも世界を支配できるようになり、自国の国益を第一義としてより一層の地球規模のグローバル化を進めていくことになります。おりしも、九〇年の八月に突然イラクのクウェートへの侵攻が始まり、アメリカは、その前年に誕生していたブッシュ大統領が、即座に各国に多国籍軍の結成を呼びかけ、ほとんどがアメリカ兵による多国籍軍を結成してサウジアラビアに駐留させ、近代兵器を駆使して一カ月くらいでイラクを制圧することになります。

世界中に吹き荒れる新自由主義旋風

この頃から、アメリカは日本や世界に向けてますます強権ぶりを発揮していきます。その典型としては、WTO（世界貿易機関）の創設（九五年）があります。WTOはガット（GATT）、つまり、教科書によく出てくる「貿易と関税に関する一般協定」が元になっていますが、その機能をさらに増強・発展させて、世界をひとつの巨大市場に見立て、完全な自由貿易を促進するための国際機関に仕立てたといってもよいのです。WTOでは、その目的を達成するためにいくつかの基本原則を据えていますが、その最たるものが相互最恵国待遇条項（加盟国にもっとも有利な待遇を、他の締結国に対しても即時・無条件に与える）であり、内国民待遇条項（外国人に対しても内国人と同様の待遇を与える）です。

この条項により、多くはアメリカに本拠を置く多国籍企業が何の制約もなく、楽々と国境を超えて他国で活動ができるしくみとなりました。また、貿易の対象を物品から知的所有権やサービスにまで拡大させたのがＷＴＯの下にあるＧＡＴＳです。これによって、ＩＴ情報のみならず、特許権や教育・文化、サービス関連（すべてではないが、銀行関係も）これに含まれることになったので、わが国もシビアですが、東南アジアや南米諸国、アフリカなど、発展途上国はもっと大変で、この制度の発動によって国家が破産した国もあります。

この新自由主義を支える基盤としての技術がＩＴ機器です。アメリカにおいては、ビル・ゲイツらによってコンピュータ革命・マイクロソフト化に成功しており、その後の冷戦構造の消滅で、今までは軍事機密であった軍事部門の通信網なども開放されて、民間に売り渡されることになり、わが国においても九〇年代の半ばくらいから、あれよあれよという間にポケットベルから携帯電話へ、ワープロからパソコンへと、しかもインターネット化して、ＩＴ化が急速に発展することになりました。

図３　わが国の TFP 上昇率と就業者構成比の変化（1990～99）

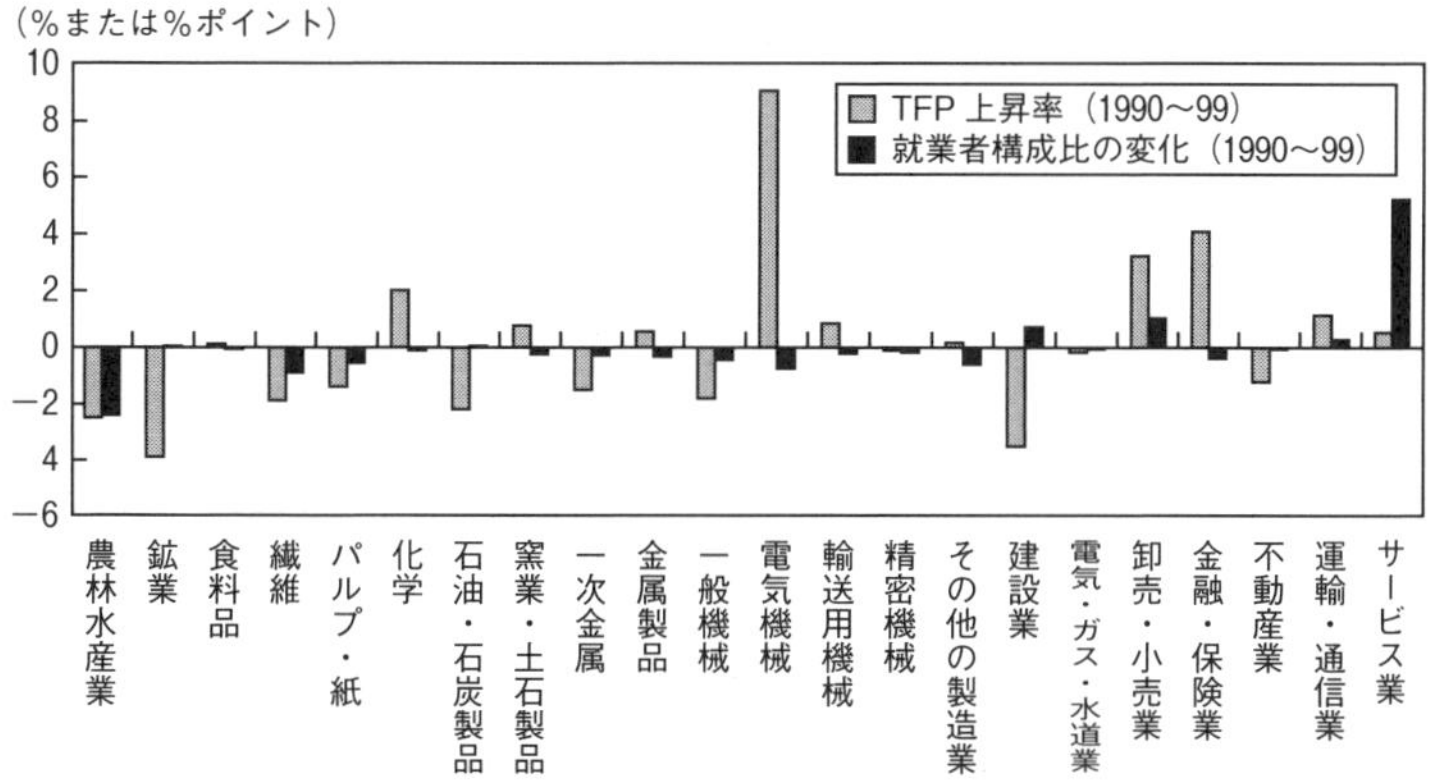

※ TFP＝total factor prodactivity の略（技術進歩の大きさを示す指標）
出所：『失われた10年の真因は何か』2003年６月　P.45

ヨーロッパにおけるユーロ圏の確立

これらの動きに対してヨーロッパ圏では、いち早く九九年に、外交、通貨・産業、防衛上の組織であるＥＵ（欧州連合）の機能の中から通貨を独立させてユーロ通貨圏をつくり（イギリスはこれに入っていないが、二〇〇四年末で二五カ国体制となっている）、二〇〇〇年からユーロ通貨が流通するようになりました。その後、政治統合も認識されるようになり、二〇〇四年六月には「ＥＵ憲法」の制定を目指し、各国で国民投票が行われていますが、すでにフランスやオランダは反対の方が多くなっており、前途は厳しい状況にあります。

これに対してアジアでも、東アジア共同体をつくる構想に向けて進んでおり、その中で日本が国連の常任理事国入りを果たし、イニシアティブをとっていきたいと考えているのでしょうが、何しろこの間の中国経済の成長力は強大で、また言語的にみても中国語が通用する国や民族は多いですから、とても厳しいものがあります。*5

日本型新自由主義の特徴とその現実

次に、日本型新自由主義の特徴についてですが、列挙してみますと

①アメリカべったり、追随型の新自由主義路線

②基本的には加工貿易・輸出路線。ただし、大手企業は多国籍化

③外圧、財界主導

表１　地域別に見たアメリカの直接投資全体に占める再投資利益の割合

	再投資利益の割合	利益の伸び
全　体	41.8%	12.9%
欧　州	39.0%	10.3%
オランダ	76.5%	13.5%
アイルランド	69.2%	11.4%
ス　イ　ス	51.1%	13.9%
ド　イ　ツ	18.0%	−3.1%※
フランス	5.1%	25.6%
中　南　米	31.3%	4.9%
メキシコ	39.5%	8.9%
ブラジル	−19.2%	5.2%
アルゼンチン	−90.9%	−189.4%※
アジア／太平洋	37.5%	28.3%
シンガポール	53.4%	66.5%
香　港	52.0%	30.5%
日　本	24.9%	40.2%
韓　国	18.1%	12.0%
中　国	13.5%	53.3%

資料：米経済分析局，モルガン・スタンレー・リサーチ
注：直接投資全体に占める再投資利益の割合に関する数値は，1998〜2002年のもの。一方，利益の伸びは，1998〜2003年の年間平均。
※印は米国が近く投資資金の引揚げを考えていると思われる国
出所：『WEDGE』2004年９月号　P.16

図４　わが国の主な貿易相手国（2003年）

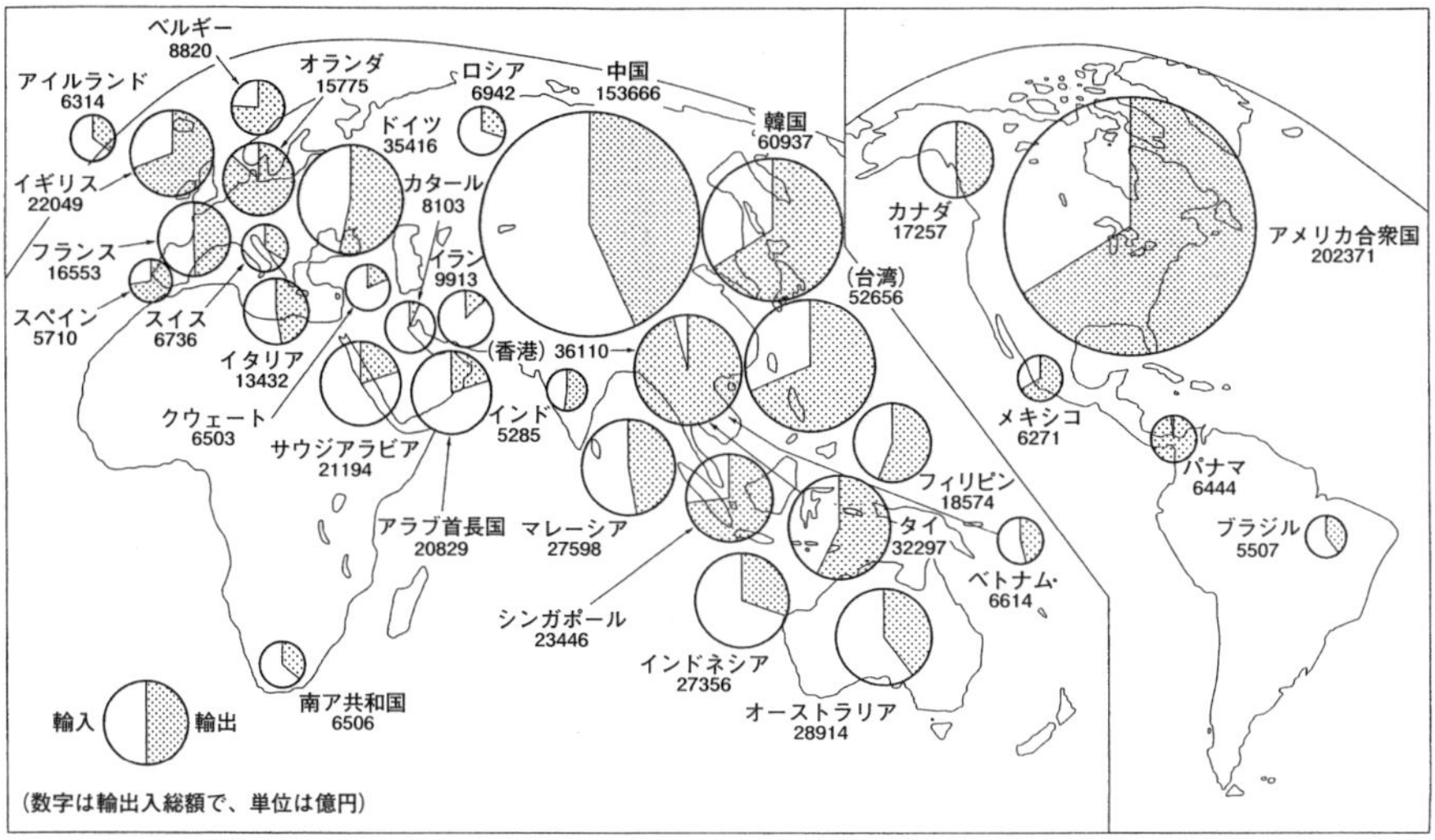

日本関税協会「外国貿易概況」による。日本との輸出入合計が5000億円以上の相手国。

出所：『日本国勢図会』2004/05　P.328

図５　わが国の輸出入品目とその割合

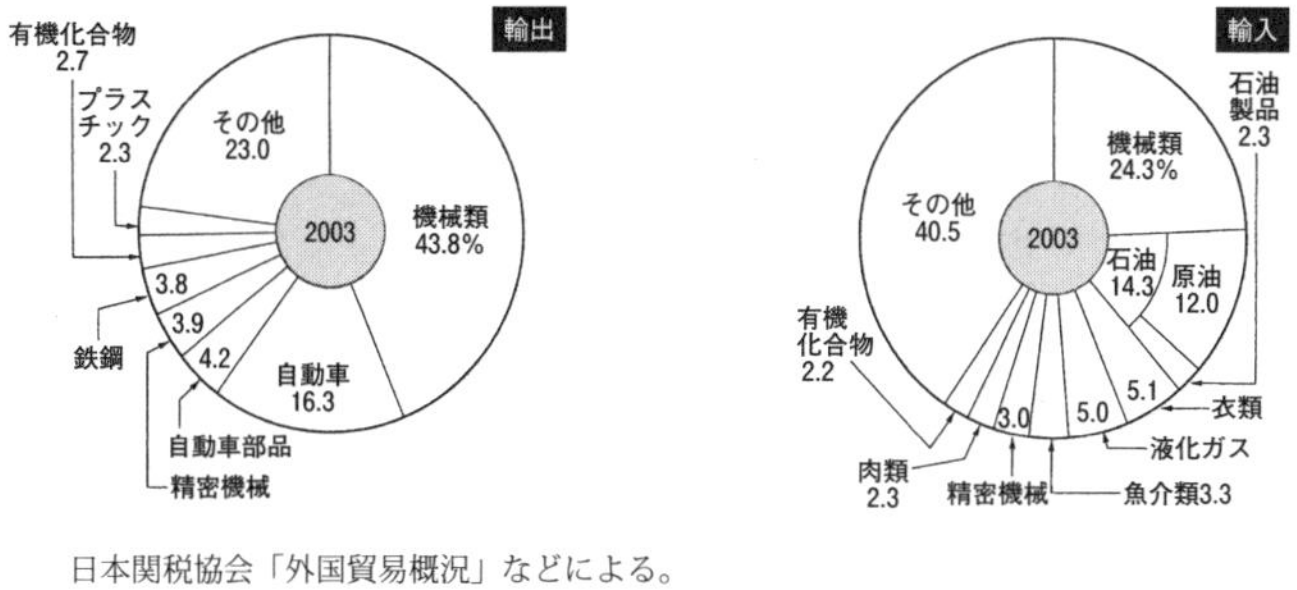

日本関税協会「外国貿易概況」などによる。

出所：『日本国勢図会』2004/05　P.319

などがあげられます。つまり、アメリカの言うままに日本の新自由主義路線が動いてきていて、その結果として今日の日本があるのですが、今また、不良債権を早く処理しろと迫ってきています。土地の値段や株の値段が今のように下がっているときになぜ急いで処理しなければならないか不思議に思う面もありますが、ひとつはそうした不良債権を維持していくのにも評価額の一二％くらいの費用がかかるようで、それに持ちこたえられるかどうかという問題と、もうひとつは世界のヘッジファンドがだぶついた資金の投資先を探していて、それらが日本の不良債権に目をつけ、評価額を下落させるように圧力をかけた上で、一番下がったところを買いあさっており、倒産した銀行、銀座などのビルや企業の福利厚生施設、ホテル、テーマパーク、ゴルフ場などもすでに多くが買収されました。「日本のようにちゃんとした政治的指導者がいない国は外資が活躍しやすい」とか、「今、日本の中小企業が中国に買いあさられている」ともあり、また、「日本ほど魅力的な国はない」という外資系投資会社のトップもいます。[*6] これは今でも、テレビの特集などで度々取り上げられていますが、残念ながらこれが日本の現実です。

④ 小泉内閣の「聖域なき構造改革」が意味するもの

小泉首相が内閣発足当時（二〇〇一年四月）、「聖域なき構造改革」を御旗に掲げて登場しましたが、これは一言でいえば、福祉や教育の領域も「聖域」としておくのではなく、すべての領域に民間活力を導入し、より「小さな政府」（国家予算の縮小を図る）を目指すという内容です。今、教育界はもとより福祉領域、年金や医療制度などが音を立てて崩れてきています。次にもう少し、具体的に細かく見ていきましょう。

新自由主義的政策と教育制度改革

わが国が新自由主義経済政策を本格的に進め始めるのと軌を一にして、教育改革も一気に進められています。この間に中央教育審議会をはじめ、諸種の教育関係の審議会がフル稼働をして次々に答申を出し、それを根拠にして二一世紀型教育を標榜してきています。それには大別して三つの方向が見られます。

第一は、一連の教育改革動向が、これまでのような部分的修正を加えたり、不都合な部分に調整を施すといった類の「改正」を大きく超え、戦後教育の根幹部分を転換しようとしているところにあります。IT教育や通学区の弾力化、実習教育の強化、第三者評価の導入などにとどまらず、教育基本法の「改正」にまで触手を伸ばしてきています（小渕首相の私的諮問機関であった教育改革国民会議が先鞭をつけた）。

第二は、改革対象が学校教育改革にとどまらず、幼児教育、家庭教育、社会教育、高等教育（大学・大学院）、生涯学習（社会教育、民間教育事業）など、全方位に及んでいることです。

第三は、そのスピードが早く、急ピッチで進められていることです。

学校教育の分野でいえば、民間人の教員・校長への登用、中・高一貫校の設立、学校選択・通学区の自由化、国公立大学の独立行政法人化、教育特区制に基づく特色のある学校の新設など、規制緩和の下における「教育改革」の荒波はすさまじい勢いで進んでいます。そして、これによって、子どもの教育環境がよくなるという保証は一切ないのです。一番被害を多く被っているのは子どもたちです。

とくにこの動きが加速されたのは、一九九五年の社団法人・経済同友会の提言「学校から『合校』へ」に次いで、社会経済生産性本部による「選択・責任・連帯の教育改革―学校の機能回復を目指して」（一九九九年七月。二一の委員会のうちのひとつである社会政策特別委員会による）、「二一世紀日本の構想」懇談会（小渕首相の私的諮問機関）へと続いていきます。ここでは教育改革の課題として英語の第二公用語化の問題と並び「学校週三日制」などをも提言しています。全体のトーンとして、義務教育費の削減、教育行政権限の縮小、校長の学校経営権の強化をめざし、学校のスリム化を図る内容となっています。

社会福祉領域にみる新自由主義の姿

社会福祉の領域に関していえば、まず、児童福祉法を「改正」する（九七年六月、翌九八年から施行）ことによって、ここで「措置」（社会福祉施設などの利用を法律によって決定すること＝広辞苑）という文言を削除し、「選択権の拡大」をうたい文句にした保育の自由契約制度・利用施設化したことで、その後の福祉領域の公的責任を曖昧にすることに成功し、国家予算の削減に大きく貢献したのです。同じ時期に介護保険を導入し（九七年に法律が成立、二〇〇〇年より実施）、受益者たちの相互扶助によって介護費用に関する国家予算をいちじるしく削減することに成功し（とはいえ、制度が発足する前から破綻が予想されていましたが）、その後、本格的な社会福祉基礎構造改革（九七年に厚生省が提起し、二〇〇〇年五月に社会福祉事業法が「改正」されて社会福祉法となる）がすすめられ、社会福祉施設の利用施設化が歴然となるとともに、社会保障の根幹をなす年金や医療行為までを市場原理にゆだねようという動きになってきており、特区制によって企業の医療分野への進出も可能となり、国民の命・健康さえ脅かされてきています。今まで曲がりなりにも築き上げてきていた年金制度や医療保障制度を大幅に崩し、国庫補助をおさえ、受益者負担に切り替えていこうというレールを敷くことに成功したのです。

蔓延する新自由主義旋風とそのほころびが……

このように、今日、教育も福祉領域も「聖域」ではなく、すべての領域を市場原理にゆだね、民間活力の導入（産業界も含めて）で競争させて効率化を図るという構造改革を急ピッチで進めてきており、「経済効率」という一本の尺度によって、国家予算の縮小を図ろうという、新自由主義の考え方に基づく政策動向であり、今まさに教育の公共性や公平性、福祉国家の根幹が崩されてきているのです。

おりしも、二〇〇三年六月に地方自治法第二四四条を「改正」し、公的な施設の運営・管理をこれまでの財団や法人レベルから企業やNPO法人などの民間にまで拡大すること（「指定管理者制度」といわれる）によって、今や公民館

（社会教育センターや生涯学習センターを含む）や図書館、スポーツ施設、社会福祉施設（児童館や学童保育などの児童福祉施設を含む）までもが、公的な手から離れ始めています。経済の効率主義を第一義にし、人命尊重、安全対策を怠った活動が危ういと感じさせた最近の出来事として、JR西日本の福知山線脱線事故があげられます。私鉄と競合しているこの線の乗客争奪合戦にはすさまじいものがあり、より稼ぐためにより速くを追求し、労働管理を強化して（秒単位の管理で罰則規定を強いている）私鉄に勝ったとはいえ、その代償としてこの惨事を招いたともいえます。

補・ブッシュのイラク攻撃の「大儀」にふれて

二〇〇三年三月二〇日、アメリカのブッシュ大統領は、「イラクのフセイン元大統領は、国連制裁が解除されたら兵器を開発するつもりだった」とか「イラクはＷＭＤ（大量破壊兵器）を開発している」、「テロ組織アルカイダと関係がある」などという独自情報に基づき、多数の国の反対や、一〇〇〇万人を超える世界各国のデモ参加者の意思を無視し、拙速にイラク攻撃（イラク戦争）を開始しました。[*7]

この戦争の終結宣言は、これまた、ブッシュ米大統領によって二カ月足らずの内に一方的になされましたが、その後が大変で、一応シナリオ通りにイラクの新暫定統治政権は樹立されましたが、テロ攻撃はむしろ激しさを増し、無差別の攻撃に変化してきています。

ところで、その後のいくつかの調査において、米英が「大儀」として掲げていた大量破壊兵器（ＷＭＤ）は存在しなかったという調査結果が報告されています。旧フセイン政権と米国の同時多発テロとの結びつきについても、「確たる証拠はない」という結論が出され、開戦前に米英が主張した正当性の根拠が完全に崩されたばかりか、「米情報機関の分析は誤りであった」、単一の情報機関からの「ＷＭＤ情報の脅威を誇張しすぎている」、アメリカの「国連を舞台にした盗聴・傍受活動への英政府への協力依頼」の発覚問題など、情報操作の実態なども暴露されました。「大儀なき戦争」といわれるのはそのためですし、その後「大儀」が二転三転しており、今は「イラクの民主化」などという抽象的な「大儀」に変わっています。

ちなみに、イラク攻撃の真意は何だったのでしょうか? これについては諸説あり、ひとつに絞ることはできませんが、主な要因説を挙げると次のようになります。

①アメリカは世界第一の石油消費国であり、世界第二位の産油国イラクに目をつけた

②アメリカの兵器一掃を目論んだ（諸種の爆弾投下のみならず、劣化ウラン弾まで使用したとされている）

③中東諸国安定の要所として、アフガニスタン（テロ集団の温床として、すでに二〇〇一年に攻撃している）だけでは不安定なので、イラクにしっかりとした足場を作っておきたかった

④欧州の統一通貨として、ユーロが機能し始めており、フセイン元大統領は、産油代金のドル決済を拒み、ユーロで決済を始めていた

⑤湾岸戦争（父親）の敵を取るために

などがあげられます。

もとより、これらひとつずつの単一要因ではなく、複合的要因による総合的判断の結果であり、多分に感情論も入っていると思われますが、筆者が考えるには、④のフセイン元大統領・閣僚による原油代金のユーロ決済がイラク攻撃を急がせた最大の要因ではなかったのでしょうか。それは、基軸通貨としてのドルを根幹からゆるがしかねないからです。

先にも述べたように、アメリカは双子の赤字を抱え、実質的には破産国家状態なのですが、世界の基軸通貨がドルとなっていて、これによって多くの国の決済が行われているために、他の国はドルに換算する為替レートの手数料が

必要なわけですが、アメリカは帳簿上の処理だけで済ませることができるので、それらの費用が不要なばかりか、赤字なども表面化することなく済ませることができるわけです。ところが、これがユーロ決済ということになると、すべてが明るみにされてしまいます。イラク攻撃には、イギリスのブレア首相を巻き込み、それらしき理由をつけて（それらの理由は、すべて否定されたわけですが）、急がなければならなかったのです。

世界覇権国であるアメリカは、今後もこの「国益最優先」を掲げ、国益に反する事項に関しては、例えば、地球温暖化の元凶であるCO$_2$の排出量規制・数値目標化に関しても、京都議定書に署名することもなく、強大な軍事力をバックにして一国主義で走り続けていくことでしょう。

これに追随しているわが国は、大変です。アメリカの赤字を埋めるために多額のアメリカの国債を買っている（押し付けられているといってもよい）わけですが、注ぎ込んでも注ぎ込んでも、ドルの価値が下がり続けていますから、やがて、わが国は沈没してしまうかもしれません。

＊　＊　＊

こうした、大局的な視点を押えつつ、今日の子どもの育ちやそれに直接・間接にかかわってきた政策動向、家族のありよう、親の子育てへのかかわり方等を見つめ、今後どう対処していけばよいのかをみんなでいっしょに考え、行動に移していきたいものです。

【小木　美代子（日本福祉大学）】

＊1　本稿は、日本福祉大学社会福祉学部小木ゼミナールにおいて、戦後の子どもの学校外・地域活動の歴史を学ぶ基礎として、学生とともに学んできた戦後政治・経済史学習の一端である。文中不正確な認識や不十分な記述があるかもしれないが、その点は忌憚のないご指摘をいただきたい。なお、今回の執筆にあたっては、以下の著作も参考にした。
・相沢幸悦『アメリカ依存経済からの脱却』日本放送出版会、二〇〇五年
・副島隆彦『世界覇権国アメリカの衰退』講談社、二〇〇二年

・井村喜代子『新版現代日本経済論』有斐閣、二〇〇〇年
・二宮厚美『現代資本主義と新自由主義の暴走』新日本出版社、一九九九年
・乾彰夫『日本の教育と企業社会』大月書店、一九九〇年
・児美川孝一郎『新自由主義と教育改革』ふきのとう書房、二〇〇二年
・『ＷＥＤＧＥ』最近号など

＊2　欧州において「リゾート」とは、長期滞在型の保養所を指している。わが国でいえば、長期療養を行う湯治場がそれに近い。しかし、今回目指しているわが国の「リゾート地」は、短期レジャー型の施設である。

＊3　わが国の米の生産量は需要量を超えているが、余剰農産物に関してもＷＴＯによる割当制で、輸入をするか拠出金を払うかしなければならず、わが国は米の輸入を拒んでいたが（拠出金を払っていた）、たまたまその年は冷夏で、作況指数が落ちたために輸入の口実を与えることになった。

＊4　九二年当時、「学校五日制」に関する著作は多数出版されている。とりあえず、拙著『学校五日制でどうなるの』（学陽書房、一九九二年）をあげておきたい。

＊5　この原稿を校正している時に、人民元の対ドル為替レート2％切り上げのニュースが飛び込んできた。中国はここ数年、9％を超える経済成長が続いており、中国から米欧日などに洪水のような工業製品等が輸出されており、早期の人民元改革を迫られていた。今回の切り上げは2％と小幅な切り上げであったが、「通貨バスケット方式」（複数の通貨を加味して為替相場を調整）であることから、いずれドル、円、ユーロと並ぶ通貨となり、基軸通貨としてのドルの影響力を弱める方向にはたらくことは真違いないといわれている。

＊6　『ＷＥＤＧＥ』二〇〇三年二月号、ならびに二〇〇二年一二月号など

＊7　ＷＭＤとは、破壊力や殺傷力が極めて強い核・生物・化学兵器やミサイルなどの総称。湾岸戦争後、アメリカは大量破壊兵器の拡散を新たな脅威と規定し、イラク、イラン、北朝鮮を「悪の枢軸」と呼び、大量破壊兵器を開発・保有している疑惑があるとして武装解除を強く求めた。これらの拡散や使用を防止するために、核不拡散条約（ＮＰＴ）、包括的核実験禁止条約（ＣＴＢＴ）、化学兵器禁止条約（ＢＷＣ）が定められている。イラク進撃に反対する多くの国の声に関しては、『ＮＯ ＷＡＲ 立ち上がった世界市民の記録』岩波書店、二〇〇三年などを参照のこと。

2 日本の子どもの育ちと地域活動の三〇年

― 社会教育研究全国集会「子ども」分科会の歩みと子ども観の変化を中心に ―

① はじめに

「子ども」分科会が発足したのは一九七四年度の全国集会においてでした。したがって、「子ども」分科会は二〇〇四年度に三〇周年を迎えました。この節目を記念し、子どもの学校外教育・子どもの社会教育・子育ち学と変遷した「子ども」と「社会教育」を結ぶ実践と理論の進化と深化の三〇年を四つの時期に区分して、各期の成果や残された課題などに注目しながら三〇年間を概観し、その意義の総括と今後の展望を試みようと思います。

時期区分の背景は、おおむね以下のようなものです。一九八二・三年頃は、校内・家庭内暴力や非行のピークで、一九八二年、国の青少年問題審議会が「青少年の非行等問題行動への対応」答申を出すに至りながら、一九八三年には、逆上した教師による中学生刺傷事件や中学生による浮浪者襲撃事件が発生する一方、戸塚ヨットスクール事件を契機に、学校や社会に適応しにくい子どもたちの増加が知られるようになるなど、子どもの育ちの変化が社会問題として大きな注目を集めたり、ボランティアに対して損害賠償を命じる津市子ども会訴訟判決が下されて、地域で子どもたちを育む取り組みのあり方が一般にも話題になった年でもありました。さらには、この年、ファミコンが発売され、次第に子どもたちの遊びやコミュニケーションのあり方に大きな影響を与えることになりました。また、第二次臨時行政調査会の最終答申も提出され、やがて地域子ども施設の存立に重大な影響を及ぼす動きの礎も築かれたのです。一九八九年は、ベルリンの壁の崩壊に象徴される世界史的な転換点ですが、少子化対策を本格化させる端緒となった「一・五七ショック」が起きた年であり、また、子どもの権利条約が国連で採択された年でもありました。一九九八年は、半世紀ぶりの大改正となった児童福祉法が施行された年ですが、中央教育審議会や生涯学習審議会から重要な答申が相次ぎ、「全国子どもプラン」も発表されました。NPO法が成立したり、地方分権推進計画が閣議決定されるなど、教育や福祉、自治や行政に関わる新しい重要なビジョンの提示が特に集中した年でもありました。また、前年に明らかとなった酒鬼薔薇聖斗事件以来、子どもたちによる世間を震撼とさせる事件が相次いで、子どもの育ちが世間一般から大きな注目を集めた時期でもあったことによるものです。

②「子ども」と「社会教育」を結ぶ実践と理論の探究

上杉孝實さんによれば、社会教育における子どもへの関心は、非行の低年齢化、校内暴力、留守家庭児童対策、青少年の脱社会的傾向、地域組織の再編成における子ども会作りの動き等を背景として、すでに一九六〇年代から存在したとされます。こうした状態が次第に社会問題としても注目を集め、その解決を意識した答申(一九七一年)や建議(一九七四年)が社会教育審議会からも提出されるに至り、「子ども」と「社会教育」を結びつける実践と理論を求める動きが隆盛したのです。「子ども」分科会はまさにこうした背景を得て誕生しました。日本社会教育学会がこの問題で最初のプロジェクト研究を組織し、酒匂一雄さんを中心に成果をまとめ、『地域の子どもと学校外教育』(東洋館出版社)を刊行したのは一九七八年のことですから、学会に先んじた取り組みでもありました。もちろん、ここにも「子ども」分科会を立ち上げた研究者が多々加わり、イニシアティブを発揮したのです。

第Ⅰ期=一九七四~一九八二・三年頃の動向　それまでの「在学青少年の社会教育」に対して、「学校外教育」というコンセプトを打ち出したのは海老原治善さんです(一九七五年)。一方、吉田昇さんは、学校教育を積極的に改革する意図をもち、学校外教育として子どもの自主性を育て、憲法・教育基本法の理念を実現しようとする動きと、一九七〇年代初頭に登場したイリイチやフレイレに代表される「脱学校論」が学校外教育論台頭の背景にあったことを指摘し、「教育を受ける権利は、学校教育によって満たされるのではなく、学校外教育をふくめて考えられなければならないという思想がここに定着することになる」と、当時の状況を総括しました（一九七九年）。こうして「学校外教育」の概念が教育関係者の間に次第に広まることとなりました。しかしながら、社会教育を成人教育と把握する伝統が強かった日本にあって、学会でそれを支持する声は少数派で、そうした状態はこの時期以降も長く続くことになりますが、「子ども」分科会とその周囲に集う関係者は、子どもたちの自主的な学び合い＝社会教育が成り立つ展望の下、それを精緻に明らかにする運動を広めていきました。

なお、小木美代子さんは、この時期に早くも学校外教育の内容や方法の研究を緒に就け、子どもの権利実現という目標と発達論的なアプローチの重要性を明らかにしていますが、やがて二〇〇〇年代に発達論を重視する「子育ち学」の理論形成を促すことになりました。

ところで、学会が理論的な考察を中心に研究を深める一方で、「子ども」分科会はそれとは違う真理探究のスタンスをこの時期から発展させてきました。それは実践に基づく検討と実践による理論の検証です。一九七〇年代は、親子劇場協議会、親子読書連絡会、少年少女センターなど、子どもたちの地域活動を促そうと民間のさまざまな動きが隆盛した注目すべき時期でもありますが、この時期早くも、こうした団体や公民館、児童館などでの実践が検討の俎上に載せられ、子どもたちの健やかな育ちを促すために、地域でどんな取り組みが期待されるか？実践知を踏まえた課題の整理も行われています。また、実践に大きな影響を与える政策・施策動向の分析や検討も一九八〇年度から行われるようになりました。

一九七七年二月、分科会関係者によって、「子どもの地域生活を豊かにする研究会」が発足。一九八〇年二月まで、機関紙を一一回発行するなど、日常的な活動も活発化しつつありましたが、継続できなかったことは惜しまれます。

この間、一九七九年には二度目のオイルショックが起き、大量生産大量消費の時代は終わりました。利便で効率性のよいコンパクトな物が支持される世の中となって、人々の価値観も大きく変わり始めました。コンピュータのマイクロ化や情報技術の開発、これまでに無かったメディアの商品化と普及が進行して、情報と価値観の絶えざる革新が繰り返されるようになったのです。テレビゲームは七〇年代の終わりに登場し、一九八三年にはファミコンが発売され、すでに七〇年代半ばには三無・五無主義、受け身などと揶揄されていた子どもたちの遊びや人間関係、価値観にも一層大きな変化が及ぶようになりました。

それは同時に行政改革の時代の幕開けでもあり、例えば、すべての子どもたちが利用可能な地域子ども施設の代表である児童館は、大きな脅威に直面することとなりました。児童館が全国で最も多く設置されている東京では、一九八二年に特別区児童福祉審議会が発足し、児童館や学童保育をめぐる施策の転換が打ち出されました。また、一九七九～一九八三年まで、七号に及ぶ『児童館研究』を刊行した情熱的な児童厚生員の有志たちの多くも時を同じくして労働運動に流れ、児童館の本質を踏まえた実践を生み出す学びの輪は急速に廃れていきました。しかし、こうした動きに迎合せず、本質を大切に考えた人々の一部が「子ども」分科会の周辺に集い、その後の発展を支えたのです。さらに、おおむね九〇年代以降の児童館・学童保育改革の運動に先鞭を付ける役割を果たすことにもなりました。

第Ⅱ期＝一九八二・三年頃～一九八九年　当然のことながら「子ども」と「社会教育」をめぐる実践や理論の探究にも変化が起きてきました。八〇年代も半ばになると、生涯教育・学習論が隆盛となり、多くの社会教育関係者の関心はもっぱらそちらへと移っていきました。また、深刻化する校内暴力やいじめなど、子どもの育ちが主として学校教育の問題として注目されるようになり、一般には地域における子どもの育ちに対する関心が薄らいだ時期でありました。当時、分科会世話人事務局を担当していた原政行さんは、一九八七年度の分科会を総括して、「十数人の参加者で、子どもに対する関心が社会教育の場でどういう方向に行くのか問われる集会でもあった」[*1]と書き残されていますが、この時代を象徴する記述と思われます。

しかし、大人たちが加速する勢いの社会変化に追い立てられながら日々を送り始めたこの時代、本来、学校のみならず家庭や地域でさまざまな人間との交流や協同を通して、かけがえのない経験と試行錯誤を多々積み重ねながらゆっくりと大人になっていく子どもたちもまた、書物のタイトルよろしく『子ども時代を失った子どもたち』(マリー・ウィン著、サイマル出版、一九八四年)、『子どもはもういない』(ニール・ポストマン著、新樹社、一九八五年)といった形容が与えられるまでに、あくせくとしたペースの生活を余儀なくされていたのです。また、世間一般に個人主義の思想が広まり、支持されるようにもなってきていました。集団としての拘束力を弱め、個々の家族員の主体性に寛容な現代家族の姿も明確になりつつありました。一見すると幸せな時代の到来ですが、子どもたちは人生の進路を自分で見極める力と責任も多々求められるようになったのです。一九八九年、高校を中退した子どもたちは一二万人を数え、七〇年代後半から少しずつ増え続けていた不登校の子どもたちも、やがて九〇年代に入ると一〇万人を数えるようになりますが、こうした子どもたちの支援に当たるフリースクールが八〇年代に急増しました。中退や不登校の背景は複数ですが、すばやい人生の選択が困難な子どもたちは、思わず立ち止まり、フリーズせざるをえなくなりました。この問題の理論的解明は、九〇年代の初期に「居場所」という概念を得て急速に進展しますが、地域における子どもたちの育ちの支援をめぐり、新たな実践と理論を必要とする状況が八〇年代にすでにできていたのです。

「子ども」と「社会教育」をめぐる実践と理論に関心を寄せる研究者が限られる中、この時代を積極的にリードしたのは、明らかに増山均さんです。その功績は多岐に及び、すべてを要約することは不可能ですが、その後の「子ども」分科会の動向に絡んで、特に重要と思われる点を要約すると…。増山さんは、従来の学校外教育論は最も重要な内容論、方法論、「子どもの文化論」、「子どもの発達論」の面で弱さを残しており、それが親と子の地域での文化活動の豊富な蓄積を吸収していく視点とそれらに発展方向を提示していく視点の弱さとなって現れているという重大な指摘を行いました。また、分断状態にある教育と福祉を統一的に捉え、子どもの生活と教育の結合を追究し、生活権と発達権の統一的な保障を目指す営みを実践的に模索しているところに学校外教育の現代的意義があるとしました（一九八九年）。やがて二〇〇〇年、「子ども」分科会の複数の関係者によって、「文化」や「発達」、学際的な視点と実践を重視し、真理検証の方法を伴った新たな科学として「子育ち学」の確立が唱えられることになりますが、こうした増山さんの視点や提起が受容され、一〇年の時間の中でもみ上げられた成果でもありました。

実践の特色や課題はどのように認識されていたのでしょうか？「子ども」分科会での確認事項を踏まえた原政行さんのまとめに依拠して振り返ります。原さんは、この時代を一九八二〜一九八六年までの時期とそれ以降の時期の前段、後段に区分して総括しています。[*2]

前段の大きな特色は、次第に「地域ぐるみの子育て＝地域における子どもたちの自主的・組織的活動の推進」というコンセプトの下、そのための課題が具体的に提起される方向へ変化した点にあると思われます。特に、一九八四〜八五年度の分科会を起点に、こうした動きを推進する拠点として児童館が注目されるようになりました。

戦後の社会変化の中で、地域社会に共同体としての性格が失われ、伝統的な規範や価値観、人間関係も薄らぎ、「モラルを失った現代っ子」が登場したのは早くも六〇年代半ばのことですが、それに伴う子どもの育ちの矛盾＝発達のゆがみが鮮明になり、コミュニティや地域の教育力の再興が盛んに議論されたのは七〇年代のことでしたから、こうした状況の下で、具体的にどのように子どもたちの育ちの支援に当たるのか？八〇年代の初頭には、次に検討すべき課題はすでに明確でした。しかし、先述のように、この時代に加速し始めた社会の変化は、そうした「子ども」分科会での検討が追いつけないほどの早さで子どもたちの生き方や価値観、人間関係づくりのあり方を変え、混乱を一層推し進めていたのです。

この結果、後段となる一九八七〜八九年の「子ども」分科会を振り返ると、「近年の子どもの様々な現象」、「子どもを取り巻く状況」などに注目が集まり、まずもって「子どもの現状」をどう捉えたらよいのか？関係者が子どもの状態や問題が以前と明らかに変わってきていることを認識し、有意義な実践を構想する前提として、その本質を理解しようと腐心する展開となりました。戦後、子どもの育ちの変化が注目された時期がこれまでに四回あると思われますが、その第三幕は八〇年代の終わりから九〇年代の初頭に明らかとなりました。「無気力、幼児化、個人主義的傾向」を強くもった子どもたちが登場し、「子ども」と「社会教育」を結ぶ新しい発想の実践と理論構築が求められる時代が到来したのです。

第Ⅱ期、もしくは八〇年代を全体として総括すれば、限られた研究者によって、七〇年代後半に行われた最初の理論的な総括を踏まえ、理論研究の課題の集約が一定の進展を遂げる一方、「子ども」分科会では、地域で展開される「子ども」と「社会教育」に関連する様々な実践が順次検討の俎上に載せられ、子どもの発達や地域の教育力の観点からその意義が盛んに問われた時代であったと思われます。しかしながら、既述のような過去に例のない社会全体の変化の下で、子どもの育ちもまた大きな変貌の渦中にあり、関係者の認識や実践との間に齟齬が生じてきていたのです。

第Ⅲ期＝一九八九〜一九九八年頃　八〇年代の終わりと言えば、子どもの健やかな育ちを促すことを念頭に、「子ども」と「社会教育」を結ぶ新しい発想の実践と理論構築を促すより一層大きな動きが起きました。一つは国連総会で子どもの権利条約が採択され、子どもの人権保障をめぐる新たな世界的指針が示されたことです。こうした理念をどのように咀嚼するか？子どもの主体性を尊重した実践とは？もう一つは、合計特殊出生率をめぐる通称「一・五七ショック」です。本格的な少子化対策の時代の幕明けでした。すると、特に乳幼児という「子ども」の存在や親たちの学びを「社会教育」の観点からどう捉えるか？なぜかいずれも一九八九年のことでした。少し遅れて一九九二年には月一回の土曜休みの形で変則的ながら学校週五日制がスタートしました。子どもたちが学校から解放される時間が増えましたが、逆に地域の側ではどのように子どもの育ちを促していくのか？など、実践的にも理論的にも新たな課題が次々と噴出し、これに対応することが不可欠となったのです。なお、「子ども」分科会がこうした課題を最初に取り上げたのは、一九九二年度のことでした。

一方、国と自治体の財政破綻はさらに悪化し、行政改革はより一層厳しさを増してきていました。このため、施設の廃止や人員削減の重大な危機に直面した児童館では、それに対処するための新たなビジョンづくりや、それに基づく施設と職員の現状改革の運動が東京の職員有志を中心に自主的な取り組みとして広まりました。「子ども」分科会における児童館に対する関心はすでに七〇年代から確認されますが、世話人や常連の参加者の中にも関係者が多いことが特色です。「子ども」分科会全国世話人事務局は、原政行、牛窪学、立柳聡と継承されてきましたが、そもそも三人ともみな児童厚生員であることは象徴的です。このため児童館の改革運動とも深い連携が築かれ、その成果は多分に分科会運営にも反映しました。児童館・学童保育のあり方と実践に対する関心も一段と高まりました。

さらに、「子ども」と「社会教育」をめぐる研究にパラダイムシフトが起きたことが注目されます。この時期、田中治彦さんは『学校外教育論』と題して著書を刊行されました（一九八八年）。また、木全力夫さんは、一九九〇年段階までの「子ども」分科会の到達点と課題を整理し、「…『子どもの学校外教育』という領域が認識され社会教育行政の対応が求められてきた」[*3]（一九九〇年）と指摘しましたが、やはり用いられたコンセプトは「学校外教育」でした。これに対し、増山均さんは、自著の中で、「…七〇年代以降の『学校外教育』論が対象としてきた実践や運動の発展は、『学校外教育』という用語で総括するにはその豊かな内実を的確に表現しえないほど豊かになっており、もしひきつづき『学校外教育』の概念でとらえようとすれば、〈学校外教育（『学校外』および『教育』）〉の概念そのものを豊富にふくらませていく必要があると思う。…『学校外教育』の用語と概念を使い続けることが最もふさわしいのかどうかという根本問題をも、この時点で一度とうてみたほうがいいのではないか…」、「社会教育の概念を、あくまでも成人・

青年を対象としたものという考え方からすれば本書の書名は成立しえないが、今日、社会教育は〈子ども〉を対象に加えることによって、その概念の有効性をより発揮しうると思う。また、学校外＝地域における子どもの問題を、外側の問題、谷間の問題としての位置づけから救い出し、子ども研究の正面舞台にすえ直すためにも、あえて『学校外教育論』ではなしに『子ども研究と社会教育』とした。[*4]」(一九八九年)と記し、重大な問題提起を行いました。「学校外教育」と「子どもの社会教育」、二つのコンセプトが微妙に重なり合って使われる時期に入ったことがわかります。結論から言えば、その後、時代は増山さんの予言通りに動き、少なくとも「子ども」分科会では、一九九二年頃を最後に、「学校外教育」の概念はほとんど使われなくなりました。それに代わった「子どもの社会教育」という名称の重要な意味は、自主的な学び(合い)を展開する主体としての「子ども」が明示されていることです。遊び、学ぶ主体としての「子ども」という認識が、ついに社会教育の世界に確立し始めたのです。

こうして「子ども」の主体性を重んじる子どもの権利条約の理念の普及ともあいまって、「子どもの社会教育」の使用がどんどんと広まりましたが、合わせて「健全育成」、「指導」などの概念にも見直しが施されるようになりました。ただでさえ把握が難しくなった現状の子どもの育ちをどう支援するか？新たな思考や理論が一段と求められることになりました。

こうした状況の下、児童館の改革運動の中で、「子育ち支援」を子どもの主体的な育ちの試行錯誤とそのプロセスにおける年長者の支援を表現する独自な概念として最初に打ち出したのが小木美代子さんです(一九九四年)。この年は、国がエンゼルプランを提起し、また、日本が子どもの権利条約を批准した年でもありましたが、「子育て支援」のカウンターパートとして関係方面に支持を広げ、今や一般にも幅広く使われています。「子どもの社会教育」もまた、「子育ち支援」を得て、一段と探究が深められていきました。

こうした世間の動きを背景に、「子ども」分科会にも新しい波が起きてきました。一つには、開催地の子ども行事に参加する、演劇活動をしている子どもたちが分科会の中で公演する、不登校の子どもが自分の思いを語るなど、「子ども」との直接的な交流や「子ども」の参加を積極的に実現しようとする動きが活発になったこと。「子ども」を主体として重んじる理念が形になって現れてきました。また、日常的な研究活動、情報集約の取り組みが遅れていること、学会にも期待に応える動きがないことが認識され、その改善が急務として浮上しました。この結果、一九九五年、「子ども」分科会世話人有志によって「子どもと社会教育の会」が発足し、月例会や学習会、全国集会のプレイベントや自由交流の充実に向けた取り組みが開始されたのです。また、この時すでに「子ども」分科会発足から二〇年が経過していたことから、その成果を反映した『子どもの地域生活と社会教育』（学文社、一九九六年）が長年の分科会世話人である白井愼さん、小木美代子さん、姥貝荘一さんによってまとめられ、翌年刊行されました。こうして各地の実践を踏まえた研究活動の基盤が作られ、二〇〇〇年に「子育ち学」の誕生をみるのです。

ところで、世の中の動きは速く、この間にも一段と大きな変化を経験していました。景気の低迷も続く中、グローバルスタンダードに基づく新自由主義改革の波が様々な分野に浸透して、それは、「子ども」や「社会教育」と深く関わる教育や福祉、行政や自治の世界でも例外ではありませんでした。そうした理念や教育、福祉の世界の独自な改革の動きが一体となって、新しい時代に対応するビジョン作りがこれらの分野でも着々と推し進められていきました。そして、九〇年代も半ばを過ぎると完成の時期を迎え、半世紀ぶりの児童福祉法の大改正、社会福祉基礎構造改革法案の成立、中教審や生涯学習審議会の答申、特定非営利活動促進法の誕生、地方分権推進計画などの形となって現れたのです。なぜか一九九八年の出来事が多いので、これを「九八年エポック」と呼ぶことにしたいと思います。こうして時代は理念の実行段階に入ります。この間、広義のＮＰＯであるボランティア活動団体は地域での豊富な活動経験を着実に蓄積して力をつけ、九〇年代ともなるとすでに自治や行政のあり方にさまざまな提言を行ったり、公益を担う重要な役割を果たすまでになっていましたが、一九九八年以降、次々とＮＰＯ法人が誕生することになります。

そこには子どもの育ちに関わる法人がたくさん含まれていますが、二一世紀に入ると、地域で子どもたちを健やかに育む実践の中心的な担い手として大きな期待を集めるようになります。

また、一九九七年には通称・酒鬼薔薇聖斗事件が発生し、その後のキレる子現象やナイフ事件などの影響も加わって、特に思春期の子どもの育ちが注目を集めることになりました。規範に疎く、人間関係の調整や自己表現が極端に不得手になっている子どもの育ちが指摘され、「心の教育」や「生きる力」といったコンセプトが急浮上しました。そして、それを育む有効な方法として体験学習の重要性が盛んに訴えられるようになり、奉仕活動やボランティア活動の位置づけとも絡んで、各地での実践に大きな影響をもたらすことになりました。

さらには、一九九八年五月、「子どもの権利条約日本政府第一回報告書審査」が国連・子どもの権利委員会において行われ、日本の子どもたちが育ちの上で直面している様々な危機が世界的に確認されました。改善勧告が同委員会から出されたことを受け、これを実現する取り組みも求められることになりました。こうして新しい時代の幕が開けるのです。

第Ⅳ期＝一九九八年頃～現在　二〇〇〇年、社会一般にも大きな関心を集めるようになった子どもの育ちの変化をどう捉えるか?学会も注目するところとなり、七〇年代以来二回目のプロジェクト研究が行われました。その成果は、二〇〇二年に『子ども・若者と社会教育』(東洋館出版社)として刊行されましたが、おおむね「若者の居場所論・参画論」に収斂したと思われます。「居場所」づくりや子どもの参画が、特に、比較的年長の子どもたちを対象に、主体的な育ちの試行錯誤や権利実現といった観点から、健やかな育ちを促す実践や理論形成において、今日的に大変重要な概念やテーマであることは疑いなく、その議論を深化させた意義は大きかったと思われます。しかし、①これだけで様々な発達段階にある子どもたちが直面している育ちの上での多様な困難や、それを克服したり、改善・解決しようとする各種の主体的な取り組み、さらには、それを支援する大人たちの実践も次々と新機軸が生まれたり、各地に広がりを見せていたと思われますが、それらをカバーできているかとなれば、明らかに不十分と思います。②集団性の衰えは、現代の子どもや若者の顕著な特色であることも重要な指摘ですが、社会学者よろしく事実の是認で終わってよいのか？社会の一員として生きていく宿命から逃れられない人間にとって、おそらくは集団性を核とする社会性を相応に培い、身につけていくことは、必須に大切なことです。したがって、衰えた現状や過去の教育のあり方に対する反省を前提としながら、では、今後どのように集団性や社会性を応分に培っていけるのか？この点を検討することが必要と思います。③なるほど、同じ年に生まれた子どもたちが、みんなおおむね同じテンポ、プロセスで発達することを主張する従来の一律的な発達観や学説がもたらした弊害は重大で、いじめや不登校、不条理に屈辱を味わされてきた子どもたちなどの苦しみには胸が痛みます。しかしながら、例えば、乳幼児と小学校の六年生とを比較して、知力、学力、体力に顕著な違いがあることは誰の目にも確かで、子どもが発達・成長という変化を遂げる存在であることは疑えません。どのようにして巧みに子どもたちの発達を促していけばよいか？やはり重要な検討課題と思われます。近年、発達心理学者の研究は旺盛で、その成果を真摯に学び、咀嚼することが大切です。事実、発達における個人差を積極的に承認する学説が台頭してきました（詳しくは後掲の『子育ち学へのアプローチ』などをご参照いただきたいと思います）。そこで、子どもたち一人ひとりが違ったペースで十分に試行錯誤しながら次の発達段階に進むことができるような、個性と主体性を重んじた支援の方法を発達心理学者とのコラボレーションで築いていく努力こそが求められていると考えます。いずれにせよ、「子ども」分科会関係者との交流は大変限られたものでしたから、二回目のプロジェクト研究の成果が「子ども」分科会や関連の動きとどのような関わりを持つことになるのか？何とも予想ができない現状です。

一方、この間に、「子ども」分科会では九〇年代半ばから隆盛した独自な研究活動が進展していました。その成果は『子育ち学へのアプローチ』（エイデル研究所、二〇〇〇年）、『子どもの豊かな育ちと地域支援』（学文社、二〇〇二年）

となって結実します。それは、「子どもの社会教育」の未来像として、臨床学、実践学、学際学としての性格を有し、個々の子どもの主体性を重視する発達論に根ざした「子育ち学」の確立を提起するものでした。

既述のように、子どもの育ちを学際的に捉え、支援する視点と重要性は八〇年代に指摘されましたが、九〇年代に入り、「子ども」分科会における検討の中で、次第に定着していきました。学際的な実践の場である児童館や学童保育のあり方やその実践知がもたらした影響が大きいと思われます。このため、今日、「子ども」分科会では、子育て支援のように福祉行政が主導する分野の実践も当たり前に取り上げられ、その他様々な分野とまたがって、子どもの育ちに関わる多様な問題に目配りが施されています。また、児童館や学童保育の民営化、校庭開放事業との一体化の動きの広がりや、それと類似した施設の増加、「居場所」づくりの隆盛、子育ち・子育て支援ＮＰＯの活発な動きなどを背景に、地域子ども施設のあり方の検討が大きな注目点となってきました。

領域的な広がりといえば、子どもが育つ環境の捉え方にも一段と広がりが生まれています。子育ち学では、文化人類学の環境理論を踏まえて、環境と社会的な存在として何らかの文化を身につけた人間たちとの関係は相互影響的なものと捉えています。したがって、子どもの育ちの変化を問うのではなく、どのような環境の変化がどのような子どもの育ちの変化と相関しているかを問題とします（逆もまたしかりです）。すると、いくつか注目すべき視点が浮かび上がってきますが、その一つとして、子どもを取り巻き、育ちのステージとなる環境をどのように捉えるかが大変重要な問題となります。家族、地域と地域社会、学校という従来からの区分はもっともですが、使い勝手がよく、楽しくもある多様なメディアが子どもたちの回りに普及し、それらが目には見えねど縦横無尽に絶えず様々な情報を流し続けているとすれば、これもまた子どもたちを取り巻く環境と思われます。「子ども」分科会では、二一世紀に入った頃から、新たに「情報・メディア環境と子どもの育ち」というコンセプトに強い関心を寄せるようになりました。

本書では、清川輝基さんにご執筆いただきましたが、こうした背景によるものです。

さらに、「文化」に対するこだわりも見落とすことができません。「文化」の本質は、一つには、人間の多様な精神活動の所産です。したがって、「文化」は人間の心の豊かさを示す指標ということになりますが、子どもの権利条約第三一条の規定ともあいまって、子どもの健やかな育ちと「文化」がどのように相関するのか？を問う作業が地道に続けられています。加えて、「文化」の核心は規範的な価値観でもあり、地域で子どもを健やかに育てる営みの重要性や積極的に関わることをすべての人たちが支持し、共有する価値観の域に高めていきたいという思いも膨らんで、そこに迫ろうとする実践にも熱い視線を送り続けています。

③ 三〇年間における子ども観の変化

このように三〇年間を振り返ると、子どもの育ちとその支援をめぐり、主に社会教育と関わりの深い大人たちが経験した子ども観の変化を、次のように総括できると思われます。

❶ ひたすら教え導く、管理する。そして、保護する対象としての子どもから、一緒に学び活動しながら共に育つ仲間としての子どもという認識へ。

❷ 自ら主体的に学び（合い）＝社会教育、生き方を模索し＝子育ち、意見表明によって大人と共同して望ましい社会を創造することが可能な存在としての子どもという認識へ。

❸ 専ら学校教育の対象としての子どもから、独自な社会教育を成立させる力量を伴った主体としての子どもという認識へ。

総じて、自ら遊び、学び、育ちの試行錯誤＝「子育ち」を可能とする主体としての子どもの本質が理解されるようになったと言えるのではないでしょうか？

【立柳　聡（福島県立医科大学）】

＊1　子どもの地域生活を豊かにする研究会編『子どもと家庭・地域・学校』一九九〇年、八頁
＊2　同右書
＊3　同右書、三九頁
＊4　増山均『子ども研究と社会教育』青木書店、八七頁、二九九頁

3 情報・メディア環境と子どもの育ち
― 激変する文化状況の三〇年と子どもの発達の危機 ―

① はじめに：人間になれない日本の子どもたち

日本の子どもたちのからだや心の育ちの状態は年々悪化し、いまや史上最悪の危機的状況となっています。
――人間の子どもをメディア漬けにして育てると、からだや心の発達にどんな歪みや遅れが現われるのか――
日本の子どもたちは今、人類史にかつてなかったそんな〝人体実験〟の真只中にいます。

近年、子どもたちの電子映像メディア接触の「長時間化」「早期化」に拍車がかかり、半数以上の子どもたちが一日平均六時間をこえるメディア接触という〝メディア漬け〟状態に陥っています。授乳しながらテレビやビデオを見たりケータイでメールを打っている母親が七割を超え、〝母子カプセル育児〟の中で若い親たちは、「子守機能」や「しつけ・教育機能」を〝電子ベビーシッター〟に依存することに何の疑問も抱いていません。

子ども期に、人間としてのからだや心（脳の前頭葉の働き）、コミュニケーション能力を発達させる場所と時間を奪われた子どもたちはどうなるのか――〝人体実験〟の結果はもうはっきりと現れてきています。

気に入らないメールを発信してくるクラスメートを〝消去〟してしまった一一歳の少女、四歳の幼児の性器にイタズラをして殺した一二歳の少年、自分の祖父母をゲーム感覚で襲った高校生、「ヒトを殺す体験がしてみたい」と本当に人を殺した一七歳……、現実と非現実の混同、生命感覚の歪み、自己制御能力の欠如を示す子どもたちが起こす事件が続発しています。「言葉が出ない」「視線が合わない」「表情がない」……、メディア接触の早期化、長時間化が進む中で、幼児教育や小児医療の現場からは、子どもたちの〝あらたな異変〟も報告され始めています。

一方、日本の子どもたちの〝からだの危機〟も深刻です。五歳児の一日の歩行歩数は、この二〇年で一万二〇〇〇歩から五〇〇〇歩足らずに激減してしまいました。そして子ども期の運動量の極端な減少は、足や筋肉の発達のレベル低下にストレートにつながっています。低下の一途をたどっている子どもたちの背筋力は、赤ちゃんを抱いたり親を抱きかかえたりといった子育てや介護さえ危ういレベルにまで落ち込んでしまっています。また、視力低下もいちじるしく、現在一五歳段階で視力一・〇未満の子どもが六三％をこえ、小・中学校からは、左右の視力が極端に違う子どもの増加も報告されています。テレビ、テレビゲーム、パソコンなどの平面画面を長時間見続ける生活で「立体視力」が育っていないのです。

日本の子どもたちの「からだの危機」も「心の危機」も、人間としての発達不全と捉える必要があります。子どもたちは、人間としてのからだ、人間としての心をちゃんと獲得できないまま、年齢だけを加えていっているのです。しかも、その原因は、われわれ日本人がこの半世紀の間につくりあげてきた現代日本社会そのものにあります。私たちはひたすら豊かさを追い求め、快適で便利で安全な環境を着々と実現してきました。しかし、そのことは同時に、子どもが〝人間になる〟ための条件や環境を決定的に破壊し奪いとることでもあったのです。

ここでは、子どもの生育環境の中で文化環境に焦点をしぼりながら、その変化と子どもの発達との関わりを見ていくことにしましょう。

② 生育環境の何がいつから変ったか

私は一九七八年にNHK特集『警告!!子どものからだは蝕まれている！』を制作・放送しました。そして翌年の一九七九年（国際児童年の年）、同じNHK特集で『何が子どもを死に追いやるのか』を制作・放送しました。この番組は、子どもの自殺・家庭内暴力・不登校（当時は「登校拒否」という言葉を使用）など、子どもの「心」をテーマにしたものです。当時、すでに子どものからだや心の発達の遅れや歪みは、「警告」という言葉を使わざるを得ないほどの状況でした。

ちなみにその時一〇歳だった子どもは二〇〇五年現在三七歳、一五歳だった子どもが四二歳、まさにその世代の人たちがいま親となって子育てをしているのです。そのことの問題性はあとで触れるとして、ともかく七〇年代後半には、すでに子どもの発達の異変は明確に現れていました。

子どもの大脳活動の「型」を研究している信州大学助教授の寺沢宏次さんによると、一九六〇年代と一九七〇年代のデータには大きな変化が見られるといいます。そして、子どもの視力が急激に悪化し始めたのは七〇年代の前半でした。中学校で「不登校」が増え始めて、その人数が病気などによる長期欠席者を上まわったのが一九七九年。一方、子どもの背筋力は文部省が全国調査を始めた一九六四年から一貫して低下し続けています。

こうしたデータを総合的に組み合わせると、どうやら、子どもたちの発達にそれまでと異なる変化が起こり始めたのは一九六〇年代ということができそうです。そして、七〇年代になると子どものからだや心に明らかな異変や異常が見られるようになり、その「異変第一世代」が子育てを始めた九〇年代には、子どもの発達の歪みや遅れがいっそう加速し、質的にもより重大なものになってきたと考えられます。

では、六〇年代とはどんな時代だったのでしょうか。

高度経済成長が始まり、ひたすら豊かさを追い求め、モータリゼーションと核家族化が進み、テレビが急速に普及、それまでの伝統的な生活スタイルが劇的に変化した時代でした。皮肉なことに、人々が快適で便利で安全な生活を実現し始めたまさにそのときに、この国の子どもたちのからだと心の発達に異変が起こり始めたのです。そうした文化環境の変化と子どもの発達との関係を見る前に、子どもの生育環境という視点でこうした六〇年代からの日本社会の変化を概観しておくことにします。

まず押さえなければならないのが物理的環境（自然環境）の変化です。空地や原っぱや神社の境内など子どもたちが裸足でかけまわっていた空間は一九五五年から七五年の二〇年間に半減していきました。そうした場所に工場やマンションを建てた大人たちは、そこで転げまわったり、友だちと交流していた子どもたちが明日からどこへ行くのかということに誰一人想像力を働かせることなどありませんでした。車社会の到来は、ヨチヨチ歩きの子どもも含めて、子どもたちが近所の人々と交流する場所でもあったわが家の前の路地を車の往来する危険な舗装道路に変えてしまいました。この時も大人たちは昨日までその路地で石蹴りやゴム段に興じていた子どもたちがどこへ行くのかを想像することはありませんでした。これが「人体実験」の第一段階でした。

現在、脳科学の研究で、欲望や感情をコントロールし、相手を思いやる、未来をイメージするなどの〝人間らしい心〟〝人間性〟の司令塔が大脳の前頭前野と呼ばれる部分であることがわかってきています。そしてその前頭前野を活性化させるのは、からだを動かし、声を出して人と交わることがポイントだということも明らかになってきました。つまり私たち日本人は「人体実験」の第一段階で、子どもたちがからだを育て心を育む——〝人間になる〟ための場所を奪うことから始めてしまったのです。

社会環境の変化にも簡単に触れておかなければなりません。

まず、人生の予習・復習の場といわれた「地域社会」。産業構造の変化の中で地域共同体の崩壊とそれにともなう〝育児・教育の共同性〟の喪失が急激なテンポで進行していきました。子どもの生育環境という視点でみると、地域社会から「子どもの役割・ポジション」が消え、子育ての〝私化〟が急速に進んだのです。

そして、もう一つの生育環境である「家族・家庭」もまた大きく変質していきました。〝生産の単位〟から〝消費の単位〟となり、核家族化した「家庭」という場に教育力などありません。つまり、家庭が教育力を失っていく中で、子育ての〝私化〟が進むという皮肉な事態が進行していったのです。

「学校」については、子どもや社会の変化にもかかわらず、先進国で唯一未だに一九世紀スタイルの教育を続けているという点と一九六〇年以降、学校内の価値観が〝点数主義〟に単一化された点を指摘しておきましょう。

不登校や高校中退者の激増は、こうした「学校」という環境と子どもたちとの〝不適合（ミスマッチ）〟が起きていると見る必要があるのです。

少々前置きが長くなりましたが、子どもの文化環境の変化と子どもの発達との関わりを分析する上で、これまで述べてきたいくつかの点が深くかかわっていることを強調しておきたかったのです。

③ 激変した子どもの文化環境

自然環境、社会環境とともに、一九六〇年代以降の子どもの文化環境の変化も子どもたちのからだと心の発達に大きな影響を及ぼしてきました。

この五〇年の間に、子ども集団のなかに連綿と受け継がれてきた「子どもの文化」や日々の暮らしのなかの「生活文化」は衰退の一途をたどり、それに代わって子どもたちのまわりには「メディア文化」が氾濫することになりました。人類の歴史を画するといっても過言ではないこの文化環境の激変は、子どもたちのからだと心の発達に暗い影を落としています。

テレビが登場する前の子どもたちはどうだったか　わが国でテレビジョンの本放送が始まったのは一九五三（昭和二八）年です。六〇年代に入って急速に普及し、その結果、子どもの生活時間や意識にも大きな変化が見られるようになるのですが、ここではまず、テレビ登場以前の子どもたちがどんな一日を過ごしていたかを確認しておきます。

ＮＨＫがはじめて実施した一九四一（昭和一六）年の国民生活調査から、小学五年生（当時は国民学校）の生活時間を抜き出したのが表1です。子どもたちの生活はウィークデーでも「外遊び」の時間が一時間四六分、「用事」（家の手伝い）が一時間二一分（いずれも男子）となっていて、活字やラジオといったメディアへの接触は三〇分にとどまっています。

「外遊び」の時間は、子どもたちが大自然や生き物と触れ合い、代々継承されてきた遊びのルールを身につけ、集団のなかで挫折も含めた多様な体験をしながら、からだも心も〝人間になっていく〟という豊かな「子どもの文化」の時間でした。鬼ごっこやかくれんぼなどで体験する緊張と弛緩の繰り返しは、子どもの心臓や肺や筋肉の発達を促し、自律神経の発達にも大きく貢献していました。また、からだを動かし、感情がぶつかり合うような〝濃い人間関係〟は前頭葉の発達に不可欠だという専門家の指摘もあります。魚や虫を追いかけ、ヘビに逃げまどい、ときにはそれらを殺すという体験のなかで子どもたちの生命感覚や身体感覚も成熟していったのです。人間という生き物は子ども期に〝遊び〟という「子どもの文化」体験を積み重ねながら、からだと心を育ててきたのでした。

そしてもう一つ、ウィークデーでも一日平均一時間二一分を費やしていた「用事」(家の手伝い)。前に述べたように、この時代の家庭(家族)は基本的に生産の単位でした。「用事」は多彩な人間関係のなかで、知恵と力と技を必要とする家業の手伝いです。日々の暮らしのなかのこうした「生活文化」体験もまた子どものからだと心を育む豊かな役割を担っていたのです。

休日には、こうした時間はさらに多くなり、また低学年児や就学前の幼児たちにとっては、一日のほとんどすべてが草花や生き物、そして近所の遊び仲間と触れ合う「子どもの文化」体験の時間でした。こうした子どもの文化環境を大きく変えたのがテレビです。

テレビの登場は何を変えたか　テレビの普及がほぼ終わった一九六七(昭和四二)年、NHKは静岡市でテレビと子どもの生活に関する大規模な調査を実施しました。当時、静岡市のテレビのチャンネルはNHK総合、教育、民放一局という状態だったのですが、すでにテレビ所有率は全国規模では九九・六%に達していました。

表1　国民学校5年生の生活時間(男女別)

	睡眠	食事	身の回り	授業	勉強	通学	用事	休憩	遊び	教養(読書・ラジオ)
男	9時間35分	49分	52分	6時間02分	1時間21分	56分	1時間21分	48分	1時間46分	30分
女	9時間29分	49分	57分	6時間00分	1時間27分	59分	1時間42分	48分	1時間23分	24分

資料：1941年 NHK 生活時間調査

調査対象は、幼稚園児、小学生（三年、五年）、中学生（一年）合わせて五〇〇〇組の親子で、内容は視聴の実態、親の視聴統制、さらに学業成績や社会的成熟度と視聴時間の関連などを詳細に調べ、分析したものです。

この調査結果は、一九六七年というテレビ普及の初期（なにしろ民放は一局しかなかった）に、すでに子どもたちの生活に大きな変化が起きていたことを示しています。テレビ視聴時間の平均は、平日で二時間二一分、日曜日は四時間二分。平日四時間以上視聴する子どもが一〇・五％、日曜日に七時間以上視聴する子どもが九％いました。

まだビデオやテレビゲームもなかったこの時代、昼間には子ども向けの番組などなかったにもかかわらず、もう一割ほどの子どもに〝テレビ漬け〟の生活が始まっていたのです。

そして、テレビ長時間視聴群と短時間視聴群との比較で、その差が最も大きかったのは「外遊び」の時間でした。続いて、読書、休息・雑談、レクリエーション、勉強という順になっています。つまり、テレビは子どもたちの生活行動の中で、まず外遊びや読書の時間を減らすという形で、その影響を及ぼし始めたのです。

ちなみに、一九四一年調査では一時間四六分だった小学五年生（男子）の外遊び時間は、このときの調査では五六分と半減してしまっています。この調査が実施された年の前年の一九六六（昭和四一）年、私は何人かの仲間とともに福岡県で『福岡子ども劇場』という運動体を創立しました。当時、ＮＨＫ福岡局に勤務していた私は、子どもたちがテレビ文化（コピー文化）に取り込まれ、地域での子ども集団が次第に崩壊していくことに危機感をもつ仲間たちと、生の舞台や音楽に触れる機会を創り、地域での子どものつながりを再生することが重要だと考えてこの運動体を立ち上げたのです。

「子どもに夢を！　たくましく豊かな創造性を！」をスローガンにして私たちが始めたこの『子ども劇場』運動は、一九七〇年代から八〇年代にかけて全国七〇〇ヵ所へと拡大していきました。「地域から異年齢の子ども集団が消えた」「ガキ大将がいなくなった」といった指摘が全国各地から聞かれ、子どもの育ち方に危機感を抱いた大人たちが『子ども劇場』という場に新しい可能性を求めたのです。子どものからだと心を豊かに育てる「子どもの文化」は、地域の子ども集団のなかに息づく文化です。『子ども劇場』運動の草創期には、子どもが育つための大切な三つの間――時間、空間、仲間――として語られていました。

しかし、そうした意識的な取り組みにもかかわらず、「子どもの文化」の〝時間〟の減少に歯止めをかけることはできませんでした。子どもたちは、受験競争を意識した塾通いや各種の習いごと、次第に強制力を強めていった部活などに時間を奪われたうえに、自由になる時間のほとんどをテレビ視聴に費やすようになっていきました。

そして、高度経済成長のなかで、子どもたちが自由に過ごせる〝空間〟もまた急速に姿を消していきました。〝時間〟と〝空間〟を奪われた子どもたちが〝仲間〟――異年齢の子ども集団を維持し続けるのは不可能なことでした。

こうして七〇年代以降、人類誕生以来、連綿と継承されてきた「子どもの文化」はみるみるうちに衰退していったのです。他方「生活文化」についてはどうでしょうか。

表2は、まだテレビゲームもビデオも出まわっていなかった一九八〇年の小学五、六年生（男女）の一日の生活時間です。一九四一年調査のものと分類の仕方が異なっているので比較しにくい部分もありますが、テレビの突出とともに目立つ変化が、仕事・家事の激減です。仕事・家事合わせて二〇分。しかも、家庭という場が消費の場になり、家電製品が普及したことによって、子どもたちの家事（手伝い）の内容が以前とまったく様変わりしてしまったのです。

加えて、大量生産・大量消費の時代は生活様式の画一化が進む時代でもありました。食文化も含めて、多彩な「生活文化」そのものが子どもたちの周辺から姿を消し始めたのもこの時代でした。テレビという新しいメディアが子どもたちを虜にしていったこの時代は、「子どもの文化」の衰退と同時に、家庭という場から「生活文化」が消えていく時代でもあったのです。

表2　小学生（5，6年）の生活時間

	睡眠	食事	身の回り	仕事	授業 学校の行事	課外活動 学校外の行事	家事	交際	休養	遊びなど レジャー活動	移動	新聞 雑誌・本	ラジオ	テレビ
小学生（5・6年）	9時間13分	1時間33分	58分	2分	5時間19分	1時間36分	18分	4分	28分	1時間15分	58分	24分	3分	2時間32分

資料：1980年 NHK 生活時間調査

八〇年代からはどっぷりと〝メディア漬け〟 一九八〇年代から九〇年代にかけて、子どもを取り巻く文化環境はさらに激しい変容をとげていきました。八三年に発売されたテレビゲーム、八〇年代後半から九〇年代にかけて急速に普及したビデオ機器は、乳幼児を含めて、子どもたちが電子映像に接触する時間と形態を大きく変えていきました。子ども部屋という個室での長時間接触や、生後一歳未満から早期教育ビデオなどを長時間視聴させる「電子ベビーシッター」現象などが始まったのです。

そして、九〇年代後半には子どもたちの間にパソコンと携帯電話という新しいメディアがめざましいスピードで普及しました。

一九五九年の『少年サンデー』発行で始まった子ども向けコミック誌についても触れておく必要がありましょう。『マーガレット』『少年ジャンプ』など、その後続々と創刊された子ども向けコミック誌の総発行部数は現在でも毎週約八七〇万部にもなっています。世界のどこにもこれほど大量のコミック雑誌が子ども向けに出されている国はありません。「わが子には絶対に読ませたくない」――あるコミックで、トップレベルの発行部数を誇るコミック誌編集長から聞いた言葉です。自分の子どもには読ませたくないような代物が毎週何百万部も子どもたちの手元に届けられるのです。

この国の次の時代を担う子どもたち、つまり自分たちの後継者を金もうけのターゲットとしてのみとらえる――商業主義的戦略によってつくり出された「メディア文化」はこうした本質を持っています。先の編集長の言葉が象徴するように、その文化に接した子どものからだや心の発達がどうなるのかなどということに、生産者は関心も責任も持たないのです。

一九九七年に起きた「ポケモン事件」は、そうした「メディア文化」の本質を端的に示す出来事でした。「ポケットモンスター」というテレビアニメを見ていた子どもたちの七〇〇人近くが気を失い、およそ一万人が気分が悪くなって病院に行ったといわれる事件です。この事件が起きるまで、テレビのメーカーもテレビ局も自分たちが製造した機器や制作・放送している番組が、子どもたちのからだや心にどんな影響を与えるかという研究も検証もまったくやったことはありませんでした。毎日のように長時間接触しているテレビが人体に悪影響を及ぼす可能性についての問題意識すらまるでなかったのです。視聴率をかせぎ、グッズの売り上げを増やす――金もうけを目的にしたテレビ局の戦略のなかで、子ども向け番組も、より多くの子どもを引きつけるために、光と音の刺激を年々強めてきました。その到達点の一つが「ポケモン事件」でした。

食品とか医薬品は、その安全性についてさまざまな法的規制があります。薬の場合、子どもの服用については、大人の半量とか三分の一というような細かな統制がかけられています。もちろん、発売前には、長い時間をかけて安全性についての厳密なチェックが行われています。

しかし、テレビ、テレビゲーム、早期教育ビデオソフト、パソコンなどの電子映像については、これまで一度も、その安全性、有効性について、何のチェックも行われていないのです。コミック誌なども含めて「メディア文化」は、金もうけという製造者の経済的動機だけが野放し状態の中で、子どもたちの生活を大きく支配するようになってきたのです。「子どもの文化」や「生活文化」が衰退し、代わって「メディア文化」が氾濫するという文化環境の激変のなかで、子どもたちの〝メディア漬け〟はどこまで進行しているのでしょうか。

実は、これまで子どもを対象に、テレビ、ビデオ、テレビゲーム、コミック誌、パソコンなどのメディアへの〝総接触時間〟という視点から本格的な調査が実施されたことは一度もありませんでした。NHKの国民生活時間調査も、時系列比較のために、対象は一〇歳以上で、テレビゲームやパソコン（インターネットを含む）に向き合う時間は「趣味・遊び」と同じ分類になっています。乳幼児期のビデオ視聴やゲーム接触については実態把握が始まったばかりです。

それでも、各種調査からは、乳幼児期を含めた子どもたちの〝メディア漬け〟が確実に進行していることが浮かび上がっています。

多様化し長時間化するメディア接触　ラジオ、テレビ、ゲーム、ビデオ、パソコン、ケータイ、コミック誌、CD…現在、子どもたちのまわりには実に多彩なメディアがあふれています。子どもたちは新しいメディア（機器）が出現すると、旧来のものを捨て去るのではなく、それに加重する形でメディア接触を多様化し、接触時間を拡大してきています。NHKのテレビ受信契約の普及率が八〇%を上回った一九六七年、NHK総合、教育、民放一局しかなかった静岡市の小学校五年生の平日のテレビ視聴時間は二時間二五分、四時間以上という長時間視聴の子どもは一〇・五%でした（NHK放送文化研究所調査）。そしてゲームやビデオが普及し始めたにもかかわらず、一九八九年一八%、一九九四年二六%と四時間以上テレビを見ている子どもの割合は増え続けてきました（小学校四・五・六年平均、『放送研究と調査』一九九五・二）。

二〇〇二年、放送と青少年に関する委員会（NHKと日本民間放送連盟が二〇〇〇年四月に設立した第三者機関）が実施した小学校六年生対象の調査では、平日四時間以上テレビを見るという長時間視聴児の割合はさらに増え、男子二八%、女子三七%となりました。

調査対象に幅があるので厳密な経年比較は出来ないとしても、小学校高学年の子どもたちのテレビ視聴の長時間化が年を追って進んでいるという傾向は十分に読みとることが出来ます。

こうしたテレビ視聴の長時間化は中学生を対象にした調査でもはっきりと現われてきています。ベネッセ教育研究所の中学校二年生を対象にした調査によれば、平日にテレビを三時間三〇分以上見る者の割合は、一九九〇年一七・五%、一九九六年一八・三%とそれほど変化していなかったのですが、

表３　中学生のテレビ視聴時間（平日）

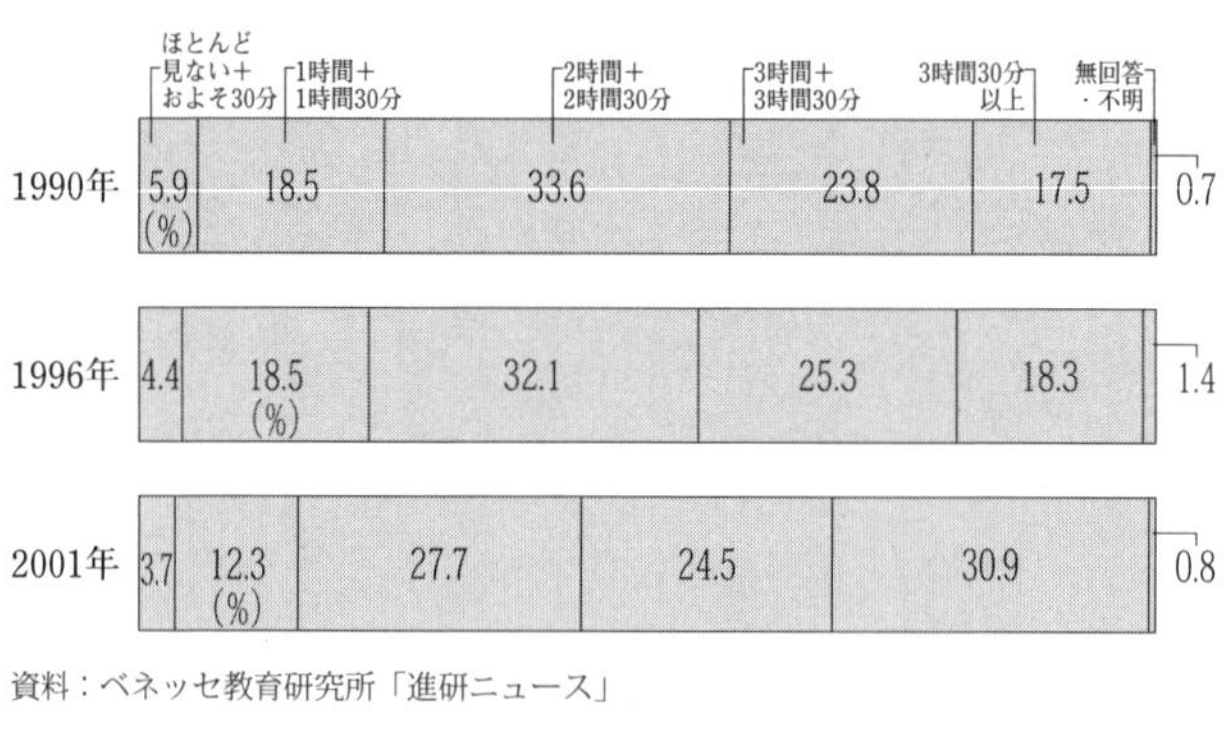

資料：ベネッセ教育研究所「進研ニュース」

二〇〇一年には三〇・九％と急増しているのです（表3）。

そしてこのテレビ視聴時間に、テレビゲーム、パソコン、ケータイ、コミック誌などへの接触時間が加重されていきます。

そして、最新の実態調査では、小・中学生のメディア接触がさらに長時間化し、可処分時間のほとんどをメディア接触に費やしている子どもがほぼ半数を占めることが明らかになったのです。二〇〇四年一〇月に、私が代表理事をつとめるＮＰＯ・子どもとメディアが文部科学省の助成を受けて実施したその調査では、平日一日四時間以上の子が小学生の四九・三％、中学生の五四・四％、さらに平日一日六時間以上メディア接触をしている子が小学生の二六％、中学生の二四・二％という驚くべき実態が見えたのです（ｎ＝小学生四、五、六年、一〇五三、中学生、一〇九〇）。休日は平日の一・五倍以上の接触時間になることを考えると、これはとんでもない数字です。

またビデオの普及は、〝繰り返し視聴〟を可能にしたことで、特に乳幼児のメディア接触の長時間化を加速しました。〝母子カプセル育児〟と呼ばれる孤独な子育て環境の中で、「教育機能」や「子守り機能」を〝電子ベビーシッター〟（アメリカ小児科学会）に託す若い母親も少なくありません。早期教育用のビデオソフトやテレビアニメのビデオソフトが容易に入手出来ることもあって、「生後七か月から英語教育のビデオを一日六時間見せている」「二歳児がお気に入りのビデオを一日一二時間繰り返し視聴している」といった極端な〝メディア漬け〟も出現してきました。

こうした〝メディア漬け〟によって最も影響を受ける子どもたちの生活行動が「外遊び」の減少だということはすでに述べました。各地の教育委員会が行った調査でも、小中学生の八割から九割が「主な遊び場は自宅」と答えています。外遊びによる「自然体験」「集団体験」が激減するなかで、「日没・日の出を見たことがない＝二三％」「満天の星を見たことがない＝二六％」（対象は小学五年、中学二年。一九九九年、文部省）といった子どもが育っているのです。

かつて子ども集団のなかにあった「子どもの文化」や暮らしのなかでの「生活文化」はいまや完全に消滅し、子どもたちは「メディア文化」の氾濫のなかで生きる時代となりました。

そして、この文化環境の激変が、日本の子どもたちのからだと心に暗い影を落とし始めているのです。

④ メディア漬けが子どもを蝕む

これまで述べてきたように、子どもの発達環境はこの五〇年の間に大きく変化し、その結果、子どもの心とからだの発達にこれまでにない遅れと歪みが見られるようになりました。なかでも、子どもを取り巻く〝メディア環境〟の変化は、乳幼児期から中学生、高校生までの子どもの生活を激変させ、子どもが人間として心もからだもまっとうに育つ――人間になる――ことさえ危うい状況を生みつつあります。この章では〝メディア漬けと子どもの危機〟について、より多角的に考えてみることにしましょう。

親はテレビゲーム世代　生まれたときから茶の間にカラーテレビがあり、子ども時代にテレビゲームを楽しんだ世代が、いま親となって子育てを始めています。自分の好きなテレビやビデオを見ながら赤ちゃんに授乳したり、〝教育〟や〝子守り〟を電子ベビーシッターにまかせたりすることに違和感も抵抗感もない世代です。

自分の子どもに幼児期からテレビゲームのやり方を教え込み、一緒に遊んでいる父親も少なくありません。こうした親たちには、当然ながら、子どものメディア接触をコントロールするという「視聴統制」の意識は希薄です。

子どもは個室で遊ぶ　小学生から中学生、高校生と年齢が上がるにつれて、個室（子ども部屋）でのメディア接触が増えていきます。中学生を対象にした調査でも三台以上のテレビがある家庭が四八％（二〇〇〇年、川崎市／中村純子）、自室にテレビがある中学生三八％（一九九八年、東京都／尾木直樹）となっており、高校生となると七割の子どもが自室にテレビを置いてある（二〇〇一年、東京都／近藤聡）という状態で、子どもがいったいどれくらいテレビ、ビデオ、ゲーム、パソコン、携帯電話と接触しているのか、親ですら把握できなくなっているのが実情です。

お寒いメディア・リテラシー教育　メディアを批判的に受けとめられる力、メディアに振り回されない主体性を子どもたちに育てる「メディア・リテラシー教育」は、日本ではまだ緒についたばかりです。欧米先進国が義務教育のなかにきちんと位置づけているのに比べて、わが国ではごくわずかな教師がゲリラ的に取り組んでいる状態です。

また、例えばアメリカでは、小児科医学会が電子ベビーシッターに対して警鐘を鳴らしたり、「TV-Turn off Week」(子どものためにテレビを消そう週間)という国民的な運動が展開されたりと、子どものメディア接触に対する社会的な取り組みが始められていますが、残念ながら日本ではそうした啓発活動は始まったばかりです。

企業活動は野放し状態　二〇〇二年四月から学校週五日制が完全実施されましたが、それに合わせて、あるテレビ局は土曜日の午前七時半からテレビアニメ五本の集中放送を始めました。テレビアニメのキャラクターは番組中のコマーシャルに登場させない、という業界の不文律も数年前からタブーではなくなりました。視聴率を上げ、キャラクターグッズの売り上げを伸ばすためには何でもあり、というのが現在の日本のテレビ業界なのです。

早期教育ビデオソフトなどのビデオソフト業界、テレビゲーム業界、コミック誌業界……いずれも、自分たちが販売している商品が、子どもの心身の発達にどんな影響を与えるかについて何の検証も研究も行っていないのです。

私たちの社会の後継ぎである子どもたちを利潤追求――金もうけ――のターゲットとしか捉えないメディア産業が、いま、野放し状態のまま子どもたちに襲いかかっています。

増える一方のメディア接触時間　これまで述べてきたメディアと子どもをめぐる状況は、複合的に作用して子どものメディア接触時間の長時間化――〝メディア漬け〟状態をつくり出しています。

そして、こうした〝メディア漬け〟状態は、子どもたちの「自然体験」「集団体験」の減少だけでなく、学校外の学習時間(塾・予備校を含む)にも影響を及ぼし始めています。

中学生を対象にした前記ベネッセ教育研究所の調査では、平日に「学校外での勉強をほとんどしない」「およそ三十分」という子どもが、一九九〇年の一八・八%から二〇〇一年には三〇・七%に増えています。また、日本青少年研究所が日本・アメリカ・中国三カ国の高校生を対象に実施した調査(二〇〇一年)でも、平日に家、塾、予備校など学校外での勉強を「ほとんどしない」子どもは、中国四％、アメリカ二七％なのに対して日本は五一％ときわだって多くなっており、一九八〇年の調査から倍増しているのです。一日のメディア接触時間が平均六時間というと、年間では二二〇〇時間に及びます。これは小・中学校の年間授業時間数のほぼ二倍です。学校週五日制実施を機に、子どもたちの学力低下を危惧する声がありますが、土曜日を毎週休日にしたことによって減る授業時間は月にわずか六時間にすぎません。つまり、子どもの一日のメディア接触時間と同じなのです。

いまや日本の子どもの問題を考える場合、一日の生活時間のなかで圧倒的な比重を占めているメディア接触時間を無視することはできないのです。個々のメディアが子どもに与える影響もさることながら、メディア接触総量の増大による夜更かしや睡眠時間の減少も含めて子どもの生活内容の変化、心身の発達への影響がきわめて大きくなっていることを深く認識しなければなりません。

〝メディア漬け〟は子どもに何をもたらすか 乳幼児期からの長時間にわたるメディア接触は、子どものからだと心の発達にどんな影響を与えているのでしょうか。

子どものメディア接触は、室内で、しかも多くの場合、一人でテレビ、ビデオ、テレビゲーム、パソコンなどに向き合うことになります。子どもがからだと心を育てるべき「子ども期」に、部屋にこもって、人と言葉を交わさずに長時間を過ごすということなど長い人類の歴史でかつてなかったことなのです。

当然ながら、子どもの年齢やメディアの種類によってその影響も異なることが考えられますが、ここでは幼児教育や小児医療の現場、研究者の報告などに基づいて、懸念される影響をあげてみることにしましょう。

からだが育たない！ 外遊びの時間が激減し、仲間と思いきりからだをぶつけ合ったり、走りまわったりする機会が少なくなれば、からだの発達への影響は避けられません。

足がおかしい――室内でのメディア接触の時間が増えていくと、子どもの一日当たりの歩行歩数は減っていきます。倉敷市立短大の前橋明さん（現・早稲田大学教授）のデータを紹介しましょう。前橋さんの調査は岡山県内の岡山市、倉敷市、津山市などの保育園で五歳児の歩行歩数を調べたものですが、それによると、一九八七年には一日平均一万二〇〇〇歩だったのが、一九九三年には約八〇〇〇歩、二〇〇〇年には約四九〇〇歩と、ここ十数年で激減しているのです。

そして、こうした歩行歩数の減少は当然のことながら、子どもの足の発達にも影響を及ぼしています。

大阪大学の生田香明さんが大阪府内の小学生を対象に調べた子どもたちの足の状態は衝撃的です（日本体力医学会、二〇〇二年）。直立した姿勢で足の指が一〇本ともまったく地面を加圧していない（接地していない）子どもが小学一年生で約五〇％、六年生でも二〇％にのぼり、重心の位置も約三〇年前にくらべて二・六％も後ろ（かかと）側に移動していることがわかったのです。立ったときに足指がまったく役に立っておらず、高齢者のようにかかとで体重を支えている子どもが多いのです。

長時間立っていられない、長く歩けない、バランスをくずしてすぐ転ぶ、転ぶときに地面に手を出す時間がかせげなくて顔から落ちてしまう……こうした現象の背後には足の発達のレベル低下があるのです。そして、低下の一途をたどっている日本の子どもの運動能力――走る、跳ぶ、投げるなどの全身動作も足や下半身の発達のレベル低下が背景にあると考えられます。〝メディア漬け〟によって、日本国民全体のからだの劣化が幼児、小学生から始まっているのです。

自律神経が鍛えられない――外遊びが減り、子どもの運動量が減少し、エアコンの効いた室内で過ごす時間が多くなるにつれて、これまで年齢が上がるのにともなって自然に発達すると考えられていた自律神経系の機能にも異変が見られるようになってきました。一九九〇年代以降の調査では、血圧調節不良の子どもたちが六割から八割という高い比率で出現するようになっています。一方、朝の体温が三五度台だったり、逆に病気でもないのに三七度台だったりといった体温調節不良の子どもの増加も目立っています（一つのクラスに一割～二割はいる）。

いずれも自律神経がつかさどる調節機能が十分に発達していないか、働いていない状態です。私はかつて昭和初期の子どもの朝の平熱のデータを調べたことがありますが、三六度五分以下の子どもはほとんどいませんでした。当時、自律神経は自然に発達していたのでしょう。子どもの自律神経は「快適で安全な」空間ではなく、寒風に身をさらしながら、あるいは汗だくになりながら、ハラハラドキドキ、手に汗を握るような体験のなかで鍛えられていくのです。

「最近の子どもは泳ぐように走るんです」 幼児教育関係者の話の中に、いまの子どもの状態を表現するこんな言葉がありました。この五、六年来、自分のからだをコントロールしようという気持ちがまったく見られなかったり、気持ちはあってもきわめてぎこちない動きしかできなかったりする子どもが出現し始めています。

背筋力指数が、調査を開始した一九六四年から一貫して低下を続け、いまや赤ちゃんを抱いたり、親を介護したりすることさえ危ういレベルにまで落ち込んでいることは前に述べました。下半身の筋肉が発達していないため、女の子の骨盤の発育不良が医学関係者から指摘されています。先に紹介した子どもの直立姿勢での重心が後ろへ移動しているのも、ふくらはぎ、ふともも、腰などの筋肉の発達の遅れが原因で、老人と同じような状態になってしまっている、と前出の生田教授は指摘しています。

テレビやテレビゲームでは足の筋肉や背筋力など絶対に育たないのです。

視力・立体視力の衰え――一五歳段階で視力一・〇未満の子どもが六三％を超えています。テレビの普及がほぼ終わった一九七〇年ぐらいから急激な視力低下が始まり、いまなお改善の気配はありません。テレビやパソコンのモニターから電磁波が出ていることはよく知られています。子どもが個室でテレビを見たりテレビゲームをすることが増え、近い距離で長時間接触することで、電磁波の影響を受けて視力低下が進んだのではないかという懸念の声も聞かれます。しかし、人体実験ができないこともあって、その因果関係は解明されていません。

最近、教育現場から、飛んでくるボールをよけきれずに顔面に当ててしまう子どもや、いきなり壁にぶつかったり手を当てて突き指をしたりする子どもが増えているという報告が目立ちます。ちゃんと見えているはずなのに、というのです。一方で、養護教諭などからは、左右の目の視力が極端に違う子どもが多くなったという報告もあります。

自分と対象物との距離を把握するためには、左右の目が必要です。片方の目が極端に悪いと、距離を正確につかむ立体視はむずかしくなります。立体視力は危険から身を守ったり、獲物を捕まえたり、労働したりするうえで、つまり人間が生きていくために非常に重要な能力です。かつての子どもたちは自然のなかでからだを使って、ダイナミックに遊びながら立体視力を発達させてきました。しかし、テレビもテレビゲームもパソコンも画面は平面です。見るという行為に二つの目、立体視力は必要ない。長時間のメディア接触のなかで、子どもたちに十分な立体視力が育っていない可能性があるのです。

脳にも異変が起きている?――キレる子どもやＡＤＨＤ（注意欠陥・多動障害）児などの急増、全国各地での学級崩壊現象など、これまでとは明らかに違ってきた子どもの状態に対して、教育や保育、小児医療の現場から、「メディアへの長時間接触が子どもの脳に何らかの影響を与えているのではないか」という懸念の声が出されています。

しかし、テレビ、ビデオ、テレビゲームに乳幼児期から長時間接触する子どもの脳にどんな変化が起きるかについての科学的な研究データは世界的にみてもまだないのが実情です。子どもを取り巻くメディア環境の急激な変化に科学的研究のほうが追いついていけないのです。

一九九七年、テレビアニメを見ていた子どもたち七〇〇人近くがけいれんの発作を起こし、意識を失うという事件がありました。「ポケモン事件」です。アニメ番組の中での赤と青の短時間点滅などの光刺激によって、光感受性の高い子どもの大脳が異常興奮した結果、頭痛、嘔吐、けいれん、意識消失などが引き起こされた、との調査報告が厚生省、郵政省（いずれも当時）が組織した緊急調査班から出されました。この事件が起こるまで、テレビ局もテレビゲーム業界も、子どもの脳への影響など真剣に考えたことはなかったのです。

文部科学省は二〇〇二年度から「脳科学と教育」研究の国家プロジェクトをスタートさせました。「脳を育む」本格的な研究がようやく緒についたのです。それでもここ数年来、子どもの脳に関する調査研究がいくつか発表されてはいます。

東北大学の川島隆太さんの研究では、テレビゲームをしているとき、脳の視覚野と手を動かす運動野は活性化しているけれど、前頭前野（前頭葉の一部）は働いていないことが明らかになっています。

前にも触れたように、人間が未来を構想したり、論理的に考えたり、自分の感情を制御したりといった〝人間らしい〟高度な精神活動をつかさどるのが脳の中の前頭前野なのですが、川島教授はその部分の変化を捉えているのです。

さらに、脳神経科学が専門の日本大学文理学部の森昭雄さんが二〇〇二年に発表した、テレビゲームと脳に関する研究結果は衝撃的なものでした。森教授は、前頭前野の活動を反映している脳波の中のβ（ベータ）波の変動をとらえる脳波測定器を開発し、テレビゲームが〝人間らしさ〟の司令塔である前頭前野の脳活動にどう影響するかを調べました。その結果、幼いころからゲームを繰り返していると、脳がゲームに特化し、前頭前野が劣化（！）していく危険性があることがわかったのです。

一般的にはゲームを始めた直後からβ波は低下し、前頭前野が機能しなくなるのですが、森教授によると、低年齢時から長時間ゲームに親しんできた者は、ふだんからβ波がまったく見られない「ゲーム脳」と呼ばれる脳の状態になっているというのです。そして、その脳波は重い痴呆の人と同じような脳波なのです（詳しくは森昭雄『ゲーム脳の恐怖』ＮＨＫ出版を参照）。私は森教授の研究室にお邪魔して、脳波測定器での測定の様子を見せてもらったのですが、β波が急速に低下する波形を見ながら「メディアと子どもの脳の発達」の問題にようやく本格的な科学のメスが入り始めたのを実感したのでした。

コミュニケーション能力が育たない　子どもたちがテレビやビデオを視聴する場合、一人で画面に向き合い、一方的に投げ出されてくる光と音の刺激を受けとめていることがほとんどでしょう。その時間が長ければ長いほど、母親や家族との情緒の交流、言葉のやりとりは少なくなり、さらに視聴開始の時期が早ければ早いほどコミュニケーション能力の発達を阻害する危険性をはらんでいます。保育園や幼稚園、あるいは乳幼児健診などで、親や保育者、医師と「視線が合わない」子ども、また運動機能や知能にはそれほど問題がないのに「言葉がほとんどしゃべれない」子どもが増えています。もちろん、正式な調査統計などないので、出現率がどのくらいかといったことはつかめませんが、一九九五年ごろから現場ではその異変が意識され始めたようです。

こうした子どもたちが幼児期から学童期にかけてテレビゲームにはまっていくと、集団での遊びの経験がないだけにコミュニケーション能力は未発達のままとなってしまう可能性が強く、友だちと意見が衝突したり、利害が対立したりしたとき、もはや暴力という形でしか自己表現ができない子どもとなってしまうのです。

そうした子どもの状態は自閉症の状態とも似ているために「自閉症」という診断を下されかねず、本来なら幼児期に、それも三歳以前に適切に対応すれば回復するはずの「言葉遅れ」がそのまま放置される危険性も指摘されています。「言葉遅れ」とまではいかないまでも、「最近の子どもはコミュニケーション能力が育っていない」という指摘はよく聞かれます。母親や保育者の言葉を聞くことはできても、話せないというのです。その根っ子に、乳幼児期から一方的に情報を受けとるだけの〝メディア漬け〟の問題があることをきちんと押さえておく必要があるでしょう。

バーチャル体験先行の危険　アメリカでは、一九九九年に当時のクリントン大統領がコロラド州の高校で起きた銃による大量殺傷事件を受けて、全米に向けてラジオ演説を行い、「アメリカの若者は一八歳になるまでに四万回の殺人を目撃して育つ」とバーチャル（仮想現実）体験の中で育つ子どもの状況に憂慮の声を発しました。

日本でも〝メディア浸け〟の生活の中で現実と非現実の混同が起きたり、生命感覚や身体感覚に歪みが生じているのは間違いありません。小学六年生の少女が、チャット上で気に入らないメールを発信したクラスメートを冷静に〝消去〟してしまった佐世保市の事件は、メディアの海で無防備に泳がされている子どもたちの危うさを改めて示すこととなりました。この事件を取り上げたNHKのスペシャル番組の中で、「一度死んだ命がよみがえることがあると思うか？」という教師の質問に、長崎市の小学六年生一クラス三三人中二八人（八五％）が「そう思う」と答えたシーンは多くの人々に衝撃を与えました。幼少期からの長時間のメディア漬けで、生と死の感覚、生命感覚が決定的に歪んでしまっているのです。「人を殺す体験をしてみたかった」と何の関係もない人を殺してしまった少年や「今度は人が壊れるのを見てみたい」と人混みに爆弾を投げ込んだ少年はその象徴的なケースでしょう。重大な事件を起こした少年たちを免罪できないのは当然のことなのですが、同時に、少年たちの生命感覚をそこまで歪んだものにしてしまった状況こそが問われなければならないのです。

自分が実際に転んで手や足をすりむき、血がにじんでくるという痛みの体験をする前に、画面の中で手や足がもげたり、首が飛んだりする映像を何百回、何千回と経験するのです。そうしたバーチャル体験には痛みや苦しみなどともなっていません。それどころか、現実体験のない子どもたちは画面を見て、痛みや苦しみを想像することさえできないのです。そして、巻き戻しボタンを押せば飛んだ首は元どおりにつながり、リセットボタンを押せば撃破した邪魔者もよみがえります。

虫でもへびでも、一度叩き殺した生き物は二度とよみがえることはありません。豊かな現実体験の中でそういうことを経験してから、テレビ、ビデオ、テレビゲームの映像に触れるのと、現実体験がほとんどないままに〝メディア漬け〟の生活を送るのとでは、子どもの生命感覚や身体感覚がまったく異質なものになってしまうのは容易に想像できることではないでしょうか。

しかも多くの場合、乳幼児期から子どもたちのメディア接触は、孤独な形で行われています。一方的な情報、強烈な刺激が生の人間というフィルターを通すことなく、直接、子どもの意識に刷り込まれていくのです。子どもたちの現実、非現実の感覚があいまいになり、生命感覚、身体感覚に歪みが見え始めたのは当然のことといえましょう。

⑤ 子どもに最善の利益を！：メディアへの主体性を育てよう

一九八〇年代以降、〝子どもの危機〟が叫ばれ子どもたちのからだや心の発達の遅れや歪みが指摘されてきました。現在、子どもたちのそうした心身の「発達不全」は改善されるどころかますます深刻な事態となっています。

私たちは、日本の子どもたちのそうした危機的状況に、八〇年代以降急速に子どもたちの生活に普及した電子映像メディア（テレビ、ビデオ、テレビゲーム、パソコン、ケータイ）が大きく関わっていると考えています。

かけがえのない「子ども期」に〝子どもにとっての最善の利益〟（子どもの権利条約）を保障することは、大人たちの重要な責務です。これまでの活動の中で、私たちは、子どもたちや若い親たちに「メディアへの主体性」を育て、「子どもとメディアのいい関係」を創り出すことがそうした責務のひとつであり、日本の子どもたちが、からだも心もまっとうに育つために極めて大切なことだという確信を持つに至りました。今回の全国フォーラムはそうした確信を全国の多くの方々と共有し、具体的な行動が全国各地で始められることを願って企画されました。（以下略）

これは、二〇〇四年二月福岡で開催された、第一回「子どもとメディア全国フォーラム」を主催したＮＰＯ・子どもとメディアを代表して私が書いた呼びかけの一部です。

二〇〇四年は、〝子どもとメディア〟に関しての社会的関心が急速に高まり、全国各地で〝子どもとメディア〟に関しての具体的な取り組みが大きなうねりとなって広がった画期的な年となりました。そのキッカケとなったのが、二月六日に発表された日本小児科医会の『子どもとメディア』の問題に対する提言」でした。この「提言」は第一回「子どもとメディア全国フォーラム」（主催・ＮＰＯ法人子どもとメディア）でも紹介され、北海道から鹿児島まで全国各地から集まった、脳科学や医学・教育などの研究者、医療や教育・保育などの現場の人びと、母子保健や教育行政の関係者など五〇〇名をこえる参加者から賛同と共感の大きな拍手が湧き起こりました。

子どもたちの心身の発達の遅れや歪みに着目し、〝危険可能性〟を意識した今回の医会「提言」は、「子どもの権利条約」批准後一〇年にして日本の大人たちが行動した初めてのまっとうな対応だったのでした。

〝子どもとメディア〟の意識化すすむ

医会「提言」は、発表直後から大きな反響をまき起こしました。全国紙、地方紙などほとんどの新聞が「提言」そのものを記事にしただけにとどまらず、特集やシリーズ企画で〝子どもとメディア〟の問題を取り上げました。特に、子育て真最中の若い記者たちは、わが家の問題としてもこのテーマに取り組んだのです。例えば、読売新聞の「子どもとテレビ再考」という五回シリーズを担当した伊藤剛寛記者は、四歳と一歳半の幼児の父親の目線で、「テレビを全く見せないことは無理だ」という妻の言葉から企画をスタートさせました。そして連載五回目、最終日の見出しは「〝ノーテレビデー〟意外に平気」。

新聞だけではありません。週刊誌、育児雑誌、業界紙、専門家向けの月刊誌……実にさまざまなメディアが〝子どもとメディア〟の特集を組みました。『女性自身』という週刊誌のタイトルは「雅子さま『テレビは見せない』愛子さま〝新・教育方針〟」。ボーネルンドという遊具の販売会社が出している季刊誌『あそびの森』、社団法人・実践倫理宏正会の月刊誌『倫風』、東京都私立幼稚園連合会『都私幼連だより』、法務省保護局・月刊『更生保護』、全国社会福祉協議会『月刊福祉』、地域保健研究会『月刊・地域保健』……、こう書き出すだけで、多様なメディアが〝子どもとメディア〟の問題に関心をもったことが一目瞭然です。

中でも主婦の友社発行育児雑誌『como（コモ）』『ベビモ』の対応はユニークなものでした。両誌とも読者に対して、ノーテレビ・ノーメディア生活のチャレンジャーを募集し、前者が六日間、後者が三日間家族ぐるみのノーメディア体験に挑戦してもらい、子どもに、家族にどんな変化が起こるかを実証的に明らかにしようという企画でした。この企画ではチャレンジャー募集の段階で、医会「提言」の効果が次の二つの点ではっきりと確認されることとなりました。一点目は、チャレンジャーに応募する動機の欄に多くの親たちが、医会「提言」を新聞などで知って〝子どもとメディア〟のことを意識し始めたことを書いていた点、二点目はこの企画を実施するに際して編集部が行った乳幼児のテレビ・ビデオ接触時間調査で、医会「提言」前と後では接触時間がなんと半減したということが明らかになったことです。医会「提言」は、子育て中の若い親や妊産婦に非常に高い関心をもって受けとめられたことを示す証拠といってもいいのではないでしょうか。

広がる〝脱メディア〟の取り組み　二〇〇四年四月、岡山で開かれた日本小児科学会でアメリカの小児医学の専門家・ストラスバーガー博士は「子どもにとってメディア接触の安全性と有効性が証明されていない以上、テレビ・ビデオを子どもに見せるべきではない」と明快に主張しました。薬や食べ物の場合、安全性も有効性も確認されていないものを親が子に与えることなど考えられません。しかし、日本では安全性も有効性も全く確認されていないのに、親が子どもにテレビ・ビデオ・テレビゲーム・パソコンなどを見せたりやらせたりすることを平気でやってきました。

医会「提言」を機にその流れが変わり始めています。特に日頃から「ヘンナ子」「オカシナ子」への対応に頭を痛めていた保育園、幼稚園の反応は素早いものがありました。全国各地の保育士や幼児教育の研修会や研究大会で〝子どもとメディア〟が取り上げられ、「ノーテレビがんばりひょう」など各家庭の冷蔵庫に貼り付ける小道具なども工夫しながら「ノーテレビ・ノーゲームデー」の取り組みが広がっています。そして当然のことながら〝居残り保育〟にビデオを使う保育園が激減していっていることはいうまでもありません。

「ノーテレビ・ノーゲームデー」の取り組みは、子どもや若い親たちが〝メディア中毒〟の日常から抜け出すキッカケをつくり、メディアに対する主体性を取り戻すチャレンジでもあります。アメリカでは、一九九五年から同様の趣旨で毎年四月下旬に「TV Turn off Week」が展開され、大きな国民運動となっています。

東京都内でも、豊島区の富士見台小学校や渋谷区の中幡小学校などでは、医会「提言」の前から「ノーテレビ・ノーゲームデー」に取り組んでおり、宮崎県、三重県、鳥取県、埼玉県、島根県などでは学力向上対策の一環という目的も合わせて教育委員会、教師、ＰＴＡが一体となって「ノーテレビデー」が展開されてきていました。医会「提言」はそうした流れにも一段と拍車をかけることとなりました。

「テレビを消したら見えるもの」（高知県吾北村）、「毎週土曜日はテレビの声より家族の声」（茨城県東海村）などといった独自のキャッチコピーで地域ぐるみの取り組みを始めた自治体も少なくありません。鳥取県教育委員会は、昨年九月から県内六地区をノーテレビ・ノーゲームの推進モデル地区に指定し、実験・検証を開始しています。

最後に私たちＮＰＯ・子どもとメディアが実施した「アウトメディア大作戦」のチャレンジャーだった小学生の朝日新聞『声』欄への投書を紹介しておきます。

テレビを見ずに家族で一週間

佐橋哲平（福岡市九歳）

ぼくはテレビとビデオを見ず、ゲームもしない一週間に家族でちょうせんしました。一週間の間に、ぼくは外で友だちとたくさん遊んだり、リンゴの皮むきにちょうせんし上手にむけるようになりました。家族でトランプをしたり、お父さんとつりにも行きました。この一週間でよかったことは、早ね早起きができたことと家族の会話がふえたことです。（中略）今までテレビは楽しいと思っていたけれど、テレビを見ない生活をして、テレビやゲームは「時間どろぼう」だということに気づきました。これからはテレビに時間をぬすまれないように、スポーツ、読書、食よく、げいじゅつなどの秋をまんきつしたいです。

（『朝日新聞』二〇〇二・一〇・二八）

【清川　輝基（ＮＰＯ法人　子どもとメディア／元ＮＨＫ放送文化研究所）】

II

子どもの育ちを支える社会教育の30年

子どもの育ちとそれを支援しようとする大人たちの子ども観や取り組みが、この三〇年の間にどのように変化したのか？前章での素描を踏まえ、ここでは、節目となった時期ごとに精査しながら、詳しく跡付けていきたいと思います。二〇〇四年八月二九日、社会教育研究全国集会「子ども」分科会は、四四回目を迎えた同全国集会において、福島県猪苗代町中央公民館を会場にして、左記のシンポジウムを開催しました。三〇年間の節目となった時期ごとに実践面と理論面を代表するパネラーを招請し、実践面では特徴的な動きを見せた運動や実践に注目し、理論面は研究上の課題となったことや動向を中心として、各々の時期の特色や今日的な意義を語っていただきましたので、その内容をこのⅡ部でご紹介して課題に迫ることにいたします。

―第四四回社会教育研究全国集会「子ども」分科会三〇周年記念シンポジウム―

学び育つ主体としての子ども＝「子育ち」の発見

〈子どもの育ちと社会教育を結ぶ実践と理論、ならびに「子ども」分科会三〇年の歩み〉

開催趣旨

社会教育研究全国集会「子ども」分科会は、一九七四年度の集会において誕生しました。二〇〇四年度の集会で三〇周年を迎えます。大きな節目を迎えた記念の意味も込めて、一世代分にも相当する時間の経過の中で、子どもの育ちと社会教育を結ぶ実践と理論はどのように捉えられ、進化・深化してきたのか？それを踏まえて今後の課題とは？この機会にこれまでの軌跡を振り返りながら考えてみたいと思います。

方法

① 便宜上、三〇年間を以下の四つの時期に区分し、それぞれの時代に縁深い実践者、研究者の方に各々にお一方パネラーとして登壇していただき、当該時期において実践上、研究上課題となったことや、それに対する取り組み、その他、これからの実践や研究に教訓として生かすことができるエピソードや提言など、順次語っていただきたいと思います。

② その後、パネラーの皆さん同士、さらには、会場の一般参加者の皆さんにも加わっていただいて、子どもの育ちと社会教育の視点から三〇年間の意義を問う討議を行い、開催趣旨に掲げた目的に迫っていきたいと思います。

四つの時期とそれぞれの時代を語っていただくパネラーの皆さん（敬称略、主な肩書き）：

時期	年代	実践者	研究者
Ⅰ	一九七三〜一九八二年頃	岩橋　能二〔元少年少女組織を育てる全国センター会長など〕	上杉　孝実〔京都大学名誉教授／元日本社会教育学会会長など〕
Ⅱ	一九八二〜一九八九年頃	小暮　健一〔NPO法人所沢市学童クラブの会〕	増山　均〔早稲田大学／『子ども白書』編集委員長など〕
Ⅲ	一九八九〜一九九八年頃	立柳　聡〔元東京都豊島区児童厚生員／福島県立医科大学〕	世取山洋介〔新潟大学／DCI日本支部事務局長など〕
Ⅳ	一九九八年〜現在	大河内千恵子〔OTA子育て支援ネットぽれん〕	末嵜　雅美〔九州大谷短期大学〕

コーディネーター：小木美代子〔日本福祉大学、日本子どもNPOセンター理事など〕

1 七〇年代にともに取り組んだ〈子育て・文化・つくり〉運動
一九七〇年代（実践）

① 筆者と〈地域〉の出会い

筆者は一九五九（昭和三四）年に足立区立花畑小学校の教員になりました。東京と埼玉の境にある町で、当時担任をした子どもたちの三分の二は農家の子でした。

五月のＰＴＡ総会で、私はＰＴＡの支出の内容について質問しました。その会が終わったとき、「総会で質問が出たのは初めてだ。いっしょに勉強しませんか」と声をかけられ、そこから花畑子どもを守る会が生まれました。教育基本法の学習、ＰＴＡ民主化のとりくみ、神明町保育園の開設要求など、六〇年代を町の人びとと協同して活動してきました。その中で学校の民主化も前進しました。そうした活動の中で、私は地域の力と職場の力がひとつになると、子育てと教育を前進させることができることを学びました。教員としての出発点でこの体験ができたことは、私と地域を結びつけるきっかけとなりました。

しかし、六〇年代後半から始まった高度経済成長政策によって、地域はその姿をまったく変えてしまいました。地域崩壊を食い止め、住民の暮らしを築こうとする仕事は、三途の川に石を積むようにむなしいものでした。七〇年代は、地域崩壊に抗して必死に努力した時期でした。

② 田んぼがつぶされ、団地が建った

一九六〇年の足立区の人口は四〇万八〇〇〇人でした。一九七〇年には五七万二〇〇〇人ほどになりました。その後も増え続け、最高時には七〇万人近くに達しました。公団住宅、都営住宅が造られ、とくに東北、上越地方から人びとが移住してきました。

私はその後の三〇年間をほとんど、最初の就職先の花畑地域で勤務しました。学校内に次々と新設校が造られ、私はそこに転勤して、計五校に勤めました。三〇年間もいたのだから、普通なら町中の人びとと知り合いになるはずですが、人口増の中での転勤は、常に見ず知らずの人たちとの出会いでした。

農家は土地を売り、その生活は大きく変わりました。そのころお寺の住職から聞いた話ですが、檀家の家庭からは、夫の遊びぐせや金をめぐるトラブルによる相談が多数持ち込まれたとのことです。先祖代々の土地を失い、暮らしの大転換を迫られていました。他方、公団住宅の人びとにはテレビ、冷蔵庫、電気洗濯機などの整った新しい生活が始まっていました。しかし、核家族の中で、子どもたちは働くことを求められない〝失業者〟になっていました。また区内に集中した都営住宅は、低所得者向けのものが多かったので、貧困、家庭崩壊などの問題が集中していました。母親が夜の仕事に行く家庭の子どもが夜まで学校に保護されるという例もありました。時代の大波が、こうした住民の暮らしに大転換を迫っていたのです。

③ ＜つくり運動＞が住民を育てた

当時花畑団地は陸の孤島でした。駅から三・七㎞近くも離れていてバスも来ない、道路も土のまま。保育所も図書館もない。だから、住民はバスを呼び、保育所や図書館をつくることから町づくりに立ち上がりました。団地自治会、ＰＴＡなどがその中核を担いました。

花畑西小学校は七〇年代のはじめに、団地の人口増に対応して新設された学校です。ＰＴＡは学びの場であり、子どもと教育を支える具体的な行動計画を進める力になっていました。そのＰＴＡは学ぶことを大切にしていて、日本子どもを守る会会長の羽仁説子さんに来てもらって学習会を開いたこともありました。今度は誰に講師として来てもらおうかと相談するのがお母さんたちの楽しみのひとつでもありました。

子どもの本を読む会も続けられました。月一度の例会で三冊の本を読み合わせ、家庭での子どもたちとの読書の様子を交流したりしていました。この人たちを中心にして、花畑図書館をつくる運動も進みました。区は区民センターに図書室をつくると言いましたが、つくる会では図書館問題研究会の人を講師として呼び、話を聴く中で、「図書室」は図書館ではないことを学び、図書館をこそつくってほしいと区に要求しました。その結果、当時は少なかった区立図書館が花畑地区に実現しました。

全国各地から移り住んできた人びとは、このような＜つくり運動＞を通して住民として結びつきを強め、くらしの主人公になっていきました。

④　子育て活動の行き詰まり？

しかし、〈つくり運動〉が子育て活動の前進に結びつくのは困難でした。

住民による子育て運動は多様に展開されていました。子ども劇場、よい映画を観る会、子ども組織を育てる会、子どもの本を読む会などが、多くの区民の参加を得て続々と誕生しましたが、そのことは、反面で、子育てが新しい生活の中で大きな困難にぶつかっていることを反映していました。人びとは、子育ての基本となるくらしの諸条件を失いつつあったのです。

子どもが活躍する地域の自然条件の変化があそびの世界を失わせていました。綾瀬川は、七〇年代には日本一汚い川として有名になり、田んぼを潤していた用水は邪魔物扱いにされ、埋め立てられたり、暗渠にされたりして、その姿を消していきました。メダカが泳ぎ、ザリガニがはっていた水辺は、子どもたちのくらしから失われていきました。

新しく造られる道路での交通事故がひんぱんに起きました。とくに一年生の入学直後の時期は、事故が集中していました。道路が開通されるたびに、心配は増えました。

私は教師になった年（一九五九年）に、四年生を担任しました。不登校で勉強も進まないA君を毎朝迎えに行き、一学期間で少しは進歩したと私なりに得意になっていました。ところが、二学期初め、またA君を迎えに行ったところ、A君の父親に言われました。「先生、無理をしないでいいよ。うちの息子はどうせ百姓になるんだ。くわや鎌の使い方は俺が仕込む。学校でがんばらなくてもやっていけるようになるんだ。」と。

私は愕然としました。一学期間私なりに努力してきて、得意になっていた私の思いが、ぶちのめされたようでした。そして、学校の仕事というのは、一体何なんだと問い詰められているように思いました。とくに私の心に深く残ったのは、「俺の息子は父親としての俺が仕込む」という言葉でした。それは、それまで花畑の町で暮らしてきた農家の人たちの子育てへの思いであり、親としての責任と自覚されていたことだったのだと知りました。自分の子は自分で育てるという子育てがこの町にはあったのです。

しかし、高度経済成長政策によってもたらされた新しい地域では、子育てのあり方を土台から突き崩しました。新しいくらしの中では、わが子をどこかへ預けて仕込んでもらうという「委託加工の子育て」に変化しました。学習塾やおけいこごとが流行し、川や用水での遊びを失った子どもがスイミングに通い始めました。空き地を失った子どもたちは、監督に率いられる野球チームに入って鍛えられました。

公団住宅の人びとの私立学校志向が強まりました。自分の子どもを仕込むことのできない労働者たちは、「よい学校」にわが子を入れて「よい会社」に就職させることが親の責任と考えるようになっていたのです。学校は、その期待を大きく背負うことになり、受験対策が小学校でも大きな課題のひとつになりました。そして、過度の受験競争が子どもたちを巻き込むようになると、その期待が学習塾へと向かっていくようになりました。放課後に足立区から他区の学習塾まで通う子どもの姿が多く見かけられるようになりました。

「委託加工の子育て」は、こうして子どものくらしを変えていく中で、彼らが少年期に保障されなければならない「子ども世界」を失わせていきました。子どもたち自身が主人公になれる時間・空間・仲間を失ったといわれるのも、また、子どもたちが無気力、無関心、無感動の三無状態に陥っていると心配されるようになったのもこの時期です。

⑤ 隣は何する人ぞ

八〇年代の初めに足立区綾瀬で女子高校生コンクリート詰め殺人事件が起きています。この事件を通して、何が少年たちを事件に追い込んだかが大いに論議されました。学校の管理体制が強く、学校という場に入り込めない中学生が存在したこと。綾瀬駅のまわりが急速ににぎわいの場になり、夜は中・高校生のたまり場になっていたこと。いずれにしても、進学競争という世界に入りきれない子どもたちが多数存在していたことは明らかです。この点では、七〇年代に始まった「委託加工の子育て」が破綻していることが、この頃すでに明らかになっていたといえます。

この時のもうひとつのショックは、なぜ長い期間、この事件が気づかれなかったのかということです。事件は、隣の家と軒を接するように建てられた新興住宅地で起きています。事件を起こした高校生たちが出入りすることは、普通なら誰でも気づくはずの場所です。これは、住民同士の付き合いが大変薄かったことを物語っています。七〇年代につくられた町は、このように、隣に何が起きても没交渉になってしまうものでした。団地や都営住宅でも、家々のドアを閉めてしまうと互いに干渉しあうことは少なかったのです。

私は、PTAの会合で子育ての協力の必要を語る中で、「団地は大きな長屋です。江戸時代には、長屋は米の貸し借りをするほど協力して暮らしていました。団地でもぜひ仲良く力を合わせてください」と言ったことがありました。大変軽率なことでした。PTAのおかあさんたちから、あの先生はずいぶん失礼なことを言う人だと非難されました。団地を長屋と呼んだことは、たしかに適切でなかったかもしれません。しかし、互いの心の扉を開き、心を通わせるくらしをつくることが必要であることはわかってほしかったと思います。八〇年代初めに起きた不幸な殺人事件は、七〇年代の町づくりが、住民として心を通わせ合うことを困難にしていたことを示しています。

⑥「子ども世界」を守り、育てること

このように、地域の困難が目に見えてくる中で、先にも紹介したように、住民による子どもの文化運動が多様に生

まれ、展開されました。「つくり運動」に魂を入れるような子育て運動でした。

七五年に「足立子どもまつり」を立ち上げました。私も関わる「足立子ども組織を育てる会」と「足立子ども劇場」の共催で第一回を行いました。会場の公園を区から借りるとき、区の公園課の人が何人くらい集まるのかとたずねました。私たちは見当がつかなかったのですが、およそ五〇〇人くらいでしょうと答えました。公園課の人は、あの公園にそんなに入るかなあ、と心配してくれました。五月の子どもまつりには、実に八〇〇人を超える人が集まりました。次の年から実行委員に加わる団体が増え、最高時には三〇団体ほどに、参加者も常に一五〇〇人を超え、最高時は三〇〇〇人近くになりました。こうして子どもたちのよろこびをつくり出す子どもまつりを支える力は、大きく広がっていきました。

子どもまつりの日が終わるころ、楽しさをいっぱい味わった子が、そばにいたおじさんに「ねえ、今度いつやるの」とたずねました。おじさんは少し慌てながら「いやあ、また来年の五月にやるよ」と答えたら、その子は「え、来年になっちゃうの」とがっかりしていたそうです。「子どもまつり」が続いた理由はいっぱいあるのですが、子どもたちの「楽しかった！」という思い、そして大人たちは「楽しかったよ」と子どもたちから言われることの心地よさに原点があるのだと思います。このよろこびあえる日を、足立の町中に日常的に持てることこそ求められていたのです。

「足立子どもまつり」は、その活動内容を自由に選べます。会場の元渕江公園は、子どもたちが自由に走り回れる空間です。仲間と活動しあえる広場です。たった一日のとりくみですが、ここには「子ども世界」が作られるのです。「足立子どもまつり」は、今もなお続いています。三〇年余のこのとりくみは、足立の子育て運動の結節点なのです。

⑦ 住民が主人公の運動だったか

新しい世紀を迎えている今、各種の文化活動は明らかに衰えています。映画と劇場の会は休業中です。子どもの本を読む会は、数少ないのですが続いています。「足立の学校図書館を考える会」が一〇年前につくられ、この会が学校図書館の充実をめざしつつ、子どもの本を読み、広げる運動をすすめています。

私は、一九七二年に「少年少女組織を育てる全国センター」結成に参加しました。そして、足立区に「足立子ども組織を育てる会」が結成されました。その目的は「子ども組織の自主的・民主的な活動を援助する」ことでした。地域の子どもの仲間が育ちにくい状況の中で、子どもたちが自主的に活動し、互いに育ちあう子ども組織を育てることがその活動でした。

しかし、具体的にどうしたらよいのか、当時は見えてきませんでした。とにかくやってみようと始めたのですが「少年少女青空学校」でした。初めは会場を決めて、一週間通うものでした。「学校」の名のとおり、教科の勉強があり、自治活動の時間がありました。ただ、その内容は、当時各種の民間教育研究団体が活動していましたので、その中心メンバーの協力を得て作りましたから、子どもたちは一時限ごとの活動に目をかがやかせていました。子どもたちは異年齢の班で活動しました。そこでは区内の若い教師たちが担当して、子どものとりくみを支えました。

この姿は、これまでの学校の形式を超えて、子どもたちの自主活動を引き出し、一週間が短いと思えるほどの積極的な参加を獲得しました。この子どもの姿が、その中心になった教師たちと、これを見守って参加していた親たちに、このとりくみのすばらしさを確信させました。この青空学校を出発点として教師と親の力で、地域子ども組織（少年団・子ども会）が生まれ、育っていきました。

このとりくみも、他の文化活動と同様に、今日では往年の力を持てなくなっています。その理由はいろいろあります。中でももっとも大きな理由は、教員が呼びかけの中心になっていたところにあると思います。七〇年当時は、教員は転勤をするときに、それぞれの希望を述べ、相談と納得を前提にしながら行われていました。区内転も多く、青空学校には転勤しても参加できる条件がありました。しかし、教員への管理強化で他区異動が増え、活動の中心になる人が消えていきました。そして、子どもの運動の支え手として教員のとりくみは弱まったのです。映画や劇場の運動も、そのことが大きな傷となりました。

子ども組織を支える力として、もう一つ大きな力となったのは児童館職員でした。児童館を地域にひらき、住民の活動と手をとって進めてくれた児童館は、住民の子育て運動の拠点になっていきました。しかし、足立区が公設公営の児童館を廃止し、民営化された住区センターの児童室としていく中で、大きな力であった職員がいなくなりました。いま、運動を担う中心にならざるを得ないのは住民です。親たちです。しかし、その親たちも、七〇年代の町づくりと結んだ子育て運動を担ってきた人びとは高齢化して、子育てから卒業していきました。住民の中での運動の継承が不十分のまま過ぎているのが現状です。しかし、わが子を大切に思えば思うほど、親自身が立ち上がらざるを得ないはずです。その立ち上がりなしに運動の新しい発展は見えてきません。

⑧ 地域に根ざす、地域から始める

七〇年代を語るにあたり、いろいろな出来事を思い出し、自分がいろいろなことに関わってきたことに気づきました。教職に就いてその初めから地域と出合い、退職後も地域での活動を引きずり続けていることの意義深さを、改めて確かめることができました。今、子どもたちは不幸な状況に追い込まれています。その不幸の出発点が七〇年代にあったことは明らかです。

子どもたちの不幸な状況はきわめて深刻です。メダカが絶滅危惧種に指定され、国を挙げてその保護に当たっています。今や、少子化が大問題になっていますが、子どもを産むことが減ることそのものが絶滅の危機なのです。私はメダカと同様に、子どもたちを絶滅危惧種に指定し、全国民の力で子どもを守り、育てることにとりくまなければならないと考えています。

また、子どもが生まれたとしても、育つ条件が破壊されています。人類が誕生してから三〇〇万年といわれますが、人間は地球環境の大変動にも耐え、生き残る生活スタイルをつくりあげてきました。その長い年月の中で築きあげてきたものが、わが国では七〇年代に突き崩され、生活の土台が変えられました。そのことが、子どもをヒトとしてあるいは人間として育つことを困難にしています。

食べる・排出する、眠るなどの生物として生きていくための生活が崩れました。早食い、孤食、遅寝、遅起きなどが子どもの生活のスタイルとなり、目覚めが遅い、立ちくらみが起きる、いつもだるいなどの身体の異常が社会的な問題になっています。食う・寝る・出すなどの生活は生物的な活動であると同時に、人間らしい生活をする文化として人類は作り上げてきました。学ぶ・遊ぶ・働くという社会生活の循環が崩れ、学ぶことだけが突出した生活になっています。それも競争の世界で孤独な活動になっています。受験のための「学力」の強制は、子どもたちを勉強嫌いにさせる原因になっています。遊び、働く生活は、子どものくらしの中では主要な地位を占めていません。子どもたちは、遊ぶ時間はあっても、個室の中でテレビゲームなどをして、機械にあそばせてもらっていて、友だちとの交流は失われています。

私は、今、足立区の仲間と一緒に埼玉県秩父の両神村で山の家を運営しています。そこでの生活のモットーは、「自分のことは自分でする、自分たちのことは自分たちでする」と決めています。子どもたちが仲間とともに生活し、食う・寝る・出す、学ぶ・働く・遊ぶ活動を、このモットーの通りにやりきる中で、互いに育ちあってほしいと願っています。子どもたちが育ちあう場を持つ中でこそ、子どもも主権者であることが保障されるのだと考えてもいます。子どもが主権者として生きることを通して、ヒトになり、人間になれると考えています。

大人たちは、憲法でも教育基本法でも子どもの権利条約でも、子育て・教育の主権者として認められています。戦前に、大日本帝国憲法の下では、わが子を天皇にささげて、立派に死ぬことだけが子育ての道でした。このことの悲しみを二度と繰り返さない立場に立って戦後の道を歩んできました。しかし、七〇年代の「委託加工の子育て」は、親・住民が子育て・教育の主権を奪われたと言えないでしょうか。

花畑の農家の人たちは、「俺の子どもは俺が仕込む」と言っていた子育ての姿は、天皇制の国家が形成された明治よりも古い時代から、農家の子育ての姿として受け継がれてきたものでした。地域での大変化は、この歴史的子育て文化を土台から突き崩したのです。七〇年代に登場した「委託加工の子育て」からは、家庭での子育て、地域での子育ての形が見えてきません。そして、このことは今回も同様であり、その状況の中で子どもたちの危機が進行し、その解決の道が見えてこないのです。

子どもを守り、育てる活動は、子どもたちが日々生活する現場＝家庭・地域・学校などでこそ展開されなければなりません。そして、そのとりくみは親、住民が担わなければなりません。子ども世界を地域で保障できるのは、地域で子どもとともにくらす住民にしかできない仕事です。七〇年代にはじまる子どもの不幸を深く見つめて、主権者としての自覚をとりもどし、子どものために、もう一度歩きはじめたいと願っています。

【岩橋　能二（元小学校教員）】

2 子どもの学校外教育と社会教育

一九七〇年代（理論）

① 子どもに関わる社会教育の動向

第二次世界大戦後、社会教育は、理念としては成人の教育に重点を置くものでした。社会教育を成人教育と置き換える研究者も見られました。そこには、戦前の社会教育が、青年団本位であったと言われるように、青少年教育にかなりの比重を置くなかで、成人もその延長線上で扱われやすく、あたかも未熟な存在であるかのように教化の対象としてきたことへの反省があります。戦後は、主権者としての教育を重視することからも、成人の教育にウエイトが置かれたのです。欧米においては、日本の社会教育に相当する言葉がなく、成人教育がそれに当たるものとしてとらえられてきたことも関係があります。しかし、社会教育の現実の動きとしては、戦後も青年団を中心とした青年教育があり、子どもの地域活動も子どもクラブの活動など社会教育として位置づけられているところが少なくなかったのでした。

一九六〇年代の高度経済成長政策の下、急激な都市化などの地域変貌や進学を巡る受験競争の激化、テレビの普及などによって、子どもの生活にも大きな変化が生じ、屋外遊びや仲間集団の減少、人間関係の希薄化などが指摘されるようになりました。また、六〇年代の学校教育は、教育投資論の下、人的能力開発政策の影響を受け、能力主義が強調されるなか、高校における学区の拡大や選抜制度の強化があり、教育課程も過密なものになってきました。一九七一年に発表された全国教育研究所連盟の「義務教育改善に関する意見調査」の結果によると、半数の子どもが授業についていけないとの教師の回答が見られるようになったのです。

これに対して、一九七一年には、国の社会教育審議会答申「急激な社会構造の変化に対処する社会教育の在り方について」が出され、幼少期からの各年代における社会教育の必要性が強調されました。これは、同年に出された中央教育審議会答申で、生涯教育の言葉を用いながら、疎外感が広がっている学校教育の現状に対して、社会教育の集団活動や宿泊施設の利用を促進することをうたっていることにつながるものです。そして、一九七四年の社会教育審議会の建議「在学青少年に対する社会教育の在り方について」は、少・青年期の社会教育の意義と家庭教育・学校教育と社会教育の連携の必要性について述べ、学校の部活動や夏季休業中の林間・臨海学校、プールにおける水泳指導などには社会教育活動として取り扱うのが適当なものがあるとしたのです。

このことに関して、一九七〇年と七一年に日本教職員組合は、「教職員の労働時間と賃金のあり方」について文書を出し、教師の多忙化のなかで、社会教育法第二条を引用して、部活動や夏季休暇中の林間・臨海学舎やプール指導は学校の教育課程外であるから、社会教育として行われるべきであると主張しました。このことを巡って論議が起き、改めて学校教育と社会教育の関係が問われたのです。両者の区分を明確にした上で連携を唱える学社連携論に対し、両者の重なりを重視し、その結合を積極的に進める学社結合論も提起されました。それは、後に永井健一編『学校教育と社会教育の結合』(勁草書房、一九七九年)などにまとめられています。

地域において子どもが自然に集団を形成し、活発な活動を展開することが難しくなっていることから、学校外での子どもの活動をどのように援助すべきかが課題となり、子どもの学校外教育が論議の的になったのです。日教組の教育制度検討委員会でも、『続・日本の教育をどう改めるべきか』(勁草書房、一九七三年)で、学校外教育について、父母・住民が担い手になり、地域の自己教育運動を発展させることを期待しながら、当面学校教員の増員によって、校外生活指導員を確保・配置することを提案しています。

一方、国の政策としては、社会教育としての少年教育、青年教育といった呼び方がよく用いられるようになります。そのなかで、社会参加の名のもとに、青少年団体への加入促進が図られました。また、青年の家の少年版として国立及び公立少年自然の家の設置が進められ、集団宿泊研修と自然の体験学習が促されることになります。対象が小・中学生であることから、社会教育施設と言われながらも学校教育上の利用が多くなるのです。青年の家は、もともと勤労青年のためのものとして設置されてきましたが、七〇年代には高校生等生徒・学生の利用促進が図られ、勤労青年の利用を上まわるようになりました。自治体によっては、高等学校の修学旅行の事前研修として青年の家の利用を必須とするところもありました。

高度経済成長政策によって、企業の拡大が見られる反面、農業や自営商工業が縮小し、家事専業も増える一方、勤めに出る女性も多くなりました。都市化によって核家族化も進み、地域のつながりも乏しいところでは、いわゆる留守家庭児童の問題が生じてきます。もともと農村では、帰宅時に保護者が在宅でない子どもは多かったのですが、近隣集団、仲間集団が存在することによって問題とは意識されなかったのです。六〇年代に始まった国の留守家庭児童会補助は、七〇年代にはいると打ち切られ、校庭開放事業に吸収するというかたちになります。しかし、不特定多数を対象とした校庭開放事業と、集団としての留守家庭児童会事業は、同一に扱うことはできないことからも、学童保育は継続を必要とするものであって、自治体や自主団体で取り組まれてきました。

このような時代背景のもと、民主的な社会教育の推進を図ってきた社会教育推進全国協議会が地域の実行委員会と共催する社会教育研究全国集会においても、一九七四年の名古屋での集会から、子どもに関する分科会が設けられることになりました。このことによって、これまで少年少女センターや子ども会など子どもの組織づくりに努めてきた人びと、親子劇場や地域文庫活動など子どもの文化活動に関わっていた人びと、児童館や学童保育で子どもを支える活動を展開している人びとなどが一堂に会して、社会教育の観点から子育ち・子育てについて考える機会が用意されたのです。

② 七〇年代半ばの子どもに関する議論

一九七四年の社会教育研究全国集会における子どもの分科会は、「子どもの成長・発達と社会教育」分科会として開催され、「私たちの文庫活動―天白ミニ文庫の実践報告」「中津川市教育を育てる会の活動について」「少年少女を育てる愛知センター」の三つの報告がなされています。子どもの文化を豊かにするための取り組み、地域の教育力を高めながら民主的な教育を住民と教師共同で進めようとする運動、自主的民主的な子どもの集団づくりへの援助についての報告であり、子ども会のあり方などが論議されています。

一九七五年の長野大会でも同じテーマの分科会が開かれ、長野県の子ども劇場についての報告がありました。長野県においても都市化の波が押し寄せ、地域環境が変わり、子どもたちがテレビやテストの影響を強く受けていること、そのなかで母親の学習・活動がひろがっていること、運動の側から行政の縦割りを超える動きをつくっていることなどが話し合われました。

一九七六年の東京大会では、「子どもの遊びや文化を育てる活動」をテーマに、これまでに倍する一二〇人ほどの人が集まりました。レポートには、「ハーモニーセンターの実践」「船民教キャンプの実践」「多摩市なかよし文庫の実践」「調布図書館の実践」「少年少女センターの実践」「目黒区立児童館の実践」があり、合宿生活や読書・遊びなどについて論議が交わされました。運動と行政がばらばらで取り組んでいる状況があり、特に行政の遅れがあることが指摘されるとともに、教師の役割と地域での活動との関係が問われたのです。

一九七七年の福岡大会では、「子どもの文化と学校外教育」がテーマに掲げられ、「福岡市土井団地文庫の実践」「福岡西部子ども劇場の実践」「千葉県君津市での実践」「福岡市高宮公民館の実践」「子どもの生活調査―埼玉県富士見市」のレポートを巡って討議がなされました。地域の父母と職員と双方の実践をつきあわせ、その連携のあり方が探られました。また、行事を日常活動にどのようにつなぐかについても検討がなされました。父母のほか児童館や公民館職員の参加が多くあり、活気が見られました。

③ 子どもの学校外教育への関心の高まり

一九七九年は国際児童年でしたが、その前後には、子どもによる殺傷事件や校内暴力などが報じられ、子どもの発達が危機にあることについて論じられることが多くなりました。その背後にある受験競争に関して、一九七七年の文部省調査では小中学生の三一〇万人が通塾していることが明らかにされました。過密状態の教育課程や多人数学級の中では、スピード授業でついていけないまま取り残される子どもも多くなります。いわゆる子どもの荒れもこのことと無関係ではありません。新学習指導要領で「ゆとり」をうたったり、一九七九年から大学入試で共通一次試験も実施されるようになりますが、基本的な問題解決にはほど遠い状態でした。

このことへの対応として、子どもの学校外教育への関心が高まり、雑誌『月刊社会教育』(国土社)でも、一九七五年二回、七六年一回、七七年二回、七八年、七九年、八一年にそれぞれ一回、子どもに関する特集号を発行していま す。日本社会教育学会でも、一九七五年から二年間「子どもの学校外教育」を宿題研究に位置づけ、その成果は一九七八年に『地域の子どもと学校外教育』(東洋館出版社)として刊行されています。

「学校外教育」という語は、阿部進が『現代っ子教育作戦』(国土社、一九六三年)で用い、私的な塾やおけいことがはやる時代にあって、子どもたち同士の生活の場、自由に学ぶことができる場を保障するためには、地域学校外教育機関をつくること、クラブ活動とともに、学校教育の中の音楽、図工、体育などの教科は、年齢で分けて学ぶのにはなじまないところがあるので、この学校外教育機関で行うことなどを提唱していました。

七〇年代半ばには、このような教育機関に限定されないで「子どもの学校外教育」の語がよく用いられるようになりました。それは、「子どもの社会教育」とはどこが異なるのかが問われることになります。「子どもの社会教育」というより、「学校外教育」のタームが用いられたのは、先述のように、社会教育を成人教育中心に考えるということがあるとともに、行政において社会教育と社会福祉が分けて捉えられるのを超えて、教育と福祉を統合的に扱おうという意図を見ることができます。子どもの成長を支えるに当たって、児童館の活動や学童保育のとりくみ、保育所と幼稚園の関係など、本来教育と福祉とを統合的に捉えることが必要なのです。また、子どもの教育における学校の位置づけの大きいことからも、学校教育のあり方の検討や、それを規定する子どもの学校外の生活への取り組みも含めて、教育改革を指向する観点でこの言葉が用いられたのです。先に見たように、学校に学校外担当の指導員を配置するという日教組の構想にも、制度的に充実を図るには、教育機関である学校を重視しなければならないという考えがありました。

しかし、『地域の子どもと学校外教育』所収の吉田論文「社会教育としての学校外教育」にも見ることができるように、住民の相互教育に社会教育の本質を見出す立場からは、地域における子ども同士の相互教育、子どもとおとなの相互教育にも着目すべきこと、子どもの生活はおとなの生活と重なっていることからも、成人教育とも密接な関係があり、社会教育としてとらえるのが適当とする考えも示されることになります。この頃、学校外教育に関する論をまとめた、吉田昇編『学校外教育』（亜紀書房、一九七九年）も刊行されています。

地域の教育力への着目もこの時期に高まってきます。子どもの育ちにおいて、学校と家庭だけでなく、地域の果たす役割は大きいのです。国では、一九六四年に家庭教育学級の補助事業開始、七〇年代には家庭教育相談事業、乳幼児学級、明日の親のための学級、そして家庭教育総合セミナーと家庭教育重視の政策が展開されましたが、歴史的に見ても地域の支えがあって家庭の機能が発揮されていたのであり、性別役割分担が強く、子育てが母親ひとりに集中しがちな孤立した核家族にすべて責任を負わせても限界があって、地域づくりが課題となっていたのです。

「地域の教育力」は、主に地域のおとなが子どもに関わり、教育的影響を及ぼすことに焦点を当てて用いられた言葉ですが、広くは環境そのものの子どもの成長・発達への作用も含めて言われることもあり、その場合、教育は意図的営みであるから、「地域の形成力」といった言葉の方が妥当であるとの見解もありました。しかし、この時期、地域の人びとが子育ちを支えることに意図的に取り組むことの重要性が認識されたのであり、「地域の教育力」の語が、大きな意味をもつようになったのです。

さらに、地域の教育力は、子どもに対するおとなの影響力だけでなく、地域でのおとな相互の教えあい、学びあい、子ども集団の教育作用をもさすことができます。子どもからおとなが学ぶこともあり得るのです。子どもの発達のゆがみの背後には、刹那的な興味本位の商業主義文化、差別・選別を進める個人主義的競争社会といった、主としておとなが関わっている社会の問題があるのであって、その土台を改革することが求められるのです。京都府で、一九六七年以来一九七九年まで繰り広げられた地域問題について話し合う「ろばた懇談会」の後を受けて、一九八三年まで開かれた「ふるさと教室」は、小学校区単位で住民が子どもの問題を入口として話し合いながら、その土台となる地域をどのようにつくりあげていくかを考えるものでした。

④ 七〇年代から八〇年代にかけての議論

一九七八年には茨城県水戸で社会教育研究全国集会が開かれ、子ども分科会では「子どもの豊かな学校外生活を考える」をテーマに、「子どもの文化環境」「子どもの組織」「子どもの非行と社会教育」についてとりあげ、茨城各地の「親と子のよい映画を見る会」などの報告がありました。青少年問題がクローズアップされるなかで、どのように文化を創っていくか、その際の社会教育行政の役割は何かが論じられました。一九七九年には神奈川県湯河原で集会が開かれ、「地域の子どもと学校外教育―子どもの地域生活を豊かにするために―」をテーマに、かわさきおやこ劇場などの地域の文化運動についての報告と討議がありました。

一九八〇年の京都大会では、「地域の子どもの生活と学校外教育」をテーマに、二日間にわたり分科会が開かれ、第一日は全体会、第二日は分散会として、討議を深めるとともに、参加者の増加にあわせてできるだけみんなが発言できるように努めました。以後分散会方式をよく採り入れるようになるのです。全体会では、研究者、児童館職員、社会教育職員から問題提起がなされました。分散会aでは、「子どもの地域集団づくりと社会教育の役割」をとりあげ、「富士見市における子どもの現状と課題」「京都市山科西の山団地の子どもを守る運動」「京都子どもを守る会若者サークルの歩みと現状と課題」の報告に基づいて、子どもの学校外生活の立て直しと、子育て講座等でのおとなの学習保障の重要性が話し合われました。分散会bでは、「親と子の文化運動と社会教育」として、「大阪府豊中市文庫活動と社会教育」「地域づくりの中で育った子ども文庫―久美浜・出角の『つくし文庫』のとりくみ―」「京都の文庫活動」の報告を受けて、文化運動とその公的保障のあり方について論議が交わされました。分散会cでは、「子どものための街づくり・施設づくりと社会教育」について、「子どもための街づくり・施設づくりと社会教育」「一九七〇年、大山崎町にも学童保育を」の報告があり、施設づくりから町づくりへの取り組みに関する意見交換がありました。

一九八一年の千葉大会では、引き続き「地域の子どもの生活と学校外教育」をテーマに、一〇〇人を超える参加者が、研究者、教師、子ども会育成者、子ども劇場、児童文学者、児童館、公民館などの報告をもとに、子どもの主体形成や学校・地域・家庭の連携などについて話し合いました。一九八二年の富士見大会からは、第一分科会として位置づけられ、「地域の子どもの生活と家庭・学校・社会教育」をテーマに、子どもの成長を支える輪を広げていくことが試みられました。上福岡おやこ劇場と児玉町木の葉少年団のレポートに基づいて、四つの分散会で、子どもの発達のゆがみ、地域での取り組みなどについて論議がなされ、教師の関わりが求められました。

一九八三年の東京・三多摩大会では、「子どもの生活と家庭・学校・地域」をテーマに、基調報告「子どもをどうとらえるか」の後、「平和・生命が軽んじられていくことにどう立ち向かうのか」「親と先生との信頼関係は、どうしたらつくっていけるのか」「発達のゆがみを生み出すおとな文化からどう子どもを守るか」「子ども自身が主人公となって活動することと、おとなが自立していくことをどう結んでいったらよいのか」「子どもたちを支える地域のつながりをどうつくっていくのか」の五つの小分科会に分かれて報告と討論があり、全体会でそれぞれで出された意見の紹介がありました。以後小分科会方式もよくとられるようになります。レポートは、「多摩市なかよし文庫」「国分寺市青少年育成南地区委員会」「親子映画東京連絡会」「調布市杉の木少年団」「日野市多摩子ども会」から出されました。子どもの発達疎外が問題にされ、その克服のための地域の取り組みについて多様な実践例が示されました。

⑤ むすび

このように、社会教育研究全国集会の子ども分科会では、ボランタリーな取り組みを進める父母や住民をはじめ、社会教育職員や児童施設の職員、研究者が参加して、規模の大きいものになってきました。比較的若い人の参加も多く、しだいに子どもや若い学生の参加が増えてきます。ただ、学校教員の参加の少ないことが問題になっていました。社会教育の捉え方は多様であっても、学校外での子どもの生活の保障が課題であるとき、子どもに関わる社会教育の位置づけは重要であり、また、地域の教育力を高めることからも、子どもの生活を支える地域のおとなの学習と実践に関わる社会教育が注目されるのです。子どもに大きな影響を及ぼす学校教育のあり方が問われている今日、その土台である地域と学校について考える社会教育の推進も必要です。子ども分科会は、社会教育において、成人教育、青年教育、子どもの教育を総合的にとらえることの必要性を明確にし、社会教育推進全国協議会の活動に広がりをもたらしてきました。多くの住民、行政の縦割りを超えた職員、多分野の研究者のつながりを深め、生活と切り結ぶ社会教育の内容を豊かにしてきたのです。このような動きは学界にも大きな影響を与え、子どもに関する研究が促進されることになったのです。

【上杉 孝實（京都大学名誉教授）】

コラム① 泉が奔流となったころ：第一回子ども分科会から「学校外教育」年報へ

私は長く都教委で働きながらの「社会人研究者」でした。いま、三〇年ほど前の記録を取りだすと、仕事、家庭・地域、活動、研究など当時の私の生活はまるで「地域の子ども」を軸にした螺旋階段です。

六〇年代末、保守都政でも「遊び場対策本部」ができ、青少年教育課では、「民間遊び場」や「校庭開放」などで苦労。七一年からの都立教育研究所では、おりからの日教組の「時短方針」、文部省の「在学青少年の社会教育」施策などを背景に、まず木全力夫さんと「学校教育と社会教育の関連」（児童館、遊び集団、遊びと社会性、塾・けいこ）を四年。「おちこぼれ」急増に対処して、南里悦史さんと「子どもの学力と日常生活」を二年、調査しました。

他方、七二年から社全協の全国集会担当になり、七三年の大宮集会（八分科会、四百名）から七四年の名古屋集会へ。子ども分科会の新設など、一五分科会、八百名の参加になりました。さらに、七五年から二年、『月刊社会教育』編集長となり、子どもの問題も毎号とりあげ、まだ面識のなかった上杉孝實さんの「地域の教育力と子どもの学校外教育」（七六年五月号）など反響がありました。当時のわが家では、一人っ子の小学生で、地域共同の子育てが切実でした。市内で「青空学校」に、近所の親子で文庫活動にも取り組み、「地域の教育力」も実感しました。

以上を背景に、七五年から日本社会教育学会の宿題研究（子どもの学校外教育）を担当。とくに年数回の定例研究会には、首都圏の木全、白井愼、増山均さんたちだけでなく、遠く名古屋の小木美代子、秋田の保田正毅さんもかけつけて、二次会まで燃えました。『地域の子どもと学校外教育』は、年報としては空前絶後！増刷、在庫切れとなりました。

思いをこめた「子ども分科会」には、諸担当が解かれた七八年から世話人として参加。八一年千葉集会の百名をこえる分科会に、まさに泉が奔流となった思いでした。八三年、社会教育部の計画担当に呼び戻され、「社会人研究者」の研究課題も〝異動〟となりました。大転換期のいま、地域活動に参加しながら、子どもばかりか、大人たちの生活、活動、学びこそ抜本的に転換しなければと痛感させられています。

【酒匂 一雄（福島大学名誉教授）】

3 制度化をめざし苦闘しつつ歩んできた学童保育
一九八〇年代（実践）

学童保育は、「安心して働きたい」、「働き続けたい」、「わが子の生活を安全で健全なものとしたい」と願う母親たちの想いによって生まれました。そして、働く親たちの自主的な共同保育として、国民の新しい権利の創造の要求・実践・運動として展開されてきました。一九六〇年代後半からあちこちで学童保育がつくられてきます。一九七〇年には一〇二九ヵ所、一九八〇年には三九三八ヵ所（以後九〇年には六七〇八ヵ所、二〇〇四年一万四四五七ヵ所）の学童保育数となり、四七都道府県のすべてに存在するようになりました。ここでは、一九八〇年代の学童保育運動を中心にして、特徴的な動きを取り上げてみたいと思います。

① 七二年の東京都の学童保育指導員正規職員化

日本の学童保育は、一九四八年に大阪市の今川学園で開始されます。一九六二年には、東京都学童保育連絡協議会が結成されます。六四年に第一回の全国集会（二〇〇五年で四〇回）が開催されます。一九六六年、文部省が「留守家庭児童会補助事業」を開始（七〇年廃止）します。

一九七二年、東京都は全国にさきがけて学童保育指導員を三ヵ年計画で正規職員にすることを決定します。以来東京都の学童保育事業は飛躍的に発展するのです。

翌年、参議院社会労働委員会で学童保育問題が取り上げられ、厚生大臣は、「五十年度予算に向けて国での制度化へも道をつくる」と発言します。児童家庭局長も「学童保育は、児童福祉法の欠落部分であり、保育という立場からみて厚生省所管である」と発言します。埼玉県でも「埼玉県学童保育運営費補助要綱」がつくられ、指導員の人件費補助が出されるようになります。

一九七六年、厚生省は都市児童健全育成事業を開始します。この事業は、国から一カ所あたり三〇万円、それも補助対象は人口三万人以上の市町で、児童館が整備されるまで自治体の事業を奨励するという「健全育成活動の一環としての位置付け」で、「ボランティアで対応する」というものでした。

② 学童保育の役割を確認しつつ多様な形態での発展段階が

七〇年代の後半から八〇年代の前半にかけて、「学童保育の役割」についての議論をして何度も確かめ合いました。確かめ合ったのは以下の三項目でした。

「❶ 学童保育は、共働き家庭、母子・父子家庭の親の働く権利を守り、家族全体の生活を守ることになる。
❷ 学童保育は、共働き家庭、母子・父子家庭の学童の下校後の生活を守ることになる。
❸ 学童保育は、異年齢の子どもたちの生活づくりをとおして、発達を促す場となる。」（全国学童保育連絡協議会編集『学童保育年報1』一九七八年、二五頁）

学童保育は、親（母親）の労働保障を大前提として、直接的には、留守家庭児童の放課後の生活の場であり、きちんとこの関係性の中でとらえられているかの確かめでした。

これを受けて、全国学童保育連絡協議会の活動方針は、①つくり運動（新設・増設）②改良・改善の運動（施設設備などの条件整備、運営の充実、指導員の待遇改善・身分保障、行政施策の改善）③指導実践の質的向上（子どもたちが営む生活の向上と充実、そのための学習活動の推進と充実）の三つの運動を切り離すことなく、絶えず結合・統一させてすすめることを強調しました。これらの確かめは、全国合宿研究会（全国学童保育連絡協議会主催）や全国学童保育研究集会、月刊『日本の学童ほいく』（全国学童保育連絡協議会編集）などで強調されました。

一九八〇年代の日本の学童保育は、着実に増え続けて行きます。この頃の全国学童保育研究集会は、三〇〇〇名から四〇〇〇名を超えるものとなっていました。学童保育の場所探し、指導員探しを親たちがして、次々とつくられて行きました。多大なエネルギーを必要としました。自力ではじめる共同保育から、指導員の身分保障を含めての公立公営のところまで、多様な形態での発展段階をみました。

③ この頃の指導員の問題

指導員をめぐるこの頃の状況については、八二年の『学童保育年報5―指導員の仕事・役割―』（全国学童保育連絡協議会発行）の中で野中賢治さんは次のように書いています。

「指導員が正規職員となっているいくつかの自治体をのぞいて、指導員の身分保障は、きわめて不十分な状況におかれていること。また、指導員を正規職員としている自治体も含めて、学童保育の役割と指導員の労働内容に対する理解は弱く、全体としての指導員の労働条件は劣悪なままになっていること。共同保育における困難は言を待たない。学童保育における実践のありようがあらためて問題となってきていること。これには、学童保育が増えてきたことによって、社会的に、いわば国民的レベルで注目されつつあるということもその背景のひとつに挙げられるが、より直接的には、子どもの現実が学童保育における指導内容の充実を求めている。また、今年七月に開催された第七回全国指導員学校関東会場の参加者一〇〇〇人のうち約五〇〇人が一年生指導員だったことに象徴的に現れている。新しい指導員の増大（増設による純粋増のみでなく、〝入れ替わり〟の激しさも一因となっている）も無視できない。『児童館との一元化』『公設公営から民間・地元委託へ』などの動きが強まる中で、行政側と父母・指導員の双方から、指導員とは何かがあらためて問い直される状況が生まれていること。この動きには、国の福祉政策・健全育成対策の動向が大きくかかわっている。」（五一頁）

また、「指導員の組織化が進んでいること。指導員の研究運動組織や労働組合などは、学童保育運動の当初からいくつかの経験が重ねられているが、これが全国的な規模に広がってきている。既存の労働組合や他の教育・福祉労働者の運動とのかかわり、個々の指導員あるいはひとつひとつの学童保育における指導員の問題と指導員組織とのかかわり、父母会と指導員組織あるいは連絡協議会と指導員組織、学童保育運動における指導員組織の役割、などの問題が課題として提示される」（五一—五二頁）など、多くの課題や問題があることを挙げています。

④ 一九八七年の全国の学童保育の実態調査から

一九八〇年に初の全国の学童保育の実態調査が行われました。実施したのは、全国学童保育連絡協議会で八七年にも行いました。この年の学童保育の数は、五九四五ヵ所、七〇二自治体（現在の数一万四四五七ヵ所、登録児童数五九万四二〇九人、二三七三自治体　二〇〇四年厚生労働省調べ）の学童保育がありました。共同保育が圧倒的多数でした。施設は、学童保育のための専用施設をもたないところが多く、専用施設といってもプレハブで、学校施設利用（体育館の片隅、倉庫等）・民間アパート・借家・神社の社務所などもありました。自治体と指導員が雇用関係にあるところもありましたが、アルバイト扱いであったり、身分が非常勤嘱託で、待遇は「報奨費」程度の保障というケースが少なくありませんでした。開設日を学校開校日に限っているところも少なくありませんでした。児童館の中で留守家庭児童対策をしている自治体がたくさんありましたが、専用室がなかったり、お弁当やおやつを食べることが許されてなかったりしていました（「実態調査をおえて—運動はきめこまかく、そして大胆に」『学童保育年報10』一九八七年）。こうした実態は全国集会で報告され、すぐれた施設の見学をしたり調べたりして課題化されて行きました。

⑤ 国は、「留守家庭児童対策は児童館で行う」方針を打ち出す

八〇年代の国の動向について全国学童保育連絡協議会会長であった野中賢治さんは、八九年の『学童保育年報12』の中で次のようにも述べています。

「自治体が学童保育施策をもっていたところで、要求者の強い抵抗と市民の大半の反対を押し切って、学童保育をまるごと児童館に変えてしまう」「公立公営の学童保育を廃止して行政の責任を放棄してしまう」などのことを強行する自治体があらわれました。その結果、「七〇年代に高揚期をむかえた学童保育は、まだ国の制度に手が届く手前の段階でもう冬の時代に入ってしまったのではないか」などという声もきかれました。しかし、学童保育は増え続け、新たに補助金を誕生させた県や施設・設備の改善などを実現させているところもある等、厳しさと前進の双方を含んだ流動的な状況にありました。国の動向は、「留守家庭児童対策は具体的には児童館で行う」という方針で臨んでいるために、学童保育を要求する父母・住民との間に確執がたえないという状況が続きました。児童館と学童保育をめぐって、学童保育とは何かという問題が繰り返し問い直されたのでした（一〇一―一〇三頁を要約）。

また、全国学童保育連絡協議会は、二〇年間の学童保育運動の歴史と成果（『学童保育年報8』一九八五年）を振り返り、一九七九年から八五年を「第四期」と位置づけ、従来とは比較にならないほど全国各地に運動が広がり、県や市段階の連絡協議会組織も加わり各地での組織も強化されたとまとめています。また「あらゆる機会をとおして学童保育要求を引き出し、それを組織し、活動を量的にも質的にも発展させてきた運動の確立があった」（九二頁）としています。

⑥ 国への制度化要求のための国会請願行動

国へ提出した学童保育の制度化要求の請願は、この間に一九七七年、七八年、八五年、九〇年の四回行われました。一九七八年には学者・文化人によっても、「制度確立を求める」アピールが出されます。その結果七九年の第九一国会の参議院で、学童保育の制度を求める請願が採択されます。そして、八五年、第一〇二国会で「国の制度化」要求のための国会請願が衆参両議院で採択されます。文部省は八八年に「公立学校施設の改造に伴う財産処分の取り扱い」を通知し、八九年には「用地補助事業実施における目的外使用施設の取り扱い」と「学校施設転用の承認事項」の通知を出します。九〇年、署名数一〇〇万六七六八名を内閣総理大臣と厚生大臣に「学童保育の制度化」を求める要請行動を行います。

一九九一年にようやく放課後児童対策事業が開始されます。都市児童健全育成事業が一九七六年に誕生してから一九八〇年代は、その施策を活用しながら一貫して施策の問題点を指摘し、改善と拡充を要求し続けていきます。八〇年代はこの事業の矛盾をずっと引きずった時代でもありました。

放課後児童対策事業の開始は、大きな前進をみせます。今までの事業と比べて改善された点としては、①留守家庭児童対策を他の事業から切り離し独立させたこと　②一人分の人件費を予算化したこと　③人口三万人以上の市町と限定していたものから「すべての自治体」としたなどが挙げられます。

⑦ 文献にみる八〇年代の学童保育問題

学童保育の当時を振り返る基本文献の一つに『学童保育年報』があります。毎年五月に全国合宿研究会（全国学童保育連絡協議会主催）の場で学童保育の中心的な課題や問題が議論されるために、全国研究集会前に発行されていました。八〇年代の問題や課題状況がテーマでわかるので列挙しておきます。

『学童保育年報1』（一九七八年）―「学童保育の原点と制度化へのみち」、『年報2』（七九年）―「児童館の歴史と現状」、『年報3』（八〇年）―「学童保育と民間委託問題」、『年報4』（八一年）―「学童保育の生活づくり」、『年報5』（八二年）―「指導員の仕事・役割」、『年報6』（八三年）―「学童保育の制度確立」、『年報7』（八四年）―「学童保育と児童館―「健全育成」とはなにか―」、『年報8』（八五年）―「みんなで創った二〇年」新・増設の成果と課題、運動の歴史、『年報9』（八六年）―「子育ての願いと学童保育の役割」、『年報10』（八七年）―「指導員の労働条件」、『年報11』（八八年）―「父母会」、『年報12』（八九年）―「わたしの学童保育―権利と公共性―」、『学童保育年報13』―学童保育の施設―。一九九〇年に発行されたのが最後となります。

今では大分学童保育ってどういうところ、何をしているところか社会的に理解されてきましたが、八〇年代当時は説明をしてからわかっていただくといった状況でした。七〇年代の学童保育の本に『昼間のきょうだい―明神台学童保育の実践』（中村雅子、鳩の森書房、一九七二年）や『学童保育』（大塚達男・西元昭夫、一九七五年、新日本新書）、『改訂あめんぼクラブの子どもたち』（大塚達男編著、一声社、一九七七年）が発行されています。七〇年代後半から八〇年代初めにかけて『学童保育のすべて』（一声社）五冊も発行されます。『日本の学童ほいく』（一声社）は、一九七四年五・六月隔月号を創刊号として発行されます。その中の実践記録「私の実践ノート」の欄は、一九八〇年四月号から毎号現在に至るまで書き綴られています。活字を介しても伝え、広められていったのです。

八〇年代初めには、実践記録が徐々に書かれ交流発表され出します。月刊の『日本の学童ほいく』誌は、指導員の必読文献でした。学童保育にかかわる出版物も限られていましたが、民間教育団体（社会教育推進全国協議会・教育科学研究会・歴史教育者協議会・手と労働研究会・全国幼年研究会など）でも学童保育の報告が徐々に目立ちはじめました。

⑧ 山あり谷あり ―「一日の生活の流れ」を張り出して

また、八〇年代はまだまだつくり運動とともに保護者であった親が指導員になったりした時代でもありました。そういう中で、学童保育はまさしく保護者とともに歩んでいった時代であったともいえます。保護者会や運営委員会で子どもたちの話や運営の話で笑ったり泣いたり、ひとつの課題で峰を越えたかと思えばまた次の峰の繰り返しで、山あり谷ありいつも財政状況の見通しはありませんでした。当時は借家や集会所の間借りから始めました。よく「一日の生活の流れ」を壁に張り出したりしていました。キャンプへ行くことが保護者との一大行事でした。バザーの取り組みや地域に根ざそうという方針を立て、学校教師とのつながりを模索したりしました。指導員組織も各地で活発に行われて、多くの地域で実践集をまとめたりしました。地域連絡協議会の活動報告の冊子や実践集、子どもの文集、版画カレンダーなどが全国の研究集会へ持ち込まれ、交流されました。

⑨ 八〇年代の学童保育実践 ―生活づくり―

生活づくりとは　次に組織の確立をしてきた学童保育の要求者（父母・指導員）たちは、学童保育の内容そのものをどのように考えてきたのかについて触れてみます。学童保育の日々の内容について「生活づくり」という表現を使い、異年齢の子ども集団のあり方から、子ども一人ひとりをよく捉えようと考え合ってきました。そこで、子どもたちが自らの力を駆使し指導員からの働きかけによって、成長していく過程を〝生活づくり〟と呼ぶようにしました（『学童保育年報4』一九八一年）。「この〝生活づくり〟の言葉の中には、学童保育を子どもの『預かり場所』ととらえるのでなくて、日々の活動をとおして、子どもたちを『発達させる』という積極性がこめられており、生活をつくる主体形成をその内容とし」ました（『学童保育年報8』一九八五年、一〇二頁）。

学童保育の実践　学童保育は、共働き・母子・父子家庭の学童期の子どもを対象としています。共働き・母子・父子家庭の子どもですから、固有の援助を必要としていて、自らの意思で通ってくるところです。児童館のように行きたいときだけ行く場でもなく、すべての子どもが対象ではありません。働く家庭の子育てを励まし、一人ひとりの子どもが安心して伸び伸びと生活できるように、その毎日の生活づくりが学童保育の実践です。

学童保育実践の記録は、子どもを記録し、そのことが子どもの発達につながり、実践が発展していきます。そして、指導員自身が自覚的になり、仕事を深めることになります。多くの学童保育指導員が子どもと向き合い、仕事の課題・問題をまとめてきました。

動物村の学童保育～地域と結ぶ平間学童クラブの実践　一九七〇年代後半から八〇年代前半にかけての著名な実践に動物村で知られた川崎市平間学童クラブの実践がありました。実践を紹介した本も数多く出されました（例えば、上田融『ガス橋のうた—平間学童クラブ動物村物語』民衆社、一九八〇年など）。

リヤカーを引いた子どもたちの集団が今日も八百屋、豆腐屋へと足を運ぶ。「こんにちは　エサありますか」「ホイ、そこにあるよ」「ありがとうございます。」

ヤギ・ウサギ・ニワトリ・チャボ・クジャク・キジ・金鶏鳥・アヒル・ホロホロ鳥・ラット・二十日ねずみ・食用カエル・フナ・錦鯉・青大将・シマヘビ・あらいぐま・たぬき・亀など、数多くの動物を飼いました。子どもは動物が好きです。子どもたちは、喜び・笑い・悲しみました。小さい動物たちを自分たちで飼ってみたいと思いながら、狭い住宅ではそれもできずにいることが多々ありました。人間を育てるのと同じように動物にも細かい配慮が必要です。ニワトリから始めた飼育活動は、子どもたちの飼いたい動物を取り上げ、父母も協力して発展して行きました。

T君は学校嫌いでよく学校を休みました。寂しさから仕事をしている母親の所にしばしば電話をかけたりしました。母親は仕事に専念できませんでした。ある日、T君にニワトリの飼育のリーダーになってもらおうと決めたところ、毎日張り切るようになりました。母親が迎えに来ても「先に帰ってよ」というほど変わって行きました。

入学早々の一年生の父母からは、動物の世話について「そこまでしなくても」「子どもがかわいそうだ」と言う声がでることもありました。一年がたつうちに、たくましく変身していく子どもの姿に声援を送る父母へ変わって行きました。
（大内田武志「動物を育てる学童クラブ―地域と結ぶ平間学童クラブの実践」宇田川宏・藤田昌士編著『道徳教育の実践』総合労働研究所、一九八一年、三〇〇―三〇一頁）

大内田さんの実践は、動物を通じて様々な形で労働を組織していった個性的な実践でした。今ではなかなかやれなくなりましたが、当時は犬をはじめ多くのところで動物を飼っていた学童保育があったのです。

子どもの気持に寄り添って　喜びを共に

私は指導員になってしばらくしてから教育科学研究会（教科研）の道徳教育部会に時々顔を出していたことがありました。東京の本郷三丁目の薄暗い喫茶店で、三橋さんの実践（『おもいりと夢を育てる』一声社、一九八一年）を直に聞きました。本の中に出てくる「咲ちゃんのはつか大根」でした。二年生で入所した咲ちゃんの家庭は、お母さんが重い心臓病、お父さんは日雇いで職場が一定していませんでした。咲ちゃんは常に不安の中に立たされていたためか、友だちもなく、そのうちに万引きをしてしまいます。ある日何の連絡もなく休み出しました。母親への連絡は一切止められて、父親は毎日職場が変わり連絡もつきません。ある日学校帰りの咲ちゃんに出会います。「寂しくなんかないわ、テレビもあるし、私友だちと遊ぶの嫌いなの。」しばらく咲ちゃんと会話を繰り返しますが、家にいたいと主張する子どもの前で、自分の働きかけの空しさと指導員の仕事として立ち入る限界を感じます。ふと視点を変えてみて「これな〜に？」と聞いてみたのでした。「ガマ蛙のおたまなの」。「買ってきたの、下の器には亀もいるわ」。「はつか大根とあかかぶの種まいたの、芽がでてきたのよ。」

咲ちゃんの気持に寄り添っていく三橋さんのやさしさ、喜びをともにする人がいない咲ちゃんが栽培を楽しんでいることを見い出して、彼女の希望の芽を見つけて働きかけて行きます。なにげない生活のひとこまひとこまの中から子どもを見つめた実践です。参加者は、三橋さんのあたたかいまなざしとちょっとした言葉がけに注目していました。

学童保育の生活づくり　学童保育の生活づくりの典型例として、「なかまのなかでこそ子どもは育つ」（埼玉県上福岡市の白石玲子実践『学童保育年報4』一九八一年）がありました。全国合宿研究会の場で学び合いました。

みんなで生活をする場でありながら、「なかま意識」が成り立っていない。一人ひとりを大切にした働きかけ、みんな意識を育てる日常的な言葉がけ、話し合いの重視、班を小集団の基礎にまとまりをつくること。一人ひとりの子どもと学童保育集団とのかかわりを確かなものにしていくことを投げかけたのでした。この実践の考え方と、このことにつながる運動は、先進的なこととして全国的に取り上げられました。上福岡の学童保育は完全公立化をめざして、保育内容も深まっていました。学童保育の中身は生活づくりの視点で、なにか特別なことを習うとか教えるということと違うこと。学童保育の生活全体が子どもの栄養になるように組み立てられるし、そうなる必要があること。指導員が「子どもとじっくり向かい合う」ことは、そのための必須条件として押さえました。例えば、おやつを配る子どもの行為一つをとってみても、素早く配れる子とゆっくりと配る子がいる。早く配ることだけに価値をおいてみていると内面を深く見つめられない。その子のいろいろなことをわかっているから待ってやろうということになる。一人の子の個性を指導員が本当によくわかりきっていることが大切としていました。

しかし、一九八八年、上福岡市学童保育の会に委託されていた運営は、市議会で廃止が強行され、公立の児童館に切り替えられてしまいます（倉田新『ぼくらの学童保育がなくなる』新日本出版社、一九八八年）。当時、木造本建築の学童保育を見学にいったり、学童保育のことで初めてデモ行進に参加したことを思い出します。

高学年の子どもたちの生活を模索して　東京都をはじめ学童保育の対象は低学年で、京都府の補助金制度は四年生まででした。四年生で終わって、その後どうしたらいいのかと模索したのが、京都府大山崎町にある学童保育でした（須長茂夫・四方則行・中山善行『響きあえ子育て』労働旬報社、一九八五年）。

大山崎のなかよしクラブの父母たちは、高学年になっても学童保育を続けさせたい。五・六年生の発達を保障する学童保育をどのように運営するのか。塾に頼らず自主的に学習できる子どもにしたいと一致して考えました。「一年生から四年生の学童保育現役の保護者会としても五年生の問題は、当該の学年の問題だけでなく、集団のなかで培われた力をどう伸ばしていくかという全員の問題としてとらえて」いました。「廃バス購入、バス固定工事、内装作り替え工事に参加し、その費用づくりのカンパやバザー活動も全学童保育をあげて取り組みました。」高学年の組織化は手探りの状態でした。具体的な実践例がありませんでした。「さあ何をするか」と指導員が問いかけても子どもたちは話し合いに集中しません。「五年生らしいことをするように」と言われたり……。このままでは続かないと思った五月頃、学童保育の「せんせい」として活動した方がいいのではないかと方向性を示します。ジュニアティチャー＝J・Tとして、行事を成功させたり、班づくりを全体で考えて動き始めたのでした。

「自分の欲求・要求を実現する過程」で、「外界と自分との矛盾、それも」「ギリギリのところに追い込まれた時、自我感情はそれだけ研ぎすまされ」ます。うれしい時に、心から喜ぶことができず、哀しい時に泣くことができず、行動と意欲を伴う豊かな情念を育てることは不可能であろうと、意気高く取り組んだのでした。

地域を意識した実践や取り組み　この頃学童保育を地域へ広めることをどのようにしたらいいかと、考えて取り組んだ学童保育が多くありました。つまり、「学童保育の活動内容をとおして、八〇年代に入ると、地域へ打ってでながら、他団体との共催で、子どもまつりやチビッ子広場、ふれあいひろばなどを開催し、地域とのつながりをいっそう深める努力がされました。学童保育への活動内容そのものが地域の子ども文化を創り出す核になりうることを認識していく時代」（大阪学童保育連絡協議会編『ランドセルゆれて』労働旬報社、一九九〇年、二三一頁）でもありました。

また八〇年代後半、地域の捉え方を一変させる実践が現れました。「忍者になった子どもたち」東京・練馬区光が丘を中心とした児童館――北島尚志さんの実践（宮里和則・北島尚志『ファンタジーを遊ぶ子どもたち』いかだ社、一九八六年）です。学童保育へも地域の捉え方として一石を投じました。街をフィールドにして、商店の人にも手を借り、街で遊び、街自身が子どもを認めて行きます。子どもたちもこの街を遊び空間にします。取り組みを通じて子どもたちは、街を認識して行くのです。

忍者になって走ったとき、この街に違う空気が流れ、手裏剣もって追いかけた時、いつもと違う風がふく。忍者の道具づくりは、遊び心のもうひとつの扉を開け放つ。バケツに水を入れ顔をつけ、チャンバラで死に方の練習をするという―楽しいものでした。また、この頃秘密基地づくりや地域マップづくりも多くの所で手がけられました。

学童保育の生活づくりのとらえ方　そして一人ひとりの子どもへ　八〇年代の実践の方向性として大きな特徴は、生活づくりでした。大塚達男さんは、次のように整理しました。学童保育の生活は、一―開放された雰囲気があるということ。二―活動に自由があること。三―指導員が父母と共に考えていること。四―父母たちも子育てを工夫し、運動へ参加していること。また、一人ひとりの子どもを固有名詞でとらえるということ。子どもを地域の現実・環境の中の存在としてとらえること。一人ひとりの子どもを子ども集団の中での個としてとらえること。子どもは生活者であり、学習者であるととらえること。子どもの感性・感情の内面にまでくい込んでとらえること。また、遊ばせ屋でなく遊びたがり屋をつくること（『学童保育と子どもの成長―生活づくりの視点』一声社、一九八六年、九三―一〇二頁）。

八〇年代後半になって、一人ひとりの子どもをよく知りとらえようと着眼した実践記録が報告されて行きます。片山恵子さんのクラブ通信『どろんこ』はさきがけでした。片山さんの著書の中で田中孝彦さんは、「自分の目で子どもたちをよく見て、子どもと接して自らのなかに生じてくる感情や思考を、話したり書いたりして対象化し、交流するという地道な努力を積み上げる」。「もっと深く子どもを理解する」といった実践を通じての提起（『ぶつかりながら大きくなあれ』一声社、一九九三年、六―八頁）と述べています。片山さんの実践を報告する姿を受けて、徐々に指導員は自分の目の前の子どもを捉え記録を綴るのでした。

その後、日本の学童保育は、子どもの権利条約や学校五日制の進捗状況を受けながら、九七年の児童福祉法の「改正」によって同法六条の二の中に位置づけられて行くことになります。そして「全児童対策」や指導員をめぐる課題などが山積される中で、学童保育の内容を表す指針や設置運営基準づくりが急務となってきています。

【小暮　健一（NPO法人　所沢市学童クラブの会）】

4 「学校外教育」という用語・概念の再検討の時代
──一九八〇年代（理論）

① はじめに

一九八〇年代は、子ども把握・子ども理解の混迷の時代だったと言えます。八〇年代に本格化する情報化社会への転換の中で、コンピュータゲームの爆発的普及に代表されるように、子どもの生活と文化、遊びと仲間関係が激変しました。家庭内暴力・校内暴力の多発、不登校の増加などの中で、子どもたちの〝こころ〟が見えない・捉えられない問題状況がひろがってゆきました。

こうした問題状況の中で、子どもに関する社会教育は、七〇年代に煮詰められてきた「学校外教育」という用語・概念の有効性を問い直すことになります。「学校外教育」の用語は、八〇年代を通じて社会教育の分野でひろく使用されるようになり市民権を得ました。しかし同時に、地域・社会を基盤にしてひろがった子どもの福祉・文化・教育・人権に関する多様な実践に即して、「学校外教育」の用語・概念の再検討がなされ、「学校外教育」という用語そのものがもつ限界性が指摘されるに至りました。その後、九〇年代にはいると「学校外教育」の用語はほとんど使用されなくなり、子どもの育ちを支える社会教育に関して、より的確な用語・概念が模索されていきました。

八〇年代は、進行しつづける地域社会の変貌と、世界的規模で拡大した情報化社会への転換による新たな人間関係と社会文化構造の転換の中で、「子ども」「教育」そのものの本質と価値が問い直された時代です。「子どもの社会教育」に関する実践と研究の模索もその渦の中に置かれていたと言えます。

②「子どもが見えない」「子どもとは何か」への問いかけ

子どもの状況を見ると、一九八〇年代は深刻な事件という形での問題顕在化の時代でした。①日本の高度成長期における労働環境の変容と、地域・家庭・学校をめぐる生活環境の変化、②学歴社会・偏差値価値観の浸透、③情報化社会への転換にともなうニューメディアの登場などにより、子どもたちの発達にもたらされたマイナスの要因がいっぺんに噴出した時代です。経済発展の象徴でもあった一九六四年東京オリンピックの前後に生まれた子どもたちが、思春期に突入した七〇年代末から八〇年代の幕開けにかけて、日本の子どもたちの間でかつてない精神状況が現れました。「家庭内暴力・校内暴力」の爆発はその象徴です。

一九七九年、この年は子どもの権利の見直しを一〇年かけて行う世界的キャンペーンがなされた「国際児童年」でしたが、わが国では『子供たちの復讐』上・下巻（本多勝一、朝日新聞社、一九七九年）に収録されている家庭内暴力の高校生たちが肉親の殺害に及ぶ深刻な状況にたちいたりました。さらに八〇年代に入ると、校内暴力が全国で吹き荒れ、浮浪者襲撃事件なども起こり、次々に発生する子どもの事件が大きな社会問題になります。

低年齢化する暴力や殺人事件の中で、「子どもをどう捉えるか」、そもそも「子どもとは何か」への根本的問いかけがはじまり、横川喜範他『子どもにいま何が起こっているか』（高校生文化研究会、一九七九年）、坂元忠芳他『現代の子どもをどうつかむか』（あゆみ出版、一九八二年）などが出版されます。

八〇年代に入るとフィリップ・アリエスの『子供の誕生』（みすず書房、邦訳一九八〇年）の出版やマリー・ウィン著『子ども時代を失った子どもたち』（サイマル出版社、邦訳一九八四年）などを契機に、学際的な「子ども論・子ども学」ブームが生み出されました。本田和子『異文化としての子ども』（紀伊國屋書店、一九八二年）、中村雄二郎他編『挑発する子どもたち』（駸々堂、一九八四年）、堀尾輝久『子どもを見直す』（岩波書店、一九八四年）、小林登他編『新しい子ども学』全三巻（海鳴社、一九八六年）、森上史郎他編『子ども学研究』（建帛社、一九八七年）、斉藤次郎他編『同時代子ども研究』全六巻（新曜社、一九八八年）などの出版がつづきます。

その間にもなお、子どもたちの問題状況は深刻になりました。不登校の増加、心身症のひろがりなど、子どもたちの心の中に起こっている問題がクローズアップされ、高杉晋吾『子どもに何が起こっているのか』（三一書房、一九八七年）、深谷昌志他『子どもが見えない』（金子書房、一九八七年）、村山士郎『素顔を見せない子どもたち』（大月書店、一九八八年）など、子ども理解・子ども把握の困難性が叫ばれた時代でした。

③「学校外教育」の用語が市民権を得た時代

こうした子どもの問題状況の中で、社会教育の分野では実践的に子どもに関わりながら子ども把握を試みる方法に視点がおかれ、地域でとりくまれている教育実践に注目しながら「学校外教育」の用語による理論化が探求されてきました。それらの研究成果は、七〇年代末から八〇年代にかけて、①教育学に関する事典や手引書の中に「学校外教育」の項目が取り上げられるとともに、②「学校外教育」の章を含む著書や「学校外教育」そのものをタイトルとする著書・論文が出版され、「学校外教育」の用語は広く市民権を得ることとなりました。

①に関しては、「学校外教育」（白井慎執筆）『教育学大事典』（第一法規、一九七八年）、「子どもと学校外教育」（酒匂一雄・土井洋一執筆）『社会教育ハンドブック』（社会教育推進全国協議会編、総合労働研究所、一九七九年）、「学校外教育」（増山均執筆）『教育小事典』（学陽書房、一九八二年）、「社会教育と子どもの学校外教育」（木全力夫執筆）『現代社会教育の創造』（日本社会教育学会編、東洋館出版社、一九八八年）、「学校外教育」（酒匂一雄執筆）『教育学事典』（労働旬報社、一

九八八年）などがありました。

②に関しては、社会教育学会関係者による酒匂一雄編『地域の子どもと学校外教育』（東洋館出版社、一九七八年）をはじめとして、小川利夫・土井洋一編『教育と福祉の理論』第三章「学校外教育思想の歴史的遺産」（一粒社、一九七八年）、永井憲一編『学校教育と社会教育の結合』第三章「学校外教育の新しい問題」（勁草書房、一九七九年）、吉田昇編『学校外教育』（亜紀書房、一九七九年）、田中治彦『学校外教育論』（学陽書房、一九八八年）、木谷宣弘・大橋謙策編『学校外の福祉教育実践』第二章「学校外教育の組織化と子ども・青年の体験活動」（光生館、一九八八年）、増山均『子ども研究と社会教育』第二章「子どもの学校外教育」（青木書店、一九八九年）などがあります。

④ 学校外における実践の広がりと「学校外教育」概念の再検討

子どもたちをめぐる新しい問題状況と、子ども把握の難しさの中で、八〇年代に入ると「学校外教育」が対象としていた地域・学校外実践も新しい展開を示します。学校外の子どもに関する八〇年代の取り組みに目を向けると、「教育」にかかわる取り組みだけではなく、「福祉」や「文化」に関する取り組みへと多様な広がりを見せたことに特徴があります。

保育や学童保育の大きな発展に加えて、障害児に関する地域実践のひろがり、さらには東京シューレ（一九八五年発足）などのような不登校の子どもたちの居場所づくりの取り組みも始まります。文化の分野では、七〇年代に始まった子ども劇場などが全国的に広がるとともに、その内容・方法の探究、子どもの成長・発達にとっての意義が深められてゆきます。また、プレイスクール協会（一九八一年発足）など、冒険遊び場や子ども博物館などの新しい遊び・文化の取り組みが開始されました。

市民主体のこれらの取り組みは、縦割り行政による支援の不十分性や、実践主体の専門力量の不足、活動を継続するための財政基盤の脆弱さなどの問題を抱えつつも、法や制度から抜け落ちた子どもたちの切実な課題に即応して、子どもの権利を保障する地域実践としての重要な価値を提起していました。福祉や文化の領域も含めた学校外における八〇年代の多様な取り組みの展開は、その外延と内包において、社会教育サイドから七〇年代につむぎだされた「学校外教育」という用語では総括しきれない問題状況を作りだし、「学校外教育」概念の問い直しが求められました。

この点に関して、拙著『子ども研究と社会教育』（一九八九年）で、次のような問いかけを行いました。「七〇年代以降の『学校外教育』論が対象としてきた実践や運動の発展は、『学校外教育』という用語で総括するにはその豊かな内実を的確に表現しえないほど豊かになっており、もしひきつづき『学校外教育』の概念でとらえようとすれば〈学校外教育（『学校外』および『教育』）〉の概念そのものを豊富にふくらませていく必要があると思う。これまでの研究と実践によって市民権をえたばかりであるけれども、『学校外教育』の用語と概念を使いつづけることが最もふさわしいのかどうかという根本問題をも、この時点で一度問うてみたほうがいいのではないか」（八七頁）と。

この問いに対して、その時点で得た結論は「『学校外教育』における〈教育〉の概念は、〈子どもの福祉（児童福祉）〉〈子どもの文化（児童文化）〉との連関と統一をふくみつつ〈社会教育と学校教育〉の再編をめざすもの」（九二頁）ですが、学校外で展開している子どもの諸活動を〈教育〉の概念で総括すると、その豊かな内容と可能性を狭めてしまう危険性があるということでした。したがって、今後「学校外教育」の用語は使用しつづけないほうが良いということを提起しました。では、「学校外教育」に替わるより的確な用語と概念は何でしょう。残念ながら、その問いへの答えは、八〇年代には見つからず、子どもの権利条約とともに歩む時代となる一九九〇年代の課題として残されたのです。

「学校外教育」概念の問い直しが行われた八〇年代、大田堯は「子育てとは何か」（『教育』国土社、一九八三年三月号）

の中で、「教育」の概念そのものを問い直し、「子育て」の用語・概念を使用することの積極的意味を提起しています。近現代の教育システム、特に国家権力やさまざまな社会勢力のエゴに利用されてきた「教育」への批判意識とともに、人間という種の持続にかかわる本源的な問いかけを含むものとして、「子育て」の概念に注目した大田の提起は、九〇年代以降の子どもと社会教育研究にとって重要な指針となるものでした。

【増山　均（早稲田大学）】

コラム② 春の始まりは黄色から

やっと春が来た。やっぱり、春は外に限るよね。子どもの心の躍動と春の訪れは一致します。そんなわけで、四月一〇日、暇そうな四人の子どもたち（低学年、男女各二）と春の探検隊の始まり、始まり。春といえば、やはりタンポポの暖かさ。軽いノリでさっそくタンポポ捜索が始まったのでした。まちの路地裏を歩いたり走ったりの忍者フォーメイションを繰り返した一時間。

タンポポは、13箇所で見つかりました。内訳は、道端7、駐車場4、空き地2。花の数は約70本。群生していたのはやはり空き地で、それ以外は、アウトローのようにアスファルトの隙間から自己主張していました。すべて、セイヨウタンポポで、いちばん長い茎の長さは三一センチでした。

ついでに、路地裏に咲いている花の色を調べてみると、黄39、紫33、桃31、赤30、白24、青3でした。早春の花は、経験的にサンシュユ・マンサク・キブシやフキノトウ・ハルノノゲシなどの黄色から始まり、白・ピンクなどに広がっていくようですが、それと今回の調査はほぼ一致しました。時期的には早春から本格的な春に移行したばかりの数値であるかと思います。

春は、冬のひなびたキャンバスに黄金の爛漫を控えめに咲かせます。その実直な季節の節目は、日本人の文化と感性とをみずみずしいものに昇華させてきました。ですから、まちの自然に目を向けていくことは、地域・日本・地球さらには各分野の不可思議へといざなう可能性に満ち満ちています。

探検の途中で、古い井戸ポンプを見つけたり、格子戸の先が壁しかないという使えない「トマソン」を発見したりの収穫もありました。てきぱき報告する隊員の輝きと好奇心は、日本も捨てたものではないというひと安心の瞬間です。このささやかな探検は、後日、母親をまじえたタンポポのてんぷら・サラダ・キンピラ・コーヒー・ダンゴなどのクッキングへと発展していきました。といっても、コンクリートジャングルに生息するわれわれは、母なる大地を見つけること自体が一苦労。緑が国土の七〇%も占めるわが森の国は、生活からその森が削除されてしまっているのが実感です。先進資本主義国の中では追随を許さない驚異的な森の国であるのに、その誇りも謙虚さもアスファルトの下に埋葬させてしまいました。

だからこそ、都会の隙間に咲くタンポポの「いのち」に見とれるのです。それはちょうど、隙間に遊ぶ子どもの姿と重なるからでもあります。

【竹内　敏（NPO法人　おおもり子どもセンター　子ども交流センター）】

5 九〇年代・児童館自己革新運動の隆盛と児童館実践
―一九九〇年代（実践）

① はじめに ―九〇年代における児童館の歩みを振り返る意義

児童館は、職員を有し、すべての子どもたちの健やかな育ちを支援するために設置される地域子ども施設としては実質的に唯一のものであり、関係者の大きな期待の下、国庫助成を得て六〇年代の半ば頃から増え始め、九〇年当時には、全国に約三八〇〇館が設置されていました。しかし、現実には八〇年代半ばともなると無用の長物とまでみなされるようになり、多くの自治体で増設が鈍化したり、運営経費や職員が削減される事態に直面するようになっていたのです。何故だろう？そうした危機の背景が国と地方の財政破綻によるものだけではないことを見抜いた児童厚生員の有志たちを中心に、八九～九〇年頃、児童館の本質に迫るための自己革新運動が新たに誕生したのです。

この種の運動の先駆としては、おおむね七〇年代の後半から八〇年代の初頭にかけて隆盛した都内の児童厚生員有志による「東京都児童館研究集会」の開催と研究紀要『児童館研究』の刊行がありますが、新たな運動は、施設の存亡をかけた重大な危機的状況を打開するため、時代の要請に見合う児童館のあり方を模索する取り組みとして東京都や京都市でほぼ同時期に始まりました。有志による研究集会を各地に育んだり、旺盛な出版活動を生み出し、複数の自治体のビジョン策定の動きなどとも連動しながら、①主たる実践者である児童厚生員の全国的な連帯と交流を促進したこと、②関心を有する研究者を増やし、実践に限らず児童館に関する研究の進展をある程度促したと見られること、③一般の人びとに児童館の実像を紹介する機会を増やしたこと、以上三点において今日にも影響を与える成果をもたらしたと考えます。なお、各地の児童館が手がけた実践の質は後ほど検討したいと思います。

九〇年代、民間の側では、チャイルドライン、子どもの権利条約の理念を体現する取り組み、「居場所」づくり、冒険遊び場づくり、子育てサークルなどの実践も各地に広く普及し、各々に全国規模の研究集会や組織が作られたり、実践者の自主的な力量形成の努力がさまざまに積み上げられましたが、公立（のものが相当数ある）子ども施設においてそうした動きの隆盛は児童館のみで、顕著な特色を示していたと思われます。民間の取り組み同様、生活圏である地域に位置する施設であるため、子どもたちに大きな福音になると期待されました。それだけに実態を評価することは重要です。「九〇年代・児童館自己革新運動の隆盛と児童館実践」の背景や展開、問題点を検討する意義はここにあります。

② 改革以前

では、なぜ改革が求められたのでしょうか？一九六〇年代後半、児童館の増設が本格化した時代、都市化の影響などで安全に過ごせる場を失った子どもたちのために、安全な遊び場を提供することが「健全育成」の主要課題であり、それが児童館に期待されました。

先に紹介した『児童館研究』の第六号は、「東京都児童館研究集会」事務局がその後おおむね一九八〇年頃までの児童館実践を総括した重要な文献ですが、児童館が子どもや地域に対して果たしている機能について、①子どもに対する遊び場、自主活動の場の提供、②子どもの要求に応じた遊び、活動を通した仲間の育成、③子ども集団の組織的な活動を指導し、子どもの自主的、社会的な活動を育む、④子どもの文化、教育活動に必要なさまざまな「素材」を提供し、諸活動を通じて、子どもの文化の交流、発展を図る、⑤地域の子どもの遊びと生活をめぐる状況を捉え、地域の住民、親、子どもの関わる団体、機関と連携して、地域における子育て活動の一端を担う、以上の五点に集約しています。

子どもたちが健やかに育つ条件を地域に整える視点も盛り込まれていますが、子どもに対する個別的、集団的な遊びの提供と子どもの文化形成がおおむね児童館の役割とする認識が示されています。しかし、この姿勢はそれ以降も基本的に変化がなく、八〇年代の後半まで、多くの児童館は基本的に屋根付きの遊び場としての実態を呈していたのです。

しかし、法律にも明記された児童館の真の目的は、すべての子どもたちを健やかに育むことです。そのための課題は、世の中の変化を反映して時代的、地域的に異なるものなので、それを的確に把握して、解決・改善に向けた有効な実践を新たに次々と創造し続けねばなりません。それができなければ、評価されなくなるのは当然でした。

こうした児童館の現状に警鐘を鳴らす動きはありました（例えば、竹内敏「子どもとおとなが育ちあう地域センターをめざして」『子ども・地域にせまる児童館活動』エイデル研究所、一九八三年）。しかし、児童厚生員一般の認識は浅く、状況は悪化しました。そして、ついに児童館が無用の長物と見なされる危機を迎え、有志たちが奮起したのです。

③ 九〇年代、子どもたちの健やかな育ちを促すために課題となったこと

すると、九〇年代、子どもたちを健やかに育むために課題となったことや背景となった世の中の変化とは何なのでしょう？特に重要な課題として以下を指摘できると思われます。

❶ 少子化対策の本格化：一九八九年、「一・五七ショック」を端緒に、国の少子化対策が本格化しました。「子育て支援」という言葉が一般にもよく知られるようになりました。

❷ 子どもの権利条約の登場：一九八九年の国連総会で子どもの権利条約が採択され、条約の批准を求めたり、理念を体現する実践や運動が各地に起こり、子どもの主権や権利保障に対する関心と理解が広まりました。

❸ リプロダクティブ・ヘルス・ライツ、男女共同参画など、性と生をめぐる認識の深化：性的虐待やジェンダーによる差別、性病の広まりや子どもたちの妊娠などが注視されるようになりました。

❹ 虐待防止の取り組みの広まり：特に、子どもたちが生活する地域で、予防と救済のためのネットワークづくりなどが各地に広まるようになりました。

❺ 不登校・高校中退一〇万人時代の到来：支援のあり方をめぐって、「居場所」という概念が精緻に検討され、それを実現する実践が求められるようになりました。

❻ 学校週五日制への対応：土曜休みを家庭や地域の側でどのように有効に活用すべきか？課題が提起されるようになりました。また、体験学習という手法が急速に広まり始めました。

❼ 環境基本法の制定と環境学習の広まり：一九九二年、「国連環境開発会議」が開かれ、世界的に環境問題に対する関心が高まりました。子どもたちの世界にも環境学習が普及するようになりました。

❽ ボランティア活動の広まり：九〇年代に入ると、中高校生を中心に子どものボランティア活動が各地に広まりました。

❾ 生涯学習の振興のための施策の推進体制等の整備に関する法律の制定：一九九〇年、標記の法律が成立し、生涯学習に関わる多様な活動の展開が支援されるようになりました。子どもたちによる活動も例外ではなく、様々な取り組みが注目を集めるようになりました。

❿ ニューメディアの普及：「バーチャルリアリティ」といった言葉が知られるほどに、子どもたちの認識やコミュニケーションのあり方に重大な変化が生じるようになりました。

⓫ 子どもの育ちの変化：八〇年代の終わりから九〇年代の初頭にかけて、無気力・幼児化・個人主義的傾向を強く持った子どもたちが注目を集め、九〇年代の後半に入ると、人間関係の調整や自己表現が極端に不得手な子どもたちの存在が明らかになり、子どもたちによる重大事件の続発とも関係して、大きな話題となりました。

⓬ NPO法の成立・自治体改革の進展：一九九八年、特定非営利活動促進法が成立し、各地に次々と子どもたちの健やかな育ちに資するNPO法人が誕生しました。一九九九年に成立した地方分権一括法により、子ども施策を含む各自治体の独自な政策・施策形成能力が厳しく問われる時代となりました。

⓭ 文部省施策の参入：一九九八年、文部科学省が「全国子どもプラン」を打ち出し、地域における子どもたちの健やかな育ちの支援に積極的な介入を始めました。厚生省が担う福祉的な施策との競合の時代が始まりました。

こうした世の中の動向は、九〇年代の児童館実践にどれほど反映したのでしょうか？

④ 児童館の自己革新運動が導いた認識と児童館実践

児童館の自己革新運動を先導した人びとは、九〇年代を生きる子どもたちが直面している育ちの難儀とは何か？その解決・改善に向けて動こうとする児童館の手枷足枷とは何か？改革のビジョンや課題、方法などを求め、旺盛な学びと主張を展開するようになりました。

これを代表するのは、全国の児童館の二割弱が所在する東京の児童厚生員有志が呼びかけ、やがて全国大会を生み出す先駆けとなった「がんばれ東京の児童館研究集会」（以下、「がんばれ」と略します。）と、やはり東京を中心とする児童厚生員・放課後児童指導員が呼びかけて結成し、大小の研究集会を踏まえて児童館や学童保育の先駆的な実践や研究成果を出版して普及する活動に貢献した「児童館・学童保育二一世紀委員会」（以下、「二一世紀委員会」と略します。）の動きと思われます。前者は一九九〇年度から始まり、年一回の開催で引き継がれてきましたが、代表者の交代期を迎え、今世紀に入って一時期中断したことから、第一〇回となった一九九九年度の取り組みまでを一つの区切りとして総括することが適当と思われます。資料1は、集会テーマや設定された分科会のテーマを中心に、第一〇回までの「がんばれ」の概要を紹介したものですが、「がんばれ」は、「社会の動きやニーズに対応した児童館活動を創造するため、…今後の実践の方向を見いだす機会としたい。」と目的を掲げ、解決策や開拓の方向性を把握する方法について、「私達が実践の中で出すのです。」(一九九一・一「がんばれアピール」)と宣言して始まったことから、これらは、九〇年代、東京の児童厚生員たちが児童館の本質に迫るために認識していた実践的課題を端的に示すものと読み替えることができると思われます。

後者は二一世紀の児童館・学童保育のビジョンを描き出そうと一九九三年四月に発足。本書の編者の一人・小木美代子さんを代表に、研究者や院生なども加え、全国に一〇〇人規模の会員を有しましたが、新世紀の始まりを前に、二〇〇〇年一二月、歴史的使命を終えたことを確認して解散しました。その間に七冊の単行本が刊行され、児童館や学童保育に関する書物が限られる中、今でも各地の関係者に読み継がれています。資料2は、その中心的な出版活動であった「二一世紀の児童館学童保育シリーズ」Ⅰ～Ⅴ巻に収録された児童館実践を紹介したものです。九〇年代初頭から半ば頃、各地のどのような実践が児童館の本質に迫る先駆的なものとして注目されていたかを知ることができます。

そこで、資料1に掲載された分科会テーマと報告された実践、資料2に紹介された実践を主題に基づいて分類し、第③節でご紹介した❶～⓭の世の中の動向と対比してみようと思います。1「職員のあり方」:行政の伝統的な仕組みを改革する視点も提起されましたが、尻すぼみとなりました。⓬との関係で見ると、後手に回っていたと思われます。2「支援対象の拡大」:特に、中高校生、障害児、乳幼児、外国人の子どもたちにも視野が広がるなど、❶、❷、❺との関連で、時代に対応する努力が相応に認められます。3「新たな理念の取り込み・政策施策動向への対応」:子どもの権利条約、子育て支援、児童福祉改革、学校週五日制、情報化などが取り上げられていますが、❼、❽、❾、❿、⓭などを考慮すると、取りこぼしが目立ちます。4「地域への働きかけ・まちづくり」:特に、❻、❼を踏まえると、子どもたちが健やかに育つ環境を整備するという本質に踏み込むところには至っていなかったと思われます。5「関係機関・団体・者との連携、ネットワークづくり」：「がんばれ」では、次第にこの視点はなくなっていったのに対し、「二一世紀委員会」では、逆に運営協議会や子ども・家庭支援のネットワークづくりなど、今日的な課題が取り上げられるようになりました。❶、❹の観点から重要な意義があったものの、十分とは言えないように思われます。6「新しいプログラムの開発」：特に環境学習関連の実践が大きな関心を集めていたことがわかります。「二一世紀委員会」は、子どもの権利条約の理念を体現する取り組みなども積極的に取り上げており、新しいプログラムが創造されつつあったことを知ることができます。7「子どもの主体性を尊重した関わり方・子どもの育ちの変化に対する理解」：社会参画権が本格的に注目されたのは、一九九七〜九八年頃とみられるなど、世間一般の動向とは幾分遅れがあったと思われます。また、本来、最も重要な課題と思いますが、子どもの育ちの変化をどう理解するか？が、「子ども事情」として主題に掲げられたのは一九九七年のことです。8「近未来のビジョンづくり」：これは「二一世紀委員会」の使命そのものでしたが、「がんばれ」の方でも四回取り上げられました。❿、⓫を考慮すると、重大な問題です。とにかく羅針盤をもちたいという思いだったと記憶します。

総括すると、九〇年代の児童館実践とそれを導いた児童厚生員の認識には以下のような特色があると思われます。第一は、世の中の動向や子どもたちの育ちの変化を踏まえ、子どもたちの健やかな育ちを促す上で現状の課題になるとみられることを把握し、それに向き合う実践を展開する姿勢が少しずつ培われるようになったこと。第二は、しかしながら、課題を明らかにするための迅速で適切な学びは浅く、本質の把握が不十分であったり、見落としが目立ち、なおも世間一般の動きや国と自治体の政策施策形成の後手に回っていたこと。既述以外では、例えば、子どもたちの育ちの支援に関して、九〇年代、世間一般に最も注目された概念は「居場所」だと思いますが、九〇年代の半ばにはおおむね理念的な整理は終わっていたと思われます。しかし、「がんばれ」にこの言葉（概念と理解していたかは疑問と思われます。）が登場したのは一九九八年になってのことでした（二一世紀委員会」では、一九九四年に登場）。二〇〇〇年に入ると児童館のライバルとして大きく浮上してくる文部省施策は、結局、九〇年代にほとんど検討の俎上に載せられていませんでした。児童館の機能は福祉だけではありませんが、福祉法制の枠組みの外にある政策施策動向への目配りは不足していたと思われます。NPOや職員の政策形成能力が「がんばれ」で初めて取り上げられたのも、一九九八年のことでした。これらの点、私見では、「二一世紀委員会」の取り組みに世の中の動向と齟齬するものが少なかったと認識します。結局、この理由は、「二一世紀委員会」が、全体状況の把握や諸現象の客観合理的な分析と本質の把握を専門とする研究者との共同を巧みに実現させていたからと思われます。今日にも重大な教訓を残しています。第三は、児童厚生員たちの認識と実践に、次第に顕著な格差が現れてきたとみられること。「関係機関・団体・者との連携、ネットワークづくり」や「新しいプログラムの開発」をめぐる「がんばれ」と「二一世紀委員会」の認識の違いを指摘しましたが、時間の経過と共に、施策やプログラムの創造に個々の児童厚生員の自主的な学びの質の違いが明確に反映するようになったとみられます。この背景の一つには、自己革新運動を始めた先駆者たちの問題意識や運動の意義を、多くの児童厚生員が共有できなかったという問題があると考えます。なぜなのか？まとめの中で考えてみましょう。

⑤ 九〇年代・児童館自己革新運動と児童館実践の教訓

第九回を迎えた一九九八年度の「がんばれ」は、「今、児童館はタイタニックになるのか？」をテーマに開催されました。国も地方も財政破綻が一段と深刻化する中、新自由主義に基づく改革ビジョンがおおむね出揃い、特に公設公営児童館への風当たりが改めて厳しさを増し、まるで運動の振り出しに戻るかのように、改めて存亡の危機に直面した東京の児童館の現状がテーマに反映しました。そして、翌年、記念の一〇回目も、初の二日にわたる取り組みにもかかわらず、参加者数も延べで一〇〇人をわずかに超える状態となってしまいました。三桁の集客力を誇った「がんばれ」が、九〇年代後半になると参加者数に限りを見せ始めていたのです。「二一世紀委員会」が主催するフォーラムにも似た状況が生まれていました。

運動に深くかかわった当事者の一人として、優れて個人的な見解ながら、こうなった最大の理由と思われることを率直に指摘すれば、運動を牽引した人びとの多くに、理念の正しさを裏づける自分自身の実践がなかったことと考えます。児童館はあくまでも「実践の現場」です。理念や理論を振りかざすだけでは意味をもたず、それを実践してしかるべき成果を誰もが目に見える形で示すことが必要なのです。それによって人びとは主張の正しさを信じます。それを生み出した学びの意義に納得し、仲間、支持者として運動に加わるのです。念のため、「実践がない」ことの意味は、二つです。一つは文字通り「言うだけで何も実践しない」こと。もう一つは、「自分の実践を積極的により多くの人たちの目にとまる場に公開し、評価に付す努力をしないこと、または、そうするに足るだけの実質をともなった実践をしていないこと」です。実践は、第一に恩恵を受ける子どもたちや住民の納得や支持を得られるものでなければなりません。さらに、それがより多くの人たちに知られ、先駆性や成果が広く一般に認められるようになった時、初めて意義が評価されたことになり、関係方面に影響力を発揮するようになるのです。つつがなく誠実に勤務することが実践なのではありません。しかし、運動の牽引者たちの多くが自己の実践を報告する場にどれだけ登壇したか？文献刊行の機会に執筆したか？と振り返ってみると、その顔ぶれは極めて限られていたと思われます。既述の「がんばれアピール」を思い起こすと、ことの重大さがよくわかります。忌憚なく申し上げれば、二〇〇五年の今日、児童館の改革に関わる審議や催し、研究の場面で、実質的なキーマンとなっているのは、「二一世紀の児童館学童保育シリーズ」に自己の実践を寄稿した人たちと実践を大切にする若い人々であるように思われます。今後の児童館改革運動に対する大きな教訓と捉えられそうです。

こうして、二一世紀ともなると、児童館は台頭いちじるしい文部（科学）省の施策や、ＮＰＯなどとの激しい競争の渦中に巻き込まれていくことになるのです。

資料1　がんばれ東京の児童館研究集会（第一～一〇回）のテーマ、及び、分科会テーマ

回・年度・会場	〈テーマ〉・「分科会テーマ」
第一回・一九九〇年度・東京都児童会館	〈あたらしい地域児童福祉活動の交流を求めて〉「新しい地域活動の推進」、「思春期児童への関わり」、「新しい活動プログラムの開発」、「交流活動の新しい展開―高齢者・障害者・外国人―」、「学童クラブの活動について」、「児童館の将来について語る」
第二回・一九九一年度・東京都児童会館	〈いま、児童館ができること〉「子どもの権利条約と児童館・学童保育」、「週休制・学校五日制問題等、施策の動向と児童館」、「児童館の新しいプログラムの開拓」、「児童館の将来」、「児童館の職員の高齢化問題」、「X～児童館の仕事に喜びを見いだせないあなたに～」なお、この回は、午前中に児童館が当面する重要課題に迫る先駆的な実践の報告がプログラムとして位置づけられ、以下の三本の発表が行われました。墨田区「桜橋コミュニティセンターにおける中高生の利用と活動」、豊島区「児童館国際化問題」、小金井市「地域と若者との関わり」
第三回・一九九二年度・東京都児童会館	〈パワー全開！これから児童館ができること、したいこと〉「元気がほしい人へ　児童館の七転び八起き」、「うん、いいぞ！…こけちゃった！…さあ、やるぞ！」、「児童館の青い鳥を探そう！～子どもの権利条約とからめて～」、「アナタにおしえる児童館営業戦略」なお、この回は、午前中に「ネットワークをつくろうよ！―児童館への提言・期待―」と題してオープニングシンポジウムが開かれ、杉並区の母親クラブメンバー、江戸川区のソーシャルワーカー、町田市の「地域コミュニティセンターを作る会」メンバー、武蔵野市の「児童館モットワーク」のメンバーが登壇しました。
第四回・一九九三年度・杉並区児童福祉センター	〈とにかく児童館を語ろう！〉コンセプトⅠ「児童館の因習からのがれる呪文教えます！」の下に組織された分科会「児童館のタブー　ア・ラ・カルト」、「掟破りが生み出す可能性」、「児童館が役所に思える時―行政システムの壁―」、コンセプトⅡ「児童館のフロント五」の下に組織された分科会「健全育成の最前線～今日的課題～」、「児童館のハイテク化」、「学校に架ける橋」、「児童館はどのようにニーズに応えているか？」、「Up to date な児童館」、コンセプトⅢ「児童館のフロンティア」の下に組

	織された分科会「児童館の After 5とAM」、「児童館ですごす青春～中・高校生とともに～」、「児童館が生み出すノーマライゼーション～障害児とともに～」、「児童館のクラブ活動」、「児童館から世界をみる―外国人児童とともに―」、コンセプトⅣ「児童館職員、何する人ぞ？」の下に組織された分科会「職員の世代間交流―ジェネレーションギャップは贈り物―」、「元気の素さしあげます」、「児童厚生、私って何なの？」、「子どもの思い・大人の思い」、「職員の脳力はこうして向上する」、コンセプトⅤ「夢で出会った児童館」の下に組織された分科会「二一世紀の児童館」、「隠れた可能性・見えない期待」、コンセプトⅥ「児童館、よろず身の上相談」の下に組織された分科会テーマ「これはうける…日常お助け編」、「参加者自由企画」、コンセプトⅦ「一九九四児童館トップモードのご紹介」の下に組織された分科会テーマ「子育て支援の舞台裏～新地方の時代の児童福祉～」、「国際家族年がやってきた～家族問題と児童館～」 この回の企画、準備は、ブックレット『がんばれ東京の児童館―「児童館の昨日・今日。明日」―』の刊行を受けて、その普及活動と並行して進められたことが大きな特色で、コンセプトとブックレットの章立て、分科会テーマとブックレットの採用項目との間には強い関連がありました。それに先立つ都政新報紙上での連載もあり、一九九二～九三年は、東京の児童厚生員によって児童館が当面する実践的課題の集約が大きく進展した時期であったと評価できるでしょう。
第五回＝第一回全国児童厚生員協議会「これでいいのか！児童館・児童クラブ」全国大会・一九九四年度・サンシャインシティ文化会館・豊島区民センター	〈これでいいのか！児童館・児童クラブ〉 「子育て支援―こんなふうにやってます―」、「ちゅーこーせーも児童館―思春期の子どもたちとの関わり―」、「これからの児童クラブ（学童保育クラブ活動）」、「行き場のない子どもたちのよりどころとなるために」、「ボランティア活動の実例と地域の中での可能性」、「遠くの大自然より近くの葉っぱ―ワークショップ・自然体験活動の推進―」、「多様であることはおもしろい―障害（障碍）児・異文化等との出会いを拡げよう―」、「やってられるか児童館―児童館の夢探したい…―」、「―あそび心―にせまる新しいプログラムはこれだ！」 「がんばれ東京の児童館研究集会」の発展は、児童厚生員による自主的な研修・研究活動の可能性を全国に知らしめることとなりました。同時に、全国的な規模で児童厚生員が集う構想を生み出し、五回目を迎える「がんばれ東京の児童館研究集会」とのジョイントとしてそれは実現することになったのです。
第六回・一九九五年度・豊島区立要町第一児童館	テーマや分科会は設けず、四つの地域別情報交換会として実施： 地域別情報交換会は基調報告を踏まえて行われましたがその中では、児童館・児童クラブの課題として、「魅力的なプログラムの開発」、「対応型から設定型への転換」、「地域再生へのアクセス」が示されました。

第七回・一九九六年度・中野区勤労福祉会館・女性会館	〈～おこそう!!小さなムーブメント～あなたの一歩で何かがかわる〉「やっぱり知らなくっちゃ！～児童館を取り巻く現在（いま）～」、「子育てはインターネットの時代?!～あなたのホームページにアクセス～」、「児童館職員ってなんだ!?～あなたは子どもたちとどんな接し方をしていますか?～」、「風に向かって走れ～児童館の新しい流れをつくろう～」、「あんな子こんな子いろいろあっていいじゃない～共生の児童館・学童クラブ～」、「まずは、明日の元気をつくろう!!～何かやりたい、話したい人大募集!!あなたがつくる分科会～」
第八回・一九九七年度・オリンピック記念青少年総合センター	「花も嵐も乗り越えて　児童館最新事情」、「これが私の生きる道　仕事を楽しんじゃう方法」、「四次元に遊び、交信する＝シャーマンになった子どもたち～最新版・子ども事情～」、「大人も子どもも児童館～大人が変われば地域も変わる（かも）～」 テーマ設定がなかった回。一九九七年六月に中学生が逮捕された神戸事件以降、キレる子現象、ナイフ事件など、子どもたちによる世間を震撼させる事件が相次ぎ、子どもの育ちの現状をどう捉えるか?そして、健やかな育ちを促すための支援のあり方が改めて問われた時期でした。
第九回・一九九八年度・杉並区立高円寺中央児童館	〈今、児童館はタイタニックになるのか?〉「児童館を取り巻くフロント五～最前線の五つの動き～」、「児童館は何でも知っている！～職員の政策形成能力をどう培うか～」、「思春期児童とともに～児童館は中・高校生の『居場所』をどう保障するか～」、「みんなつながれ！みんなのために～子育て支援の拠点としての児童館～」、「子どもがやること子どもが決める!!～子どもの社会参画と児童館～」 半世紀ぶりに大改正された児童福祉法が施行となった年度の開催。国も地方も財政破綻が一段と深刻化する中、教育、福祉、自治、行政といった児童館に密接な関係を有する分野でも新自由主義に基づく改革ビジョンがおおむね出揃い、特に公設公営児童館への風当たりが改めて厳しさを増し、この9年間の取り組みは一体何だったのか…無気力間と存亡の危機感がテーマに反映しました。一方、ＮＰＯ、「居場所」、子どもの社会参画といった、子どもの育ちの支援に関わる人々の間では既に重要な検討課題となっていた事柄が、やっと注目されるようになった回でもありました。
第一〇回・一九九九年度・オリンピック記念青少年総合センター	〈DREAM WARS～児童館の逆襲～〉「児童館を取り巻くフロント五～最前線の五つの動き～」、「福祉の仕事は民間?公立?」、「子育て支援と児童館」、「中・高生と児童館」、「これから私たちどうするの」

資料2　21世紀の児童館学童保育シリーズI～V（萌文社）[*1]にみる90年代初頭・半ば頃の先駆的児童館実践

巻『タイトル』（発行年）	掲載された実践　※主題、副題、いずれか内容をイメージしやすいと思われる方を選択して紹介します。また、必要に応じ、コンセプトを記して補助します。
I『児童館・学童保育と子育ち支援』（一九九四年）	「街の川を遊び場に」、「障害児を受けとめられる集団・地域づくり」、「中高生の居場所・自己実現の場を」、「児童館運営協議会の役割と課題」、「子どもと老人の複合施設のとりくみ」、「民族文化を育み民族差別を問う」
II『児童館・学童保育と居場所づくり』（一九九五年）	「在日外国人の幼児・母親との交流」、「きらめいた「生」と「性」を原点として（児童館における性教育）」、「中学生の居場所づくり」、「父親クラブの試み」、「居場所としての児童館をバネに」
III『児童館・学童保育と子どもも最優先』（一九九六年）	「総合児童センター建設と中・高校生委員会の活動」、「子どもモニター会議の取り組み」、「ひみつ情報部員は忙しいのだ！！（子どもの活力を育む）」
IV『児童館・学童保育と共生のまち』（一九九七年）	「この木クラブ（こどもエコクラブ）とまち探検」、「まちを遊び、まちに学ぶ」
V『児童館・学童保育と自立ネット』（一九九九年）	「あおぞら児童館の活動」、「おひさまクラブ通信とパパの登場」、「幼児サークル活動の原点の模索」、「子ども・家庭支援のためのネットワークづくり」、「中・高校生がプランニングした児童青少年センターの開設」、「児童館運営協議会と超異年齢義兄弟ネットワーク」
	なお、市政の人々による児童館の設立に関わる実践も二件紹介されていることを付記します。

＊1　なお、続刊としてVI『児童館・学童保育と子育ち文化』（二〇〇一年）が刊行された。さらにVII『児童館・学童保育と施設、職員論』（仮題）が二〇〇五年に刊行の予定である。

【立柳　聡（福島県立医科大学）】

6 子どもの権利条約の実現をめざす運動と理論の二〇年

一九九〇年代（理論）

国連子どもの権利に関する条約（以下、本条約）が国連総会において採択された一九八九年から一五年が、そして、本条約を日本政府が一九九四年に批准してからすでに一〇年が経った。本条約は、国連総会における採択以前の段階、すなわち、その起草段階から日本にインパクトを与え始めていたので、本条約の日本における歴史は、実質的には、二〇年にも及ぼうとしている。

本稿の目的は、本条約の日本におけるこの二〇年—一九八五年から二〇〇五年—を、本条約の実現をめざす非政府レベルにおける運動に焦点を当てて回顧することにある。本稿の対象とする「運動」は、子どもの「権利」の実現をその目的としているので、①いかなる非政府レベルの組織や個人が、②子どもの権利の本質をどのように捉え、③それに基づいて何を国家に押し付けられるべきと主張し、④その独自の主張をどのようなルートで実現しようとしてきたのか、という四つの問いを軸にして分析していくことにする。

以下本稿では、日本政府が本条約を批准した九四年を基準にして「最初の一〇年」（八五年から九四年）と「第二の一〇年」（九四年から〇五年）の二つの時期に分けて、本条約の実現をめざす運動を、その主体、理論、主張、および方法の四つの観点から分析する。まずは、本条約が投げ込まれることとなった一九八〇年代の子どもの権利または人権をめぐる理論状況を概括して、二〇年間の運動の歴史を理解する上で不可欠となる枠組み—「子どもの権利」論対「子どもの人権」論—を抑える（①）。次に、「最初の一〇」および「第二の一〇年」における運動の特徴を回顧し（②、③、④）、最後に、「第三の一〇年」に向けて若干の指摘をする（⑤）。

本来であれば、本条約に認められた権利を裁判によって実現しようとする運動や、本条約を具体化する児童虐待防止法および児童買春・ポルノ禁止法の制定を促した運動も対象とすべきだが、筆者の能力の限界ゆえ、それを断念する。

① 本条約が投げ込まれることになった人権をめぐる日本の状況

（1）一九八五年は日本の子どもの権利史における転換点を構成している。この年、二件の学校体罰死事件が発生し（岐阜県立中津川商業高校における教師による体罰を苦にした自殺、および、岐阜県立岐陽高校における修学旅行中になされた教師体罰による生徒のショック死）、校則裁判の嚆矢となった熊本丸刈り校則裁判の熊本地裁判決が出された。[*1]

一九八〇年代に本格化する体罰、校則、そして内申書に代表される学校の「管理主義」的動向と、そのもとにおける子どもの非人間的な取り扱いは、研究者グループ（代表的には、子どもの人権と体罰研究会）および弁護士（会）の注目するところになっていた。[*2] 八五年におきた諸事件は、この注目を一気に拡大することとなった。そして、子どももまた大人と同様の人間であることから承認されるべき子どもの人間としての権利、すなわち「子どもの人権」こそが、公教育内部において実現されなければならないとの主張を生み出し、八〇年代後半から校内教育訴訟―学校における教育活動の是正を求める訴訟―を通じて、その実現が追求されていったのである。

（2）八五年を境にして研究者および弁護士（会）を中心に広く共有されることになった「子どもの人権」論は、それ以前にあって、学力テスト裁判および教科書検定訴訟を通じて研究者および弁護士の共同により発展をみていた「子どもの権利」論とは、子どもに承認されるべき中核的権利の押さえ方、そして、国家に対して押し付けられるべきルールともに、大きくその内容を異にしている。

「子どもの権利」論においては、子どもが子どもであるという理由で認められるべき権利こそが中核的な権利として構想されるべきであるとされ、子どもの「成長発達権」および、子どもの成長発達にとって不可欠な学習が権利（子どもの学習権）として承認されるべきであると主張されてきた。[*3] そして、この考え方は、子どもが一人では成長発達できず、大人との関係の中でしか成長発達できないこと、具体的には、子どもが日常的に発する要求に直接耳を傾け、子どもに対する働きかけを実行していく大人が不可欠であることを直視して、これを可能にするために、子どもに直に接している大人—当時の文脈にあっては教師—にも自由が認められなければならない、と主張したのである。[*4]

一九五八年における文部省による学習指導要領の法的拘束力の主張以降本格化する国家による教育内容統制によって登場した「全般的恒常的な教育紛争状況」[*5] のもとにあって、子ども固有の権利である子どもの学習権および教師の教育の自由をセットにすることにより、公教育内部に〝自律的な領域〟を確保すること—公教育における自由—が、「子どもの権利」論にあっては、その中心的な獲得目標として設定されていたのである。[*6]

（3）しかし、「子どもの権利」論が実現しようとした公教育内部における自律した教育領域は現実には実現することはなかった。公教育の競争主義を一層強める国家による教育内容統制（一九六九年改訂学習指導要領以降の〝詰め込み教育〟ないしは〝新幹線授業〟）、そして、教師に対する国家統制の強化（官製研修の押し付け、勤務評定の実施）によって、教師は国家の中に吸収され、教育は国家の教育権力の行使として見なされうる実質を備えていった。[*7]

国家による教育内容の非教育化、および教師の人間的主体性の剥奪のもとにあって、一九七〇年代終盤以降、子どもによる学校への異議申し立てである〝校内暴力〟が全国化し、それへの応答として学校がその管理主義的動向を強めていく。論者の絶妙な表現を借りれば、「教育行政に管理された非主体的な教師たちによる、子どもたちに対する非人間的な〝管理教育〟という実態が広まって」いったのである。[*8] そして、「公」教育を国家による教育権力の行使と見なす法的理解が通用力を持ちえていたので、子どもは教育権力の客体として法的に見なされやすく、学校の「管理主義」は、法的にも正当化されることになった。[*9] 校則裁判によく見られる、子どもの行動を規制する学校の包括的権能と、その権能に服従する生徒の義務、という構成は、それを典型的に示している。[*10]

（4）八〇年代中盤以降浮上する「子どもの人権」論は、学校における教育の教育権力化の是非という問題を一旦脇に置いて、子ども固有の権利ではなく、子どもが人間としてもつ人権—一般人権—を主張することにより、現実に行使されている国家の教育権力が立ち入れない私的な領域を確保すること—公教育からの自由—をその核心としていた。しかし、「子どもの人権」論には大きな欠点が付随していた。それは、教師が国家権力に包摂されてしまったのだとの事実認識をもてないまま、〝教師に自由を認めたからこうなった〟との誤った事実認識に基づいて、〝教師に自由を認めることはナンセンスなのだ〟との規範的認識を成長させていってしまった。結果、国家による「公」教育の教育権力化を追認してしまったのである。[*11]

②「最初の一〇年」（子どもの人権連による本条約（草案）の紹介（八六年）、日教組による学習指導要領の法的拘束力の承認、そして、本条約の批准（九四年））

（1）「公教育における自由」の確立への関心が脆弱化し、「公教育からの自由」への関心が強まっていた、まさにその時に、本条約草案は日本社会の中に投げ込まれた。そして、偶然にも、本条約草案の日本への伝達の主体であった運動組織の中心的構成員が、「公教育における自由」の確立という課題を放棄しようとしていたために、本条約が日本においてもちうる役割の同定の仕方に、重大な偏差を生み出すことになった。

（2）本条約草案を日本に紹介する中心的な主体となったのは、一九八六年に結成された、日本教職員組合（以下単に、日教組）、自治労などの団体会員と個人会員から構成される「子どもの人権保障をすすめる各界連絡協議会」（以下、子どもの人権連）であった。

子どもの人権連は、研究者グループ[*12]の精力的な活動に依拠し、本条約草案のみならず八九年に国連総会において採択された本条約そのものの日本語訳を、わずか数ヵ月後には完成させ、それを日本に矢継ぎ早に紹介し[*13]、非政府レベルにおける本条約への関心を高揚させる上で、決定的な役割を果たした。子どもの人権連の運動は、〝国連実況中継〟型とでも称されうるスタイルを確立したのであった。そして、この研究者グループが本条約批准以前から蓄積していた本条約と国内法の整合性に関する研究は[*14]、条約批准承認に関する国会審議に多大な影響力を行使したのであった。

（3）しかし、その背後では、子どもの人権連の財政を支える主要な会員である日教組が、その歴史的転換点を迎えつつあった。八〇年代における日教組においては、いわゆる主流派と非主流派間において、文部省との関係をめぐる対立が表明化していた。日本における労働組合全体のいわゆる〝右傾化〟の影響は日教組にも及び、文部省との対決姿勢―それは、公教育内部における〝自律的な教育領域〟を確保するための対決なのであったのだが―を放棄して、協調路線を進むべきとする主流派に、非主流派が対抗するという局面が続いていた。

そして、国連において本条約が採択された八九年に、日教組から離脱した非主流派が全日本教職員組合（以下単に、全教）を発足させた。これに対して、非主流派を失った日教組は、日本政府が本条約を批准したその九四年に、学習指導要領の法的拘束力を承認し、一九五八年から堅持していた文部省に対する対決姿勢を取消してしまったのである[*15]。

（4）本条約の日本への紹介以前から台頭していた「子どもの人権」論、および、最初の一〇年の初めから進んでいた日教組の協調路線への転換は、本条約の受容を、「公教育からの自由」の範囲内に留めさせる傾向を生み出すことになった[*16]。具体的には、条約の基底に位置づいている子ども期における人間の固有の権利（第六条に規定された子どもの生存と発達に関する権利）の重みが決定的に軽量化され、かつ、本条約の中核を構成する「子どもの意見表明権」（第一二条）をめぐる理解に重大な偏差がもたらされることになった。

当時の管理主義的動向に対する本条約のインパクトを最大限化するために、本条約に規定された意見表明権（第一二条）および市民的自由（第一三条ないし第一六条）が、両者はその性格を異にしているにもかかわらず、子どもの「権利行使主体性」を示す権利群として範疇化されがちであった。[17] また、その文言から見てそれを自己決定権と同視することができないにもかかわらず、意見表明権と自己決定権が同一視され、あるいは、二つの権利の結びつきがことさら強調されもした。さらには、本条約において、教師に対する言及がないことを根拠にして、教師は国家のエージェントとして位置づけられるので、教師に自由を認める余地はないとの主張もなされていた。[18]

そして、先の研究者グループの中心にいた研究者が示した八〇年代の総括にも、「公教育における自由」からの撤退という時代状況が刻印されている。この研究者は、「『一九八〇年代総括』という枠組みをもっている」[19]と自己定義する著書において、体罰問題をきっかけに浮上した「子どもの人権」の学校における保障という課題を、人権教育の充実、人権侵害的教育手段の使用禁止、および、子どもゆえにこそ与えられるべき一般人権の手厚い保障の三つにブレイク・ダウンし、学校における「子どもの人権」保障のためには、「幅広い人々の合意つくりと教職員・父母相互の連携[20]」が必要であると結論している。追求されるべきこのような学校自治は「公教育における自由」の上に初めて成立するので、この自由とは相互排他的な国家による教育の権力的支配を排除する必要性があるはずである。しかし、この最も肝要な点の指摘は省略されてしまっていたのである。[21]

③「第二の一〇年」（DCI日本支部設立と「子どもの権利条約市民・NGO報告書をつくる会」の結成）

(1) 八〇年代から本格化した学校の管理主義的動向は「子どもの人権」論からの批判を浴びたため、そのあからさまな暴力的性格—とりわけ体罰—を後退させた。しかし、子どもを教育権力の客体として扱う構造はそのままとなっているので、その抑圧性は変化することなく、子どもは、新たな困難に直面し続ける。

学校から受けるストレスのより弱い者への転嫁を意味するいじめの増加、権力的学校からの〝逃避〟を意味する不登校・登校拒否の増加はその例である。また、その猟奇的な犯行と犯行声明時記述された「透明な存在」との表現が注目を集めたいわゆる酒鬼薔薇聖斗事件、二〇〇〇年に連続して起きた「一七歳の事件」、そして、青年の〝引きこもり〟と称される現象も、問題の深刻化を示している。そして、子どもが直面する新しい困難への個別的な対応では対処療法にとどまる以上、学校において子どもが日常的に享受している学校との間の権力的関係を構造的に変化させ、その原因を除去しなければならない、との課題が意識されるのは時間の問題であった。

（2）それでもなお、「最初の一〇年」に確立した、精力的な研究グループを中核とする、「公教育から̇の̇自由」を重視する運動は、その働きかけの相手方を国から地方自治体に変え、かつ、その具体的なテーマを拡大しながら発展していく。[*22] もともと「公教育から̇の̇自由」は、公教育を場面にしての、大人に認められている権利―一般人権―の子どもへの拡大という意味を持っている。この運動は、「第二の一〇年」においては、公教育以外の場における一般人権の子どもへの拡大を追求して行った。

その最も大きな成果は、日本教育法学会子どもの権利条約研究特別委員会（九三年〜九六年）の手による「子どもの権利基本条例要綱案」[*23]に基づいて起草（九八年〜〇〇年）され、二〇〇〇年に制定された「川崎市子どもの権利条例」である。同条例に含まれている子どもにも理解できる言葉で書かれた子どもの権利のリストには、子どもの発達という概念が存在せず、子ども固有の権利の中核部分が欠落している。しかし、そのリストには新しく、子どもの「自分で決める権利」が加えられ、自治体の統治活動に「川崎市子ども会議」を通じて参加することも認められた。この条例は、大人に承認されている自己決定権、および、統治行為に参加する権利を子どもにも拡大したのであった。[*24]

（3）これに対して、先の必然的な課題に、本条約を用いての本格的な取り組みに着手したのが、批准承認の直前の九四年二月に誕生したDefence for Children International 日本支部（以下、ＤＣＩ日本支部）であった。[*25]

ＤＣＩ日本支部は、「最初の一〇年」において運動の中心となった組織とは異なり、その財政の主要部分を特定の教職員組合に依存せず、その事務局を労働組合に置くこともせず、あらゆる個人と組織から independent な組織として設立されている。

ＤＣＩ日本支部の日本社会への定着を確実なものとしたのは、本条約批准によって非政府レベルにおける運動に開かれることになった、ＣＲＣによる政府報告審査のプロセスへのＮＧＯによる代替的情報のインプットという権利実現のためのルートについて、その実効的な用い方を提案し、その実践の中心に据わったことであった。

ＤＣＩ日本支部は、ＮＧＯの声を「ひとつ」にして代替的情報を提供することが、ＣＲＣによる報告審査にＮＧＯの見解を反映させる最も効果的な方法であるとの認識に基づき、「ひとつの代替的報告書」の作成を日本のＮＧＯに呼びかけ、これをもとに、「子どもの権利条約　市民・ＮＧＯ報告書をつくる会」（以下、「つくる会」）が結成された（一九九六年）[*26]。

「つくる会」は、代替的報告書作りを、子どもの権利に関心をよせるすべての市民とＮＧＯが、地域における子どものおかれている実態を直視し、その実態を自らの言葉で表現する機会として捉えた—基礎報告書作り—[*27]。そして、草の根の市民・ＮＧＯから寄せられた〝基礎報告書〟と、市民・ＮＧＯとの綿密な対話をもとに、研究者および弁護士などの専門家が〝統一報告書〟を作成し、市民・ＮＧＯ・専門家との共同によって、日本の子どもの実態を包括的に吟味する機会とした。

（４）ＤＣＩ日本支部をその中心に据えて展開していった「つくる会」の運動は、「最初の一〇年」において支配的であった運動とは大きく性格を異にしている。

本条約に「確固たる民主的基礎」を与えることを最重要視し、本条約実現の主体として草の根で活動している市民・ＮＧＯを据えた。また、研究者および弁護士などの専門家と市民・ＮＧＯの共同の新しいあり方—前者による分析の対象あるいは情報提供の対象としての後者ではなく、後者の要求に専門的に応答する前者、ないしは、後者の持つ事実認識に権利という用語法を用いての説明を与える前者―を示した。

④ 人間の成長発達の時期としての「子ども期」への着目と意見表明権の人間関係的理解

（1）「つくる会」は、第一回政府報告書（九六年提出）および第二回政府報告書（〇一年）に合わせて、それぞれ九六年および〇一年に結成された。九七年に『豊かな社会日本における子ども期の喪失』、〇四年に『豊かな社会日本における子ども期の剥奪』という題名の代替的報告書をCRCに提出した。

そして、包括的な代替的報告書を提出した日弁連（九七年、〇四年）、子どもの人権連（九七年）、「子どもの権利条約NGOレポート会議（事務局、子どもの人権連）」（〇四年）とともに、予備審査に招請され、CRCとの対話を行った。

「つくる会」の代替的報告書のタイトルに示されているように、それは人間が誰でも通過する時期である「子ども期」に着目し、子どもの一般人権ではなく、子ども固有の権利の重要性を提起するものであった。『豊かな社会日本における子ども期の喪失』報告書においては、子ども期においては子どもの人間的成長こそが実現されなければならないこと、その成長発達は、「ありのままに受け入れられる大人との人間関係」においてこそ実現されうるものであること、そして、ありのままに受け入れられる人間関係が、権威への服従を求める日本社会の構造のもとにあって奪われ、それこそが、子ども期の喪失、という事態が生じていることが主張された。そして、『豊かな社会日本における子ども期の剥奪』報告書は、このような大人と子どもとの人間関係が、二〇〇一年以降本格化する新自由主義に基づく子ども関連法および施策の改変によってさらに進行しているのであり、子ども期は政府によって意図的に剥奪されている事態を告発するものであった。

（2）「つくる会」の二つの「子ども期」報告書は、八〇年代に台頭し、本条約の受容の仕方に影響を与える「子どもの人権」論とは対照をなしている。二つの「子ども期」報告書は、子どもの一般人権ではなく、子ども固有の権利に着目し、その中核に、子どもの成長発達権を据え、子どもの人間としての成長発達にとって不可欠な権利として本条約一二条に規定された意見表明権を位置づけた。

「つくる会」に示された条約一二条の理解は幾重にもユニークである。

権利の主体であるためには「理性的」な存在であることが求められるが、非理性的な存在である子どもは、権利の主体とはなり得ない。この問題に対し、子どもはその欲求を出すことができ、その欲求を親密な他者に対して提出し、親密な他者を通じてその欲求を実現することができることに着目し、欲求提出能力こそが子どもがある種の〝権利〟の主体となることを正当化する、との解答を示している—権利として保護されるべき子どもの主体性の発見—。子どもの成長発達にとっては、子どもがそこにおいて要求を自由に表明できる—つまり、子どもが主体として位置付く—大人との関係が不可欠なのであり、意見表明権が保障しているのはこのような相互的な人間関係に他ならない—子どもの意見表明権の人間関係的理解—。

そして、形式性を本質とする法の果たすべき役割は、相互的な人間関係を「可能化」することに収斂され、そのために次のことが政府に求められる。まずは、子どもの欲求に自由に応答することが子どもに直に接している大人に可能とされなければならない—子どもに直に接する大人の権利保障主体性とその自由の承認—。次に、このような相互的な人間関係を可能とする物的条件を整備すること—例えば、クラス・サイズ—。そして、この人間関係を有していない子どもにそれを提供することである。

以上の主張は、八〇年代以前にあって支配的でありながら後退した「子どもの権利」論を、本条約第六条に規定された子どもの「生存と発達」に関する権利、および、第一二条の意見表明権を基礎にして、バージョン・アップさせるものである。そして、学校と子どもとの関係に最も良く示されている子どもと大人との関係の権力的構成こそが、日本における本条約実現にとっての中心的な障害なのであり、それを本条約に基づいて人間的に再構成する、という課題を提起するものであった。

（3）「つくる会」の本条約第一二条理解のユニークさは国際的にも傑出している。国際社会にあっては、子どもの権利と言えば、戦争、飢餓、貧困に直面する子どもの保護が主要なテーマとして設定されやすい。また先進国にあっては、周辺に貼り付けられた子どものメイン・ストリームへの復帰に焦点が当てられやすい。これに対して「つくる会」の主張は、先進国のメイン・ストリームにいる子どもの権利問題に国際社会の目を向けさせようとするものであった。国際社会との対話を通して、このメイド・イン・ジャパンの理解を国際社会に受容させるというチャレンジを遂行することになり、ここに、国連情報の一方通行的な情報提供とは区別される、〝相互交流〟型運動が展開することになる。

これまで二回行われたCRCによる日本政府報告審査の結果示された二つの最終所見は、このチャレンジが実を結びつつあることを示している。

一九九八年に採択された第一回政府報告書に対するCRCの最終所見（CRC/C/15/Add. 90）において、「委員会は、…児童一般が、社会の全ての部分、特に学校制度において、参加する権利（第一二条）を行使する際に経験する困難について特に懸念する。」（一三パラグラフ）（政府訳）と述べて、日本における子どもの権利問題の中心が、子どもの意見表明権の抑圧に存在することを確認している。これは、日本における子ども期の喪失宣言であった。

二〇〇四年に採択された第二回政府報告書に対するCRCの最終所見（CRC/C/15/Add. 231）においては、「本委員会は、社会における子どもに対するこれまでの（traditional）姿勢が、家庭、学校、その他の施設および社会全般において、子どもの意見の尊重を制限していることを依然として懸念する。」（二七パラ）（福田・世取山訳）と述べて、「家庭」にも意見表明権の適用があることを確認して、意見表明権の人間関係的理解に向けての重要な一歩を示した。

学校に関わっては、「教育、余暇、およびその他の活動を子どもに提供している学校その他の施設において、方針

（policies）を決定するための会議（boards）、委員会（committees）その他の会合に、子どもが全面的に（systematically）参加することを確保すること」（同d）、「学校における問題および紛争、特に、いじめを含む暴力に効果的に対応するための措置を、生徒および親と共同して、開発すること。」（五〇パラd）との二つの勧告が意見表明権に関連して示された。非常に重要なことは、後者の勧告においては、「教師」も当然に含まれることが、CRC委員であるリー女史（勧告）によって確認されているので、子どもに直に接している大人である親および教師の自由への重要な手がかりが示されることになった、ということである。[*28]

⑤「第三の一〇年」（二〇〇五年〜二〇一四年）に向けて

（1）「第三の一〇年」は、第二回政府報告に対する最終所見が示された二〇〇四年から実質的には始まっている。「第三の一〇年」を特徴づけるのは、二〇〇一年の内閣府設置法施行以降開始されたトップダウン方式の新自由主義改革が、福祉および教育にも及び、関連する法制改革が本格的に開始され、それにともない、子どもの抱える日本独自の困難―日常的な関係の権力的構成―が、ますます強まっていく、ということであると予測できる。

新自由主義は、個人の多様な欲求を充足しやすい「市場」の、教育および福祉への導入と説明されやすい。しかし、その実質は、国家と教育および福祉の供給主体を区分し、両者を、実質的な意味における契約的関係―お金を持っている人の意思がそれを受け取る人に貫徹される関係―で結び、かつ、国の意思を貫徹させるための供給主体間の競争の組織であると見られる。[*29]

二〇〇五年ないしは二〇〇六年に国会に上程される可能性のある教育基本法改正案に関連して、与党教育基本法改正に関する検討会がまとめた「教育基本法に盛り込むべき項目と内容について（中間報告）」（二〇〇四年六月）は、人格の完成という教育の第一目的（教基法第一条）を、現場における子どもと教師と親による共同という方法によって実現し（同第二条）、国家による子ども教師関係への介入を禁止し、その役割を条件整備に限定する（同第一〇条）、という現行教基法の骨格が改正のターゲットとなることを示している。教基法がそれ独自の方法により創設しようとした〝自律した教育領域〟の一掃こそが、教基法改正の本体となっているのである。そして、「中間報告」ではそれに代えて、学力テスト体制の確立による教育内容の権力的介入と競争主義のさらなる強化が意図され、子どもの「規律を守り、真摯に学習する態度は、教育上重視される」とされ、現在の学校と子どもの関係の権力的構成を正当化することが予定されている。[*30]

（2）本条約実現をめざす運動の二〇年の回顧を終えた段階で、「第三の一〇年」における運動について、次のような指摘をすることが許されるだろう。

「子どもの人権」論は、それが、子どもが享受する関係の権力的構成の是非という問題の検討を放棄し、権力が及ぶ範囲を限定する役割しか持たない以上、新自由主義改革を押し留める上でさほど実効的ではないので「子どもの権利」論と、それをバージョン・アップさせる子どもの意見表明権の人間関係的理解が、新自由主義改革に対抗する軸として据わらざるを得ない、ということである。

そして、より具体的な課題として次の二つのことを指摘しておきたい。

第一は、意見表明権によってバージョン・アップされた「子どもの権利」論を国際社会と日本社会の努力に広く深く浸透させることである。

第二は、「子どもの権利」を実現するための新しいルートを国内でつくることである。そのようなルートとしては、CRCが二回目の最終所見において「歓迎」した（一五パラ）[*31]、川西市子どもオンブズマン条例が存在している。これを他の自治体に拡大するだけでなく、非政府レベルにおける活動として日本全国に展開する必要があろう。DCI日本支部は、子どもの権利オンブズマン・プロジェクトを開始し、そのようなルートづくりの実践を開始しているのである。

ともあれ、「第三の一〇年」は、バージョンアップされた「子どもの権利」論の正念場になる。本稿が、この議論の日本における普及と定着を積極的に引き受ける運動の展開を刺激できていれば、幸いである。

【世取山　洋介（DCI日本支部）】

＊1　熊本地判昭和六〇年一一月一三日（判例時報一一七四号四八頁）

＊2　それを代表する著作として、参照、今橋盛勝『教育法と法社会学』三省堂、一九八三年

＊3　堀尾輝久『現代教育の思想と構造』岩波書店、一九七一年、二九七―二九八、三三九頁、兼子仁『教育法〈新版〉』有斐閣、一九七九年、一九七―一九九頁

＊4　教師の教育の自由の論拠付けとして、教育の直接責任制のほかに、子どもの合法則的発達を保障する教師の専門家としての自律性の保障がある（堀尾前掲、三二一―三二八頁、兼子前掲二七六―二七八頁）

＊5　兼子仁「日本の教育課程行政の異常性」『教育法学と教育裁判』勁草書房、一九六九年、四頁

＊6　この運動は、家永教科書検定第二次訴訟第一審判決（いわゆる杉本判決）（一九七〇年）における教師の専門的職能的自由としての「学問の自由」の承認を導き出す。そして、旭川学テ事件最高裁大法廷判決における、子どもの「学習する権利」の確認、国家による教育内容に対する統制が「できるだけ抑制的であることが要請される」ことの人権論的根拠としての「子どもが自由かつ独立の人格として成長する」権利の確認、さらには、「子どもの教育が教師と子どもとの間の直接の人格的接触を通じ」て行なわれなければならないとの教育条理に基づく、教師の「学問の自由」の承認、という成果を実現している。

＊7　兼子仁「子どもの人権と教師の教育権」『日本教育法学会年報』第一九号、有斐閣、一九九〇年、五九頁

＊8　同右書、六五頁

＊9　なお、教育社会学者の廣田照幸は、八〇年代後半における子どもの人権論の台頭を、日教組対文部省というマクロな問題から、学校の中における子どもの取り扱われ方というミクロな問題への視点の移行と描写するが、「『それがなぜ生じたのか』という問いに答えることは難しい」とし、その原因の確定を放棄する（廣田照幸「学校像の変容と〈教育問題〉」『教育言説の歴史社会学』名古屋大学出版会、二〇〇一年、二七二頁、二八五頁）。国家権力のコントロールに着目する法制論にあっては、教師の権力への組入れによる「公」教育の教育権力化と、そのもとにおける子どもの権力の客体化がその原因として同定される。「言説」が向けられている相手方を等閑視した「言説」の分析は、国家権力への視点が不在であるが故に、国家権力こそをその相手方とする権利ないしは人権に関わる「言説」の分析に不向きなので、結局は、問題の所在を曖昧にする、と言うべきなのだろうか。

＊10　世取山洋介「私立高校生バイク禁止違反処分の損害賠償」兼子仁編『教育法判例百選〈第三版〉』有斐閣、一九九二年、一三二頁

＊11　「座談会―兼子教育法学をめぐって―」兼子・市川編著『日本の自由教育法学』学陽書房、一九九八年、二九三頁、三〇八―三一〇頁

＊12　その中心となったのは、本条約の起草が開始された一九七九年から起草過程をフォローしていた喜多明人であった。氏による起草過程研究の集成として参照、喜多明人

『新時代の子どもの権利　子どもの権利条約と日本の教育』、エイデル研究所、一九九〇年
＊13　国際教育法研究会訳・編集「国連・子どもの権利条約　第一読会草案全文（付・原文＝英文）」（一九八八年一〇月一日）、（子どもの人権連発行）等参照。国際教育法研究会による本条約の日本語訳は、非政府レベルにおいて、現在においても最も通用している。
＊14　その成果のコンパクトな取り纏めとして、広沢明「子どもの権利条約と国内の課題」永井憲一編著『子どもの権利条約の研究』法政大学出版局、一九九二年、一二三頁。
＊15　子どもの権利条約にとっての意味と日本の教職員組合運動にとっての意味とが偶然にも符合する八九年および九四年が、教育基本法が「改正」される年以上に、「教育史上の時代を画するという意味では、…後代から見れば重要性を持っているかもしれない。」と指摘するものとして、参照、佐藤修司「教育基本法の歴史的位置と現在的課題」（『日本教育史往来』№一五〇、日本教育史研究会、二〇〇四年六月三〇日、四頁
＊16　世取山洋介「こどもの権利条約をめぐる議論の状況」『法の科学』二〇号、一九九二年、一九一頁
＊17　永井憲一「国際教育法と子どもの人権」永井編著、前掲注14、一七頁
＊18　若穂井透「弁護士から見た子どもの権利・人権論の課題」『法の科学』二〇号、一九九二年、一九九頁、二〇五頁注1
＊19　喜多前掲書注12。引用は「あとがき　四刷（一部改訂にあたって）」（一九九五年）、二四三頁
＊20　喜多明人「子どもの人権を守るのは誰か―体罰問題を手がかりに」前掲三頁、一七頁
＊21　これは、一九八九年に行われた日本教育法学会第一分科会「子どもの人権と教育権」における報告を再現した、兼子、前掲注7論文と好対照をなしている。
＊22　なお、子どもの人権連は、自らが確立した〝国連の実況中継〟スタイルを堅持し、九一年からその活動を開始するCRCの第一会期を除く全ての会期に、傍聴者を派遣し、最新情報を日本に伝達する運動に発展させている。
＊23　日本教育法学会子どもの権利条約研究特別委員会編『提言［子どもの権利］基本法と条例』三省堂、一九九八年
＊24　川崎市子どもの権利条例の批判的分析として、世取山洋介「子どもの権利論の基本問題をめぐって―「服従かさもなくば解放か」あるいは関係の質の改善か―」『人間と教育』三一号、二〇〇一年、一二二頁
＊25　本条約とは無関係に、権力的関係の構造的な転換を、「生き方を問う子ども」に応答する教師の責任という形で提起したのは、田中孝彦であった。（田中孝彦『生き方を問う子どもたち』岩波書店、二〇〇三年）
＊26　もっとも、日教組も当初は「つくる会」への参加を前向きに検討したものの、結局、参加しなかった。また、子どもの人権連は「つくる会」に参加したものの、最終的には、独立して代替的報告書を提出するに至る。日弁連は、その組織の性格上、NGOとの共同はできないことから、「つくる会」へは組織として参加しなかったものの、日弁連の報告書作りに参加した弁護士が個人で「つくる会」に参加した。
＊27　後にも述べるように、「つくる会」は二度にわたって結成されているが、それぞれに、一〇〇以上のNGOが結集し、二〇〇人以上の個人が集っている。
＊28　以上の勧告を導き出すに当たってポイントになったのは、「つくる会」が、日本社会において困難に直面している子どもと、意見表明権が想定している人間関係を作り、その子どもたちが、CRCにおいてプレゼンテーションを行ったことである。自らの理論を実践し、その成果を国際社会に提示していることが、「つくる会」の運動の決定的な強みとなっていることは、広く知られているべきであろう。
＊29　世取山洋介「新自由主義教育改革と教育の公共性」『法学セミナー』日本評論社、二〇〇四年六月号
＊30　世取山洋介「教育基本法改正プランにおける新自由主義的側面の批判的検討」『日本の科学者』日本科学者会議、二〇〇五年七月号
＊31　川崎市子どもの権利条例に対する言及が、審査においても最終所見においてもなかったこととは好対照をなしている。なおこの事実は、〝国連実況中継〟型運動によって日本に伝達されるべきなのだが、されていない。

コラム③ ひとり立ちのときをむかえて!!

日本子どもNPOセンターは二〇〇二年三月五日に設立準備委員会を発足し、二〇〇名を超える方々が発起人となり、その年の九月二一日に設立されました。翌二〇〇三年三月三日に内閣府より認証され、三月三〇日、晴れて法人として誕生したのです。私もその発起人の一人としてかかわってまいりましたが、「とくていひえいりかつどうほうじん」となめらかに言えるようになるのに、半年ぐらいかかりました。今から思えば、NPO法人とはなんぞやと学び始めた時期であり、NPO活動に全く無知な状況でした。

あれから、丸二年を経た今、子どもの発達にたとえるなら、日本子どもNPOセンターはつかまり立ちからひとり歩きひとり立ちの時代を迎えています。誕生とその初めの一歩はあまりにも急激な成長だったといわざるを得ません。それゆえに、組織運営に大きなひずみや、困難が生じました。ここで私が思うことは、その発達の過程を丁寧に洗い出し、何はやってこられたのか、何がやれなかったのか、それは何が不足した結果か、と真摯に自己評価することだと考えています。そこから、必要な過程を経て、「ひとり立ちの時代」をクリアしたいですね。

子どものNPOセンターのような中間支援センターには期待される活動と、それを背負う力量を測る力、つまりはこの組織を育てることに真剣に向き合う愛情豊かな養育者が必要だということにつきると思います。それを「執念」と表現された人もいました。多くの子どもNPO法人の設立時期が二〇〇〇年以降であり、それが全体の六七・七%を占めていることが当法人がまとめた『子どもNPOと行政の協働に関する調査報告』で明らかになりました。ということは、他のNPO法人も多かれ少なかれ、同じような時代を迎えているということではないでしょうか・・・。

【渡辺　美恵子（NPO法人　日本子どもNPOセンター）】

7 子育ち・子育て支援NPOの挑戦 ―子育ち・子育てからのまちづくり―

二〇〇〇年代（実践）

① 大田区〝ふぼれん〟の歩みとその活動

活動の広がりと転換　大田区〝ふぼれん〟は一九七四年二月一七日に創立されました。今年の総会は三二回を数えます。正式名称は「ＯＴＡ子育て支援ネットふぼれん　大田区保育園・児童館父母の会連合会」です。名称の後半部分でお解りと思いますが、組織の大きな部分は保育園父母の会で、保育要求運動から出発した団体です。保育園父母の会の連合会から、「市民自治」を運動の基盤に据え、子育ち・子育てを通して「新しい市民社会の創造」を掲げるまでの歩みを述べたいと思います。私は、〝ふぼれん〟の活動の経過そのものが「子育ち・子育て支援ＮＰＯの挑戦」といえるのではないかと考えています。

創立当時の保育園は「自営業は午後四時まで、土曜日はお休み」、「ならし保育は一週間はあたりまえ、長い家庭は一月を超えることもあった」時代でした。「預ける側の都合より、預かる側の都合が優先する社会」です。新しい制度が導入されるのに一〇年、一五年とかかることも希ではありません。そうした制度の改革をめざし、安心して預けることのできる保育園づくりと父母の会活動の交流と支援をつづけていくなかで、一九九一年からは学童保育連絡協議会からの要請で学童入室運動を開始し、「保留児」をつくらない大田区をめざした活動を展開しそれを実現してきました。一九九七年には男女平等推進区民会議へのスタッフ参加を契機に男性の育児参加促進など、子育ての環境整備も課題のひとつと位置づけました。一九九八年には認可外保育園の加入で、指定保育室・認証保育所・育児サポートの問題への取り組みも始まりました。この年から学校教育の分野の活動、さらに児童館の学習・研究に取り組み始めたのもこの年です。そのことが二〇〇一年に特定非営利活動法人サポネットOTAの設立と、大田区で初めての児童館民間委託のプロポーザルへの応募へとつながりました。障害児保育への取り組みは、発足当初から継続した活動となっています。現在では、市民活動団体のネットワークづくりや障害者団体とともに大田区のバリアフリーのまちづくりにも参画しています。

このような活動の広がりは、子育ち・子育ての現状と問題が、特定の子育て家庭や制度に働きかけていくだけでは解決できないほど複雑かつ高度化し、社会のあり方、人々の意識や働き方など社会全体の問題としてとらえなおす必要を痛感したからといえます。そしてふぼれんはその活動を、保育園父母の会を中心とした活動から、大田区すべての子どもの育ちと子育て家庭を視野に入れた市民活動へと転換させてきました（図1・2参照）。

政策提言活動　この間〝ふぼれん〟は政策提言を活動の大きな柱のひとつに位置づけ、「要求型」の団体から「提案型」の団体へ、さらに「実践型」の団体へと運動のあり方を変革させてきました。市民自治の視点で保育運動をやっていこうというのが私たちの考えです。運動のすすめかたは「考え方の違いを認めあう」ことをスローガンに世論づくりを重視しました。世論づくりは時間がかかりますが、世論となったものは必ず実現します。誰もが納得できる政策づくりだけでなく、多くの区議会議員や行政担当者との話しあいを繰り返し行うことで世論をつくりあげてきました（毎年三〇回以上の懇談会や意見交換を重ねています）。〝ふぼれん〟の政策提言は、時間こそかかりますが着実に大田区の制度となって実現しています。

このような提言活動はNPOの大切な役割のひとつと考えます。また、世論づくりだけではなく「考え方の違いを認めあう」ことは「思い」や「主張」の強い人々の集まりであるNPOには欠かせない活動のすすめ方といえると思います。

図１　21世紀へ歩みだすための新しい社会のイメージ図

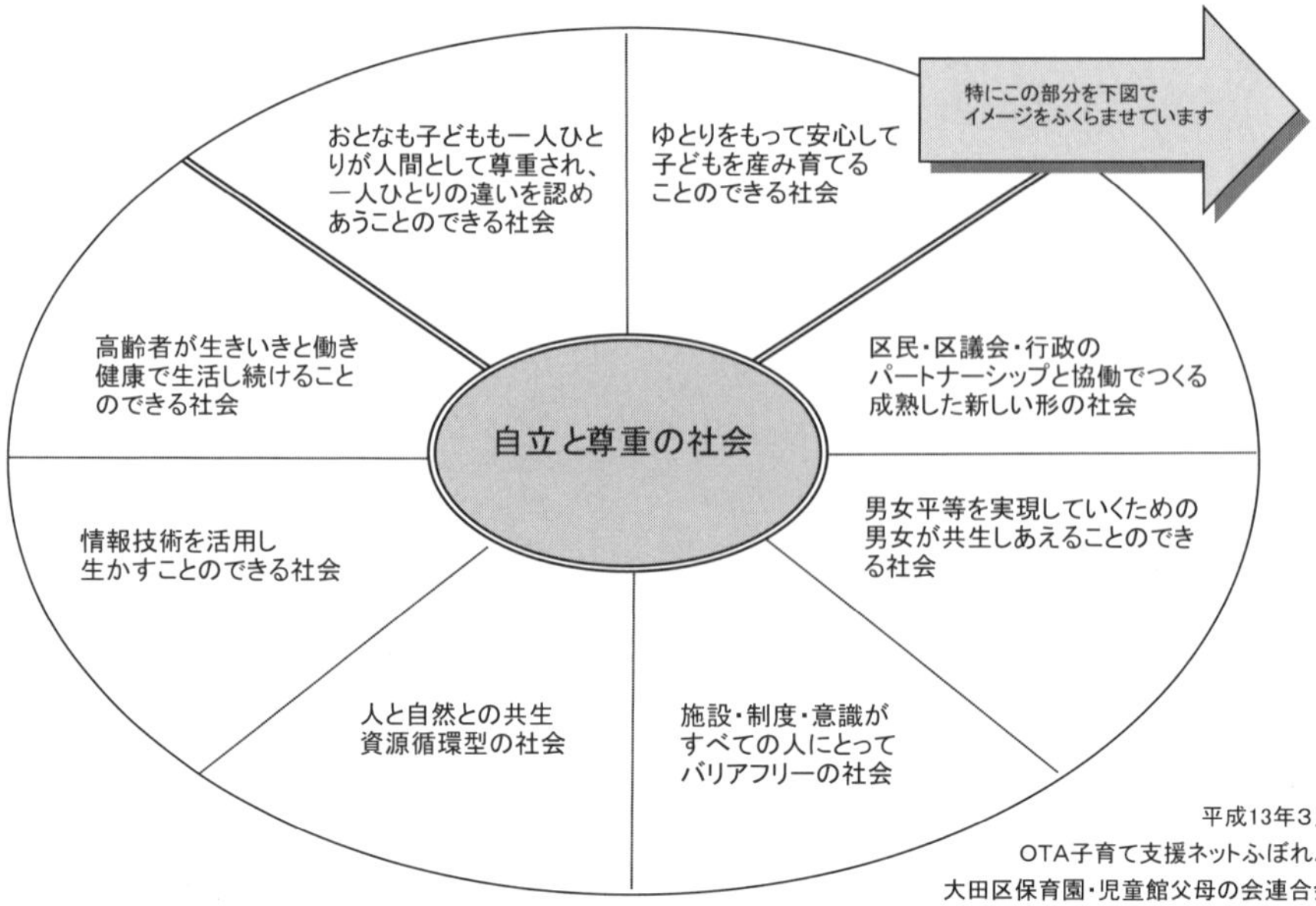
特にこの部分を下図で
イメージをふくらませています
おとなも子どもも一人ひとりが人間として尊重され、一人ひとりの違いを認めあうことのできる社会
ゆとりをもって安心して子どもを産み育てることのできる社会
高齢者が生きいきと働き健康で生活し続けることのできる社会
自立と尊重の社会
区民・区議会・行政のパートナーシップと協働でつくる成熟した新しい形の社会
情報技術を活用し生かすことのできる社会
男女平等を実現していくための男女が共生しあえることのできる社会
人と自然との共生
資源循環型の社会
施設・制度・意識がすべての人にとってバリアフリーの社会

平成13年３月
OTA子育て支援ネットふぽれん
大田区保育園・児童館父母の会連合会

図２　21世紀の子どもと子育て家庭をささえる大田区のまちづくりのイメージ図

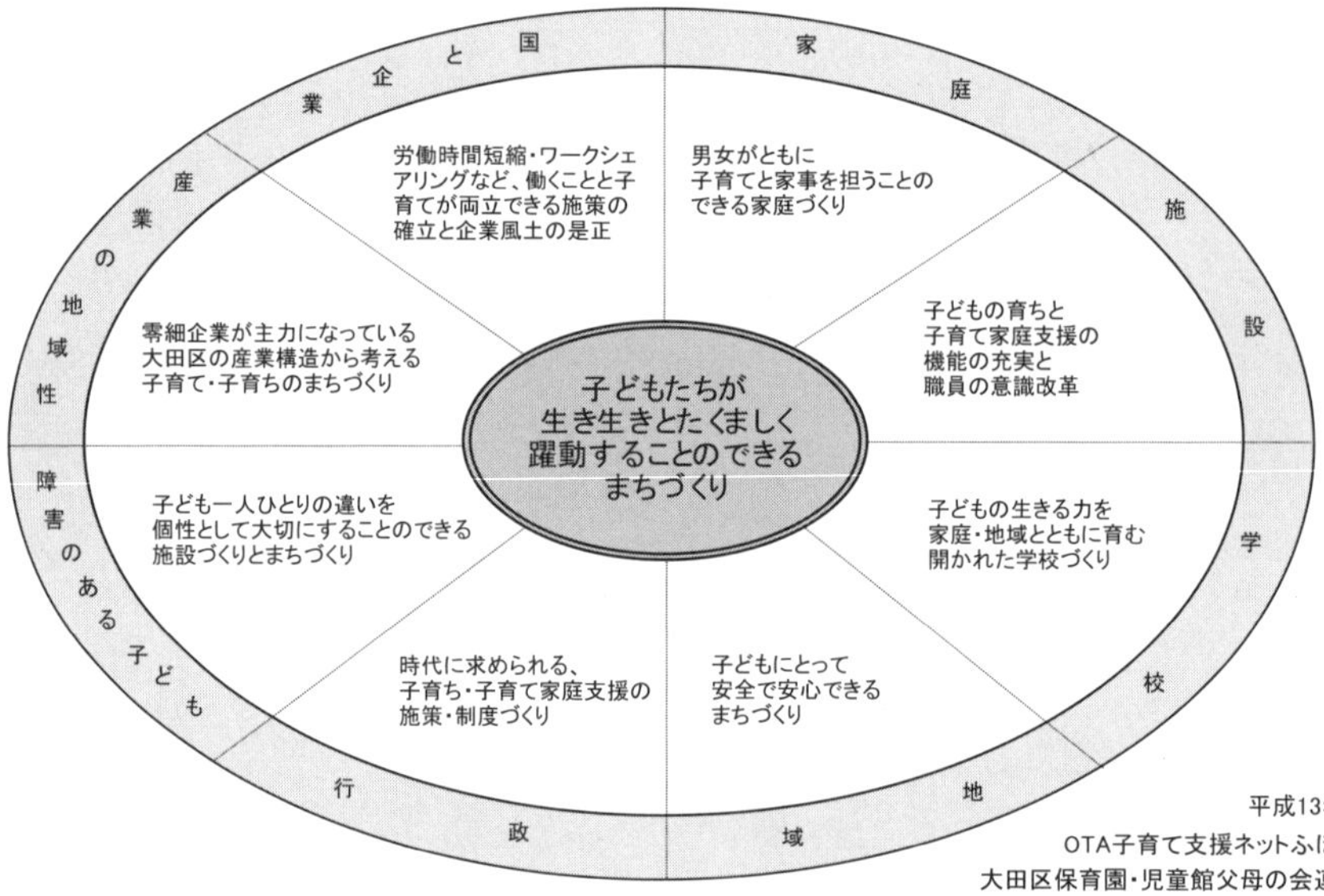
企業と国
家庭
産業の地域性
施設
障害のある子ども
学校
行政
地域
労働時間短縮・ワークシェアリングなど、働くことと子育てが両立できる施策の確立と企業風土の是正
男女がともに子育てと家事を担うことのできる家庭づくり
零細企業が主力になっている大田区の産業構造から考える子育て・子育ちのまちづくり
子どもの育ちと子育て家庭支援の機能の充実と職員の意識改革
子どもたちが生き生きとたくましく躍動することのできるまちづくり
子ども一人ひとりの違いを個性として大切にすることのできる施設づくりとまちづくり
子どもの生きる力を家庭・地域とともに育む開かれた学校づくり
時代に求められる、子育ち・子育て家庭支援の施策・制度づくり
子どもにとって安全で安心できるまちづくり

平成13年３月
OTA子育て支援ネットふぽれん
大田区保育園・児童館父母の会連合会

まちづくりを視野に入れた活動　二〇〇一年に大田区が長期基本計画を策定したのをきっかけとして、〝ふぼれん〟は二〇〇二年にこれまでの政策をまとめ、さらに長期的な見通しをもった政策とし、その後の〝ふぼれん〟の活動の指針ともいえる「ふぼれん子ども長期計画『二一世紀の子育ち・子育てからのまちづくり』」（保育園・児童館・学童保育・小規模保育室・障害児・男女平等などの分野に分けすべてイメージ図であらわした政策提案集）を発行しました。

この政策提案集は、第一章「子どもも大人も自立し尊重しあう社会にむけて」で、「まちづくり」と「市民自治」に対するふぼれんの考え方を明確にしたことが特徴となっています。これは、子どもにかかわるさまざまな問題は社会のあり方そのものが問われているとの認識の上で、市民自ら何ができるか、何をすべきかという市民側への問題提起でもあります。当時は「まちづくり」というとハードの「街」をイメージする行政マンが大半でした。今では、まちづくり・地域づくりは子育て支援施策の中で大きく注目されるようになりました（図1・2参照）。

〝ふぼれん〟の活動をささえる学習活動　誰もが納得できる政策を提案するために〝ふぼれん〟の活動の大きな柱のひとつに学習活動があります。ふぼれん主催の学習会だけではなく、必要な学習会には積極的に参加しています。先駆的な取り組みを実践している子ども施設の見学では、懇談の時間を取っていただいてお話をうかがっています。このような学習活動は、現状の把握・分析と、問題の解決のための具体的な対策案をつくりだすために不可欠な活動となっています。学習・研究会で親交を深めて下さった研究者のみなさんには、現在でも〝ふぼれん〟の活動への支援をしていただいています。

② ＮＰＯと子ども施設

大田区立児童館民間委託プロポーザルへの応募　しかし子育て家庭や子どもの問題は社会の急速な変化とともに複

雑化し、行政や施設への働きかけだけで解決するものではなくなってきています。〝ふぼれん〟の提案は確かに着実に実現していましたが、公設公営の施設の変化は遅く、早くて二〜三年、一〇年、一五年かかることも珍しくはありません。二〇〇三年に大田区の公立保育園全園で七時一五分までの延長保育が実施されるようになりましたが、これには一五年という時間がかかりました。

「時間はかかるが必ず実現する」という確信をもって長く活動をしてきましたが、公設公営の施設運営にはさまざまな制約がかかり、また、職員の意識変革もままならない状況の中で、私たちは、社会の変化のスピードに対応でき、時代の要請に応えられる施設を自分たちの手で運営したいという思いを強くもち始めるようになりました。そして市民自らが「公共」を担う力を蓄積していくことが必要とそのための活動と準備に入りました。

〝ふぼれん〟のこうした想いを行政に伝えていく中で、二〇〇一年に大田区での児童館の民間委託の情報を得て、そのプロポーザルに応募するために〝ふぼれん〟は新たにＮＰＯ法人を設立しました。一九九一年に始まった学童保育入室運動を通して、児童館・学童保育のあり方を調査・研究していく学習活動と政策提言活動の中で児童館の可能性に注目するようになっていたので、応募を決めるまでに時間はかかりませんでした。それだけではなくプロポーザル応募への決意を支えたのは、学習活動の中での児童館・学童保育関係の研究者や指導員のみなさんとの出会いでした。今でもこのことは私たちにとって大きな財産になっていると思っています。

プロポーザルの結果は、六事業者のうち最終の二事業者に残りましたが、提出した企画提案書は非常に高い評価を得たものの「実績」という点で僅差でしたが受託することはできませんでした。受託事業者はいくつもの児童館運営の実績をもつ社会福祉法人「雲柱社」でした。雲柱社は〝ふぼれん〟が多くのものを学ばせていただいていた法人ということもあって、残念な気持ちは残りましたが、この応募で得た経験の大きさも実感することができました。

私たちは、後日この企画提案書を発行することにしました。当時の行政担当部局の部長には「発行するの？これは

〝ふぼれん〟の企業秘密だよ」といわれました。確かに時間をかけてつくり、その時の〝ふぼれん〟の児童館・学童保育政策の到達点ともいえる企画提案書でした。ただ、私たちは「保育は競いあうものではなく、高めあうもの」と思っています。この企画提案書を他の団体が実践に移してくれれば、〝ふぼれん〟の理念が広がるとの考えがありました。これは、プロポーザルが企業と同じ土俵の上で取るか取られるかの競争だとしても、企業とは違うＮＰＯの考え方だと思っています。子どもとその家庭は自宅から近い施設に通います。地域・まち全体が変わっていかなければ子どもの育ちは守られていきません。ひとつでも多くの子ども施設がネットワークをつくり高めあっていく。それがＮＰＯの施設運営だと考えています。

地域ＮＰＯ運営の児童館　大田区には現在もうひとつの民営の児童館と学童保育室があります。私は〝ふぼれん〟の活動の他にこの児童館と学童保育を運営するＮＰＯ法人「おおもり子どもセンター」の理事として財政と職員管理の実務を担っています。施設の名称は「子ども交流センター」です。統合になった小学校の跡施設を利用した複合施設で、その施設の三・四階が学童保育室を併設した児童館です。

小学校が統合になった後、二〇〇二年六月から地域の六町会を中心にした「施設活用協議会」が開催され、傍聴者もまじえたワークショップなどを重ね、同協議会が跡施設利用の提言書を同年九月に大田区に提出しました。それを受けて大田区が同年一二月に「基本的な考え方」を発表し、二〇〇三年一月に先の活用協議会をベースに「運営準備協議会」が結成されました。私は地域が違っていましたが、そのメンバーの一人として大田区から指名を受けて参加しました。これは、〝ふぼれん〟のＮＰＯ法人設立と前記のプロポーザル応募の経験が選抜の理由と私は考えています。

発表された区の「基本的な考え方」の中に近隣児童館を跡施設の三・四階に移転し、「ＮＰＯ立児童館」にするとの方向性が決まっていたことから、作業部会の中の「子ども部会」が、他の部会に比べ突出して動きを進め二〇〇三年六月には「おおもり子どもセンター」を設立。近隣六町会長や、青少年委員、青少年対策委員などの町会をベースにした理事構成となりました。その後、法人格取得、職員の雇用などの開設準備に入る一方で、移転が決まった学童保育の保護者との延べ一三回におよぶ話し合いを実施しました。激しいやり取りの場面もありましたが、誠意をもって言葉を尽くし対応にあたりました。保護者の不安は当然残りましたが、最終的には子ども交流センターに期待をもってくれた保護者の説得で、二〇〇四年四月の開設を迎えました。

開設後の実質的な運営は雇用した館長・副館長をはじめとする職員が担っています。学童保育の特別延長保育、休日開館、中高生対応、小学生や親子のクラブ活動、自然体験活動、小学生のボランティアなど他の児童館との違いを出しながら運営をしています。さまざまな課題はありますが、理事を中心に、なにかあった時は手伝いに入ってくれる、地域の人びとの参加が気軽にできる、などの協力は得やすく、他の児童館よりも地域との関係も比較的つくりやすい状況です。

ＮＰＯの施設運営の課題と可能性　施設運営の後発組であるＮＰＯは、実績を積み重ね始めたところです。しかし、すでに先駆的に取組んできたＮＰＯの失敗例も聞こえてくるようになっています。トライ＆エラーというのが現状ではないでしょうか。

ＮＰＯの施設運営の課題と可能性は、私がこれまでの経験の積み重ねの過程で感じてきたことを以下のようにまとめてみました。課題としては、①経営管理能力（理念や運営だけではない経営手腕と事務処理能力）、②組織の確立（ＮＰＯマインドと合議体の良さを失わずに指示・命令?系統をどのように確立していくか）、③継続力（設立時の「人」が変わる時のための準備。設立メンバーの平均年齢は高いのが一般的）、④財政面の安定（行政からの施設運営費だけではない財源の確立）、⑤安上がりな委託先になりがち（ＮＰＯが不安定雇用を促進しているとの批判もある。優秀なスタッフの確保困難。スタッフの生活保障の問題）、⑥補助金や委託料の使いにくさ。これらは多くのＮＰＯの共通した課題と考えられます。

可能性としては、①利用者のニーズへの臨機応変な対応、②ＮＰＯ独自のネットワークの活用と地域に根ざした運営、③地域の雇用促進（これは企業委託でも可能）、④ＮＰＯスタッフの創意と工夫を生かしやすい、などがあげられると思います。「可能性」を生かしきることも「課題」のひとつです。

さらに加えれば元々合議体であるＮＰＯは「決定」までのプロセスに時間がかかります。思いやメッセージが強ければ主張も強く、いつも分裂の危機にあるというのは言い過ぎでしょうか。また忘れてはいけないことは、ＮＰＯが「公共」を担うことの意味です。施設利用者・地域・社会から何を求められているかをいつも真摯にみつめること。思いやメッセージの強さは、時として押し付けになりがちです。

③ 子育ち・子育て支援ＮＰＯの挑戦

今後、規制緩和と自治体の財政状況を背景に、子ども施設の民営化は進んでいきます。新たに指定管理者制度も導入されました。各自治体が一斉に施設の管理運営を民間に委譲しようとしています。しかしそれだけ多くの質の高い事業者が確保できるのか疑問です。そこで働く職員の質と数の確保も同じです。子ども施設は「人」です。今、子どもＮＰＯはそのことを視野に入れ、活動の蓄積を重ねながら、「公共」を担う準備に入る時期に来たのではないかと思うようになりました。

【大河内　千恵子（ＯＴＡ子育て支援ネットふぼれん　大田区保育園・児童館父母の会連合会）】

8 地域における子どもの活動をめぐる政策と課題　二〇〇〇年代（理論）

① 一九九八年以降の子どもの体験活動と子育て支援に関する政策の枠組み

少子化対策として子育て支援の強化　一九九八年以降、社会問題としての少子化対策が多方面から本格的に取り組まれることになりました。合計特殊出生率が一・三〇を割り込んで、一・二九となった二〇〇三年には、経済、社会、生活など全ての分野への影響が懸念され、社会全体へ大きなショックが及びました。とりわけ年金をはじめとした社会保障制度や労働市場への影響は、今後の社会基盤を大きく揺るがす深刻な問題となりました。少子化の問題は、もはや教育や児童福祉の領域だけの課題ではなくなり、社会全体として重点的に取り組まなければならないことが改めて実感されたのです。

同時に、社会福祉全体においても、より個別的なサービスを充実させられるよう、枠組みが再構成されました。一九九九年に新エンゼルプランが出されましたが、八つの重点項目として、保育サービス等子育て支援サービスの充実や、仕事と子育ての両立のための雇用環境の整備、固定的な性別役割分業や職業優先の企業風土の是正、母子保健医療体制の整備などが掲げられています。

さらに二〇〇三年の次世代育成対策推進法では、国・地方自治体・事業者が三位一体となって積極的な子育て推進を行うために、自治体や事業者が具体的な行動計画を立てる、次世代育成支援対策地域協議会を設ける、等の方策を打ち立てています。

また、一九九九年に厚生労働省は「育児しない男を父と言わない」というポスターを有名人を起用して作成し、男性の子育てへの積極的な参加を呼びかけており、「育児は母親だけの仕事」という考え方に一石を投じたものとなっています。

このように、少子化対策として子育て支援のための制度を整えていきながら、一方で子育てに対する社会の理解を深め、「社会全体で子育てを支える」という認識をつくりだしてきました。子育てにさまざまな人が関われるよう、地域社会における子育て支援策も次々と打ち出されてきました。

地域においては、子育て支援センターや一時託児、ファミリー・サポートなどさまざまな子育て支援策が登場しています。また、地域の子育て支援の拠点として、保育所などがその機能を担うことで、保育の事業の中に家庭に対する助言・指導が新たに加わり、家庭への直接的な介入が可能になっています。

こうした一連の子育て支援の流れで懸念されることとして、「家庭教育」への国の介入の入り口が作られたのではないか、という問題があります。少年の凶悪事件や次々に明らかになる児童虐待など、子どもの発達や家族のあり方への危機感から、教育の重要な課題の一つとして、家族を立て直すことに国として取りくまなければならない、という保守的な動きが出てきました。教育基本法や憲法改正の動きの中には、子育ての責任は家族にあることを明記しようとしています。つまり、これまで私的領域とされてきた家族のあり方までも、権力の介入が可能になってくることを示唆しているとも言えます。

しかし、こうしたトップダウン的子育て支援の一方で、地域で子育てのネットワークを地道に広げてきた動きもあります。行政や権力に頼ることなく、地域を基盤としながら自力で子どもの問題に取り組んできた人びとがいます。これらの活動について、筆者は子ども劇場運動をはじめとした子育て文化協同運動にその原点があると考えています。自らが解決主体となり、地域に子育て環境をつくり出してきた人びとが、現在は子育てサークルを拠点とした子育てネットワーカーになり、地域に脈々と子育ての運動を広げているのです。

こうした人たちが生まれてくる一方で、主体的に参加できない人たちがいることも事実です。利便性の高い生活の中で、生活のあらゆる面でサービスを受けることが当たり前になっている生活意識の中で、面倒な事には向きあわず、主体的に学習したり運動を担ったりすることを忌避する、あるいは核家族や地域でのつながりが少なく子育ての文化が分断された中で育ってきたため、子育てや子どもの教育に対して、正面から取り組むことができない消極的な人たちです。つまり、子育てや教育に関心を示し、地域に子育ての基盤を作ろうとしている人たちと、子どもの育ちに積極的に向かい合えないという人たちとの間に、子育てにおける階層分化が進みつつあるのではないでしょうか。

子育てに消極的な層に対して、「支援」や「指導・助言」として上からの権力が入り込もうとしている事は、当事者からすると、子育てにどう取り組めば良いか分からないところへさしのべられた支援の手、と捉えることができるかもしれません。本来、プライベートな領域にこうした「支援」「指導・助言」は入りにくいものですが、生活意識がサービスを求めている事や、生活のさまざまな課題に対し主体的にとりくめない事などの要因があって、そうした「隙間」に安易に入っていくおそれがあると考えます。

子どもの育ちの環境を再構築する体験学習推進の政策と地域の再編

少子化対策の子育て支援の一方で、学校教育や生涯学習においては、子どもの体験学習がさまざまな場で進められていることにも注目したいと思います。一九九六年には、学力偏重というそれまでの学力観を変える「生きる力」という言葉が文部省から提唱されました。それに基づいて完全学校週五日制や「総合的な学習の時間」の導入、学校での学習内容の削減などの内容を盛り込んだ「ゆとり教育」が実施されることになりました。

「生きる力」や「ゆとり教育」では、子どもが学校や地域において自然体験や生活体験、社会体験などの体験学習に積極的に参加・参画することが期待されています。また、体験学習を進めるために地域では環境整備がなされていますが、同時にそれは子育て環境として地域を総合的に再編していくこともねらいとしているのです。

一つには、体験学習推進は教育の領域だけの課題ではなく、総合施策となっている点です。文部科学省をはじめとした他省庁とのヨコの連携、国―都道府県―市町村とのタテの連携がそこにはあります。一九九九年の「子どもプラン」、二〇〇二年「新子どもプラン」では、各関係省庁との連携によって子どもへの体験活動支援がなされています。

二つには、地域の体験学習の推進拠点としての学校の位置づけがなされている点です。二〇〇二年には中教審から、「青少年の奉仕活動・体験活動の推進方策等について」という答申が出されており、そこで地域を「プラットホーム」として位置づける構想が打ち出されています。また、二〇〇四年からは「子どもの居場所づくり新プラン」として小学校を活用した「地域子ども教室推進事業」も行われています。学校を拠点として、多様な体験学習の創造を通した、地域の特色づくりが行われているのです。

つまり、体験学習を通して、各省庁や自治体との連携がタテヨコで組まれる一方で、体験学習の舞台となる地域では、小学校毎に拠点が作られ、体験学習推進のための環境整備が進められる、という構図です。これまでの地域のあり方とは違って、ボランティアやＮＰＯ、体験学習のコーディネーターが組み込まれながら、新しい地域のあり方が描かれています。

この体験学習による地域再編の先に描かれるものは何でしょうか。体験学習や奉仕活動によって養われるとされる「生きる力」には、これからの社会を支えていく「自覚と責任」という意味が込められています。つまり「自覚と責任」をもった「成熟した市民」による市民社会の形成が、その先に描かれる目標なのです。

政策を支える基盤づくりとしての「自覚と責任」ある市民社会の形成とＮＰＯ活動と法の制定・改定　政策に描かれる「市民社会」は、「自覚と責任」ある「成熟した市民」によって支えられると言われます。その「成熟した市民」

を育てるために、必要とされているのはＮＰＯやボランティアの力です。

一九九八年にはＮＰＯ法（特定非営利活動促進法）が成立しました。このＮＰＯ法によって、これまで任意団体だったＮＰＯに法人格を付与することが可能になりました。国のお墨付きをもらって、活動を展開することができるようになりましたが、同時に法人格をもったＮＰＯはさまざまな制限を受けたり、国の管理を受けることになりました。また、自治体から直接補助金を受け、自治体の委託事業を受けることも可能になりました。今後、ＮＰＯは国や自治体の重要なセクターとしての位置づけが大きくなることが予測されます。

さらに、ここで認められる活動は現在一七項目（保健・医療または福祉の増進をはかる活動、教育の推進をはかる活動、まちづくりの推進をはかる活動、他一四項目）の領域のうちのいずれかの活動とされています。一九九八年当時は一七項目ではなく、一二項目とされていました。

実は、この一二項目は、中教審答申「青少年の奉仕活動・体験活動の推進方策等について」にも取り上げられています。しかし、そこには「新たな『公共』を担う『奉仕活動』の例」として一二項目があげられているのです。つまり、「奉仕活動」としてのボランティアと自立した活動を作る「市民的公共性」を担うセクターとしてＮＰＯがあり、地域住民もその「公共」を担う存在として育成されることが目指されているのです。

子どもの「生きる力」を育むための体験活動、という入り口から、新たな「公共」を担う市民の育成という目標までの道のりに、地域再編のシナリオが絡んだ新しい市民社会の形成が見てとれるのです。こうした体験活動や奉仕活動に支えられる「豊かさ」とは、本当の豊かさなのでしょうか。

② 子どもの発達の枠組みと環境の変化をどう捉えるか：人間らしく「生きる」視点とは

子どもの日常生活のとらえ直し　さまざまな政策の一方で、子どもの現実の生活環境は大きく変化しています。生活体験やコミュニケーションのあり方など、子どもの発達を捉えるのに、これまでの枠組みが通用しなくなっています。こうした中で、子どもの日常生活の中での発達の質的内容として、心身が健康であるような生活の捉え直しが、今まさに必要なのではないでしょうか。

その理由として、子どもの基本的生活能力の形成の基盤が崩れているという状況に直面している現実があることです。夜型の生活、長時間のテレビ視聴、睡眠不足、ファーストフードやジュースなど偏った食事、朝食の欠食、アレルギー、遊びの消失、運動不足、メディア漬け…といった生活実態が子どもの心身の異変として現れています。瀧井宏臣さんは、こうした子どもの現状を「ライフハザード（生活破壊）」と表現しています。[*1] 子どもの生活環境から、健康や安全、安心が奪われ、人間らしく生きることができない中で、現代の子どもたちは奇跡的に生き抜いている、というのです。

まずは、こうした現実を、子どもの日常生活という視点に立って捉え返すことが必要です。そして、子どもたちに「子どもらしい生活」を取り戻すことが、課題となるのです。子どもの体と心の成長に必要なのは、正しい食習慣と充分な睡眠と豊かな仲間遊びであり、それがきちんと子どもに保障される方策が必要です。

そのためには、大人の気づきも必要です。子どもの夜更かしは親や家族を含めた大人の生活リズムの乱れが影響している場合が多いのですが、そのことに気づいていない大人も少なくありません。子どもが「子どもらしい生活」を取り戻すには、大人の自覚も必要です。

また、子どもへの学習の場として、体験学習を「生活する感覚を取り戻す学習」として位置づけ、きめ細かに対応することも重要でしょう。具体的には、生活体験学習や食育、農業体験学習など、食や健康、日常生活に直接結びついた体験を繰り返し行い、体験学習を通じて生活する感覚を子どもに取り戻すものです。

関係性の形成とコミュニケーションのあり方　特に、子どもの生活環境に新たに入ってきた問題として、インターネットやケータイ（携帯電話）といった情報ツールやメディアが与える発達への影響があります。テレビやファミコンといった時代からすでに二十年が経過し、子どもの世界の中に新たなバーチャルリアル空間が組み込まれようとしています。仮想空間であるインターネットのサイト上で交わされるやりとりは、相手の顔が見えないだけに、感情をむき出しにした生々しいやりとりも少なくありません。目にしたくない情報も溢れています。そうした仮想空間と現実生活との狭間を行き来する子どもが、自分の感情をどのように育てていけるのでしょう。

そうした中、二〇〇四年に佐世保市内の小学校で、インターネットのチャット上での口論が契機となった痛ましい事件は記憶に新しいところです。被害にあったのも、加害者となったのも小学校六年生でした。加害者の子どもは「バトル・ロワイヤル」という子ども同士が殺しあいをする暴力的な内容の映画に感化されていた、という情報もあります。自分の現実の世界と、架空の世界とを行き来する中で、自分や他人の存在が混濁してしまったのではないか、と思えるのです。

こうした問題を受け、最近では、子どもがメディアとどのように向かい合っていけばよいのかを研究する動きもあります。特に、幼少期の子どもには、テレビなどから発せられる刺激が過剰刺激であり、生理学的にも悪い影響を及ぼすことが明らかになっています。一方で、これからの社会生活はもはやメディア抜きでは語れなくなっており、上手くメディアと付き合っていくための術《すべ》を、大人も子どもも身につけなくてはならないでしょう。まさに新しい発達課題です。

現実の世界には、命があり、日々の生活があります。当たり前のことですが、子どもの世界の中でそのことが見えにくくなってしまっています。問題解決としてまずは、現実の世界での生活を豊かにしていくことではないでしょうか。ただし、その「豊かさ」は貧困を克服するための物質的な豊かさではありません。人間らしく暮らすための「豊かさ」です。

「成熟した市民」に支えられる「豊かさ」　昨今、憲法改正とそれに連動した教育基本法改正の動きがあり、国民全体に対し、平和や教育のあり方が今まさに問われている中で、そこにどのような「豊かさ」が描かれているでしょうか。中教審より一九九八年に「新しい時代を拓く心を育てるために」とした答申が出されましたが、倫理観や愛国心の育成を教育の中に組み込もうという動きが活発になっています。さらに中教審答申「青少年の奉仕活動・体験活動の推進方策等について」では「奉仕活動・体験学習」として、一定の体験活動を青少年に課していくことが盛り込まれています。そこには子どもが体験活動を通して、市民としての「自覚と責任」を養い、そうした「成熟した市民」を基盤にし、人びとが支え合う豊かな社会づくり、という将来像が描かれています。

しかし、果たして市民としての「自覚と責任」によって、そうした新しい「豊かさ」は達成できるのでしょうか。

前述したように、子育てに対する関心という点でも、「自覚と責任」への意識をもてるかもてないか、という階層の格差があると考えます。さらに最近では、若者の引きこもり、フリーター、ニートといった目標をもてない、自立できない若者の増加の問題が深刻になってきており、就労の問題だけでなく、その生活する力の弱さは次世代の親となるには大きな不安があります。自らが生きる主体としての自覚をもちえず、国や他者に依存しながら生活を送る中でどのような「自覚と責任」を育てていくのでしょうか。

加えて、学校教育では「総合的な学習」により、体験学習を通して、多様化や特色化が進んできています。多様な教育内容をつくりだす一方で、通学区域の弾力化や、教育特区など地域間格差、学校間格差はますます広がってくると考えられます。

一方で、人びとは市民としてさまざまなことを「自己責任」として引き受けなければなりません。弱い立場に立つ人びとや、もがきながら自立の道を模索することに対しても「自己責任」を負わせることができるのでしょうか。格差の中で生み出される「豊かさ」は真の豊かさではありません。依存や支配ではなく一人ひとりが生きる主体としての実感をもちながら人間らしく生きる、あるいは、子どもが子どもらしく生きることができる「豊かさ」は、手ざわりのある学び合いや支え合いからしか生まれてこないのではないか、と思います。そうした主体的な学びや支え合いは、上からの「支援」や「指導・助言」の先に求められる「成熟した市民」像には描かれない「豊かさ」と言えるでしょう。

【末崎　雅美（九州大谷短期大学）】

＊1　瀧井宏臣『子どもたちのライフハザード』岩波書店、二〇〇四年

9 子どもの育ちを支える社会教育の三〇年：その到達点と課題

本稿では社会教育研究全国集会「子ども」分科会三〇周年記念シンポジウムでカバーしきれなかったものを含め、地域における子どもの育ちの支援に関する研究のあゆみを概観します。社会教育研究を中心にこれまで行われてきた議論を振り返るとともに、あわせて当面の課題を提起しておきたいと思います。

①「子どもの社会教育」研究の三十年史

一九七〇年代…「学校外教育」をめぐって　地域における子どもの育ちをどのように支援していけばよいのか…社会教育の分野でこのような課題が本格的に研究テーマとして据えられるようになったのは、一九七〇年代半ば以降といってよいでしょう。当時、学校外の地域における子どもの活動は「学校外教育」と呼ばれることが多く、日本社会教育学会でも一九七五年から酒匂一雄さんらによる「学校外教育」の研究が取り組まれ、七八年にはその成果として学会年報が刊行されています。[*1]

この研究で当時としては画期的な提案をしたのが吉田昇さんです。[*2]「学校外教育」をめぐっては、当面の活動の担い手を学校側（教員等）が受けもつべきであるという提案をした小川利夫さんの議論がすでに存在していました。[*3]しかし、吉田さんは子どもの活動を担うのは社会教育の側であると論じ、父母住民の積極的な関わりの中で子どもの自由で自発的な活動の場をつくっていくことを提唱しました。

こうした研究の背景には、子どもたちの親＝おとな自身がもっていたはずの地域課題の意識や人間関係といったものが希薄化しているという社会状況がありました。これは住民自治の後退につながるものであり、まずおとなの生活や学習の建て直しが課題となっていました。一方で、子ども劇場や文庫活動といった教育運動が地域レベルで熱心に取り組まれるようになってきており、論者たちはこうした教育運動を基盤にして住民自治を築くことを模索していたといえます。その意味で「学校外教育」の問題は、むしろおとなの学習におけるテーマのひとつとして重要な位置を占めていたのです。

一九八〇年代…「二重構造」と「子ども観」の確立　七〇年代の「学校外教育」論を受け継ぎ、八〇年代に入って「子どもの社会教育」論として深化させたのは増山均さんです。[*4] 増山さんの研究は現代にまで通ずるような示唆に富んだ成果を残していますが、ここではその特徴を二点に整理して振り返りたいと思います。

まず第一に、増山さんは子どもの活動支援のスタイルに関して、子どもに直接支援を行うのは父母住民であり、支援者たる父母住民に対して支援を行うのが社会教育職員の仕事であると明確に述べています。これは増山さんが「子どもの自治活動」を重視していることに起因しています。「子どもの自治活動」を行うにはまず子ども組織を育てなければなりません。それには前提としておとなの住民自治が根づいている必要があります。社会教育職員はそのおとなの住民自治という土壌を育てるために存在するという考え方です。増山さんはこの構造を「親と子にかかわる二重の教育構造」と定義しています。

第二に、研究を進める中で「子ども観」が確立されてきている点が挙げられます。その内容は大きく三点にわたっています。一点目は、子どもは地域生活の重要な権利主体であるという点です。子どもの意見表明や社会への参画についても言及している点は、この当時としてはきわめて先駆的であるといえます。二点目は、子どもの集団性です。これは子どもの自治活動の基盤として子ども組織の重要性を訴えていることからも理解できます。三点目は、子どもをおとなとの関係の中で捉えるというものであり、子どもの活動がおとなとの共同性の中で地域の生活や文化を創造していくという方向が示されています。

増山さんの研究は子どもを地域社会を構築していく主体、つまり「社会変革の主体」として捉えることによって、後年取り組まれる「子どもの社会参加（参画）」論への道を切り開いたといえます。一方で、あくまでそうした子どもの活動を支える主体は父母住民であると述べている点も見逃してはならないでしょう。

一九九〇年代…専門職員による「直接支援」の登場　七〇年代以来の議論を整理しながら九〇年代に「子どもの社会教育」論の確立を図ったのは立柳聡さんです。[*5] 立柳さんは八〇年代に増山さんが提示した「子どもの自治活動」の考え方に共感を示しながらも、子どもの発達段階によっておとなによる支援のスタイルが変わってくる点を指摘しています。

そこで、立柳さんは「子どもの社会教育」を次の三つに分類しました。第一に、課題解決を目指して子ども自身が主体的に展開する学習や活動です。基本的には増山さんの意図した「自治活動」と重なるとみてよいでしょう。第二は、前記の発達段階に達していない子どもがおとなの支援を受けながら取り組む活動であり、第一の内容のプレ段階と位置付けられるものです。そして第三に、前記の活動を支援していくためのおとなによる学習や活動です。前二つは活動の主体が子どもであり、第三の内容はおとなが活動の主体になっていることが見て取れます。

立柳さんは子どもの主体的な育ちに対する支援を「子育ち支援」、子どもの育ちを支援するおとなの学習や活動に対する支援を「子育て支援」と大別しています。このことは社会教育職員の位置付けを変化させたばかりでなく、「子どもの社会教育」研究に大きな転換をもたらしたといってよいでしょう。というのも、従来は支援者たるおとな（父母住民）の学習や活動を支援するのが職員の役割であると位置づけられていましたが、立柳さんの議論では職員が直接子どもの活動の支援にあたるという形態を新たに浮上させています。

その具体的な例として立柳さんが注目しているのが児童館の職員です。本稿で児童館そのものについて詳しく触れる余裕はありませんが、児童館の基本的な機能は来館する子どもの活動に対して専門的な力量を持った職員（児童厚生員）が直接コミットすることで活動を支援していくというところにあります。

立柳さんの研究では、それまであまり注目されなかった「子どもに直接支援を行う専門職員」の存在を表舞台に登場させることとなりました。このことは、その後の研究の方向性にも深く関わってくる重要な提起であるといえます。

二〇〇〇年代…専門家による「直接支援」の拡大　日本社会教育学会では、二〇〇〇年から再び子どもに焦点を当てた研究が取り組まれました。その成果は〇二年に刊行された学会年報『子ども・若者と社会教育』（東洋館出版社）に収められていますが、この研究で中心的な役割を果たしたのが田中治彦さんです。[*6]

田中さんは現代の子どもの「集団離れ」により、少年団やボーイスカウトといった子どもの組織活動がもはや成り立たなくなっていることを指摘しました。このことを踏まえ、今後の「子どもの社会教育」の方向性を次の二つの点と結びつけて論じています。

ひとつは「時間的アプローチ」から「空間的アプローチ」への移行です。前者はおとなが何らかの課題や目標を設定して子どもを「指導」「育成」する手法ですが、これはすでに通用しなくなっているといいます。代わって台頭してきたのが、集団よりも「今、ここ」に生きる子どもの要求に即した個別的な支援に重点を置く後者の手法であり、これが近年注目されている「居場所」という考え方の基礎になっているということです。

もうひとつは「おとなと子どもの関係性の変容」です。これは前記の「空間的アプローチ」とつながっています。ここでの支援のスタイルは、子ども自身が考えて行う活動をおとなが側面から支援するという手法となります。そのためには子どもとおとなの関係性を根本的に問い直し、子どもに権限も責任も分け与えて社会に参加する権利を認めていくことが肝要となります。それを支える議論として、田中さんはロジャー・ハートの「子どもの参画」論[*7]に注目しています。

田中さんの研究の特徴は以上の二点に集約できますが、もうひとつ特徴を挙げるとすれば、七〇年代以来論じられてきたおとな（父母住民）の活動に対する支援についてはほとんど述べられていないことです。田中さんは旧来の子ども会やＰＴＡといった組織の形骸化も指摘していますが、それ以上に専門的な力量を持った支援者が子どもに直接関わりながら支援していくというあり方が主流になったとみていることの表れでしょう。

「二層型」支援から「並立型」支援へ

これまでの研究の歩みを振り返ると、全体的な流れとしては「父母住民が支援者として子どもの活動を支え、そうした支援者の学習や活動を専門職員が支援する」というスタイルから、「専門的力量を持った職員が子どもに直接関わりながら活動の支援を行う」というスタイルに移行していると考えてよいでしょう。

ただし、前者のスタイルが現在は重視されていないのかといわれれば、それは誤りであるといわなければなりません。その理由を、立柳さんは二つの理由をもって述べています。[*8] ひとつは日常生活のレベルで子どもの「意見表明権」に対応するおとなの力量形成という課題があるからです。もうひとつは地域社会の共同性が希薄になる中で、家庭の教育力の低下が指摘されているためです。つまり、おとなへの「子育て支援」を適切に行うことで、子どもが安心して活動できる地域社会を構築することが求められているのです。

こうした点に留意して三〇年の研究のあゆみを整理すると、次のようにまとめられるでしょう。一九七〇～八〇年代は、子どもの活動に直接関わって支援を行うのはおとな（保護者や地域住民）であり、専門職員はそうした地域の支援者をサポートするという存在と捉えられました。しかし、九〇年代以降は専門職員がそうしたサポートを行う一方で、子どもの活動にも直接関わりながら支援を行っていくという二つの役割を担うとみなされました。

これを言い換えると、「専門職員→おとな（保護者や住民）→子ども」という二層にわたる支援形態（「二層型」）から、専門職員がおとなの活動と子どもの活動の両方を支援する形態（「並立型」）に移行してきているというのが、「子どもの社会教育」概念をめぐる研究の現段階での到達点であるといえましょう。

②「子育ち支援」の担い手をめぐって

近年は「子どもの社会教育」論からさらに進めて、より学際的に地域での子どもの活動やその支援のあり方を模索する「子育ち学」という概念が提起されるようになりました。本書もその流れに沿ったものですが、ひとまず「子育ち学」そのものの議論については注8（＊8）の立柳論文をご参照いただきたいと思います。

ここではこれまでの研究を踏まえながら、子どもの活動を支援する役割を誰が担っていくのか？という課題に焦点を当てて考察を試みます。というのは、特に立柳さんがいうところの「子育ち支援」を担う専門職員をめぐる状況が、近年急激に変化しているからです。

子育ち支援の担い手を取り巻く状況　状況の変化は、大きく次の三点に集約することができます。

まず第一に、政府の施策がおとなへの「子育て支援」、とりわけ家庭教育に重点が置かれるようになってきていることです。児童虐待や少年による凶悪犯罪の続発などから「家庭の教育力の強化」が求められるようになってきたことが背景にあります。このことを最もわかりやすく表しているのは二〇〇〇年末に出された教育改革国民会議の報告で、掲げられている一七項目の提言において、家庭教育はそのトップに位置づいています。[＊9]

法的な裏づけも進められており、文部省生涯学習審議会〔当時〕の報告[＊10]を受けて二〇〇一年に社会教育法が改正され、家庭教育の推進が図られるようになりました。公民館などの社会教育現場では、家庭教育への支援が急務となっている状況です。さらに、財界からの要請もあります。直近に出された日本経団連の提言[＊11]では「現行の教育基本法では、家庭教育は社会教育の一部として奨励されるだけの位置づけになっている。生涯教育の中の重要な要素として、家庭教育を位置づける必要がある」と、ここでは教育基本法の改正についても言及されていることがわかります。

このことは、先に述べた職員による「並立型」支援のうち、今後おとなに対する子育て支援が肥大化していく可能性を示唆しています。教育改革国民会議の報告内容によれば「教育の原点は家庭である」のですから、子どもをめぐる施策の方向性もそうならざるを得ないでしょう。専門職員がそうした施策に担ぎ出されるのであれば、必然的にもう一方の子育ち支援の担い手をめぐる問題が生じてきます。

第二に、合併特例法を背景とした急激な自治体再編の進行です。政府目標は一〇〇〇自治体ということですが、日本経団連の「新ビジョン」では最終的に三〇〇自治体（これに加え五〜一〇の間の数で道州制を導入）という目標が提示されています。[*12] 仮にこれが実現したとして、一自治体あたりの平均人口は四二万人ということになります。また自治体の広域化も進んでおり、〇五年二月に近隣九町村を合併した岐阜県高山市は東京都とほぼ同じ面積を有することとなりました。

こうした自治体再編が意味するのは、行政が地域レベルで子どもの育ちを支援していくことが困難になってくるということです。自治体が広域化・大規模化することで、子どもの育ちのきめ細かなニーズに応えていくことよりも、より効率的・一般的な施策が前面に出てくる可能性が高くなります。そのため、専門職員が「地域」を意識した実践にはなかなか取り組みづらくなってくることも予想されます。

第三に、子育ち支援の施設における非常勤・嘱託職員の増加や運営の外部化の拡大です。ご承知の通り、児童厚生員をはじめとする専門職員の非常勤化や嘱託化は今や当たり前のこととなりつつあります。また、今後は指定管理者制度や地方独立行政法人法を根拠にした施設運営の外部化も増えてくると予想されます。

こうした動きは、地域の子どもの育ちを継続的に見つめる専門職員を減少させることにつながります。職員の雇用契約が終了したり、指定管理者が変更されれば、職員は基本的にその現場を離れなければならないからです。一年単位で容易に職員が替わってしまう現状では、地域に根ざした子育ち支援の実践を行うことは困難になります。

地域レベルでの担い手は誰か？ 以上、子育ち支援の担い手を取り巻く概況を確認しました。問題は、ここからどのような子育ち支援の近未来が導き出されるのかという点です。

前節で述べたように、研究レベルでは専門職員がおとなと子どもの両方について支援を行う「並立型」の支援が主流になってきています。しかし現場レベルでは、施策面での家庭教育への傾倒、自治体の広域化・大規模化、さらには不安定雇用の職員の増加や施設運営の外部化といった状況が生じています。これらは、当該地域の子どもの育ちを継続的に見つめ、そして直接支援を行う専門職員が危機的な状況に追い込まれていることを物語っているのではないでしょうか。

もしそうだとするならば、これまでの研究で導き出された「並立型」支援のモデルは早晩立ちゆかなくなることになります。少なくとも、地域レベルの子育ち支援を専門職員が一手に引き受けることは非常に難しくなってくるのではないでしょうか。となれば、当面は地域のおとな（保護者や住民）が総力を挙げて子どもの活動支援に乗り出すことになってきます。

この点で、専門職員だけでなく地域のおとなの日常的な関わりを重視する深作拓郎さんの議論は示唆的です。[*13] ただし、その場合には深作さんも指摘するように、おとなが子育ち支援の力量を高めるための学習や、リーダー的な支援者の養成も同時に行われなければならないでしょう。そこで、子どもに関わるおとなの力量形成も含めて子育ち支援の基本的なスタンスや方法が地域の実情に応じてプログラム化され、それが支援者の間で共有されていることが重要となります。

ここで確認しておきたいのは、そうした地域での子育ち支援に関するプログラムを誰がつくるのかという点です。先に述べた状況を考えれば、地域レベルでプログラムをつくっていくのも地域のおとな自身ということになります。

しかし、近年の田中さんの指摘を考えると、かつてのようにおとな主導で支援のプログラムを設定して子ども側に提示するというスタイルはあまり現実的とはいえません。また、おとなの間で子どもの育ちの方向性が共有しづらくなっている状況があり、そのことが若者層におけるひきこもりやニートの増加など「先が見えない」困難を生み出している側面もあります。

つまり、こうした点を念頭に置きながら、おとな自身が地域における子育ち支援のプログラムをどのようにつくっていくのかということが直近の課題だと考えられます。

③ 地域における「子育ち支援」プログラム～「共同」と「合意形成」

ではおとなが自ら子育ち支援のプログラムをつくるというとき、何が課題となるのでしょうか。紙幅の関係で十分に検討を行うことはできませんが、それを考える手がかりとして近年の佐藤一子さんの研究に注目したいと思います。[*14]

本稿に即していえば、佐藤さんが提示する視点は大きく二つに集約することができるでしょう。一点は「共同」です。「共同」の延長線上には「参加」があり、概念的には八〇年代に増山さんが提示していたものと同じです。佐藤さんの議論ではこの「共同」や「参加」を地方自治や地方教育行政と結びつけて論じている点が特徴で、杉並区の中高生向け施設「ゆう杉並」の建設や川崎市の「子どもの権利に関する条例」の制定プロセスなどを例示しながら方向性を探っています。

二点目は「合意形成」です。例えば、川崎市の「地域教育会議」は住民を中心に地域に関わるおとなが立場の違いを超えて討論する場となっており、近年ではそこに子どもがコミットするような動きもあるといいます。価値観が多様化した現代において、おとなが子どもの育ちに託す思いも多様化しているのが現実です。公募委員の存在も含め、こうした子どもの育ちに関する「公論形成」の場は今後重要なものとなってくるでしょう。

佐藤さんの議論は、地域発の子育ち支援プログラムをどうつくるかという課題に対して、基本的な視座を提供してくれます。おとな同士や子どもとおとなの「共同」を前提に公論形成の場を設け、地域の子どもの育ちについて徹底的に討論する中で子育ち支援の計画化を図っていく…そのプロセス自体を地方自治における住民参加として位置づけるということになるでしょう。

ただし、佐藤さんの議論自体はこうした課題を地域に引きつけて考察し、「共同」による地域社会の構築や「地域の教育力」の再生などを模索するものとなっています。いま「子育ち学」の考え方に即して佐藤さんの議論を受け取るならば、こうした課題をより子どもに引きつけて検討しなければならないでしょう。

例えば、「ゆう杉並」の建設や川崎市の権利条例制定などについて「子どもの参加（参画）論」としての研究はあるものの、「そのプロセスに関わることが子どもの人間形成にどのようなインパクトを与えているのか」という視点での研究はあまりなされていないのが現状でしょう。子どもによる住民投票の動きなども含め、そうした取り組みによって実際に子どもはどのように育っているのかが検証されなければなりません。

地域での実践を進めるとともに、そこでの子どもの育ちのありようが明らかにされる…それがプログラムに反映されれば、子育ち支援の実践はさらに豊かになっていくに違いありません。そのとき、地域における子どもの活動支援のスタイルは「二層型」とも「並立型」とも異なる、新たな段階を迎えることとなるでしょう。

【星野 一人（社会教育・生涯学習研究所）】

＊1　酒匂一雄編『地域の子どもと学校外教育』東洋館出版社、一九七八年
＊2　吉田昇「社会教育としての学校外教育」同右書
＊3　この議論の初出は、小川利夫・土井洋一編『教育と福祉の理論』一粒社、一九七八年
＊4　増山均『子ども研究と社会教育』青木書店、一九八九年
＊5　立柳聡「子どもの社会教育と児童館―試論的考察・その1：『子どもの社会教育』研究・運動史―」『明治大学社会教育主事年報』第7号、一九九八年、および「子どもの社会教育と児童館―試論的考察・その2：『子どもの社会教育』施設としての児童館―」『明治大学社会教育主事年報』第8号、一九九九年
＊6　日本社会教育学会編『子ども・若者と社会教育―自己形成の場と関係性の変容―』東洋館出版社、二〇〇二年
＊7　ロジャー・ハート／IPA日本支部訳『子どもの参画―コミュニティづくりと身近な環境ケアへの参画のための理論と実際』（日本語版）萌文社、二〇〇〇年
＊8　立柳聡「『子育ち学』の実践的・理論的課題」小木美代子・姥貝荘一・立柳聡編『子どもの豊かな育ちと地域支援』学文社、二〇〇二年
＊9　「教育の原点は家庭であることを自覚する」が提言の筆頭にある。
＊10　文部省生涯学習審議会「家庭の教育力の充実等のための社会教育行政の体制整備について（報告）」二〇〇〇年一一月
＊11　日本経済団体連合会「これからの教育の方向性に関する提言」二〇〇五年一月
＊12　「新ビジョン」の正式名称は、日本経済団体連合会「活力と魅力溢れる日本をめざして」二〇〇三年一月
＊13　深作拓郎「子どもの育ちと地域の教育力―二一世紀初頭にみる子どもの育ちと地域の課題―」小木・姥貝・立柳編、前掲書
＊14　佐藤一子『子どもが育つ地域社会―学校五日制と大人・子どもの共同―』東京大学出版会、二〇〇二年

III

21世紀にはばたく地域・子ども実践

子育ち・子育て支援、二一世紀初頭の動向

「子育ち」の旺盛な展開　―子どもの権利の実現を求めて―

近年の子どもたちの育ちをめぐる第一の特色は、生き方の試行錯誤や自己実現、社会参画の取り組みなど、文字通り子どもたちの主体的な活動と社会に向けた建設的な主張が目立ってきたことです。特に、子どもの権利条約や子どもの権利に対する理解を深め、それを体現する取り組みを通して、人権保障が充実したより良い社会や世界の創造に貢献する取り組みが光ります。「子どもの声を国連に届ける会」や「フリー・ザ・チルドレン・ジャパンふくしま」、「木更津東高校家庭クラブ」は代表的な実践と思われます。主体的に生きる存在としての子ども観の普及に大きな貢献を果たしています。

「子育ち支援」の全国的・分野的な広まり

子どもたちの主体性を重んじた育ちの支援＝「子育ち支援」の巧みな展開も拡充の勢いです。現在、全国に一五〇を超えるほどに普及した冒険遊び場（プレーパーク）は、二〇〇四年までに、すでに三回の全国研究集会を開催するまでに成長しました。「NPO法人 日本冒険あそび場づくり協会」をご参照いただきたいと思います。同様なことは、チャイルドラインにも当てはまります。一九九九年一月にチャイルドライン支援センターが発足以来、二〇〇四年三月までの約五年間に、取り組む団体は三一都府県、五三団体にまで急増しました。各地での取り組みの一端を「チャイルドライン in MIYAGI」によって知ることができます。

一方、全国的な連帯はないものの、「居場所」として、迷い、悩みを抱えながら生きている子どもたちに日々しっかりと寄り添い、地道に育ちの支援に当たる人びとも各地に増えてきています。本書では、岡山と沖縄から「財団法人 岡山YMCA」、「学童保育 おやこぼし学園」の実践をご紹介していますが、両者に共通することは、仲間内での共同と多様な人びととの出会いや交流を通じた育ちを大切に考え、子どもたちが夢を抱いて自立できるように促していることと思われます。

子どもたちの主体性を重んじた育ちの支援=「子育ち支援」は、分野的にも広がりを確認することができます。特に、保健・医療の分野での近年の取り組みに顕著なものがあります。特に子ども主体の医療や療養環境づくりを目指す動きが広まってきています。「日本チャイルド・ライフ研究会」、「Wonder Art Production」をぜひ参考にしていただきたいと思います。

体のこと、心のこと、性のこと、大人でも他者に打ち明けにくい悩みが多々ありますが、特に、思春期の子どもたちにとっては切実です。こうした子どもたちの迷いや悩みの解決を手助けする若者たち=ピア・カウンセラーも増えつつあります。「ビヤカウンセリング・サークル Deer Peer（親愛なる仲間たち）」の今後に注目してみたいと思います。

二〇〇三年七月、次世代育成支援対策推進法、児童福祉法改正案、少子化社会対策基本法が相次いで成立し、少子化対策は新しい時代を迎えることになりました。特に、体験学習については、九〇年代の後半以降、「生きる力」の醸成などの動きと絡んで急速に広まりましたが、「子ども・子育て応援プラン」の重点課題「若者の自立とたくましい子どもの育ち」の下に、「体験活動を通じた豊かな人間性の育成」が掲げられ、政策施策的なバックアップを得て、一段と普及する勢いです。子育ち支援のさまざまな活動が各地で展開することになりそうですが、一過性のもの珍しい体験機会のプロデュースとそこへの参加でよいのか?体験学習の「質」も大いに問わねばならなくなりそうです。理想を求めて、「黒松内ぶなの森自然学校」、「NPO法人 黒潮実感センター」が有効なヒントを提供してくれています。

子どもの権利擁護のあり方をめぐる見直しと新たな課題の浮上

二〇〇二年一〇月、国の社会保障審議会児童部会「社会的養護のあり方に関する専門委員会」が報告書を発表しましたが、これからの社会的養護は、子どもの社会的な自立までを支援することを視野に、子どもの視点に立って、施設的な養護から家庭的な養護に移行していくことが重要との認識が示され、里親や小舎制のあり方、施設を出た子どもたちの支援などをめぐって、二〇〇四年は各地で関係者の議論が一段と活発になりました。こうしたビジョンに迫る取り組みは、広く世間一般の理解と協力なしに実現できませんが、すでに「子どもと家庭の会」、「CVV」のような実践も生まれています。

二〇〇三年、文部科学省調査研究協力者会議がまとめた報告「今後の特別支援教育の在り方について」に続き、二〇〇四年一二月に成立した発達障害者支援法によって発達障害の子どもたちの育ちの支援が一段と注目を集めるようになりました。こうした子どもたちの保護者によるグループや施設の立ち上げも各地に目立ち始めていますが、「福島AD／HDの会『とーます！』」はその一例となります。

環境学習の一層の拡充―命とのつながり・コミュニティの再生―

二一世紀になると、追い風となる法律が次々と制定され、環境学習が一段と活発化する勢いを見せています。二〇〇二年に登場した自然再生推進法は、自然環境学習の重要性を強調し、二〇〇三年には、史上初の環境学習推進法である「環境の保全のための意欲の増進及び環境教育の推進に関する法律」が制定されるまでになりました。

こうした近年の政策施策や理念の普及がどのような成果を導きつつあるか振り返ってみると、種々の生命との結びつきを求めると同時に、自然を生かした生活の創造やコミュニティの再生を念頭に置いた実践が増えつつあるように思われます。これを子どもたちが主として関わる活動という条件を付けてみた場合、長期宿泊をともなう体験学習の形態による実践が好まれているように思います。「岡山ＹＭＣＡ」、「黒松内ぶなの森自然学校」、「黒潮実感センター」のような実践が広まることを期待しながら、各地の動向を見守りたいと思います。

感性・表現力・創造性豊かな子どもを育む文化活動の台頭

文化とは、人間の精神活動の所産です。ぜひとも感性・表現力・創造性を磨き、活発な精神活動を繰り広げる子どもたちが多々育ってほしいと期待です。そこで、そのために有効とみられる読書活動を子どもたちの間に広めていきたいと、二〇〇一年一二月、「子どもの読書活動の推進に関する法律」が公布・施行されました。自治体には、学校や公立の図書館の整備・充実の施策を盛り込む「子ども読書活動推進計画」の策定を求めています。

こうした政策施策動向そのものは歓迎すべきものですが、例えば、読売新聞の子どもの読書活動に関するアンケート結果によれば、二〇〇四年度、全国の四割を超える市区で、学校図書整備費が減額されています。財政が困窮して苦しむ自治体の実態が背景です。結局、有意義な法律ができたからといって、行政にひたすら期待して実質を担保できる保障はありません。子どもたちのため、民間側の自助努力を怠ることはできません。では、どうすれば…「ＮＰＯ法人　まちだ語り手の会」を大いに参考にしていただければと思います。一方、近年、各地の文化ホールなどで、文化や芸術といったコンセプトに基づいた子どもたちの主体的な活動やそれを支援する動きも次第に増えてきています。アウトリーチなどを通して、全国的な動向や特色を知っていただきたいと思います。

二一世紀の子育ち支援の主役？子どもＮＰＯの増大

一九九八年に特定非営利活動促進法（ＮＰＯ法）が成立して以来、今日的に興味深いことは、子育ち・子育て支援にかかわる事業を専門とする地域子ども施設の設置や運営を手がけるＮＰＯ法人が、全国的に増えてきていることです。圧倒的に公営のものが多かった児童館の設置・運営への参入は、象徴的と思われます。自治体の財政破綻や、二〇〇三年の地方自治法改正によって登場した指定管理者制度の影響で、ますますこの傾向は強まると予想されますが、本質的な要因は本当にそこにあるのか？公務員の立場をなげうったり、兼業の届けを出してまで理想の地域子ども施設を創りたいと、ＮＰＯ法人の設立に参画する人びともまた増えている現実は何を意味するのでしょうか？「ＮＰＯ法人 三波川ふるさと児童館『あそびの学校』」や第Ⅱ章の大河内千恵子さんの論文に重要な示唆が含まれています。

異世代・多世代交流が生み出す子育ち・子育て支援の可能性

異なった世代間で、もしくは、さまざまな世代に属する人びとが一緒に交流する中から子どもたちの健やかな育ちを促そうとする動きも目立ってきました。「子ども・子育て応援プラン」には、次代の親である中高校生に命に対する感動の機会を提供するなど、多世代の交流を促進するさまざまな取り組みを行うことなどが盛り込まれています。例えば、高齢者による子育ち支援にはどのような可能性や意義が潜んでいるのか？少子化、高齢化にともなう切実な社会問題の解決を目指す必要性と絡み合い、ますます世間の関心を集めていくと予想できそうです。「社会福祉法人 自立共生会 ひかりの里」が貴重なヒントを与えてくれています。

メディアと子どもの育ちをめぐる議論の活発化

今や子どもたちは、さまざまな情報に取り囲まれるように日々を過ごしており、一般にも「情報環境」という概念が使われていますが、こうした環境と子どもの育ちの間には、どのような相関関係があるのか？重要な研究課題と思われますが、どのように研究を深化させていくか？そのための手がかりを求めて、近年の議論の要点を総括しておくことがとても大切と判断しました。第Ⅰ章の清川輝基さんの論文や「岡山ＹＭＣＡ」に大いに学んでいただきたいと思います。

1 国連を動かした子どもたちの声
― あらためて「子どもの権利」について考える

〈子どもの声を国連に届ける会〉

① 「届ける会」が誕生！

「第二回子どもの権利条約市民ＮＧＯ報告書をつくる会」の中に、子ども中心の組織「子どもの声を国連に届ける会（以下・届ける会）」ができたのは二〇〇一年の夏のことでした。会の目的はその名の通り、「国連に子どもの声を届ける！」この一点でした。しかし実は、この会にいる多くの子どもたちは、「国連に行ってやるぞ～！」といったアツイ志をもっていたわけでもなく、日ごろの学校生活を悶々と過ごしていた、どこにでもいる普通の子どもたちだったのです。そして、私もそうした子どもの中の一人でした。

私たちは月に一回程度集まり、普段の勉強のことや、学校生活のことなどの日々思っていること、かつて思っていたことなどを、ポツリポツリと話していきました。それは「この意見を国連に持っていこう！」というほどの自信があるわけでもなく、「こんなこと言っていいのかなぁ？」という、耳を傾けないと聞こえないような小さな声や、「権利とか難しいこと分かんないけど、とにかく聞いて！」という切実な思いのこもった声だったのです。

今思えば、こうした声に「うんうん、そういうことってあるよね」と耳を傾けた「届け

ジュネーブで行われた子どもの権利委員会会議にてプレゼン

る会」での何気ないやりとりが、「私の声も聞いてもらえるんだ」という自信につながっていったのではないでしょうか。

② 権利なんてワガママだ？

はじめの頃は、活動費を稼ぐためにタイ焼き売りをするなど、のんびりと活動していた私たちですが、あるとき転機が訪れました。それは、ある県の集会に呼ばれたときです。その集会は、地元の高校生が企画しているという交流集会で、県内からたくさんの高校生が集まっていました。ただ私の目からは異様に映ったのですが、彼らは先生同伴で、しかも制服をみんなビシッと着ていて、しかもその集会の会場が卒業式のようなのです。私たち「届ける会」は、体育館のステージの上で、講演会でもやっているかのような状況で、制服のこととか受験勉強のこととか、普段思っていることを話しました。そうしたらビックリ、私たちは集会に来ていた高校生たちに、猛烈に批判されました。彼ら曰く、「平和な日本に住んでるくせに、制服や受験のことなんかどうでもいい。世界には学校も着るものもない国があるというのに、あなたたちはワガママだ」ということなのです。

私はふと、かつて読んだ雑誌記事を思い出しました。

実は、国連で発言をしたのは、私たちが初めてではありません。一九九八年に第一回の審査会が行われたときも、日本の子どもたちが発言しています。[*1] そのときの彼らは、制服導入をめぐって校長ともめ、しかも、校長は生徒の声には聞く耳もたず制服導入を押し切った、という実例などを挙げて「日本の学校では意見表明権は保障されていない」ということを証明したのです。しかし、日本のメディアは、こぞって彼らを批判しました。[*2] とりわけ、『週刊文春』の記事、そしてその記事を元にしたと思われる識者の論調は、まさしく「世界には学校も着るものもない国があるというのに、平和な日本に住んでるくせにおまえらワガママだ」という先の高校生のそれと同じものだったのです。そんな前例があったため、メディアに出ることに慎重だった私たちですが、まさか当の子どもからそのような批判が出るとは、思いもしませんでした。まさに衝撃的だったのです。

この交流集会に参加した生徒の中には、「実は私も疑問に思っていたことがあった」とか「同じように考えている人がいて安心した」というような人もいました。しかし、集会自体の全体的なトーンは世界平和一色という感じ。ちょうど、イラク戦争がはじまった時期であったとはいえ、自分たちの身近な問題を語る場はなく、戦争だとか平和だとか、そういうストーリーばかりが交わされる交流集会に大きな違和感を覚えました。

「届ける会」にとってこの経験は、子どもが語るということ、つまり、意見を表明することが、現実にはどんな困難をかかえているか、について考えはじめる契機となりました。

③ 子どもが語るということ

私は、今日本の子どもが声をあげようとした場合、「子どもは黙ってろ」というおとなの声の他に、二つの困難があると思います。

制服の問題にしても、受験勉強の問題にしても、多くの人が「これでいいのかな?」と心のどこかで思っても、「仕方ない」とあきらめているし、むしろ、そんなこと考えない方が日々生きていくのが楽だと思っているように感じます。つまり「疑問」をもつこと、それ自体ができない。「届ける会」の高校生・川村さんはこう言います。

なにかを知りたいと思う自分も、疑問を持つ自分も「受験」の前では全て捨てなくてはいけない。「こんな授業ヤダ」と言う私は「ワガママ」なのだろうか？「なぜ？」と思う自分はムダなのだろうか？「ひたすら受験勉強」だけを求めれば私は「ワガママ」じゃなくなるの？でも、そんなの自分じゃない気がする。なんでそんなに自分を消さなきゃならないの？自分を殺さなきゃ、おとなから認められないの？[*3]

先の集会でも、川村さんはこうした受験の話をしました。そして、それを聞いた高校生からもらった感想の中には、「受験を否定されたら今の自分はココにいないんですけど」というのがありましたが、ここに受験を信じてきた自分が否定されたことへの反発が見てとれます。

また、制服に対して疑問をもった「届ける会」の高校生の女の子は、制服を着させようとした教師だけでなく、周りの高校生からもさまざまなプレッシャーをかけられます。そうした高校生たちも実はそれほど制服を着ることに意味があるとは考えていません。しかし、「みんなガマンして着てるのになんであいつは着ないんだ」という内圧ともいえるプレッシャーが、彼女に向けられます。ここに二つ目の困難、子どもが子どもを管理するような構造、すなわち、「子どもによる内圧」があるのです。

このように、声をあげることが日常的に困難な構造があるのですが、それだけでなく、子どもの意見表明が困難な状況というのは、他にもたくさんあります。

例えば、親がケンカばかりしている場合、子どもが特に小さい時、自分を殺してまで親の機嫌をとろうとします。「他人に迷惑をかけるな」と言われつづけた子どもは、親に嫌われたくない一心で、「素直で手のかからないいい子」を演じつづけます。親から暴力を受ける子どもは、「私が悪いんだ」と自分に言い聞かせます。私たちが作った『報告書』には、そうして子ども時代を過ごした中学生の言葉がありました。

幼いころはただただ辛くて生きていくのが精一杯でした。でも私はやっぱり子どもだからどんなに叩かれてもどんなに「あっちいけ」と言われてもお父さんとお母さんが大好きでした。時折見せる優しい目を信じながら「私が悪いんだ、私が全部いけないんだ」と自分自身に言い聞かせて一生懸命いい子になりました。ワガママなんて言わなくてただ言われたことを「はい」と聞く。そして私はお人形になってしまいました。生きたお人形。しかし私は人間です。怒り、悲しみ、不安など抱え毎日得体の知れない恐怖の影に脅えながらただじっと耐えていました。*3

子どもにとって、もっとも避けたいことは、「見捨てられること」ではないでしょうか。受験のことにせよ、制服のことにせよ、心に浮かんだ疑問を出すことができず、友だちや先生や親から「見捨てられること」を恐れれば、私たちは本当に、自分を殺し、偽りの自分を作り出し、それを必死に正当化しようと奔走することになります。

子どもが自分の考えを素直に表明し、多様な人間関係の中で成長発達していくのが子ども期だと私は考えます。しかし、こうして子ども期を奪われた子どもは、おとなになった時に自分の子どもの子ども期を奪おうとするのではないでしょうか。「私も子どもの時はガマンしたのよ」と。この子ども期を奪う連鎖はいつまでも続いていきます。

④ ついに国連へ

さきほど引用しましたが、私たちはこれまでの自分たちの経験と、「届ける会」として活動した際に体験したことを元に、一冊の『報告書』を作りました。そして昨年二〇〇四年の一月に、スイスのジュネーブで行われた子どもの権利条約の審査会に出席し、英語でプレゼンテーションをすることに成功しました。スイスまで行って観光などほとんどせず、ひたすらホテルで英語の練習をしましたが、やっぱりちゃんと英語の勉強をしておくんだったとそのとき痛感しました…。

国連の委員さんたちは、私たちのつたない英語を真剣に聞いてくれました。その次の日が、日本政府への審査会だったのですが、その時に私たちがプレゼンしたことが、質問の中などにたくさん含まれていて、正直とても驚きました。

国連では、これまで伝統的に、「目に見える権利侵害」（例えば、飢餓の克服やマイノリティーの権利などについて）が議論の中心だったと聞いています。もちろんそれも重要なことですが、日本においては、先にも述べたような意見表明の困難性など「目に見えにくい権利侵害」があります。私たちの『報告書』にもそうした事例がたくさん載っています。そして今回、国連が出した日本に対する最終所見では、「本委員会は、社会における子どもに対するこれまでの姿勢が、家庭、学校、その他の施設および社会全般において、子どもの意見の尊重を制限していることを依然として懸念する。」とし、さらに「教育、余暇、およびその他の活動を子どもに提供している学校その他の施設において、方針を決定するための会議、委員会その他の会合に、子どもが全面的に参加することを確保すること」という見解が出されました。

⑤ 改めて「子どもの権利」について考える

「子どもの権利」についての解説書や、このことを研究している人の中には、子どもの自己決定権を、「子どもの権利」の中核に据えようとする人がいます。たしかに、日本の多くの学校では、子どもが自治的に何かを決めたり、学校運営などのさまざまなことに参加したりするシステムはできていません。子どもは子どもだからという理由で、「教育されるもの」、「指導されるもの」とされてきて、「権利の主体」とは見なされてきませんでした。そんな状況の中で、子どもの権利条約が登場し、子どもも「権利の主体」であることが謳われました。とりわけ、条約の第一二条の意見表明権[*4]が注目され、そこから子どもの自己決定や、学校・政治・社会への参加・参画ということが盛んに言われるようになったのです。

私自身も、中学・高校と学校行事や自治活動に多少関わってきたため、生徒の意見が学校に伝わらないことに不満をもっていました。もっと学校が自由に、生徒の意見も通るような学校になればいいなと、素朴に思っていました。だから、子どもの権利条約に表現の自由や意見表明権などが書いてあると知ったとき、これが「切り札」のように感じました。

しかし今は、仮に権利が、おとなの「指導」に対抗する「切り札」として、つまり、「自分で自分のことは決める」自己決定権として機能するならば、それはむしろ子どもとおとなの関係を断ち切り、子どもを孤立させ不幸にしかねないように感じます。子どもは別におとなたちから独立して「子どもだけの国」を作りたいわけではないのです。

自己決定が関係を断ち切ると考えるなんておかしい、子どもがどんどん発言していくことで、自らの要求を実現できるような力を得るのだ、と言う人たちもいます。そうした人（主に学校で権利条約の実践をしようとしている先生ですが）の話を聞いていると、意見表明権は「政治的な主体」をつくるプロセスであるかのように捉えられています。しかし、それでは赤ちゃんの意見表明権なんてものはありえないことになってしまいます。意見表明権に、あらぬ期待をかけすぎることで、条約の本質が見えなくなっているのではないでしょうか。条約の英文を見てもらうと、意見表明権の「意見」とは「opinion」ではなく、「views」になっていることが分かります。この「views」は、意見というほどハッキリとした主張ではない広い自己認識だと考えられています。だとすれば、意見表明権における「意見」とは、政治的な要求というよりもずっと大もとにある、おとなにも分かってほしい、「子どもだから」と言って切り捨てないでほしい、という素朴な願いではないでしょうか。[*5]

こうした視点に欠ける意見表明権の見方は、平和活動や政治活動など、社会に発信し続ける子どもを、その外見だけを見て無条件に肯定してしまいます。しかし、そうした子どもの心にある空虚感や無力感、寄る辺なさに目が向くことがありません。

こっちを向いてほしい、それゆえにおとなの期待する「いい子」を演じつづける子どもの破綻が、近年たくさん起きているように感じます。ですから、子どもの声にならない声に耳を傾けること、これこそ意見表明権の重要な点であり、「届ける会」はこうした視点を大切にして、活動をしていきました。

ですから、私たちが普段誰に言うこともなく、うちに秘めていた声を、社会全体の問題につなげて、さらに国連まで持っていくことができたのは、子どもの社会参加が大事だと自覚したからではありません。また国連に参加するシステムが確立していたからでもありません。私たちには、「偽りの自分」ではなく、「ありのままの自分」を認めてくれて、普段の何気ない疑問や、誰にも言うことのできなかった言葉に対して、「そうだったんだ」と耳を傾けてくれるおとなたちや仲間がいました。そして、そうした人間関係があったからこそ、私たちは自らの経験を、自信をもって語り、子ども世界一般の問題へとつなげた国連での意見表明に結びつけることができたのだと思います。

私は、国連で発表するとき、一番はじめに、「子どもが意見を表明することの意味とは何でしょうか」と問いました。政府の報告では、意見表明権のところに「総理大臣にメールが送れる」等が書いてありましたが、意見表明とは、そんな自分とまったく関係ないおとなに、自分の意見をただぶつけることではないと思います。そうではなく、意見表明とは自分と関わる人びとに、「自分はこうしたいんだ」、「本当はこんなことを考えているんだ」と言葉や態度、行動などで訴えかけること。つまり、意見表明権とは、子どもがありのままの声、あるいは欲求・要求をぶつけ、それに誠実に対応してもらう権利、言い換えるとそうした応答的な人間関係をつくるための権利、と言えるのではないでしょうか。そう考えると、私たちが「届ける会」でやってきた活動は、子ども一人ひとりの小さな声に耳を傾けてくれるおとなとの対話の中で生まれたものであり、まさにこの意見表明権の行使、実践であったのだと言えます。

今回、カンパしていただいた方々や、私たちの『報告書』を英語に訳していただいた先生方や、その『報告書』ができるまで、気長に待ってくれたおとなの方々には感謝でいっぱいです。本当にありがとうございました。

私たちの活動はとりあえず終わりましたが、また次回審査が数年後に行われます。私たちの経験した意見表明権の実践が、「子ども期を奪う連鎖」ではなく、「子ども期を豊かにする連鎖」へとつながっていくことを願っています。

【山下 淳一郎（子どもの声を国連に届ける会／埼玉大学学生）】

＊1 このときの様子は、DCI日本支部編『子ども期の回復』（花伝社、一九九九年）に詳しく書かれています。

＊2 『産経新聞』は一九九八年五月三〇日の朝刊で「高校生のアピール空振り」と報道。また『週刊文春』は同年六月一八日に「制服廃止を訴えて国連に叱られた日本の甘ったれ高校生」というタイトルの記事を掲載。どれも事実に反した内容であった。特に波多野里望という研究者が「児童の権利条約は発展途上国のためのもの」と主張し、これらの記事に論理的な「正当性」を与えている。

＊3 『子どもの声を国連に届ける会報告書』より引用

＊4 第一二条「1 締約国は、自己の意見を形成する能力のある児童がその児童に影響を及ぼすすべての事項について自由に自己の意見を表明する権利を確保する。この場合において、児童の意見は、その児童の年齢及び成熟度に従って相応に考慮されるものとする。」

＊5 最近は国連でも、子どもの権利条約の一二条の意見表明権に関して、その「意見＝Views」の中には、「知的な意見＝Cognitive Views」のみならず、「情的な意見＝Emotional Views」、「欲求・願望＝Wishes and Desires」、「行動等によって表明される意見＝Body Gesture and Non-verbal Expression」等がすべて含まれている、という議論がされているそうです。（DCI日本支部の機関紙『子どもの権利モニター』第六八号より）

正式名称	子どもの声を国連に届ける会
所在地	〒171―0022 東京都豊島区南池袋3―11―22メイハウス101号室DCI日本支部気付 TEL／FAX 〇三―五九五三―五一一一 E-mail todokeru@1dk.jp URL http://www3.to/todokerukai
連絡先	右に同じ
主な活動	「子どもの権利条約」と国連子どもの権利委員会からの「勧告」をもとに、日本にいる子どもの生の声を国連に届ける。
機関誌	・DCI日本支部の機関誌『子どもの権利モニター』の中に『TODOKERUKAI News Letter』を掲載。
一言PR	国連に行ったことばかりが目立って正直とまどいます。私たち届ける会が残したものは、国連に行き発表したという結果だけでなく、子ども声をあげ、それを受け止め、そして次の行動のエネルギーにしたというプロセスの大事さを証明したことだと思います。

2 子どもが子どもにできること〔フリー・ザ・チルドレン・ジャパンふくしま〕

① 子どもが始めたNGO

フリー・ザ・チルドレン（以下ＦＴＣ）は、一九九五年、カナダの一二歳の男の子、クレイグが立ち上げた団体です。クレイグは、ある日新聞で児童労働についての記事を読み、あまりの過酷な状況と自分たちの生活とのギャップにとてもショックを受けました。（児童労働とは、一八歳未満の子どもが、体や心に良くない仕事をさせられること。）そこで、いろいろな団体にコンタクトをとり、調べものをしていったのですが、子どもが活動できる場はあまり無く、それなら自分たち子どもで団体を立ち上げようと始まりました。今では、アメリカ、ヨーロッパ、アジアなど、世界三〇ヵ国に広まりました。

日本にＦＴＣが紹介されたのは一九九八年で、一九九九年の一月から活動を開始しました。二〇〇四年の九月には、ＮＰＯ法人格を取得しました。フリー・ザ・チルドレン・ジャパン（以下ＦＴＣＪ）は、全国に二六の支部があり、それぞれの支部で一八歳以下の子どもが自分で考え、活動を進めています。ＦＴＣＪの活動の目標は、世界中の子どもたちが、奪われてきた自分の権利や自由を取り戻し、その手助けをすることで日本の子どもたちも一緒に成長していくことです。

ＦＴＣＪの会員には、大きく分けると、高校生以下の子ども会員と、それ以外のおとな

会員の二種類があります。子ども会員は支部などを結成し、自分たちで考え、主体的に活動することができます。一方おとな会員は、子どもたちがしたい活動ができるように助言したり、子どもにはできない難しい手続き等を代わりに行うなどして、サポートしています。

ＦＴＣＪの事業は、いくつかの柱に分かれています。まず、国内で、児童労働についてたくさんの人に知ってもらうためのアドボカシー事業ではホームページを開いたり、ニュースレターを発行しています。他の団体と合同で教育キャンペーンなどを行うためのネットワーク事業も行っています。また、子ども活動家を応援する事業では、毎年子ども活動家を育成する夏合宿を行っています。海外では、フィリピンやインドなどのＮＧＯと提携し、性虐待にあった子どものシェルターへの支援や、学校建設事業などを進めています。

ＦＴＣＪの事務局は、現在運営のほとんどをおとなメンバーで進めていますが、組織運営に携わる子ども代表委員を子どもメンバーから選出し、子どもの声を事業や組織に反映させる仕組みをつくっています。また、子ども代表委員の中からさらに子ども理事を選出しています。団体の組織運営に子どもが直接係われるというのが、ＦＴＣＪの大きな特徴といえるでしょう。

②　福島支部の活動

福島支部は、二〇〇一年に発足しました。発足のきっかけは、私の通っていた中学校の先輩がＦＴＣの創設者の著書に衝撃を受け、学校の文化祭で児童労働について発表したことでした。それを聞いた私が友だちに声をかけ、八人の仲間が集まりました。その頃私は、自分の意見がもてない、思いを伝えることが苦手な自分が嫌いでした。そんな自分とは違い、自らの意志で行動しているＦＴＣのメンバーのことを知り、私もこうなりたいと思いました。

初めての活動は、街頭募金でした。子どもだけで何かを企画することは初めてで、みんなとてもわくわくしていました。街頭募金をやるには、警察等の許可が必要ですが、私たちはそれを知らず、街頭募金当日に交番に行き、許可を取らなければならないことが分かりました。デパートの前でやらせてもらおうと、資料を持って何件も回りましたが、募金活動ができる場所は見つかりませんでした。諦めずに日程等を変更し、再度お願いすると許可がでました。

多々トラブルはありましたが、やり遂げた時は充実感でいっぱいでした。学校の先生や周りのおとなの方の中には、「子どもになんてできないだろう、一時的に興味をもっただけで、本気でやろうなんて思っていないだろう」と思っていた方もいらっしゃったと思います。しかし、子どもだって考えをもち、それに基づいて行動することができます。諦めず、最後までやり遂げたことが、大きな自信となりました。今後の課題としてあげられたのは、私たちの知識の少なさと、周りのおとなの理解を得ることでした。その後も何度か街頭募金を行い、私たちが集めた募金によって、資金不足のため休校になっていた学校が再開したこともありました。

中学を卒業した頃、問題が発生しました。それまではみんな同じ学校に通っていたので、簡単に集まることができましたが、別々の高校に進学したため、時間が合わず、活動が進まなくなりました。活発に活動したい人、別のことを優先したい人…メンバーの気持ちに温度差がでてきました。

悩んだ末、スタッフを公募し、ＦＴＣＪメンバー以外の子どもと一緒にイベントを行うことにしました。その時に発案したのが、〝子どもの権利ライブ〟です。音楽が好きだったので、音楽を使って伝えてみたいと考えました。しかし、イベントの企画や運営、広報なんて初めてのことだし、お客さんを呼べるようなものができるか、とても不安でした。そんな時私たちの背中を押してくれたのが、東京に住むおとなのサポーターでした。社会人としての経験と知識で、しっかり支えてくださいました。ライブに参加することにより、今まで関心のなかった人が、子どもに、世界に目を向けるきっかけとなることを目指しています。勉強会やシンポジウムといったイベントと違い、あまり興味のない人も参加しやすく、広い層に伝えることができます。

③「サポーター」から「パートナー」へ

二〇〇四年夏の第一回目のライブは、おとなサポーターにやり方を提案してもらい、それに子どもスタッフ八人で意見を出して進めて行きました。一ヵ月という短い期間で、ステージの出し物から作詩、広報までを自分たちだけで行いました。ステージの内容は、音楽、寸劇、詩の朗読、映像の四つでした。初めて出会った仲間とも、共に悩み、練習したことで、本番までにはすっかり打ち解けていました。

ライブ当日は、少ないながらもお客さんが来てくださり、感動して、私たちを応援してくれました。思いは伝わったと感じ、達成感と嬉しさでいっぱいでした。終了後、メンバーからは自然と「次はどうしようか？」という声があがり、次回へ向けての活動が始まりました。

一番大きな課題は広報です。せっかく作り上げたステージも、見てくれる人がいなければ、伝わりません。新聞・ラジオなどでも広報してもらいましたが、あまり効果はありませんでした。やはり、人から人へ、心をこめて伝えることが大切なのでしょうか。

二〇〇四年の冬、二〇〇五年の春の二回のライブは、限られたスタッフでの活動でしたので、広報に力を入れればステージの質が落ち、ステージに力を注げば、お客さんが少なく…その繰り返しでした。しかし悩みつつも継続していくうちに、イベント運営のノウハウが身についてきました。そして、おとなサポーターとの関わり方も、少しずつ変わりました。子どもができないこと、分からないことを教えてくれる「サポーター」から、お互いの良いところを生かしあい、補いあえる「パートナー」となることができました。

おとなと子どもが「パートナー」になれる。これはとても大きな発見でした。今まで関わってきたおとなといえば、両親・親戚・学校の先生など、私を保護・指導する人で、上下関係がありました。子どもから意見を言うのは良くないような気がしていたし、この人たちが言うことは、きっと正しいだろうと思っていました。自然と自分の意見を言わなくなっていたし、「本当に正しいの？」と、考えることもしなくなっていました。

「パートナー」としてのおとなと出会えたことで、子どもも意見をもち、それを表現して良いということに気がつくことができました。さらに、「おとなはこういうものだ」「子どもはこういうものだ」という見方をせず、それぞれを一人の人間として見ることができるようになりました。

おとなサポーターとの信頼関係ができつつある中、二〇〇四年夏の第四回目のライブの企画を始めました。このライブは今までと違い、おとなサポーターには進行状況を報告し、必要な時にアドバイスをもらう、という方法で進めました。それだけに、自分たちで考え、決断しなければならないことが多く、四回のライブの中では一番大変でしたが、その分充実していました。スタッフも、四回のライブの中で一番多く集まり、最終的には二三人の高校生メンバー、おとなサポーターも合わせると約五〇人が、企画・運営に関わりました。スタッフの数が多いと、その分ひとつにまとめるのは大変でした。途中でモチベーションが下がらないように、ミーティングで話し合うばかりでなく、街頭募金などで実際に声を出しました。それまで遠慮がちだったメンバーも、街頭募金の後はとても生き生きし、積極的に活動するようになっていった様子は印象的でした。

当日は、福島駅近くにある「コラッセふくしま」に野外ステージを設け、約八〇名の観客が集まりました。内容もとても充実したものとなりました。実際にインドやバングラデシュなどの発展途上国に行ってきた四人の高校生のスピーチ、沖縄支部からの平和メッセージ、児童労働がテーマの寸劇など、子どもの権利をさまざまな視点から捉えて真剣に伝える姿に感動しました。また、ヨーヨー三年連続世界チャンピオンの中学生の演技や、ピアノの演奏などは、観客を楽しませてくれました。なかでも、ＦＴＣの創設者であるクレイグが多忙な中、ビデオメッセージを寄せてくれたことは、大きな励みとなりました。

④ 活動を通して

ライブを通じて、活動を大きく広げることができました。ライブにかかわった人みんなが今も直接活動に関わっているわけではありませんが、いつかライブで感じたことを思い出し、行動を起こしてくれるでしょう。停滞していた福島支部の活動も、ライブがきっかけとなり数人の後輩が集まりました。今は、彼らが中心となり、ライブや勉強会、街頭募金などを企画しています。

私の中での一番大きな変化は、考え、意見を伝えることが出来るようになったことです。活動の中で、私と同じように、「自分の意見がない」と悩んでいる子どもに何度も出会いました。「伝えようとしても、聞いてもらえなかった。何も変わらなかった。」という経験をして、考えるのを止めてしまったのではないでしょうか。子どもたちがそれぞれの悩みの解決方法を見つけるためにも、このような活動の場は大切だと思います。また、子どもだけではできないことがたくさんあります。私たちのライブも、おとなの協力がなければ実現できませんでした。これはサポーターの方が言っていたことですが、おとなの適切なサポートが子どものもつ力を何倍にも引き伸ばせるし、子どもをサポートすると、不思議なことに、おとなの力も何倍にもなるそうです。

「子どもにだってできること」があると考えＦＴＣＪに入りましたが、活動するうちに「子どもにしかできないこと」に気がつくことができました。おとなと子どもが互いの考え方や力を認め、それぞれにしかできないことを生かしあうことができる、そんな世界を、今度はおとなの側から作っていきたいと思います。

【三本木 絵未（フリー・ザ・チルドレン・ジャパンふくしま／岩手県立大学学生）】

正式名称	特定非営利活動法人 フリー・ザ・チルドレン・ジャパン
所在地	〒110―0015 東京都台東区東上野1―20―6 丸幸ビル３Ｆ ＴＥＬ ○三―三八三五―○二二一 ＦＡＸ ○三―三八三五―七五五五 E-mail info@ftcj.com URL http://www.ftcj.com FTCJ ふくしま http://www.giocities.jp/ftcj_fukushima/
連絡先	右に同じ
主な活動	子どもが子どもを支援する活動を行っている国際協力団体です。世界中の子どもたちが、奪われた自分の権利や自由を取りもどすことを目指しています。
機関誌・出版物	・機関誌：ニュースレター「Kids can!」 定価二〇〇円 ・クレイグ・キールバーガー著『僕たちは自由だ！ クレイグ少年南アジア五〇日間の冒険記』本の泉社 ・文：クレイグ・キールバーガー 構成：中島早苗『ぼくら地球市民2 キッズ・パワーが世界を変える クレイグ少年の物語』大月書店 ・『「Kids can!」Live2004夏 ～子どもが子どもにできること～ 報告書』 定価二〇〇円
一言ＰＲ	子ども会員、おとな会員ともに募集中です。詳しくはお問い合わせ下さい。

3 子どもたちの声を聴き、社会の変革につなげるために
〈NPO法人 MIYAGI子どもネットワーク／チャイルドライン in MIYAGI〉

一九九五年、子ども劇場や冒険遊び場関係者・児童厚生員・託児ボランティアなど、仙台市で子どもに関わるさまざまな活動を長く続けてきた一〇人の女性たちが、女性問題を考える会で出会い、「エンゼルプランを考える会」を結成、エンゼルプランを子どもの権利尊重の観点から調査研究し、提言などを行ってきました。しかし、現実はそんなに簡単には変わりません。自分たちが培ってきた経験を生かし、できるところから始めようと、一九九八年「MIYAGI子どもネットワーク」を設立しました。子どもの権利を尊重し、子どもが生き生きできる環境を整えていこうというのが目的でした。

活動を始めるにあたっては、子ども支援と、子どもにかかわるおとな支援の二つの柱を立てました。子ども支援としてはチャイルドラインの設置を、子育て支援としては、孤独な育児をしている母親たちへのサポートとして、託児つき講座実施・子どもの一時預かりなどを第一の事業としました。ふり返ってみると、この試みは、その後の仙台市の子ども施策に大きな影響を与える結果になったと自負しています。

①「チャイルドライン in MIYAGI」の誕生

一九九七年、世田谷で「チャイルドライン」を始めるということを聞き、電話で子どもの話を聴くという構想に心をひかれ、急遽「エンゼルプランを考える会」のメンバー三人で話を聞きました。電話なら、子どもたちが話しやすく、心を打ち明けてくれることが可能かもしれないと思い、宮城にもチャイルドラインをつくろうと心に決めました。

一九九九年度は一ヵ月に一回学習会を開催、世田谷チャイルドラインがモデルとしている英国の ChildLine の人を交えてのシンポジウムを企画しました。宮城の企画がきっかけとなり、全国で四ヵ所の全国ツアーが実現し、全国レベルでの急速なチャイルドラインの広がりにつながりました。シンポジウムでは「宮城県の電話相談の現状と課題」というセッションも設け、のべ一五〇人が参加し、宮城県の中で「チャイルドライン」の存在を知る人が一気に増えました。その後、三回の試験設置を経て、二〇〇一年「MIYAGI子どもネットワーク」から独立した組織として「チャイルドライン in MIYAGI」が設立され、二〇〇二年三月に電話の常設を果たしました。平日毎日一六時から一九時までの三時間、フリーダイヤルで子どもの声を聴いています。二〇〇二年三月に開設後、寄せられた電話は一万八五〇件、関わった受け手ボランティアの数はのべ三〇六八人となりました。

幸いなことに精神科医や臨床心理士など、専門家の協力を得ることができ、理事やスーパーバイザーとなっていただいています。実際に電話を受けるにあたっては、困難な問題が生じた際につなぐことのできる先が必要ですが、これらの専門家の人脈で、大方の問題はクリアできています。また、仙台市には、児童虐待防止団体、女性のシェルター運営団体、エイズ・HIVに関する団体など、さまざまな分野で活動している団体があり、大きなネットワークがつくられつつあるのも心強いことでした。

「チャイルドライン in MIYAGI」の存在はさまざまな人たちの関心を呼んでいます。「秘密を守る」という約束があるため、個々の子どもたちの話は出せませんが、多くの子どもが学校での人間関係に悩み、いじめに苦しんでいることや、回りのおとなに助けてほしいというサインを送っているにもかかわらず見過ごされている現状、聴くだけでなく、虐待・妊娠など、子どもの力では解決できない問題を共に考え、よりよい解決につなげる活動もしていることなどを社会に伝え、「子どもの力を信じて、適正な情報を伝え、子どもが自分で判断して決めるのを待つ」ことの必要性などを訴えています。

②「チャイルドライン in ＭＩＹＡＧＩ」における子ども・若者の参画と子どもからのメッセージ

「チャイルドラインinＭＩＹＡＧＩ」には、設立に至る過程で、多くの子ども・若者が関わりました。「おとなが子どものために」するのではなく、「子ども自身が行う」つまり「子どもの参画」が大切と考えていました。それは、「子どもは弱く、未熟で、庇護が必要な存在である」という従来の考え方から、子どもの権利条約にうたわれているように、「子どもには本来大きな力があり、おとなも子どももひとりの人間として尊重される」という考え方へ、社会全体の認識を大きく転換することが要求されることでもあります。私が視察したカナダの「キッズヘルプフォン」には、「アンバサダー」という高校生ボランティア組織があり、広報や資金調達なども彼らの手で行われていました。また、子どもが子どもの電話を受ける「ヘイライン」、子どもが罪を犯した子どもを裁く「少年法廷」など、いろいろな場面で子どもが主体となって活躍していました。これらにヒントを得て「子ども自身の手でつくるチャイルドライン」を目ざした結果、シンポジウムの開催に際しては、子どもたちやフリースクールの若いメンバーが司会や会場準備を行い、第一回の試験設置には、東北福祉大学社会教育研究会「こっぺぱん」のメンバー多数が関わりました。さらに、「東北大学フランス文化研究会・アンパフェ」のメンバー、各高校の生徒会役員を中心として結成されたサークル「SMiLE」など、若者がチラシを配ったり募金をしたり、児童館へ広報にいったりという活動を行いました。その後も多くの高校生・大学生が、広報イベントや受け手として活動したり、ラジオ番組を担当してチャイルドラインを紹介したりという関わりをもちました。彼らのほとんどが社会人となり、受け手経験者の多くは現場で子どもと接する仕事や心理関係の仕事に就き、イベント経験者はマスコミや舞台関係の仕事に就いている人もいます。

一九九九年五月の第一回目の設置ではまだ電話の受け手は養成せず、留守番電話・ＦＡＸ・Ｅメールで、「子どものことは子どもに聞こう」というキャンペーンを実施し、子どもたちに「あなたの言いたいことを聞かせて」という呼びかけをしました。その中で、当時中学三年生の女子から次のようなＦＡＸが届きました。


私は、大人の人全員に言いたいことがあります。

それは、「私たち、子どもの話を、最後まで聞いてほしい」です。

大人の人は子どもたちの話をゆっくり聞かず、自分の気持ちだけで動いているような気がします。

(中略)

子どもだって人間です。いいたいことだって大人ほどたくさんあると思う。やりたいことだってあると思う。これを素直に受けとめてあげられる人が真の「大人」だと思います。

とにかく、言いわけでも、グチでも、楽しかったことや、苦しかったこと、私たち「子ども」の話を最後まで聞いてください。聞いてくれる人がいるだけでも、ずいぶん心がちがいます。また、子どもからおそわることがあるだろうし、世界が無限に広がると思います。

私たちから、目をそらさないで下さい。

私たちは、いつもあなたたちのことをみています。

「子ども《わたし》」の話を最後まで聞いてくださり、ありがとうございました。


チャイルドラインに対して、マスコミやおとなの一部からは、「聞くだけでどうするのですか」「困っている子どもに答えをあげないで、何の役に立つのですか」という指摘も少なからずあったのですが、これほどストレートにチャイルドラインの目ざすことを理解してくれたことに、スタッフは感激し、私たちの心は決まりました。「まっすぐ子どもだけを見つめていけばよい、おとなへの理解は次の段階だ。」子どもの声が私たちの背中を押したのです。

二回三回と電話の試験設置を行ったところ、二回目は八三件、三回目は三二一件と、回を追うごとに電話は増えていきました。この勢いにもちこたえられるようなしっかりした組織作りと資金計画が必要と思われましたので、その後は時間をかけて準備し、二〇〇二年三月に常設を果たしました。五〇人ほどのボランティアが養成されましたが、その中の約半数は二〇代でした。受け手を希望する人は、現在子どもに関わっている立場の人、今後関わりたいと考える人が多く、ほとんどの人が受け手ボランティアの経験がとても有意義だったと述べています。多くは、子どもと関わるときの基本的な視点を獲得した人材として、職場や地域で活動を続けることになります。また、「チャイルドライン in ＭＩＹＡＧＩ」では、子どもの問題に関心をもってもらうため、養成講座を一般公開しています。

チャイルドラインに電話をしてくる子どもたちの話はいくつかのパターンに分かれます。先生のこと、友だちのこと、親のこと、きょうだいのこと、いじめられたこと、叱られたこと、腹が立ったこと、うれしかったことなど、話したいことがたくさんあって、あふれるように話し続ける電話があります。それから、話すだけ話して「そうか、わかった。ありがとうございました。」という電話もあります。受け手はほとんど何も言わないのですが、自分で話しているうち、次に自分がどうすればいいかが「わかった」のです。また、よくあるパターンで、「～なんですがどうしたらいいですか」と聞いてくる子どもたちがいます。受け手はそんな時、「あなたはどうしたいと思っている？」と問いかけます。相談してすぐ答えをもらえると思っていた子どもたちは初め少し戸惑いますが、自分なりにいろいろ考えて返事をしてきます。それにつきあって子どもの心の動きに沿って話をきいているうちに、子どもの方から「こうしてみます。」という結論がでてきます。もし一回の電話では結論が出なくても、「いろいろ考えてみてまた電話してみて」などと言って、次回につなぐ場合もあります。いじめや虐待は聞いていてとてもつらい電話です。どんなに助けてあげたくても、受け手はその子のところへ駆けつけるわけにはいきません。それがチャイルドラインの限界です。そのために、子どもが助けてもらえる先と連携していくことが必要なのです。しかし、本人の意向を無視してつなぐことはしません。その子が自分で助けを求める力を出せるまで何度でも話を聴きます。

③「ＭＩＹＡＧＩ子どもネットワーク」の新たなチャレンジ

「チャイルドライン in ＭＩＹＡＧＩ」は子どもの声を聴くことで、一人ひとりの子どもに寄り添っていますが、本当は子どもの身近に話を聴いてくれる人がいてくれるのが一番です。親でもなく、教師でもない第三のおとなの存在が必要だと思います。その意味で、児童館の存在は大きいと考えました。「エンゼルプランを考える会」の時代から、私は、児童館が果たす役割の大きさを感じていましたが、チャイルドラインを実施してみてさらにその感を強くしました。自分を評価せずありのまま受け入れてくれる存在が必要なのです。先に述べた、子どもの理解者を育てるのが大切だというのはこのことなのです。

最近、指定管理者制度の導入によって、NPOが児童館を運営できる可能性がひらけました。仙台市では今年度開館する四つの児童館の指定管理者を公募しました。子ども支援を掲げる「MIYAGI子どもネットワーク」は児童館の指定管理者公募に応募し、一〇～一一団体のうち第一位で選考され現在三館を運営しています。児童館に携わる職員は、チャイルドライン受け手ボランティア養成講座と同じ内容の研修を受けてもらいました。

最終的には、子どもが身近な人に話を聞いてもらえ、助けてもらえるようになって、チャイルドラインが必要でなくなることが理想です。子どもの施設は学校も含め、どこもマンパワー不足に悩まされています。それも、人件費の不足から手当ができないことが多いのです。私たちは、自分たちの税金が子どもの未来のために適正に使われているか注視していく必要があると同時に、自分たちでできることをする姿勢をもつ必要があるのではないでしょうか。

さらに宮城県では、民間団体が協力して「みやぎいのちと人権リソースセンター」を設立し、その中で子どもの権利擁護事業を行う準備をしています。「チャイルドライン in MIYAGI」では、昨年度「児童虐待防止ネットワークづくり事業」を行い、「子どもの権利シンフォニー構想」を打ち出しました。これは、オーケストラが他のパートの旋律に耳を傾けながら、それぞれのパートが十分自分の役割を果たし、全体で調和の取れたシンフォニーにしていくように、さまざまな機関が響きあい、連携していこうという構想です。杜の都にこのシンフォニーが奏でられる日をめざして活動を続けていきたいと思います。

【小林　純子（NPO法人 MIYAGI子どもネットワーク／チャイルドライン in MIYAGI）】

正式名称	NPO法人 MIYAGI子どもネットワーク	チャイルドライン in MIYAGI
所在地	〒981―0954 宮城県仙台市青葉区川平1―16―5 スカイハイツ102 TEL／FAX 〇二二―二七九―六八六九 E-mail mikonet@lily.ocn.ne.jp URL http://www.miyagi-kodomo.net/	〒981―0954 宮城県仙台市青葉区川平1―16―5 スカイハイツ102 TEL／FAX 〇二二―二七九―七二二〇 E-mail c.l.miyagi@viola.ocn.ne.jp URL http://www2.ocn.ne.jp/~clmiyagi/
連絡先	右に同じ	右に同じ
主な活動	・子育て支援事業（託児・講座実施） ・児童館運営（仙台市市名坂児童館・仙台市小松島児童館・仙台市鹿野児童館）	子どもがかける電話の設置・運営、受け手ボランティア養成講座
一言ＰＲ	子ども支援・子育て支援団体です。託児室二箇所と児童館三館を運営しています。その他、派遣託児・親子参加型日本語教室運営、イベントなど、三七人のメンバーはフル回転です。	平日一六～一九時の三時間フリーダイヤルで電話受付をしています。一日平均一六本の電話がきます。五〇人ほどのボランティアが交代で、いじめ・友達関係などに悩む子どもたちの声を聴いています。

4 施設でくらす子どもたちの自立への模索

〔Children's Views & Voices〕

① 施設でくらす子どもたち

両親の行方不明や死別あるいは児童虐待などさまざまな理由で、家族と一緒にくらすことができない子どもがいます。子育ちが困難となるような家族問題が生じた場合には、原則としては親子分離をせずに（子どもの権利条約第九条「親からの分離禁止」原則）、まず、ソーシャルワークによる家庭環境の改善が行われます。しかし、やむを得ず親子分離せざるを得ない場合には、社会が家庭に代わる子どもの生活の場を保障しなければなりません（同条約一九条、二〇条、児童福祉法第二七条など）。家庭に代わる子どもの生活の場は、福祉先進諸国では里親かグループホームによる家庭的養護が主流ですが、日本では施設養護が中心で、全国で三万人ほどの子どもたちが児童養護施設などの児童福祉施設でくらしています。児童福祉による援助を受けているこのような状態をインケアといいます。

施設でくらす子どもたちは、家庭環境が整いしだい家庭復帰します。しかし、義務教育修了の一五歳あるいは高校卒業年齢の一八歳を過ぎても家庭復帰が望めない子どももいます。そのような子どもは、施設や里親のもとから社会に巣立ちます。日本では、多くの場合その時点でインケアの状態から離れることになります。

施設でくらす子どもたちの多くは、入所前、場合によっては生命さえ危ぶまれるような不遇・不安定な生活を余儀なくされていました。それに対して施設での生活は、専門職員による養護と自立支援のいとなみに支えられ、安定した生活と安心が保障されます。しかし、生活条件の基礎となる国が定めた児童福祉施設最低基準は、第二次大戦後に戦災孤児を保護収容したときの基準からほとんど改善されていません。それは、高度経済成長を経た日本の平均的生活水準からみてあまりにも低いのが実情です。

そのため、施設でくらす子どもには、プライバシーの権利（子どもの権利条約第一六条）や意見表明権（同一二条）あるいは教育への権利（同二八条、日本国憲法第二六条）など、すべての子どもに差別なく保障されるべき権利が十分に保障されていないという現実があります。例えば、高校進学率は近年ようやく八〇％台になりましたが、大学や専門学校への進学は社会の平均値からみると大きく立ち後れています。また、家庭復帰ができないまま施設から巣立つ場合、一五歳や一八歳で、家族の支えもなく社会の荒波にひとりで立ち向かうことを余儀なくされています。

② ＣＶＶの発足

二〇〇一年、大阪と兵庫の児童養護施設でくらしていた子どもたちが、自主的な当事者グループであるＣＶＶ（Children's Views & Voices）を発足させました。ＣＶＶは、施設の生活や自分の将来のことなどを語り合い、施設を巣立った後もお互いに連絡を取り合い支え合っていく活動、さらに、自分たちの思いを社会に訴える活動をめざしました。

発足のそもそもの契機は、一九九七年に関西の児童福祉関係者がカナダ・オンタリオ州トロントに研修に行ったことです。その研修では、インケアの子どもの自立支援センターＰＡＲＣ（パーク：Pape Adolescent Resource Centre）および子どもの権利擁護機関のアドヴォカシー事務所（Office of Child and Family Service Advocacy）を訪問しました。

二年後の一九九九年、この児童福祉関係者らは、ＰＡＲＣとアドヴォカシー事務所のユースグループのメンバーを日本に招きました。この時に、大阪と兵庫の児童養護施設の子どもたちがカナダのユースとキャンプやワークショップなどを通じて交流しました。

翌二〇〇〇年の夏、今度は、日本の子どもたちがＰＡＲＣを訪問することとなりました。そこで日本の子どもたちは、ＰＡＲＣのユースたちが、集会の場やインターネットなどを通して、自分の生い立ちや今考えていることを積極的に発言（スピークアウト）するなど社会的な行動をおこしていることに大きな刺激を受けました。

帰国後、この交流事業に参加した子どもたちは、梅田周辺で何度か集まり、自分たちも積極的に将来のこと、施設での生活のことなどを語り合い、社会にも発言していくための行動をおこしていきたいという思いをつのらせていきました。そして、一一月にはその思いを込めてグループの名前をＣＶＶと命名し、年が明けた二〇〇一年の六月には規約も決め、サポート会員も募って正式にＣＶＶを発足させたのです。

③ ＣＶＶの活動

ＣＶＶは、発足後の九月には近畿弁護士連合会（近弁連）の子どもの権利委員会夏期研修会、一一月には大阪府子ども家庭センター（児童相談所）で行われた施設職員の研究会、一二月には神戸で行われたＪａＳＰＣＡＮ（日本子どもの虐待防止研究会）兵庫大会市民フォーラム・ワークショップに参加するなど、積極的に社会に向けて発言するスピークアウトの活動を展開していきました。

その後も、梅田周辺の喫茶店などで時々待ち合わせてのミーティングは続けられました。しかし、日程調整に加え、いつでも気軽に集まって自由に話ができる居場所がないことは、活動を進めるうえでのひとつの困難でした。活動の拠点となる居場所をいくつか検討してみましたが、どこもお金がかかることがネックでした。

そのうち、二〇〇二年の四月に、ＰＡＲＣから、ＣＶＶと日本で交流したいという申し出がありました。ＣＶＶは、その時期や交流内容について検討し、イメージをふくらませていきました。施設職員、児相ワーカー、弁護士などのサポーターとの協議も重ねてその実現の可能性を追求し、一一月にはCVV＝PARC交流委員会（CPEC）を立ち上げました。こうして、交流事業を翌二〇〇三年八月下旬に実施する計画をたて、プログラムや体制、予算などの検討を進めました。また同時に、大阪府内の各施設に対して、事業への子どもの参加や期間中のPARCユースの宿泊などに関する協力のお願い、助成金の申請などの準備を並行して進めていきました。

ところが、二〇〇三年春、折からSARS（重症急性呼吸器症候群）の流行が国際的な問題となり、しかも、トロント市が流行地域として指定されてしまいました。さんざん議論を重ねた結果、六月のCPECの会議で事業の延期を決定しました。ただし、それまで準備してきたことのうち、大阪府立青少年海洋センターでのキャンプは、CVVと施設の高校生との交流をめざして日本側だけでも実現しようということになりました。

こうして、大阪府内の五つの児童養護施設の高校生が参加してCVV主催のキャンプが実施されました。その後も、この出会いと絆を大切にしようということから、一〇月にはキャンプに参加した高校生の同窓会を開きました。また、二〇〇四年の一月にはボウリング大会、三月には卒業・進級を祝う会などを行い、施設でくらす高校生同士の交流を重ねていきました。

④ PARCとの交流事業

二〇〇四年、CVVは発足から三度目の春を迎えました。それまでの間に、CVVのメンバーには就職をはじめとするさまざまな状況の変化がありました。延期した交流事業をどうするかについてもCPECの中で議論が重ねられました。しかし、事業を中心的に担うべきCVVメンバーが定期的に集まれないという状況が常態となりました。

それでも、ＰＡＲＣとの絆を大切にしたい、二年越しの取り組みを無にしたくない、ＣＶＶの輪をひろげたい、実施する以上は何としても成功させたいなど、ＣＶＶメンバーやサポーターのさまざまな思いが撚り合わされ、交流事業を実施するための仕切り直しが行われました。事業一ヵ月前に発行されたＣＶＶの通信「みんなの手紙」第二号に寄せられた次の言葉には、ＣＶＶメンバーの真摯な気持ちが込められています。

「ＣＶＶは、ＰＡＲＣとの交流を通じて、今後の活動の具体的な方向性を考えるとともに、今施設で生活する子どもたちに、自分たちが四年前に経験したＰＡＲＣユースらとの出会いと衝撃を経験してもらえたら、そして、できれば、今後のＣＶＶの活動を担うメンバーになってもらい、ＣＶＶの活動をＰＡＲＣのように継続性のあるものにしていけたら……と考えています。」

こうして、二〇〇四年八月下旬、ついにＣＶＶとＰＡＲＣの交流事業が実現しました。一〇日間ほどの日程の中で、キャンプ、ワークショップ、意見交換会、シンポジウムなどを通して、ＣＶＶメンバーや児童養護施設でくらす高校生とＰＡＲＣユースそして双方のサポーターの間に深く熱く充実した交流が実現しました。

⑤　ＣＶＶのこれから

当初ＣＶＶのメンバーの間では、互いの絆を結びあいつつ、後輩たちが社会に巣立つにあたって直面するさまざまな課題について当事者としての立場から支援する活動をめざしていました。しかし、実際にはＣＶＶ自体が社会的な支援を必要としています。

第一に、施設にいるときはもちろん、退所後も関西一円でくらしているメンバーたちにとって、集い合える居場所、交通の便がよく費用のかからない活動の拠点が必要です。しかし、都市部でそのような場所を確保することは困難です。これは、PARCが、トロント市の補助によって住宅の一軒を確保し、そこに専任の職員やソーシャルワーカーが配置されているのと全く異なるところです。どこか理解のある児童養護施設が善意で居場所を提供してくれたとしても、その施設や子どもたちに大きな負担をかけることになります。また、特にその施設でくらしている（いた）メンバーにとって、自由に意見を言いにくいということも考えられます。特に施設退所後の若者にとって、例えば自立援助ホーム（児童福祉法第六条の二で規定されている児童自立生活援助事業）の一種として、あるいは公民館や青少年施設の機能のひとつとして、自立支援の必要な若者たちが気軽に集い合える居場所を制度的に保障する必要があります。

第二に、CVVのこれまでの取り組みをふりかえってみたとき、当事者主体の原則を尊重したサポートのあり方自体が問われているといえます。CPECの取り組みは、国際交流事業という大きな取り組みであっただけに間違いは許されないという状況から、どうしても実績と力量のあるサポーターの支援が大きくならざるを得ませんでした。また、ワーカーや施設職員と当事者の子ども（だった）という利害を含めた関係性、あるいはサポーター同士の職場関係（上司と部下等）も、サポートのあり方に微妙な問題をもたらしました。その中で、当事者であるCVVのメンバーは、たまたまそれぞれの事情もありましたが、しだいに減少していきました。サポーター自身、その事実を厳しく受けとめています。

そして第三に、家族と別れてくらさざるを得ない（かった）という悲しみを背負いながら生きている子ども・若者にとって、自分の生い立ちをふり返ること、今の状況を語り合うこと、さらにそれを社会的に発言していくこと自体が非常にたいへんなことです。CVVは、まさにその困難な道を歩みはじめたといえます。CPECは、その困難を乗り越えるためのヒントを先進例のPARCから学び取ろうとする取り組みでもありました。

CVVのこれからにとって、CPECで学んだヒントを生かしながら、現メンバーや将来のメンバーが、当事者として活動しやすい状況を自ら創り出していくことが大切です。同時に、サポーターがその役割や体制を再検討する必要もあります。また何よりも、施設でくらす子どもたちが施設を越えて語り合うというCVVの自主的な活動に対する施設自体の理解を広げていくことも必要です。施設でくらす子ども・若者たちが、当事者として自立を模索する歩みについて、日本では、今ようやくその道筋を拓く取組みがはじまったところであるといってよいでしょう。

【望月　彰（大阪府立大学）】

正式名称　CVV（Children's Views & Voices）

所在地　［事務局］〒599－8531　大阪府堺市学園町1－1　大阪府立大学　人間社会学部　望月研究室気付
TEL／FAX　〇七二－二五四－九七八五
E-mail　yes_cvv@yahoo.co.jp
URL　http://www.sw.osakafu-u.ac.jp/~mochi/CVV/

連絡先　右に同じ

主な活動　児童養護施設などでくらしている（いた）子ども・若者たちが、互いの状況や考えていることを語り合い、支え合っていくために、日常活動としては、ときどき集まってミーティングを行ってきた。たまに、児童福祉施設の職員や児童相談所のワーカーなどの児童福祉関係者、弁護士会などの子どもの権利擁護に関わっている団体などの研修会などに招かれて話をしたり、いっしょに話し合いに加わる活動を行ってきた。また、自分たちでワークショップやシンポジウムなどを主催して、施設でくらす子どもや施設退所後の若者の権利擁護の取組みを進めてきた。さらに、自分の生い立ちや考えを仲間や社会に対して積極的に発言するスピークアウトの実践にも取り組んできた。

機関誌・出版物　・機関誌『みんなの手紙』（創刊・二〇〇四年四月）

一言ＰＲ　家族による支援などがない子ども・若者たちの当事者グループであるため、特に経済的な支援が不可欠であり、寄付金を募集している。振込先は下記の通り。
郵便貯金口座　１４０５０－２３６０２５９１
名義　Children's Views & Voices

5 ペアレント・トレーニングと共に歩む親の会：学び、啓蒙、連携を目ざした四年間
〔福島AD／HDの会『とーます！』〕

① 福島AD／HDの会『とーます！』発足

二〇〇〇年一〇月、福島市保健福祉センターの一室で、鶴田みどり〔元『とーます！』代表〕と吉野珠恵〔現代表〕が話し合っていました。二人はAD／HDの診断を受けた子どもの母親で、発達障碍《しょうがい》児の親による自主活動サークルのメンバーでした。

「この会にはいろいろな障碍をもつ子どもたちがいるけれど、障碍の種類によって対応が全然違う部分があるよね」

「そう。だから、ことばのない子どもの親から『あなたのところはしゃべれるんだもの、なにも問題ないじゃない』なんて言われることもあるんだよね。私たちだって、本当に困っているのに。同じ障碍児の親同士が対立し合いかねない気がするわ」

「やっぱり、AD／HDの子をもつ親の会を、立ち上げる必要があるよね。同じ問題を抱える親同士で話し合っていけるように」

「そうね。それから親自身が子どもについて勉強していけるような会にしたいわよね。親が行政や学校に一方的に不満を言うような団体じゃなくて……」

鶴田と吉野は、何時間にもわたって、そんなことを熱く語り合っていました。

さて、AD／HDは日本では「注意欠陥・多動性障害」と訳されています。人の話や目の前のできごとに十分注意を払えない。そのくせ、興味のあることには、とことんのめり込んで、それ以外のやるべきことがすっかりお留守になってしまう。おまけにおしゃべりでうるさくて落ちつきがなく、怪我やトラブルが絶えない……そんな障碍のことです。一見すると普通の子と同じように見えることが多いので、親も周りの人間も本人の性格やしつけがなっていないせいだと考えて、きつく叱ったり指導したりするのですが、実は脳の発達に原因があるれっきとした障碍なので、叱られることでは改善しません。いくら注意しても良くなっていかないので、親は子どもに失望しますし、子ども自身もそんな自分に失望していって、やがて自信喪失や自暴自棄といった二次障害を引き起こしていきます。不登校、引きこもり、鬱、自殺、非行といった深刻なケースに発展していくリスクが非常に高いので、「話がわかるから」「○○ができるから」と言うだけで「大丈夫」と安心しているわけには、とてもいかないのです。

これを防ぐためには、親が子どもの正しい対応の仕方を学ぶこと、子どものまわりにいる人びとにAD／HDについて正しく知ってもらうこと、そして、教育現場や医療、行政、福祉といった子どもに関わる人たちと協力しながらその子を育てていくことが欠かせません。

そこで、鶴田と吉野は、「学び・啓蒙・連携」の三つを目標に、AD／HDの会を福島に立ち上げました。二〇〇一年四月のことでした。

②　学びの場としての『とーます！』——ペアレント・トレーニング

『とーます！』が発会する一月前、その年の四月から福島大学大学院に赴任されてくる中田洋二郎先生（現在は立正大学心理学部勤務）の講演会が大学で開催されました。中田先生は当時、国立精神神経センターでチームを組み、ＡＤ／ＨＤ児の親のための療育プログラムであるペアレント・トレーニングを、日本向けに開発されていました。ペアレント・トレーニングの有効性を、ＡＤ／ＨＤの全国組織である「えじそんくらぶ」から聞かされていた鶴田と吉野は、講演会が終わった後、中田先生に直々にお願いにいきました。あらかじめ先生に連絡は入れていたものの、清水の舞台から飛び降りるような決意のお願いでした。発足したばかりの名もない小さな会に、最先端の療育プログラム研究をされてきた教授が関わってくださるかどうか……。けれども、二人の必死な熱意は先生にも伝わり、中田先生は会員として『とーます！』に関わり、ペアレント・トレーニングを会員に実施してくれることとなりました。

ペアレント・トレーニングの詳しい内容に関しては、すでに既刊があるのでそちらに譲りますが、その基本は子どもを「ほめる」「認める」ことにあります。普段困った行動ばかりしているように見えるＡＤ／ＨＤ児でも、よくよく観察すると、「これはもっとやってほしい」と思えるような良い行動をすることは必ずあります。その瞬間を見逃さずにほめると、子どもは嬉しくてまた良い行動をするので、また親は子をほめます。その繰り返しの中で、親は子を見直し、子は親をもう一度信頼するようになり、障碍が原因で損なわれてきた親子関係を結び直すことができるのです。

ＡＤ／ＨＤ児をもつ親にとって、我が子をほめるというのは決して簡単なことではありません。なにしろ、朝から晩まで子どもに向かって指示と注意と小言をくりかえしているような生活なのです。けれども、トレーニングを続けるうちに、親たちの意識に変化が表れ、「子どもが親の話を聞いてくれるようになってきた」「ほめることを習慣にすることを心がけていると、今まで気づかなかった息子の努力が見えてきた」「子育てがだんだん面白いと思えるようになってきた」といった意見が聞かれるようになってきました。ペアレント・トレーニングを受ける回数が多いほど、親子関係が良くなってきて子どもが理解できるようになり、子どもの問題行動が減ってきた、という報告もなされま

した。（中田洋二郎、第八八回日本小児精神神経学会、二〇〇二年）

また、『とーます！』でのペアレント・トレーニングはセミオープン形式という独特なスタイルをとっているので、多くの会員のさまざまな事例をその場で聞き、一緒に考え、インストラクターが問題点を整理しペアレント・トレーニングに基づいた指導をする様子を見聞きすることができます。そのことが、会員同士の連帯感を生み、親同士が支え合う自助団体としての効果も生み出しました。

親が心身共に元気で前向きな気持ちでいられれば、子どもに障碍があっても、その子は親に支えられて前向きに育っていくことができます。けれども、親が孤立し、子育てに行き詰まってしまったとき、その子の障碍程度は軽くても、親にとってそれは生涯救いようのない欠陥に見えてしまい、親は子育ての意欲を失い、我が子を精神的に見捨ててしまうことさえ起こるのです。親の会に集まる会員の子どもたちは、症状も障碍の程度もさまざまなのですが、他の親の話を聞くことで悩んでいるのが自分一人ではないことを知り、気持ちが楽になったという会員が大勢出てきました。

③ 啓蒙と連携を目ざして―専門者部会の設立

『とーます！』結成から一年が過ぎる頃、会員たちの間から学校や行政などに対する不平が次々と出てきた時期がありました。ペアレント・トレーニングや、社会全体にＡＤ／ＨＤを知ってもらうための講演会などを開くうちに、親たちが障碍に関する知識をもち始め、それに見合うだけの対応をしてくれない関係機関に不満を感じるようになってきたのです。「ああしてくれない」「こうしてくれない」「こんなことも分かっていない」と次第に批判がエスカレートしていきます。

これと同じ現象は、教員などが障碍について学習を始めるときにも同様に起こるのではないでしょうか。我が子の障碍が認められず、障碍の特性を無視した対応をする親たちを見て、「あの親は分かっていない」「親の対応がなっていない」と批判するようになることがままあるようです。双方が相手を責めてばかりいては、いつまでたっても平行線のままで、子どもにとって良い環境は生まれてきません。そこで、『とーます！』の会員の中に在籍していた大学教授、教員、保育士、保健師、医療関係者といった専門家が中心になって、周囲の関係者に呼びかけ、『とーます！』内に専門者部会というものを立ち上げたのでした。二〇〇二年四月のことです。「専門者」という耳慣れない名称には、障碍のプロとしての専門家集団ではなく、保護者と同様に障碍について学んでいる関係者なのだという意味合いが含まれていました。

以来、『とーます！』では、年に一回専門者と保護者による合同懇親会が開かれ、専門者は保護者のこれまでの子育てや思いといった生の声を聞く機会をもち、保護者は、専門者たちもまた自分たちと同じように悩んだり苦しんだり考えたりしながら、子どものためにどうするのが一番良いのか、プロとしての意識をもちながら道を探しているのだと知ることができるようになりました。残念ながら、年に一回という頻度では懇親会に参加することができず、交流をもつ機会に恵まれない会員がいることは事実ですが、一つの会に専門者と保護者の二つの部会があるということ自体が、責め合うのではなく、お互いに相手の立場を理解し、協力し合おうとする土台を作ってくれているようです。筆者は保護者の立場からしか見ることができませんが、二〇〇二年当初に比べると、二〇〇五年現在、保護者会員の関係者に対する意識はかなり変わってきたように感じています。「私たち親でさえ苦労する子なのに、担任の先生には他にまだ三〇人も子どもがいるんだもの、本当に大変よね」といったことばが、自然と親の口から出てくるようになってきました。一方的に要求するのではなく、学校や関係機関と協力しながら、子どもにとってできるだけ良い環境を整えようとする保護者会員も増えてきました。親と関係者が連携して対応する中で、問題行動が減り、以前よりも充実した学校生活を過ごせるようになった子どもたちが増えました。

また、中田洋二郎先生のもとで研修を積んだ専門者が、前述のペアレント・トレーニングのインストラクターとして保護者部会に関わったり、専門機関でペアレント・トレーニングを行ったりしています。C—SST（子どものための社会技能訓練）を得意とする専門者会員が、保護者会員の子どもたちに試験的にグループセッションを行ってくれたこともあります。これも連携の成果と言えるかもしれません。

④ 保護者部会が抱える悩み

学び・啓蒙・連携と理想的な道を歩んできたように見える『と―ます！』ですが、保護者部会の運営状況は、というと、他の親の会と大差のない悩みを慢性的に抱えています。

まず、運営に携われる会員が非常に少ないのです。皆、家庭に障碍児を抱えているのですから、思うように動けないことは事実です。それに加えて、昨今の日本の経済情勢が追い打ちをかけています。夫婦共働きでなければ家計を支えられない家庭が大半を占め、皆多忙で、役員を引き受けられる会員が限定されてしまいます。その少ない役員に多くの仕事が集中してしまい、会自体は順調に発展しているように見えるのに、実はいつ役員が倒れて会が空中分解してしまってもおかしくないという状況にあるのです。先述のペアレント・トレーニングも、希望や問い合わせが多いにもかかわらず、トレーニングの運営に関われる会員がいないために、需要に見合うだけの開催ができないでいるのが現状です。

また、親の会の常ではありますが、運営資金が乏しいために、役員はほとんど無報酬で活動に携わり、そのことがまた役員の経済的負担を増しています。親の会に対する公的支援というものを切に望みたいところです。

今年、『とーます！』は結成五周年を迎えます。はたしてこれが六周年、七周年……と歴史を重ねていけるかどうかと考える時、谷底にかけられた細橋の上を渡っていくような危うさを感じるのが現状です。

【朝倉　玲（福島ＡＤ／ＨＤの会『とーます！』）】

正式名称　福島ＡＤ／ＨＤの会『とーます！』

所在地　URL　http://www6.ocn.ne.jp/~f-tohmas/
ＦＡＸ　〇二四六―九五―〇七二八
E-mail　f-tohmas@alt.ocn.ne.jp

連絡先　右に同じ

主な活動　〔保護者部会〕
・全体懇親会及び支部懇親会
・ペアレント・トレーニング
・講演会・学習会・研修会等の研修事業
・県内に向けての啓蒙活動
〔専門者部会〕
・例会
・公開講座などの研修事業

機関誌・出版物　・岩坂英巳・中田洋二郎・井潤知美編著『ＡＤ／ＨＤ児へのペアレント・トレーニングガイドブック』第三部「家族会でのペアレント・トレーニング」じほう、二〇〇四年

一言ＰＲ　保護者が中心になって立ち上げた福島県のＡＤ／ＨＤの会です。家族会である保護者部会と、教育、福祉等の関係者の会である専門者部会が、連携して活動しています。保護者部会は、ペアレント、トレーニングを中心に据えた全体活動と、県内四支部に分かれての支部活動を平行して行っています。

---

6 YMCAウエルネス倶楽部のめざすもの

〈財団法人 岡山YMCA〉

① 岡山YMCAのめざすもの

私たちが連なる日本のYMCAは、一二五年前の設立当初から「人と社会をより良く変革すること」を使命とする非営利公益団体です。つまり「出会った人の痛みに響きあい、社会構造的弱者と共にある生き方」を推進し、このように痛みに響き応えて「しあわせな社会」を造り出していくことが、YMCAの大切な働きなのです。その働きを具現化する手段としてキャンプなどに象徴される「体験型プログラム」は大変有効な道具であると認識しています。

では、しあわせな社会とは何でしょう?日本基督教団早稲田教会の上林順一郎牧師は、この「幸せ」という漢字を分解して「幸せとは、土と¥から成り立つもの。すなわち、土地とお金を求める生き方である」と揶揄しています。言い得て妙な表現ですが、今の日本の状況を見ても明らかなように、そのような「しあわせ」の在り方は、もう終わりにしなければならないと思います。では、私たちがめざす「しあわせな社会」とは何なのでしょうか。それは『仕合せ』な社会」。つまり、人と人がつながり、痛みや喜びに響き合って、「お互いに仕え合って生きる社会」を再構築していくことだと思います。そのために大切なのは、

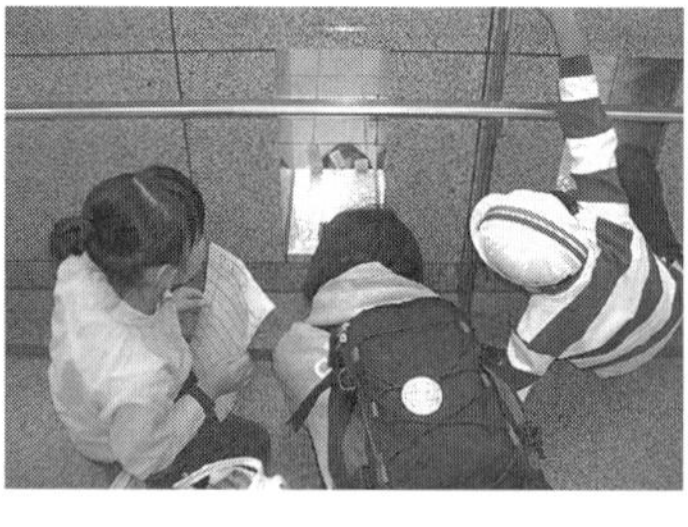

「私たちが日々出会っている二一世紀を生きる子どもたちや若者と真摯に向き合い、その人びとの育ちを支援する」という、自分たちの軸足での働きの充実に他なりません。そのような認識のもと、私たちのＹＭＣＡでは日々さまざまなプログラムを実施しています。

② ウエルネススクール・ウエルネス倶楽部設立の背景経過

「生きる力、わくわく」、二〇〇二年全国ＹＭＣＡの新しいキャッチコピーとして採用された言葉です。「生きる力」は、文部科学省のキャッチフレーズでもありますが、あまりにも概念が抽象的すぎます。では、ＹＭＣＡが考えるべき「生きる力」とは、何なのでしょうか。それを私は、「自主性や主体性が豊かで、コミュニケーション能力が高く、人と響き合って生きていこうとする能力」＝「響生力」と呼んでいます。だが、現状はいかがでしょうか。本物体験によってこそ、人間は社会のメンバーの一員としてふさわしい行動の仕方を学び、より良く成長していくはずです。しかし、最近の子どもたちからは、これらの体験が減少し、結果として、「生きる力」が育まれず、さまざまな弊害が起こっていると認識しています。具体的には、

自然接触体験の減少……生命の尊厳観の喪失　水族館に行った時、「リーダー、かまぼこってどこにいるの？」と聞かれて驚いたことがあります。また、キャンプに行くと、「虫がいるから嫌だ」という声を最近よく聞きます。しかし、私たち人間は、日々多くの生き物の命を頂き、多くの生き物と繋がりをもって生きています。「私もこの自然の中の一員として生き、生かされている」という思いをもつことはとても重要です。「なぜ人を殺してはいけないのか」という問いも、自然体験を重ねた子どもたちからは発せられることはないでしょう。キャンプや野外活動の中で、自ずと学び取っているからです。

異年齢集団体験の不足……異文化との交流、コミュニケーション、協力が不可能　地域からガキ大将を中心としたグループが無くなってしまいました。かつてはそのグループの中で、子どもたちは多くのことを学び合い、異なる人と協働する力を獲得してきました。勉強はできるけれども、活動の中でリーダーシップを発揮できる人が減少していることも、このことと関係していると思います。グローバルな時代を迎えるこれからの子どもたちにとって必要なことは、異年齢の人で構成されるグループ活動を体験し、コミュニケーションの力を伸ばすことです。中田選手や松井選手の成功は、そのコミュニケーション能力の高さも一因です。

自発的活動体験の不足……無気力・無関心・無感動・無責任　親の管理の下、幼児期からお受験のために極端に勉学に励む子どもがいます。その結果は、誰かに指示されたことはできるけれど、主体的に行動ができないことに通じ、さらに進めば、自分のことにしか興味が無く、誰かと共に生きているという生活実感が希薄化していくことにならないでしょうか。マザーテレサは、「本当の貧困は、金銭的貧しさではなく、人の痛みや喜びに無関心であること」と言っています。世界の平和を自ら創り出していかなければいけない子どもたちが、人の痛みや喜びに無関心であってはいけません。司馬遼太郎は、小学校六年生の国語の教科書の教材として著した「二一世紀に生きる君たちへ」で、そのことの重要性を繰り返し説いています。主体的行動から何かを実現させた経験者は、夢を持ち続けることができます。

ＹＭＣＡでは、このような状況を憂い、さまざまなプログラムを提供しています。どの活動も、子どもたちに不足している本物体験を補完することを大切に考えています。

そのひとつが、ウエルネススクールならびにウエルネス倶楽部です。これはさまざまな本物体験をすることにより、そこから生じる気づきをもとに「響生力」を身につけ、「より良く生きる」ことを自ら選び取ることを目的としたプログラムです。大切にしていることは、「本物体験を通して、①自ら行動する、②他者と共に考える、③構造的に弱者とされている人びと・事柄について気づく。」という三点です。そのような視点でさまざまなプログラムを企画してきました。具体的に実施した活動は、異文化理解、環境、福祉、平和、人権、ジェンダー、コミュニケーションなどの視点にたったものです。例えば「沖縄エイサー体験、イルカとスイミング、街のユニバーサル度調査、ゴスペルワークショップ、手話を学ぼう、野草を食べよう、街頭募金体験」などと内容は多岐にわたっています。一例を紹介すると、街のユニバーサルデザインをテーマに活動を行った時には、実際に自分たちで車椅子に乗ったり、アイメイト（盲導犬）と一緒に歩いて街を調査しました。YMCAのサポートクラブである国際奉仕団体ワイズメンの協力の下、その結果を同じくメンバーである萩原誠司岡山市長と太田正孝岡山市議会議員に届けたことで、岡山市政が動き、岡山YMCAの隣接公園のトイレが改築され、公園全体が岡山市のモデル公園となったという経験をすることができました。子どもたちの思いが社会をも変革することができるという手ごたえを感じました。

③ メディアリテラシー向上のためのプログラム～「映画を創ろう」について

文部科学省の「学校保健統計調査」によれば、児童・生徒の体格は、一部の年齢を除いて前年度を上回るか横ばいで、体重は多くの年齢で過去最高を記録しています。また、視力の低下傾向が続き、「裸眼視力一・〇未満」の者の割合は、小、中、高等学校で過去最高となりました。情報機器に囲まれた環境は、「目に悪い」「部屋の中に閉じこもる」「勉強の邪魔になる」といった情報化の影の部分としてとり上げられがちです。確かにそういう面があり、情報機器と接する時間、方法などを考えていく必要があるでしょう。

しかしながら、一方では、情報機器を有効に使うことにより、知的好奇心をより広げ、深めていくことが可能になり、ひいては科学技術への興味を高めることになる光の部分が大きいことも確かだと考えます。何回も試行錯誤を繰り返す機能や今までに創造された情報を蓄える機能など情報機器のもつ利便性を活用することにより、人間の創造空間を今まで以上に広げることが可能になっています。

また、インターネットや電子メールを利用しているうちに、多様な情報に出会い、思いもよらぬ文化や生活、自然の情報、科学や産業などにふれ、新たな好奇心を開かれ、それらが彼らの中に新しい行動への目的を形づくることもあるでしょう。情報化の進展に対応する教育を考えるにあたって、情報化の影の部分のもつ問題を解決すると同時に、光の部分をそれ以上に輝かせる必要があると思います。また、一人ひとりが情報の発信者となる高度情報通信社会においては、プライバシー侵害、著作権侵害、名誉毀損、わいせつな性表現、「ハッカー」などは許されないなどの情報モラルを、各人が身につけることが必要であり、子どもたちの発達段階に応じて、適切な指導を進める必要もあります。それと同時に、情報化の影響力とそれへの適応をはじめ、批判力の育成や情報化社会の中での生き方など、「情報化社会を生きる」ための教育が必要となってきています。

そこでYMCAウエルネス倶楽部では、一昨年より「映画を創ろう」という活動を実施するようになりました。これは映画のシナリオ作成・出演・演出・撮影・録音・編集まですべて子どもたち自身で行うというもので、子どもたちにも大変人気の活動でした。子どもたちのモチベーションをあげるためにも、コンクールに作品を出品することをめあてとし、○三年度は福武キッズ映像コンテストに、○四年度はNTTフレッツビデオメールコンテ

ストに作品を提出しました。結果は両年度とも賞をいただき（〇三年度準グランプリ、〇四年度ナイスビデオメールで賞）子どもたちは大喜びでした。

実際にはわずか一日だけの活動ですので、十分な中身であるとは言いがたいものがあります。しかし、これはあくまでスタートに過ぎないという認識ですので、この活動の楽しさを伝えることが一番の目標でした。そうすれば、日常的にこのような活動を行い、表現することが得意な子どもたちが増えてくるはずです。そこで、「何をテーマにするか」、そのお手伝いだけをおとなはしました。たったそれだけの動機づけで、子どもたちは実に生き生きと、そしていとも簡単にデジタルビデオやコンピュータを操り、われわれおとながびっくりするような作品を創りあげました。その様子はあたかも鉛筆やクレヨンを使って紙に絵を描くが如きでした。もちろん編集技術や、映像としての質の高い作品は他にもたくさんありましたが、審査員の方々の心を捉えたのは、子どもならではの感性が作品に満ち溢れていたからだったと思います。

特に二年目となった〇四年度は、プロとして活動されている映像プロデューサーや〇四年四月に新設された岡山県立図書館のメディア工房のスタッフのみなさんの全面的な支援もいただき、より楽しく有意義な活動であったと自負しています。彼らにとっても鮮烈な体験だったようです。なお、この作品は岡山県立図書館監修の「デジタル岡山大百科」の県民提供情報としても常時掲載されていますので、左記ＵＲＬでご確認いただければ幸いです。

http://www.libnet.pref.okayama.jp/mmhp/index.html

二〇〇五年の一一月にも同様のプログラムを企画しています。どんな作品が出来上がるか、今からわくわくどきどきしています。そしてこれらの企画には、ＹＭＣＡの宝である大勢の大学生ボランティアが参画しています。活動に参加した子どもたちは、訓練を積んだこれらの優しい大学生ボランティアリーダーのサポートのもと、自ら生きる力を育んでいきます。その結果子どもたちは、レオ・レオニ作の「スイミー」のような人として成長し、社会をより良く変革していく人となることを確信しています。「希望の星」である子どもたちの未来をこれからも育んでいきたいと願っています。

【太田　直宏（財団法人　岡山ＹＭＣＡ）】

正式名称　財団法人　岡山ＹＭＣＡ
所在地　〒700―0821　岡山市中山下1―5―25
TEL　〇八六―二三三―一五〇九　FAX　〇八六―二二五―一八〇九
E-mail　QSAN@ys-west.or.jp
URL　http://www.okayamaymca.org
連絡先　右に同じ
主な活動　青少年健全育成活動全般
機関誌・出版物　・『岡山青年』（季刊）
一言PR　最近、ブログを始めました。
タイトルは、One piece of Peace。
一人ひとりが平和のひとかけらになってほしいという願いで名づけました。

7 わたしの里親（養育里親）奮闘記：弘幸よ、ありがとう
―「めだか」（里親情報紙）

〔子どもと家庭の会〕

子どもがすくすく、のびのびと健全に育つ社会は、おとなにとっても生活しやすい社会であるといえます。それは世の中が平穏で平和であるからこそ実現できるのであり、子どもの安全が守られるのは、子どもを取り巻く環境が安定し安心できるからです。

ところが、世の中はそうした安心・安全を得られない子どもたちがたくさんいます。偶発的な事故によって両親を一度になくす場合もありますが、多くの親は離婚、蒸発、頻繁な子どもの虐待などによるものです。わたしは、多くの子どもたちがいずれも笑顔で健康に、夢と希望を持っていきていける社会の創造を目指し、可能な限り、里親（養育里親）を生きがいとして続けていくつもりです。

① わが国の里親制度の概要

里親とは、児童福祉法の第二七条において、「保護者のいない児童または保護者に監護させることが不適当であると認められる児童を養育することを希望するものであって、都道府県知事が適当と認めるもの」とされています。里親の形態としては、養子縁組を目的とした「養子縁組里親」と、養子縁組を目的とせず、児童が自立（一八歳あるいは高校卒業時まで）するか、児童が実親の元に戻るまでの一定期間の養育を引き受ける「養育里親」とがあります。ともに、法制上の里親であって、親権はありませんが、保護者としての立場が公的に認められています。委託期間中、里親には子どもの養育費等が支給されます。また、委託児童の医療費は無料となっています。里親には、その他とし

て「短期里親」、「専門里親」、「親族里親」もあります。

さて、要保護児童が養育里親に引き取られた場合には、施設養育では出来ない個別対応・ケアが行われることにより、要養護児童の心理的・情緒的側面が安定し、養育者との絆や愛情的結びつきが施設養育よりも強くはたらくようになり、自分を見守ってくれる人の存在に喜びを得て、自尊心や自己肯定感を増幅させていきます。ただし、養育里親の場合には、いずれかの時期に養子縁組をしなければ、里親と里子との間には別離が訪れるのであり、ここに養育里親制度の限界があるといってもよいでしょう。

② 私の里親（養育家庭）奮闘記

里子が来た日　里子（弘幸）をわが家に迎えたのは、その年の秋の午後でした。三歳の彼は慣れない雰囲気に戸惑いを感じたのか、それこそ、泣いて泣いての連続でした。三〇分、いや一時間余りも泣いていたでしょうか。何度か施設ではよく会っていたのに、どうしてかと思うほどでした。でも、ようやく泣き止んだときにはさすがに安心しました。これでわが家に落ち着いてくれると思うと嬉しくも、〝さあ、この子のためにもやるぞ〞という希望と期待がもてました。

丁度、おやつの時間でもありましたので簡単にお菓子を食べてから、隣り近所に弘幸を連れて挨拶にいきました。あるお宅では、〝へえ～、里子を見るんですか〞という言葉でしたし、〝そう、これからもよろしくね〞と笑顔で迎えてくれたお家の人もいました。また、自分たちの子どもを紹介する人もいて、和やかに済ますことができました。そんな具合で近所の人たちとは自然に本人も溶け込んでいったようです。

実子とともに懸命の日々でした　ところが、翌日から保育園に連れて行ったところ、これもまた泣いて泣いてのオンパレードで、泣き止ますのに相当の時間を要したものです。それも連日で、とうとう〝泣き虫のひろちゃん〞というあだ名をもらってしまいました。ところが、半年して近くの保育園に移ってからは、泣き虫はどこかへ飛んでいってしまい、見違えるように成長しました。環境が変わると、こうも違うんだなぁ、と思いました。それからの本人は、毎日が楽しくてしょうがないという気分のようでした。

わたしどもが里親になった動機というのは、実子が一人であったこと、そして何よりも彼が実親に育てられないという事情、実親が行方不明とか、そのようなことがいたたまれなかったのです。そこに悲しむべき問題が横たわっていたからです。そのような子どもが実に不憫でならなかったのです。おとなとして何とかしなくてはと思い、里親になることを決心しました。

さて、小学校に入学してからは、新しい環境の中で未知のことを体験して、驚きも、不安や心配も、さらに楽しいこともあって、あらゆることが良きにつけ、悪しきにつけ貴重な経験であったのです。そして、一つの利点は実子とは五歳離れていましたから、丁度本人が一年生のとき実子は六年生で、校庭での朝礼の際に、実子が演壇に立って全校生徒を前にして挨拶をしたところ、里子は〝あっ！おにいちゃんだ!!〟と思わず大声を出して、周囲の笑いを誘ったというのです。夕方、家に帰ってきてから、盛んにそのことを話していました。このようなことは、本人にとっても自慢できることであり、嬉しいことであったと思います。

やはり、里子というのは特殊であって、学校を始め、そういうことを知らない環境にあったということは事実であり、そのことを知ってもらうためにはいろいろな苦労がありました。

事実、彼はよく忘れ物をしたり、宿題はやっていかず、黒板に名前を書き出されたりした生徒でした。一番困ったことは、いじめでした。学校仲間とはそういうことを避けてきましたが、本人は意外と気にせず、親しい友人とは上手くやっていたようです。ところが肝心の六年生の担任が教頭でしかも女の先生でした。算数が専門でしたが、弘幸がお気に召さなかったのか、結局よく先生にいやがらせをされ、本人は悩んでいました。そこで、臨床心理の専門の先生にお願いして家族みんなで指導をうけました。このことが、本人に絶大な信頼を与えたようで、半年にわたる受講でしたが笑顔が戻るようになりました。ここでの大切なことは、自分のために家族みんなが真剣に取り組んでくれたという感謝の気持ちをもつことが出来たことであった、とわたしにもよくわかりました。家族としてやるべきことが出来たことは非常に大きな成果であり、喜びでした。

そして、さらに素晴らしい体験をすることが出来たのです。それは高校時代のことです。やはりその高校も、里子の実際を知っていませんでしたが、本人が入学したとき、里子ってなんだ、里親制度とは、ということについて学校全体で理解しようとしてくれたのです。それで本人は学校が好きになってしまい、そんな環境の中で、担任の英語の教師にも恵まれたお陰で勉強も好きになり、生徒会長などをしたり、とうとう大学進学も学校推薦を受け、自分も児童福祉の道を目指して希望の大学に入学が出来ました。このことも環境がいかに大切であるかということの証明だと思います。人はまさに環境に左右されるということであり、一生懸命に努力をする気持ちになるということになります。環境が良ければ恵まれた人生を送ることが可能であるといえます。

里子、里親ともに学び、教えられることが多かった！　ところが、里親に登録する人はほんとうに少ないのですが、それは結構苦労が多く、実子とはやはり違うという事実、里子を育てているということを周囲に明かすことの煩わしさ、虐待を受けた子どもを預かることには、より一層気を遣うことになる、どうも里親というのは暗いイメージがある……等など課題は多いのですが、私は全てにわたってオープンにしていました。世の里親として上手くやっておられる多くの人たちは、やはりオープンにしていられると思います。そうでなければ、周囲の理解がなかなか得られないものです。そして、実子とは差別することなく、同じように育てることが大切だと思います。世の中には、親が死亡しているとか、行方不明だとか、捨てられた子ども、一度も親に会ったことがない子ども、病弱な子どもなど恵まれない子どもたちが実に多くいます。それこそ世界中では何億という数になろうかと思います。しかし、それでもたとえ孤独であろうとも、何とかしておとなに負けずに生きている子どももいるのです。実に健気ではありませんか。それに比べれば、日本の子どもたちをはじめとして先進国の子どもは恵まれています。もっと世のおとなは子どもに目を注ぐべきだと思います。子どもを育てるということは、子どもを育てない人よりも貴重な、素晴らしい体験をすることができるのです。わたしは、すべての子どもは実子だけが社会の存在にあらず、子どもはこれからの社会のためにあるのだという認識で、すべて平等に育てなければならないと思っています。そしてそのような子どもに対して肝心なことは、親はけっして自分の感情で怒ってはならないと思います。子どもは親を絶対なる存在として一目置いていますから、その親から見放されたら死ぬほどの思いです。それこそ真摯な心で子どもと接し、子どもを信頼したいと思います。そうすれば子どもは必ずついてきます。

弘幸よ、ありがとう―結び―　最後になりましたが、わたしどもの里子は、自分の二〇歳（成人）の誕生日に、「養子にして下さい」との申し出をしてきましたので、早速入籍の届出をしました。当初本人を預かったとき、養子縁組をしておこうかと考えましたが、成人するまで待って、そのときに本人から直接希望があったら、それこそありがたく受けようと考えていました。それは、わたしどもが里親として何とかまっとうできたかどうかということの結果であり、証明でもあると思っているからです。ですから本人が言ってきたときは、本当に嬉しかったのです。

里子は、子どもが大好きですし、動物もよく可愛がっています。ピアノも得意です。彼は里子のために働きたいと言っており、希望の道を進んでいくことと思います。

弘幸、この長いようで短かった一七年間、本当にありがとう。

わたしども夫婦も感謝、感激、感動の至りです。

（邦彦、恵美子）

※なお、現在も二人の里子のショートルフラン（短期里親）を続けています。

No.32　児童福祉・養育家庭の専門紙　平成16年11月1日

めだか

子どもと家庭の会
佐々邦彦
TEL&FAX0545-52-6721
E-mail:sasa-mt.fuji@thn.ne.jp

寄稿・提言

今、改めて子どもの価値と権利を考えよう！

文京学院大学／大学院教授
（東京女子大学名誉教授）　柏木　惠子（発達／家族心理学）

日本は先進国の中でもとりわけ教育水準は高く長命で豊かな国。そして多くの子どもたちは、親の期待と愛情を一身に受けて豊かな生活を送っています。そのことは、貧乏で教育を受けられるのは一握りの人々であったかつての時代に比べると素晴らしいことです。年輩の世代の方々は、自分達の幼少期を思い返して感慨深いことと思います。

さて、豊かな生活と高等教育の普及は先進国にほぼ共通することですが、簡単に喜んではいられない状況があります。それは、特に日本で注目すべきことだと私は思っています。それは、親にとって子どもとは？　という問題です。そんなこと分かり切っているじゃないか、子どもは宝、愛情の対象と答えが返ってくるかも知れません。しかし　どのような宝なのか？　どのような愛情を子どもに注いでいるのでしょうか？

医学の進歩のおかげで乳幼児死亡率は低下し、生まれた子どもは「必ず育つ」と親は確信できるようになりました。一方、単純／肉体労働は激減し機械化情報化が進展した結果、子どもに高い教育を授ける必要が生じました。すると、大勢の子どもでは無理、子どもを少なくするという「少産良育戦略」が、人々の間に定着しました。換言しますと、子どもの誕生は親の戦略の一環――――豊かな生活水準を保ち子どもに高等教育を授けるという戦略の結果だといえます。かつては子どもの誕生／子どもの命は＜結婚―性―生殖＞という一連の営みの自然の結果であったのが、今、親の決断、戦略の下におかれた、これは人類史上初の画期的できごとです。このことは、実は子どもの価値を激変させました。子どもは生活水準や親の都合などと比較検討された結果の、相対的なものとなったのです。子どもを「つくる」という表現（これは日本人の間でもっとも頻繁に使われる）に、そのことは端的に示されています。

問題は、つくることになったこと自体にあるのではありません。つくった子どもに対して親たちがしている教育的営為――――おけいこ、学校選びなどなどにみられある過剰なまでの「親のよかれ」です。

子どもは誕生の時からひとりひとり個性をもつ、また自分から進んで活動し成長する意欲と力を具えています。それがうまく発揮されることがなにより重要。ところが、親たちは子どもが他のことに興味を示そうが、別な進路を望もうが、それに耳を傾けたり注意するいとまなく、子どものための「よかれ」が先行していることが多々。それは、愛情ではありません。一見やさしい親の心のようで、実は親の勝手、愛情という名の支配であり、一種の暴力。子どもの権利の侵害です。子どもをつくる時代、子どもを自分のもちもの化しやすい、そのことに親は自覚的でなければと思います。

幼い内は親のいいなりになっても自分に目覚めた時、「反乱」を起こすケースは最近見聞すること多々です。「よかれ」は時に子どもの人格無視。愛情を勘違いしていないでしょうか？！

③ これからの里親制度の改革に向けて

迅速な法整備の必要性 わが国の子どもの権利保障にかかわる法律は、児童福祉法をはじめ教育基本法、民法、少年法、児童虐待防止法、児童買春防止法など多々ありますが、その中には明らかに時代にそぐわないものもあり、場当たり主義的な小手先の改正をくり返しているに過ぎないというのが現実です。

里親制度についていえば、児童福祉法には「里親」という用語が一回しか出てこないのに、子どもの権利条約には四回も出てきます。これは、国際的に里親制度（養育里親、養子縁組）を重視していることの証であり、親が養育できない子どもたちを施設の充足によってケアするのではなく、「代替家庭」での養育によって子どもの心の安定を得ることの大切さをうたい上げているのです。

ちなみに、子どもの権利条約では「子ども」の年齢を一八歳と規定しています。わが国の場合は一八歳からは就業年齢とみなされ、里子が自立できるか否かにかかわらず、生活の保障がありません。高等教育への就学率も向上してきている現代において、この時期をどう保障していくのかが問われなくてはなりません。やはり、「子ども」の年齢を一八歳未満として国際的基準に合わせ、それまでにおとなとみなせる人格の形成をめざすべきではないでしょうか。

里親になりやすい条件整備を 今、親のわが子への虐待や蒸発など、里親（養育家庭）を必要とする子どもの数は増えつつあるのに対し、今、里親は一向に増える傾向にはありません。その理由はいろいろあり、おそらくはそれらが複合的に絡み合っての現象でしょうが、なかでも里親に対する養育費の少なさやわが子と里子との軋轢、隣近所との関係のわずらわしさなどがあげられます。やはり、血のつながりのない子どもが家庭に入ってくることのわずらわしさや一抹の不安は、まったくないとはいえないでしょう。しかし、要養育里子を代替家庭（里親）で養育する家庭が少ないのは国際的には少数派であることは知っておくべきでしょう。

それにしても、里親啓蒙普及のための国や児童相談所のキャンペーン（説明会の開催、学校における里親に関する教育の実施など）不足していますし、里親に対する研修も少なく、里親への専門員の派遣、里親と里子同士の交流会の企画、里親に関する情報センターの整備などの一層の条件整備がのぞまれます。

地方分権時代にふさわしい里親制度を！　三位一体の行財政改革、地方分権、市町村合併などが推進される中で、児童福祉法も改定され、児童相談所の機能も変わり、地方自治体の窓口で里親問題についても話し合われることも出てくるようにもなりました。今後は、ますます里親（養育家庭）の重要性が増してくるでしょうし、地域との連携の必要性も増してくると思われます。可能であれば、国が子どもの権利条約の趣旨にそって「子ども家庭省」なるものの創設が望まれるところですが、まずは先進的な地方自治体で進んでいる子ども課や子ども部を設置し、子ども行政の一本化を図る中で、里親・里子の問題も解決していくべきでしょう。

【佐々邦彦（子どもと家庭の会）】

正式名称　子どもと家庭の会

所在地　〒417―0001　静岡県富士市今泉4―7―11
TEL／FAX　〇五四五―五二―六七二二
E-mail　sasa-mt.fuji@thn.ne.jp

連絡先　右に同じ

主な活動　一、シンポジウムの開催（過去二回開催）
二、ミニ講座の開催（六回講座）
①里親制度　②児童虐待　③非行問題　④特殊教育　⑤子どもと遊ぶ　⑥家庭教育
※２００５年度は、子ども議会の見学、実践を企画の予定です。

機関誌・出版物　・機関紙『めだか』―児童福祉・養育家庭の専門紙　月一回の刊行（年間購読一〇〇〇円）
・家族新聞『こころ』―随時発行

一言ＰＲ　子どもの福祉（特殊教育など）と里親制度（養育家庭・家庭教育）をモットーにその理想の姿を追求しています。
今後は、子ども条例の制定化の実現について、行政と連携を図っていきます。そして目指すは国に「子ども家庭省」の創設を目標としています。

---

8 土曜日はわくわく体験！～子どもの心に寄り添って～

〔学童保育 おやこぼし学園〕

「あついから気をつけて！」

「ん、おいしい！！」

「私もちょうだ～い」

「ほら、余ってるサトウキビ持っておいで。つけてあげるから」

「私も」「もう一回」

「大丈夫、あわてないで、いっぱいあるから」……

大きな釜にぐつぐつと煮立った黒糖を、固まる一歩手前でサトウキビの茎に付けてなめる子どもたち。熱々でトロリとした水飴のおいしさに、我先にと群がる姿は蜜に集まる蟻さながら……そうだ、一人ひとりの力は蟻のように小さかったたな、それがここまで来たのだものな、と感慨深くなった瞬間でした。


二〇〇二年春、新年度からはじまる学校完全週休二日制を目前に控え、土曜休みをどう活用するかを検討していました。

それまで隔週での土曜日は、楽しんで学童に通えること、せっかくの休日に学童へ通わなければならない子どもたちにとって、そのことが親の都合による強制でなく、自らの楽しみとしての、遊び場としての学童保育でありたいという願いだけがありました。

しかし完全週休二日制を迎えるにあたって、その目的である「ゆとり」「地域社会活動への参加」という側面から、学童保育というものの担う役割を自ら問いかけていました。

同時に最近の子どもたちの変化に頭を悩ませていました。何をやろうと言っても「きつい」「だるい」と面倒くさがる、短時間で結果がでないと「おもしろくない」といった、忍耐力の無さ、体力と持続力の無さが、日常生活のあちこちにかいま見られていたからです。

こういったことを背景として、「一年以上の長いスパンで、継続した取り組みがしたい」と強く考えるようになりました。

私たち学童保育の目玉はなんと言っても「夏休みが楽しい」ということです。

一〇年来のつきあいとなる東京の児童館の指導員らが、毎夏メンバーを募ってボランティアでやって来てくれます。夏休みが近づくと、謎の「宇宙人」や「未来人」からメッセージが届き始め、子どもたちはこの島や地球を守るためにさまざまな修行をします。自然探検、野外炊飯、海水浴、海辺の清掃ボランティア、夏休み中の活動はすべて一つの物語に沿って進められ、修行の成果を試される一泊二日の合宿保育には、謎の人物からの使者としてボランティアスタッフがこの宮古島に来島し、謎と冒険に満ちたクライマックスを迎えるのです。

二〇〇一年の前夏には『古代宮古人・金塊伝説』と題したストーリーにのって、次々届く「銀河仙人」からの指令に従って、クライマックスでは「宇宙海賊」をやっつけ、宮古島の自然の源である金塊（実際にはサザエを金色で塗った金貝だった！）を守ったのです。「銀河仙人」はおやこぼしの子どもたちにとって、同志でありヒーローとなっていました。

一年以上継続した取り組み、かつ地域に根ざしたもの、さらに子どもたちの忍耐力を育てる、という目標を掲げたとき、これ以上のものはない、という一つの考えが固まりました。

「サトウキビを育てよう！」
「いいね～」
「でも……農作業を子どもたちが進んでやるだろうか？」
「やらせるさ。まずはやってみよう」

週休二日制がはじまってからのキャッチコピーは「土曜日は学童でわくわく体験」。月に一回の「図書館体験」では市立図書館へ絵本を借りに行く。また「公園体験」では、島内のあちこちの公園へ足を延ばす。「自然体験」の日は、虫取りに洞窟探検、海でカニ取り……。お弁当持ちで集まる子どもたちは、朝から「今日はどこへ行くんだっけ？」「早く行こうよ」とにぎやかです。

こういった楽しい活動の中に、「サトウキビを育てよう」という企画が、どう受け入れられるのでしょう。

「サトウキビを学ぼう」という勉強会を開いたのは、六月でした。前日から告知していたため、「面倒くさい」と、高学年の子どもたちは学童を休んで遊ぶことに決めたらしく、通常の土曜日の半数の参加でした。

幼稚園や低学年を中心に、絵本や資料でサトウキビについて学ぶ。それが終わってから、じゃあ虫取りに行くか、と野外に出たのですが、翌週、休んだ子どもたちから大ブーイング！「勉強会だっていうから休んだのに、虫取りに行くなんてズルイ！」というわけ。

楽しいことだけやろうなんて甘い！と半ば呆れながら、でも、そうか、楽しいことと組み合わせてやれば、やるかもしれないな。と考えたのが、われらが銀河仙人の出番です。

私たちの畑は学童から車で二五分、池間島にあります。島の真ん中はうっそうと茂ったモクマオウに囲まれた湿原があります。東京に住むメンバーがさっそく物語を仕立て、次々と指令を送ってくるようになりました。

「雨が降らず、池間の池が乾いている。池に住む龍が怒りをつのらせている。このままでは大きな災いをもたらすだろう。池間の湿原に〝仙水〟を入れなければならない。しかし仙水は簡単にできる物ではない。さまざまな試練を乗り越えねばならない。まずは畑を耕し、サトウキビを実らせねば……」というのが、新しい物語。

さあ、子どもたちは忙しくなりました。畑は手つかずで、大きな石がごろごろ。開墾からの作業です。夏の合宿ではサトウキビの植え付け、「五センチのびたら報告せよ」と言われては観察を続け、「雑草は宇宙海賊のえさとなる」と言われては雑草取りに通う。

必死になるのには理由があって、石拾いをしていたら、石の下から指令が出てきたり、畑の中に宇宙海賊から身を守るための贈り物が隠されていたり。サトウキビ畑に行く日に休んでしまっては、話題に取り残されるのだから大変です。

「サトウキビを育てよう」は、新しい楽しみとして受け入れられたのです。

とはいえ、暑い中での作業は、なかなか大変で、時間的にも三〇分から一時間が精一杯。指令探しに夢中で、実際の作業がおざなりという子どもも少なくありません。

小さな子は一所懸命やるものの体力的に頼りない、大きな子どもたちに頑張って欲しいところだけどすぐにさぼってしまう。結局は「ここまでまじめにやらないと弁当がいつまでたっても食べられないぞ～」と、半ば脅しながらの作業となることもしばしば。

みんな真っ黒に日焼けした顔に汗をかきかき作業をしました。

一年がすぎ、翌夏の合宿では大きく成長したサトウキビ畑をつかって、クイズウォークラリーをしました。六チームにわかれ、それぞれ小さな子から順にサトウキビの間を歩いてクイズを見つけ、答えが分かればバトンタッチ。サトウキビや島の自然に関する問題。みんなよくわかってる〜！

畑でのクイズをクリアしたチームから順に、島内の五ヵ所のポイントをめぐるウォークラリーへ。ポイントへの道筋も、そこで出題されるクイズの答えも、道を歩いているおじい、おばあ、おじさん、おばさんに聞かなければ解らないというのがミソ。方言クイズに、地名など、島人でなければわからない問題ばかり、おのずと島人との交流が生まれました。一時間ほどで戻ってきたチームもありましたが、最長は三時間半。実はこのチーム、途中民家で休憩させてもらっていたのです。

この時から、子どもたちの変化が目に見えて現れてきました。ウォークラリーの最中、疲れてきた小さな仲間たちを、大きい兄ちゃん姉ちゃんが、手を引いたり、負ぶったりして歩いていました。また互いに出会った時にも、競い合うというよりは励まし合う姿が見えました。学童全体が一つの目標に向かって協力する、チームとしての団結力を持ち始めました。合宿後の農作業でもそれまでと違い、てきぱきと仕事をこなすようになりました。「同じやるなら、さっさとやろう！」という上級生たちの気持ちの切り替えが刺激となり、小さな子どもたちまで力を発揮し、作業がグンとはかどるようになったのです。

最初の勉強会から一年八ヵ月、宮古島全体がサトウキビの収穫シーズン真っ盛りの二月、収穫のための勉強会を迎えました。

収穫と黒糖作りの流れを聞く子どもたちの表情は、以前の勉強会とはうって変わって真剣です。指令が届き、銀河仙人からの使者もやってきました。

収穫の日、小雨の降る中、作業を開始しました。おとなや大きな子どもと小さな子どもがペアで、鎌をつかって刈り取り。それを運んでトラックに積む。荷台いっぱい刈り取ったら作業終了、あとの収穫は手伝ってくれるおじさんたちに任せ、子どもたちは黒糖作りへ。黒糖作りは、圧搾機で絞るところから経験しました。そこで、大切なこと！

一番はじめに絞った汁は、銀河仙人から届いた壺に入れておきます。これこそが足かけ二年かけて作り上げた「仙水」なのでした。

あとは絞り汁をそのまま飲む経験をして、残りは大きな釜へ注ぎ込む。野外炊飯を重ねてきたおかげで薪で火をおこすのも慣れっこ。しっかり灰汁を取りながら炊いていき、途中石灰を投入。黄色だった絞り汁が、一気に緑に、だんだん茶色く変化して、おなじみの黒糖らしくなってきました。

「いつになったら食べられるか〜?」「もうすぐもうすぐ」

「さっきからもうすぐって言ってるくせに」

「ははは。でもほら、色が変わってきたでしょう。もうすぐだよ」

待ち遠しいやら、退屈やらで、釜のある小屋と外を出たり入ったりしながら、様子をうかがう子どもたち。

「はい、固めるのに入れ物かして」と、黒糖作りを教えてくれたおじさんが言ったとき、

「いや、まずはこのまま舐めさせて。これがおいしいのよ」と言ったのは、子ども時分を思い出して、さかんに懐かしんでいた園長でした。

「ほら、こうして」と、サトウキビの茎に黒糖をつけて舐めてみる。

「ん〜、おいしい！」

「あーっ！園長ひきょう！俺たちにも食わせろ！」

さわぎを聞きつけ、小屋の外で遊んでいたり車で休んでいた子どもたちも駆けつけてきました。……あとはもう冒頭の通り。押し合いへし合い、瞳をキラキラと輝かせて黒糖をほおばる子どもたちの姿に、なにものにも代え難い感動をもらいました。

一段落して、湿原に「仙水」を入れました。雨の中あぜ道をすすみ、自分たちの作り上げた仙水を手に、神妙な顔つきで手を合わせる姿を見ると、思わず私たち自身が仕掛けた物語だということすらすっかり忘れて「ああ、これで

この島は大丈夫」と本気で安堵したのでした。
さて現在、二期目のサトウキビが青々と実っています。もうひと夏越えて、次の冬を迎えるとまた収穫を体験できるでしょう。作業をしながら「おばあたちって、すごいね、こんなこと毎日やってるんだもの」とか「おれ、おじいの畑の手伝いもしたよ」というコメントが自然に出てきて、この取り組みが子どもたちと地域をちゃんとつなげてくれていると感じます。そして「最近の子どもは……」という台詞の後に「見た目よりずっとタフだよ。やればなんでもできちゃうよ」と自信をもって言うことができるのです。

【上原　みち子（学童保育　おやこぼし学園）】

正式名称	学童保育　おやこぼし学園
所在地	〒906—0007　沖縄県平良市（二〇〇五年一〇月より宮古島市）東仲宗根779—1 TEL／FAX　〇九八〇—七三—〇四八四
連絡先	〒906—0007　沖縄県平良市東仲宗根779—1　2F（担当　前泊博美） TEL　〇九八〇—七二—七〇四三　FAX　学童と同じ
主な活動	・土曜日はお弁当持ちで、月一回「図書館体験」「公園探検」「自然探検」「サトウキビを育てる」という四つの取り組みをしている。 ・夏休みには、東京から一〇名前後のボランティアスタッフとともに物語仕立ての合宿保育を行う。 ・春のトライアスロンの時や宮古祭りにおいて、他の団体と協力しながら地域の行事には積極的に参加している。 ・夏休みには週に二回海水浴に行く、また野外炊飯を数回取り入れるなど、野外活動を中心にしている。 ・島内一五ヵ所の学童保育と学童保育連絡協議会を結成し、合同主催事業などに取り組んでいる。
一言PR	元気にたくましく健やかに、という思いで、野外に出てさまざまな体験をしています。また同時に絵本が心を育てる、と文庫を併設。読み聞かせも積極的に行っています。地域の人と関わりをもつことを大切にしたいと心がけています。

9 社会教育系NPO・自然学校の役割と可能性
―自然・産業体験型環境教育・生活体験教育の場づくり～地域との協働

〈NPO法人　ねおす　黒松内ぶなの森自然学校〉

① 黒松内ぶなの森自然学校の活動とその背景

黒松内ぶなの森自然学校は、一九九九年四月、落葉広葉樹・ブナの北限の町、道南・黒松内町に、民間社会教育組織「ぶなの森自然学校運営協議会」が国、町、（社）日本環境教育フォーラム、特定非営利活動法人（NPO）ねおすの支援のもとに開校しました。純酪農地帯にある生涯学習館（元作開小学校）を拠点に、「環境・自然体験学習プログラム事業」、「人材の育成事業」、「地域交流促進事業」を三つの主要事業とし着実な運営を続けています。

設立当初から、「自然・環境」「教育」をキーワードに、田舎と都市の人々の交流を進めるために、地域資源（自然、産業、地域に住む人々）を活かしたエコツアーの実践、子どもたちの自然・生活体験活動、教育旅行の実施、実務体験を中心とした独自の人材養成の仕組みづくりを進め、上記の事業に関わるプログラム開発能力やその実行ノウハウの蓄積をしてきました。

二〇〇二年度からは、これまでの運営目的に、「地域と共に……」、という大きなコンセプトを加え、都市のニーズに合わせた外発的な作用による過疎地でのプログラム開発ではなく、地方から地域の「優位性」を自ら発信し、内発的な繁栄に貢献できる事業体としての成長を図ろうと活動実践をしています。そのために、一次産業との連携・協働を進めながら、小さな地域社会の人間関係性を活かし、自然豊かな農山漁村全体を学びのフィールドとし、「教育」と「交流」が連動した、自然体験・産業体験・生活体験の大きな仕組みづくり＝地域・ツーリズムづくりを手がけています。

② 地域の教育力と自然学校

社会教育において、「地域が果たす役割」という論議がよくされます。しかし、農山漁村地域に住み暮らす人びとは、自らが本来もっている教育力に関心を払わなくなっているように思います。自然学校に地域外からやってくるおとなも子どもも、トラクターや大きな農業機械が大地を耕す様子を見るだけで、感じることはとても大きいものがあります。広い大地の中で作業をする農業者から声をかけられた時には、実は大きな感動を味わい、農業を体全体で感じ取っているのです。地域の教育力というのは、積み重なる体験により培わされた深い存在感のあるものなのです。私たちの役割は、こうした地域に本来ある懐深い教育力を地域に住み暮らす人たちから協力を得て、わかりやすくプログラム化することにあると考えています。

③ 農山漁村の社会的価値を高める

都市生活者は、自らの生活の基盤に農山漁村地域があることを普段はほとんど認識していません。食料品は、自宅からわずか数分の距離にあるスーパーの棚に並んでいるので、私たちの命の源となるエネルギーが、田舎から供給されていることを忘れがちです。農山漁村地域の存在の意義を都市の人たちに見直してもらい、社会的価値を高めてゆくこと自体が、過疎地＝農山漁村地域の活力再生につながります。

ぶなの森自然学校は、自然豊かな第一次産業地域に立脚した自然体験・地域産業体験型学習プログラムを開発、実行することにより、それらに関わる人びと（プログラムの参加者、実施者、地域住民）が相互に影響を与え合いながら自ら育つ「相互学習」を促進する「交流拠点」と「交流の仕組み」を創造すべく活動を展開しています。つまり、交流の拠点と仕組みを整備することにより、より多様な人びとが、自然学校に関わりを持つことができるようになり、複合的かつ交錯的な「交流」が広がり、プログラム開発のさらなるシステム的な発展が期待できると考えています。

④ モデルとする「繁栄ある地域」とは何か

未来を生きるのは、今の若者や子どもたちです。そして、人が生きるためには、さまざまな能力が必要です。その力は、「体験」の積み重ねに「知識」が付加されて身につくものです。しかし、現代の若者や子どもたちは、日常の生活空間の中で、多様な人に関わることや、多様な生き物や環境に出会う「体験」の場がとても少なく、限られた狭い環境の中で生活をしています。これは、都市だけの問題ではなく、町村地域を含めた社会全体で、同じ現象が起きていることに、おとなたちはもっと注視すべきです。また、子どもたちの交友関係や活動範囲は極端に狭められ、子どもの姿自体が街から見えなくなってきています。これは、少子化が原因だけではなく、家庭や地域社会そのものが変わり、おとなたちの隣近所や他者への関係性が薄らいでいることも大いに関係しています。子どもの歓声や笑顔がある地域は、おのずと人びとが相互に関わり合える地域であるはずです。子どもたちを安心して養育・教育できる町こそが、今後求められる「繁栄ある町」として成長をしてゆくと思います。

これは、若者にも言えることです。自らの成長、自らの未来の生き方に大いに参考になる「体験」ができる地域、一生懸命に大地や海や森と格闘しながら働く人たち、心を癒す美しい自然、それらに若者が出会うことにより気づかされることはとても大きいのです。心やすらぐ地域、場所を人びとは欲しています。繁栄とは、今だけの問題ではなく、「未来へ向けての活力源」がある地域にこそ創造されるものです。

そして、地域繁栄のためには、まずは、地域に住む人びとが、その地に住んでいることに「誇り」を感じることが大切です。しかし、その土地に住む者は、その地域の「良さ」を忘れてしまいがちです。ですから、地域に当たり前にあるものの「素晴らしさ」を気づかせる大きなきっかけづくりとして、外の人びととの「交流」はたいへん意義のある活動となります。

⑤ 体験教育の基本的な姿勢と手法

大きな都会では、社会の仕組みが若者や子どもたちには分かりにくいものです。小さな過疎地に住むことにより見え、分かりやすくなる社会の仕組みが実はたくさんあります。社会のさまざまな仕事につき、地域のいろいろな役割を担う人物に、いとも簡単に出会うことが、小さな社会では可能です。この畑でAさんが作ったものが、ここでBさんにより加工され、あそこでCさんによって売られている。黒松内は、人口三五〇〇人の小さな町ですが、「町」が構成できるということは、人が暮らすためのさまざまな社会機能を有するということですから、相手の顔が見える中で、あらゆる体験・実務的な「学び」のプログラムを企画し創り出すことができる素材があり、潜在力があるということになります。自然ばかりでなく、社会（環境、産業構造など）をしっかりと体験的に知ることが可能なのです。

環境教育には、「地球規模的に考え、足元から行動する」というスローガンがありますが、小さな地域から見ると、本来は、逆の学び方のほうが、分かりやすいことに気づかされます。つまり、地域社会に住み・暮らしながら、「地域のことをしっかりと考えながら、地球規模的な行動ができる人づくり—Think Locally, Act Globally !」という基本的な教育の姿勢が、実は必要なのではないでしょうか。人が健全で心豊かな暮らしを営むためには、まず、自らの地域社会でのあり方を問い、自らが地域社会で、相互扶助の役割を担えるようになることが基本です。そのうえで、はじめて、全体として持続可能な地球社会への貢献が、身近なこととして、捉えられるようになると考えます。この考え方は、まさしく農山漁村の暮らし方にあてはまる、原理原則です。

このような視点に立ち、私たちは、次のような体験教育の場づくりを基本としています。

❶ 人は、個々が相互に影響を与えながら「自ら育つ」という、交流学習を目指す。
❷ そのために、地域内外のさまざまな人びとが交流する、多様な仕組みがある。

⑥ 今後の活動展開

「自然学校」は、関わる人びとすべての「体験的な人材共育の場」であり、その仕組みづくりを常に推進するものです。私たちが活動する地域は、自然豊かな酪農業地帯であり、さらに漁業の町にも隣接しています。これらの立地条件に焦点をあて、これまでの、「北限のブナ」をキーワードにした自然体験型学習事業の推進、関わる人材の育成を、さらに一歩進め、農山漁村地域そのものを学ぶことを活動の大きな目標にします。これは、「自然と地域の暮らし」

を体験的に学ぶことにより、広く社会に貢献できる人材の養成、未来を担う子どもたちの健全育成を図るものです。例えば、次のような活動をさらに推進展開して参ります。

中長期滞在型プログラムの実施

①地域の小規模学校との連携を深める　児童数が十数人の小規模学校は、統廃合の対象となりやすいですが、小さいからこそできる、一人ひとりに配慮がある体験教育を実践する学校として、地域とともに育てあげてゆける多大な可能性があります。そのために、地域外からの子どもを受け入れる滞在型施設として自然学校を活用し、山村留学の長期滞在、一ヵ月程度の中期滞在を誘発させ、地域の学校に関わりを持つようにしています。その中で、保護者・地域住民の立場から学校教育との関係性を深めています。留学制度は、個人が子どもを預かり学校に通わせる単なる農山村留学ではなく、体験学習のノウハウと人材を有する専門NPO・自然学校として、組織的かつ長期的な子どもの受け入れ態勢を整えるものです。都市部の子育て支援NPO等との連携を図りながら、都市に住む家族との橋渡し役はもちろん、家族にとってのレクリエーション的機能、田舎という保健的な癒しを提供することも想定しており、さらには、子どものみならず、家庭・親が抱える問題へのカウンセリング機能もシステム化してゆくために、精神保健の専門家などをチームに含めた総合的なプロジェクトとして展開したいと考えております。

②「自主・自律した若い人材」の育成　地域の活力を生み出すためには、若い人材が不可欠です。自然学校のプログラム展開を継続的に活性させるためにも、若者が滞在できる、継続的に確保できるための「交流」の仕組みが必要です。これまで培ってきた人的ネットワークを維持管理しながら、より広域的かつ交錯的な人材ネットワーキングを並行します。例えば、次のような事業展開を行い、よりいっそう多様な人びとが関わる「場」を創りだしたいと考えています。

・各種参加体験型セミナーの開催
・周辺酪農家の実習生の受け入れと酪農・農業体験の連携

・他団体、大学などからのインターンの受け入れをより促進する。

福祉系ＮＰＯとの連携　高齢者、身体障がい者や心のケアが必要な若者や子どもたち、家庭が養育環境にない子どもたちの受け入れ施設が、福祉を町是にあげる過疎の町には数多く見受けられます。黒松内町にも充実した施設群があります。ハンディキャップのある方々に対して、自然豊かな農山漁村がもつ多様な自然環境での癒し効果や適度な労働性を加味したプログラムを開発・提供する社会的意味が出てきていると考えています。今後、まちづくりの展開を図るとき、「福祉」は当たり前のキーワードとしなければなりません。障がいのある人こそが、農山村で心豊かに暮らせることは、その地域そのものの「豊かさ」を意味し、これからの「農山漁村の地域づくり」のモデルとなり得るでしょう。

⑦ 過疎地と環境教育を考える

これまで、国がコントロールし、全国同質な社会を目指していた経済的な高度成長は終焉を告げました。これは、国が公共を取り仕切り、地域を開発し国民と国土を護る施策から転じ、地域の独自性が問われる厳しい時代の到来を意味しています。しかし、地域の独自性は、そう簡単に生まれるものではありません。

まずは、地域に住む人びとが、その地域を改めて見直し、自らの生き方、暮らし方に誇りをもつ必要があります。地域に住む人びとこそが幸せに感じていなければ、意味のある「交流」を引き起こし、新しいものを想像し、創造することはできないのです。つまり、地域住民に、「郷土愛」を育むことが今、とても重要なのです。これこそが、過疎地の環境教育の原点であると考えています。

【高木　晴光（ＮＰＯ法人　ねおす）】

正式名称	NPO法人 ねおす
所在地	〒064―0952 札幌市中央区宮の森2条14丁目1―14 TEL 〇一一―六一五―三九二三 FAX 〇一一―六一五―三九一四 E-mail npo@neos.gr.jp URL http://www.neos.gr.jp/
連絡先	黒松内ぶなの森自然学校（担当 高木晴光） 〒048―0127 北海道寿都郡黒松内町字南作開76 TEL 〇一三六―七七―二〇一二 FAX 〇一三六―七七―二〇二〇 E-mail harusan@neos.gr.jp
主な活動	一九九二年任意団体として設立。専門学校の経営傘下に入り経営支援を受けた後、一九九七年に独立、一九九九年NPO法人化。 本部を札幌にもち、自然体験型環境教育を旗印に、エコツアーや野外活動など各種プログラムの企画実施。また、自然豊かな地や農山漁村と都市との交流をテーマに、阿寒・屈斜路・摩周国立公園（川湯）、大雪山国立公園（東川）、登別市、黒松内町に常勤のスタッフを配置し、各地特有の地域素材を使ったプログラムを展開する拠点を有する。さらに、これらに関わる人材養成にも力を入れている。
一言PR	北海道の森や山、海や川、山麓の町や村に触れ、自然豊かな地域に暮らす人たちに出会う、自然への旅と交流を通して自然と社会との心地よい関係（人・地域）づくりに貢献し、人びとの心の糧になるような北海道らしい自然体験文化を育ててゆきます。

10 島が丸ごと博物館《ミュージアム》：地元の素材で子どもを育てる

〈NPO法人　黒潮実感センター〉

① サンゴに囲まれた魚の楽園　柏島

柏島は、高知県の西南端にある周囲三・九km、人口五三〇人ほどの小さな島です。この島の魅力は、山の上からでも海底の魚が透けて見えるほど澄んだ海と、たくさんの生き物たちです。

柏島の海は南からの澄んだ暖かい黒潮と、瀬戸内海から豊後水道を南下してくる栄養豊富な水とが混じり合うことで、多種多様な海洋生物の宝庫となっています。柏島周辺海域には硬いテーブルサンゴや柔らかいソフトコーラルと呼ばれるサンゴの一種が所狭しと広がっています。柏島には小笠原や沖縄をしのぐ、その数日本一の一〇〇〇種の魚類が生息しています。この中には日本国内で初めて発見された「日本初記録種」や、新種の可能性があるモノも一〇〇種ほど含まれています。柏島の海には温帯性の生き物から熱帯・亜熱帯性の生き物まで多種多様な生き物が共存しています。

② 島が丸ごと博物館《ミュージアム》

黒潮実感センターは、柏島の豊かな自然環境だけでなく、そこに住む人たちの暮らしも

含めて、「島が丸ごと博物館《ミュージアム》」と捉え、島を拠点に環境保全・環境教育、調査研究など、海に関する活動や情報を発信し、それらをもとに地域の暮らしが豊かになるお手伝いをしています。

③ 持続可能な「里海」づくりに向けて

人が海からの豊かな恵みを享受するだけでなく、
人も海を耕し、守る。

これが私たちの提唱した「里海」の考え方です。
黒潮実感センターが目指すところは、人と海が共存できる持続可能な「里海」づくりです。そのためにセンターでは大きく三つの取り組みを行っています。

❶ 自然を実感する取り組み
❷ 自然を活かすくらしづくり
❸ 自然と暮らしを守る取り組み

今回は特に環境教育活動を中心に紹介します。

④ キーワードは「実感」！

持続可能な里海づくりの第一歩は、まずそこにある自然を知ることから始める必要があります。実感センターでは海洋生物などの調査研究を行うことで、その地域の環境の持つ特性や価値を発見しようとしています。地元で得られた研究成果は里海セミナーを通じて、いち早く分かりやすい形で地元に還元しています。そうすることで地元に興味と関心をもち、誇りと愛着を感じてもらいたいと考えています。また次代を担う子どもたちには、海の環境学習会や体験実感学習を通じて、地元のすばらしさを実感してもらう活動を行っています。

私たちが目指すのは、体を使って体験するだけでなく、そこからもう一歩進んで心で感じる「実感」です。

私たちは子どもたちにはサマースクールなどの体験実感学習を、一般の成人向けにはエコツアーを開催しています。

私たちはこれからの時代のキーワードは「実感」だと考えています。NPOとしてセンターの狙いは実感にあることを踏まえ、これらの活動は少人数制とし、中身の濃いモノを提供しています。

発見の喜び　体験実感学習を行う際、地元以外の子どもたちを対象に行うのは簡単です。例えば、磯の生き物観察。見るものすべて知らないものばかりなので大いに興味をもってくれます。しかしながら地元の子どもたちは普段からそれらの生き物を見て知っています。しかし実はその一部分を知っているだけのことが多いのです。例えば磯に行ってウニを見つけたとします。子どもたちに聞くとそれは「バフンよ」とすぐに答えが返ってきます。ここで彼らが言うバフンとは標準和名のバフンウニではなく、シラヒゲウニのことを地元でバフンと呼んでいるのです。名前はともかく、「じゃあこのウニはどうやって動く?」と聞くと、「神田先生そんな知らんが?ウニは棘で歩くがよ」と言葉が返ってきました。よし、じゃあ観察してみようとウニを水槽内に入れると確かに棘を使って歩いています。しば

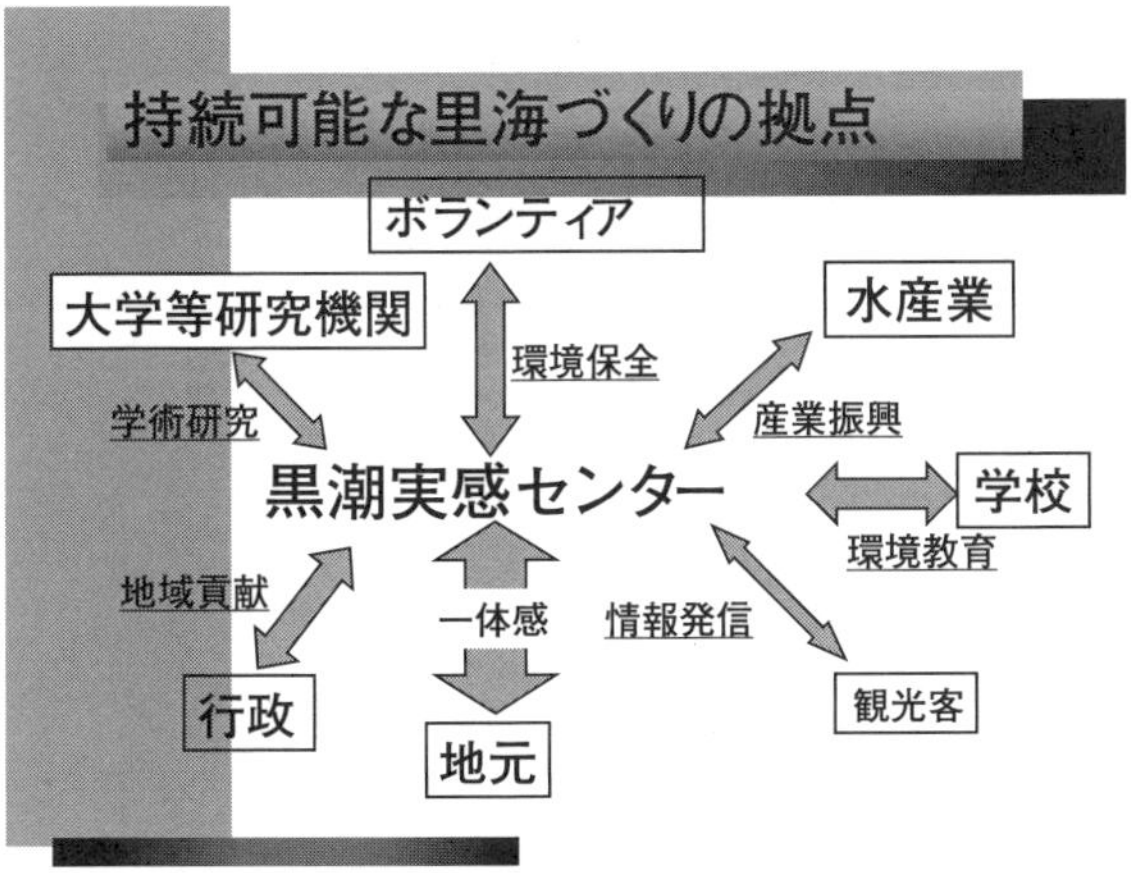

らくすると水槽のガラスの垂直面をよじ登ってくるものが出てきました。「棘で歩くがやったら、このガラスには棘がブスブス刺さってるんかな？」と聞くと、そんなことはないと言います。「じゃあどうしてこのウニは上がってこれるが？」と問うと返事がありません。「観察してみよう」というと子どもたちはガラスに顔を押しつけてじっくりウニの様子を観察し、「棘と棘の間からエノキ茸みたいな長いモンがいっぱい出てガラスにくっついちょう（くっついている）」と言葉が返ってきました。ウニはトゲトゲしたもの（都会の子どもは黄色くて海苔に巻かれてお寿司屋さんにあるもの）、というそれだけの認識しかなかったものが、いろいろな質問を投げかけ、自らが観察することでこれまで知っていたと思っていたものが、実はあまり知らなかったということに気づきます。興味をもってもらうことに成功すれば子どもたちはどんどん自分から新発見をします。裏側にある穴は口？肛門？何を食べるの？食べたらウンコするの？数々の疑問が湧いてきて、自分たちで正解を見いだそうとします。数種類のウニがいる場合、それぞれの形の特徴から、棲んでいる場所との関係や餌との関係などにも関心は及びます。私たちはそういった子どもたちに初めから正解を教えるような解説をするのではなく、疑問を投げかけ自分たちで正解を見いだそうとする力を育てています。

地元の子ども向けの観察会が終わった数日後、よそから来た子どもたちに得意げに教えている子どもがそこにはいました。

後継者を育てる　時代を担う多くの子どもたちに、海のすばらしさを伝えていくということはとても大切なことです。私たちは一人でも多くの子どもたちに海のすばらしさを伝えていきたいと考え、高知県内を中心に全国各地で海の環境学習の出張講演を行ったり、柏島での自然解説を行ったりしています。子どもたちからはたくさんの感想文をもらいます。その中には海の生き物に関心がもてたとか、将来海の環境を守る仕事に就きたいといったものが多く見られます。私たちはこれらの活動を通じて、私たちの仕事を次の世代にバトンタッチしていくことが、ひとつの大きなミッションであると考えています。しかし私たちのすぐあとの後継者は小学生ではなく、大学生世代です。

よく「黒潮実感センターの活動に感銘を受けたので是非スタッフとして雇ってほしい」という手紙やメールを、大学生や若い社会人からもらいます。私たちはこういった人材を育てるのがミッションのはずですが、なかなか雇うことができません。それは体験学習や環境教育といった「仕事」が、社会的にはまだ完全には仕事として認知されていないからです。塾などの受験教育は別ですが、「教育」や「学習」という言葉がつくとそれは「無償で提供されるべきもの」と認識され、公的なところがするもの、あるいはボランティアで、という印象があるからです。私たちはこれらの仕事を仕事として認知させる、つまり環境学習などでもプロとして質の高いものを提供する際には、それ相当の代価をもらえるよう働きかけをしています。

しかし地元の子どもに地元のすばらしさを伝えていくためには、いくら質の高いプログラムを提供しても、費用がかさむと参加する子どもはいなくなります。地元の環境を守る主体はあくまで地元ということを考えると、地元向けのプログラムはほとんどボランティア的に行っています。このように私たちは上記の二面性を克服するために、仕事としての認知度を上げながらも、地元とともにやっていく地元に根づいたＮＰＯを目指して活動しています。

⑤ 柏島学

黒潮実感センターが柏島で活動を初めて八年になります。様々な活動を通じて情報発信していく中で、二〇〇〇年から高知大学との共同研究が始まりました。柏島プロジェクトです。私も含めた自然科学系（海洋）と社会科学系（経済・法律）の研究者らが初めて行った共同研究です。柏島を舞台にした自然科学と社会科学の双方のアプローチによる研究成果は高知大学の共通講義「土佐の海の環境学（通称：柏島学）」として学生に還元しています。成果を元に作った教科書やＶＴＲを使った授業は学生からの評判も結構良いようです。

「柏島学」を始めて四年目の二〇〇五年には、リニューアルして、もっと柏島に特化した「柏島大学」を開講します。昨年高知大学が高知医科大学と合併したことで、今年からは医学部の教官にも入ってもらいました。この講座は

大学での集中講義が二日間、その後、教官・学生が一緒になって柏島に二泊三日で訪れます。島の住民と一緒になって行う「柏島大学」では住民と大学生あるいは教官との意見交換会や懇親会を行い、また島の自然と暮らしを実感するフィールド実習も行う予定です。NPOが大学と地域との架け橋になる活動です。

海の中に森をつくる　「山・川・海のつながり学習」は、最近宮城県の畠山重篤さんが、〝森は海の恋人〟というメッセージと共に、漁師や子どもたちが山に広葉樹を植える活動を全国的に展開されています。この活動をもう一歩前進させ実感をともなった学習にしたいと考えました。

二〇〇三年、地元柏島の海の子どもたちと近隣の三原村の山の子どもたちを対象に、山川海のつながり学習の一環として、海と山の子どもたちが一緒になって三原村の学校林に行き間伐体験をしました。その中で間伐することの意義や山、特に森の果たす役割を学びました。

手入れがされていない山の木はヒョロヒョロで、

山にはいると暗い感じがします。また足元の土は岩だらけで崩れやすくなっていました。一方手入れの行き届いた山にはいると、明るく下草も生えています。また土は踏むと押し返してくるようなふわふわした感じがします。緑のダム。この言葉を実感するための学習です。ふわふわの土は多くの雨水をためるスポンジの役割を果たし、大雨による洪水を防ぐことができます。

豊かな森を育むことにより、川を伝い栄養塩が海に供給され、豊かな海が育まれます。しかしその過程は直接的には目には見えません。つまり、豊かな森から供給される栄養塩やそれを使って増殖する植物プランクトン、それを食べる動物プランクトンは目に見えにくい。動物プランクトンを食べる小魚になって初めて肉眼で確認できます。そうすると、栄養段階にして四段階進まないと森と海の結びつきが実感できません。

柏島周辺ではアオリイカのことを「モイカ」と呼びます。モイカのモは海藻の藻を意味し、春先ホンダワラなどの大型海藻に産卵にやってきます。しかしながらここ数年磯焼けによって藻場が減少しています。

モイカの産卵場所として、山にあるウバメガシなどの広葉樹の枝を海に入れて産卵床とする「シバ漬け」は古くからの漁師の知恵でした。今回山で不要になった針葉樹のスギ・ヒノキの間伐材の枝葉を用いてモイカの産卵床を作り、山で不要になったものを海に入れることでモイカを増やすことに役立てようと考えました。

子どもたちが林業関係者の協力の下で間伐したスギ・ヒノキの枝葉（シバ）を柏島に持ち帰り、地元の漁師さんやダイビング業者と一緒になってモイカの産卵床を作りました。

これまで漁師さんが行ってきた方法は、シバに石をつけて放り込むものでしたが、今回はダイバーに協力してもらうことを考えて、新たな方法を考えました。それはシバの元に鉄棒をくくりつけるものです。できあがった産卵床は漁船に乗せて海に運び、子どもたちが漁師さんと一緒に産卵床を海に放り込むと、それをダイバーが海底の砂地に打ち込み固定します。こうしてできたのが一見すると「海の中の森」のように見えるアオリイカの増殖産卵床です。

これまでの方法では、一つのシバあたり数十から数百の卵嚢（一房に七～八個の卵が入っている）が産み込まれれば成功という中にあって、今回の方式では数千から一万房の卵嚢が産み込まれており、全国一の成果をあげることができました。これだけの成果が出た背景には、海底に直接固定する方法を採用したこともありますが、私たちが長年柏島でフィールド調査をしてきた研究者としての立場から、もっとも効果的な場所を割り出したことも一つの要因だと思います。こうして得られた成果は水中ビデオで撮影し、小学校の総合学習の成果発表会で漁師さんやダイバー、地元住民に還元しています。視覚に訴えることでその効果を実感しやすくしました。

この取り組みによって、これまであまり関係が良くなかった漁師とダイバーや、ほとんど関係がなかった林業関係者が、子どもたちを中心にすえることによってつながり、また山で不要になった間伐材の枝葉を利用することでモイカが増えるといった「山・川・海」のつながりを直接実感することにつながりました。

夏、島の岸壁付近には多くのモイカの赤ちゃんの群れを見かけます。子どもたちの活動が地域に変化をもたらしています。

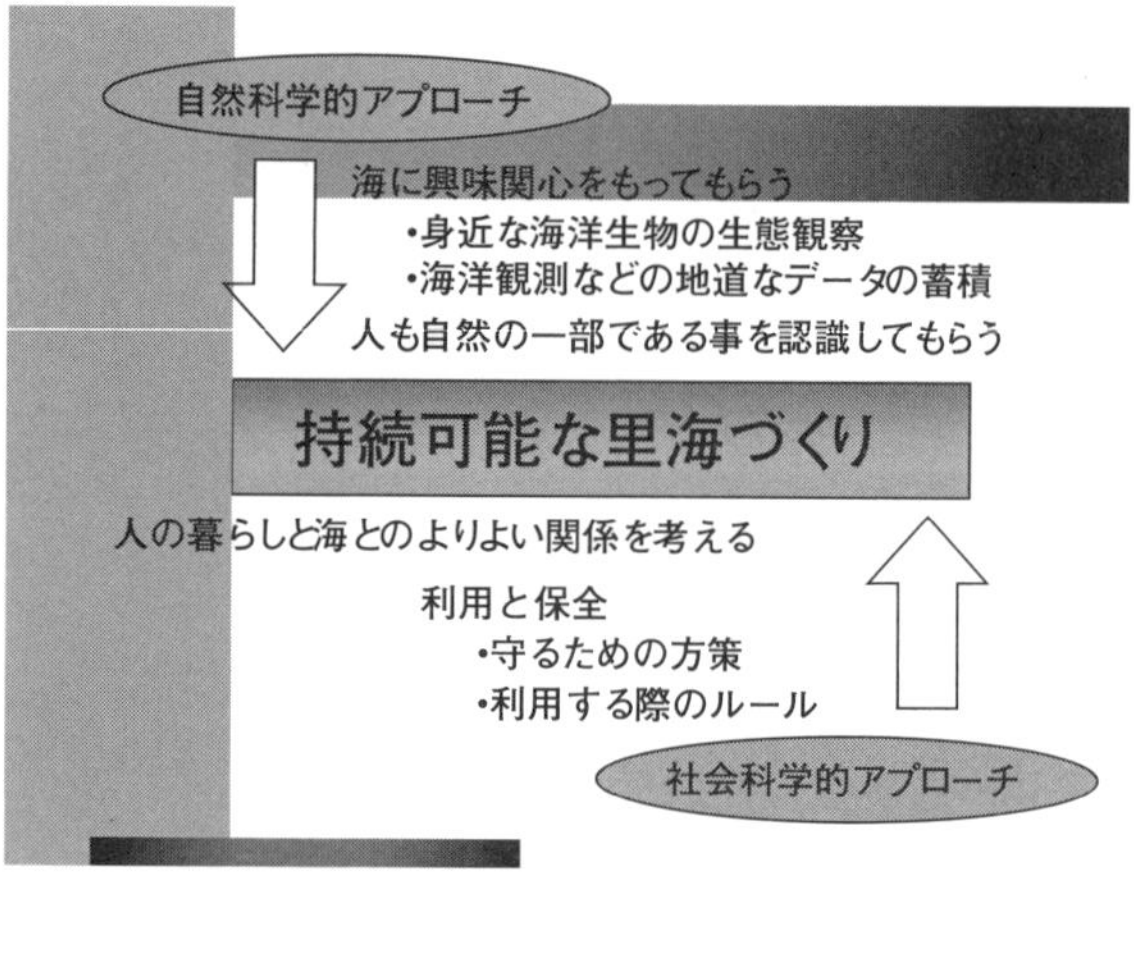
自然科学的アプローチ
海に興味関心をもってもらう
•身近な海洋生物の生態観察
•海洋観測などの地道なデータの蓄積
人も自然の一部である事を認識してもらう
持続可能な里海づくり
人の暮らしと海とのよりよい関係を考える
利用と保全
•守るための方策
•利用する際のルール
社会科学的アプローチ

⑥ 持続可能な里海づくり

私たちの目指す人と海が共存する「里海」とは、人のくらしの利便性を高めるベクトル、自然環境が維持されるベクトルの間を揺れ動くもので、これが答えだ！といえる明確な解はありません。しかし人と海とのよりよい関係を目指して活動する、持続可能な里海づくりに向けたプロセスにこそ意味があると信じています。そのためには自然科学的なアプローチとしての「人も自然の一部である」ことを認識してもらうと同時に、社会科学的アプローチとして、人の暮らしと海とのよりよい関係を模索する上での利用と保全のあり方について、次代を担う子どもたちへ地元の環境（自然・暮らし）を教材に環境教育を行っています。

活動を支えてくれる地域住民や全国の会員の皆さんに支えられて、今後この活動が広がり浸透していくことで、島に根ざしたおらが島の博物館として定着し、全国のモデルになれるよう、私たちはこの仕事をライフワークとして続けていきます。

【神田　優（NPO法人　黒潮実感センター）】

正式名称　NPO法人　黒潮実感センター

所在地　〒788―0343　高知県幡多郡大月町柏島625
TEL　〇八八〇―六二―八〇二二　FAX　〇八八〇―六二―八〇二三
E-mail　kuroshio@divers.ne.jp
URL　http://online.divers.ne.jp/kashiwajima/

連絡先　右に同じ（担当　神田　優）

主な活動　高知県の西南端にある柏島の海には、その数日本一の一〇〇〇種の魚類が生息し、多種多様な造礁サンゴが発達しています。黒潮実感センターは、柏島の豊かな自然環境だけでなく、そこに住む人たちの暮らしもまとめて、「島が丸ごと博物館」と捉え、島を拠点に環境保全・環境教育、調査研究など海に関する活動や情報を発信し、それらを元に地域の暮らしが豊かになるお手伝いをしています。私たちが目指すのは、「人が海からの豊かな恵みを享受するだけでなく、人も海を耕し守る」といった「里海」づくりです。持続可能な「里海」の実現に向けてセンターでは、①自然を実感する取り組み、②自然を活かすくらしづくり、③自然と暮らしを守る取り組みの三つの取り組みを行っています。

機関誌・出版物
・「里海通信」（黒潮実感センター友の会会員向け機関誌）
・民主教育研究所編『人間と教育』季刊43　旬報社、二〇〇四年
・『しま』No.197　第49巻　第4号　財団法人日本離島センター、二〇〇四年
・「黒潮実感！　島が丸ごと博物館」海の環境教育副読本&CDロム（制作：黒潮実感セン

ター）

〔主なテレビ放映〕

・「四国羅針盤（里海）」NHK四国・再放送で全国に　H14.10 ON AIR

・「地球だいすき環境新時代（海に森をつくる）」NHK全国版　H16.7 ON AIR

・「地球だいすき環境新時代（自然との共生への処方箋）」NHK全国版　H16.8 ON AIR

・「素敵な宇宙船地球号（海を守る島人）」テレビ朝日（スポンサー・トヨタ）H16.11 ON AIR

一言PR

黒潮実感センターでは私たちの活動を支援して下さる友の会の会員を募集しています。個人年会費三〇〇〇円、団体一万円です。詳しくはホームページをご覧下さい。

11 森のアート　海のゲイジュツ
―心の豊かな子どもの育ちを願って

〔Wonder Art Production〕

① 子どもの目に輝きをみたい！

『森のアート海のゲイジュツ』は自然体験とアート制作をリンクさせたプログラムです。毎年、関東四〜五ケ所の森や海などで、アーティストと子どもたちのワークショップを行い、各地で合同の展覧会や交流会を開催しています。

この活動を始める最初のきっかけとなったのは、電車の中で見かけた子どもたちの表情でした。うつろな目や無表情の顔。それも度々見かけるのには少なからずショックでした。そんな子どもたちの目を輝かせるのはどんなことだろう？と考え、私たちが行っているアート活動に自然体験を組み合わせたプログラムをスタートさせたのです。

② プログラムに込めた願い

〈心豊かな溌剌とした子どもの育ちを願う本プログラムでは、次の点を大切にしています。

感動体験　〈心からの感動、美しさやおもしろさを一度味わったら、後は自分でそれを求めていくに違いありません。それをぜひつかみとってほしいのです。そのためには、大

コスモ子ども地球塾「ワンダーハットカーニバル」自分で創ったぼうしをかぶってファションショーを楽しむ子どもたち

きく豊かな自然と、刺激的なナビゲーター、そして自分たちおとな自身が体験したいような夢の実現を企画することを心掛けています。ナビゲーターには個性的なプロフェッショナルや海外のアーティストを招き、びっくりするような作品や言動、生き方で子どもたちを魅了してほしいのです。

バランス時間　自然とアート、心と身体、インプットとアウトプット。その両方に心地よく振れるプログラムで、バランスの取れた時間を過ごしてほしいと考えています。

〈自分〉の主人公　自分の目で見て感じ、考え、自分の手で何かを創り出すこと。それはアートに限らず、生きることすべてに共通の基本力でしょう。例えば大まかにプログラムを組んだら、当日は子どもたちにのびのびマイペースで行動させ、当日のアドリブも楽しみながら臨機応変に進行します。その中で子どもたちは自分で考え、創りだしていきます。受動的から能動的へ。〈自分〉の主人公になって、輝いてほしいと思うのです。

さまざまな出会い　活動のスタッフやサポーターは学生、アーティスト、フリーター、企業人、先生など職種や年代もさまざま。また参加する子どもたちの地域も学校も年もいろいろです。幼児から小学校高学年まで、理解力や体力に差がある子どもたちが一緒に行動すると、不都合や違和感も生じますが、他者の気づきや思いやりの心を養う機会も提供してくれます。さまざまな人と出会うことで刺激を受け、他人を尊重しながら自分も再発見してほしいのです。

達成感と自信　この活動を通じて、一人一人の子どもたちに、何かを得た喜びや達成感を味わってほしいと思います。「友達ができた！」「森の匂いと音にびっくりした！」「難しいのにがんばって作れた！」など、何でもＯＫです。それが明るい自信につながっていくと信じています。各ワークショップの合同展覧会をすてきな場所で開催し、ファッションショーやコンサートに参加できるようにするのも、子どもたちに誇らしい体験をしてほしいからです。そして何より、その時間を心から楽しんでほしいと考えています。

③ 実践の概要

各ワークショップは二部構成で、前半は自然体験、後半は文化施設で制作を行っています。しかし、各回ごとに内容も講師も全て違います。できるだけ多くのアーティストに参加体験をしてほしく、また美術教育をされる方には多くの事例を紹介したいという意図もあるからです。
プログラムは、各ワークショップと、各地の作品を一堂に集めた展覧会や交流会、また関連イベントなどで構成されています。

『森のアート　海のゲイジュツ1』
二〇〇二年一月～四月

❶「カモガワにやってきたなぞの人物」（二日）
千葉県鴨川市／講師　池田忠利
海岸の流木を使い不思議な空想の人物を創る

❷「ふしぎな風景」（二日）
神奈川県相模原市／講師　梶山こうじ
風で動くオブジェで冬の森に色をプレゼント

❸「つるがしま 大地の造形」（二日）
埼玉県鶴ヶ島市／講師　大西瞳
自分の町で粘土を掘り、植木鉢を作って七輪焼。
それに植物を植えたら出来上がり。

❹「フォレスト・ショップ」（二日）
東京都渋谷区／講師　樋川ゆき
公園で採集した宝物を真空パックに詰めたお店

❺「森の星々」（二日）
栃木県茂木町／講師　砂田美紀子
森の枝で作った皆の星をつなげて大ドーム出現

合同展覧会&交流会
二〇〇二年三月三〇日～四月三日
ゲートシティ大崎アトリウム
「ウカララおんらくライブ」三月三一日

『森のアート　海のゲイジュツ2』
～光のシンフォニー～
二〇〇二年一〇月～一二月

❶
「UFOプロジェクト」（二日）
千葉県船橋市／講師　伏見雅之
みんなで海岸に光るUFO基地をつくろう

❷
「植物のあかり」（一泊二日）
神奈川県秦野市／講師　川村忠晴
葉や実であかりをつくり夜の山に灯してみよう

❸
「宇宙のコンチュウ」（二日）
東京都品川区／講師　柏原エリナ
機械を分解した部品で光る昆虫をつくろう

❹
コスモ子ども地球塾「くろ松くん」（一日）
東京都千代田区／講師　日比野克彦
（コスモ石油主催）
黒松林の木はどれも違う。それをスケッチして
みんなの絵をつなげたら、アニメーションだ！

合同展覧会
二〇〇二年一二月一三～一七日
ゲートシティ大崎アトリウム
関連イベント　一二月四日
「南研子（熱帯森林保護団体代表）講演会&ワイキスミ
ニコンサート」ＪＴアートホール

『森のアート　海のゲイジュツ3』
～不思議の国のシンフォニー～
二〇〇三年五月～九月

❶
コスモ子ども地球塾「森のパラダイス」
東京都港区／講師　ジミー大西
（コスモ石油主催）
ジミーさんと大きな絵を描き森のアルバム創り

❷
「海のシンフォニー」　神奈川県葉山町
講師　ジャック・モイヤー
海の不思議探検の後は海の宝箱をつくろう

❸
「ブリキの森のどうぶつえん」
埼玉県所沢市／講師　小林梨風
トトロの森にブリキの動物園をつくろう

❹
「クルクルからくりボックス」
東京都杉並区／講師　一瀬晴美
森の思い出いっぱいの手作り映画館が完成！

合同展覧会&ライブ
二〇〇三年九月一二～一六日
ゲートシティ大崎アトリウム
「アフリカンパーカッションライブ」
関連イベント　九月二四日
「ジャック・モイヤー（海洋生物学者）講演会&三宅島
合唱団ミニコンサート」ＪＴアートホール

『森のアート　海のゲイジュツ4』
～海を着る？森をかぶる！～
二〇〇四年五月～八月

❶コスモ子ども地球塾「ワンダーハット・カーニバル」
東京都港区／講師　ひびのこづえ
（コスモ石油主催）
森の帽子が完成したらかぶってカーニバルへ！

❷花王「フォレスト・ビニプラショー」
東京都府中市／講師　藤浩志
（花王主催）
プラスチックの服で森のファッションショー！

❸「森でハッと⁉」
東京都中央区／講師　ヒナゲシヒイロ
枝やどんぐりでゴージャスハットをつくろうよ

❹「海のパペットショー」
神奈川県鎌倉市／講師　リディア・ダニコ
ポーランドのダニコさんと海のドレスづくり
合同展&ライブファッションショー
二〇〇四年八月四日～七日
展示会場：HIGURE17-15CASギャラリー／延命院／浄光寺
夕焼けだんだん（谷中銀座商店街入口）
関連イベント　七月三一日
「志茂田景樹　環境絵本の読み聞かせ&森海キッズファッションショー」JTアートホール

④子どもたちの変化

これまで参加した子どもたちには、嬉しい変化が多々見られます。なかでも、登校拒否で家に閉じこもっていた子が参加して別の世界を知り、友だちもできて元気に通学するようになったことは、何より嬉しい変化でした。自然の色や形、音や匂い、その不思議さや心地よさに気づきをもった子もたくさんいます。例えば、昨年亡くなられた海洋生物学者のジャック・モイヤーさんとの活動前後では、子どもたちの行動に大きな変化が見られました。「海のこと考えると心配で夜も寝られないのです！」「君が遊んでいる時誰かが急に遠くに連れて行って、お母さんと会えなくなったらどうする?カニも一緒だよ。元に戻してあげようね。」子どもたちの真剣に見開いた目が忘れられません。

子どもの八割は美術工作が苦手という現状で、ほとんどの子が創ることの楽しさに目覚めてくれるのも大きな収穫です。ものづくりは本来、誰にでも開かれたものなのですから。

そしてみな一様に言うのが、「友達ができて楽しかった」ということです。始めは不安で泣き出す幼児もいますが、同年の子と会うと急にシャンとおとなっぽい顔になって、終わる頃には「今度いつ会える?」といつのまにか仲良くなっています。その子たちが次回も一緒に参加してくれたりと、とても嬉しい再会になっています。

⑤ プログラムの成長と今後の課題

『森のアート海のゲイジュツ』初回は、各地の活動場所探しやアーティストたちとの交渉、展覧会やコンサートの設定、参加者募集や協力依頼、そして費用の捻出など、大変苦労しました。しかしありがたいことに、回を重ねるごとに教育機関や企業の支援が厚くなり、プログラムも順調に成長を遂げてきました。

今後の課題としては、年間通してプログラムを提供してほしいとの要望にどう応えられるのか?また活動費用の安定した供給システムはないか?など検討材料も山積しています。

しかし私たちは、今後もアートと自然で美しい夢を描くことを、子どもたちに伝えてゆきたいと思っています。TVやゲームに頼らなくても、自分の手とイマジネーションだけで最高にすてきなものが生み出せるのですから。

【高橋雅子 (Wonder Art Production)】

正式名称 Wonder Art Production

所在地 〒141－0033 東京都品川区西品川3－20－22
TEL 〇三－五四九六－四六七七 FAX 〇三－五四九六－四六七八
E-mail wap@basil.ocn.ne.jp
URL http://www11.ocn.ne.jp/~wap/

連絡先 右に同じ（担当 代表 高橋雅子）

主な活動 ・「森のアート海のゲイジュツ」……子どもを対象にした自然体験とアート制作をリンクしたワークショッププログラム。毎年、さまざまなアーティストをナビゲーターに関東4～5地域で実施し、最後に合同展や交流会を実施。

・「ホスピタルアート活動」……患者や医師やアーティストらが協力して、壁画やガーデニングなどアートで病院空間を改善する活動を継続的に実施。また、精神科の患者対象にアートプログラムも実施。

・その他……児童養護施設の子どもたちや精神・知的障害者対象のアートプログラムの実施。公園をアートで再生するプロジェクトや空間演出、国公立美術館・博物館での美術展の企画など。

一言PR さまざまなアート活動を通じて、教育や医療福祉の現場など、子どもや心身障害者、高齢者を含むあらゆる人びとに、心豊かな生活環境や生きがいを見いだす機会を提供することを目的に活動しています。

またアート活動を通じて、さまざまな世代や立場の異なる人びとの交流を促し、より開かれた明るい社会環境作りを目指しています。

モットーは"Happy Spiral with Art"

12 耳からの読書「語り」を：物語の世界を子どもたちに

〈NPO法人 まちだ語り手の会〉

① 子どもの内的世界を広げる昔話（おはなし）

地域教育力の一助として　二〇歳代に体験した少年の更生保護関係のボランティア活動は、子どもの性格は周りの環境で作られるということ、逸脱行動をとる子どもの傍に愛情を注ぐ人がいないという現実を教えてくれました。その頃、新聞に載ったアメリカの刑務所での犯罪者の更生と再犯に関する追跡調査でも、乳幼児期に真に愛されることなく育った人間は、一生更生できなかったという結果を読み、人生の草創期がいかに大切であるかということを知りました。

そうしたことから、地域の教育力の一助となるような活動をしたいと願っていたところ、子どもに昔話を語ることの意義を知ったのです。

昔話は、まだ文字もない太古の昔から心を楽しませるものとして、耳から口へと人の体を通って変遷しながら語り継がれてきたものです。それを聞くことによって、人間としての普遍的なものの見方や考え方、知恵や知識が、物語の面白さを通して理屈っぽくなく無意識に聞き手の心に入ってくるということ、そして肉声で語るということが計り知れない心の成長を促すということを学んだのです。

子どもの内的世界を広げる昔話　昭和三〇年代の高度成長の頃までごく普通に家庭や村落共同体の中で語られていた昔話の土壌は、生活環境のめまぐるしい変化でテレビに取って代わられ、年寄りは語ることをやめ、家族がまなざしを交わす場もなくなってしまいました。

「昔話の根底には、最も人間にとっての普遍的な問題がモティーフになっており、昔話ほど単純で直接的でいつも子どもに受け入れやすい形で子どもに与えられる文化遺産はない。内的な問題について考え、困難な立場から抜け出る解決策を示してくれ、葛藤の中でどう生きていけば良いのかを教えてくれる。そして、不必要な不安から子どもを守ってくれ、よりよく生きるためにはどうすれば良いかという普遍的な問題がたくさん潜んでいる」と『昔話の魔力』（ベッテルハイム著、波多野完治他訳、評論社、一九七八年）に記されていますが、人間の個を超えた普遍性の物語は、現実とは違う自分の内面世界を広げてくれる世界なのです。そうしたさまざまな選択肢のある生き方の物語をことばで疑似体験することによって、物語のさまざまな人物が、実体験の乏しい子どもたちの生きる力になってくれます。耳から肉声で子どもたちの魂にたくさんの物語を送り込んでやることは、心を開放し希望を抱かせることにも繋がっていきます。

②　語り手の会を立ち上げる

会の組織運営と活動　地域で子どもたちにお話を語る仲間を得たいと思い、公民館に語り手養成講座を開いてもらいました。その受講生たちで会を立ち上げましたが、発足当時から七〇名という会員を擁したため、出来るだけ身近で活動しやすいよう七つの地域ブロックを作り全会員に同じ情報が行き渡る組織運営にしました。毎月各グループの世話人による定例会を持ち、全体の運営にかかわることは全会員に諮って決めるという体制で、会報「いまむかし」

を発会当初から毎月発行し続け、図書館、公民館などに置かせていただいております。

任意団体として二〇年間活動を続けてきましたが、語りの豊かな文化・平和な社会の向上にさらに貢献していくべく、子どもと本に関わるボランティアをサポートし、コーディネートできる組織として二〇〇四年一一月よりＮＰＯ法人として再スタートしました。

学校でのおはなし会　私たちの活動の中で一番ウエイトを占めているのが小学校の子どもたちにお話を届ける活動です。我が子のクラスから始まったお話の出前は、一部の先生から、その先生の転校先にと徐々に広がり、年間二〇〇授業時間以上を数えるほど普及してきました。一クラスごとに会員三名が出向き、「語り」を中心にわらべ歌や手遊び、パネルシアター・ペープサートなどを取り入れて学年に応じた四五分間のプログラムでお話を届けるのです。

おはなし会のほとんどは教室で行われます。机を後方に寄せ、床に座って聞いてもらいます。聞く子どもたちの雰囲気で普段どのようなクラスなのかが見えてきます。先生が楽しんで聞いているクラスの子どもたちは、お話をしっかり心に届けている様子がうかがえます。

いつだったか五年生のクラスで、先生は子どもたちの心をしっかり掴んでいると思えるのに子どもたちの半数以上がとても頑な表情で、お話をしていても心をなかなか開いてくれなかったことがあります。帰り際校長にその旨を聞

ＮＰＯまちだ語り手の会／会報

いま　むかし

2005年3月1日

会報３号
<通算251号>

事務局(TEL&FAX)
042-726-7455
メールアドレス:
npo-ma.katarite
@dream.email.ne.jp

語りへの思い

佐々木令子

東の松岡享子さん・西の大月(間崎)ルリ子さんがお話の種を蒔かれるまでは、図書館・文庫でのお話の時間は、読み聞かせが中心であったと思われます。1974年に東京子ども図書館が法人化され、同年４月より第一期語りの講習会が開かれて、その修了者が東京を中心に各地で勉強会を開き、ストリーテリングが広まって行きました。

当時、百合ヶ丘に住んでいた私は、近くにある私立ゆりが丘児童図書館の成人学級で、初めて語りというものを聞きました。そして、受講した仲間と一緒に講座の講師を招いて、「たまごの会」として、月一回の語りの勉強をするようになりました。1981年に現在の成瀬台に転居し、その後町田市でも語りの講座が開かれました。一回目の講座は落選しましたが、二回目の講座を受けることができ「まちだ語り手の会」にも入会しました。

百合ヶ丘での勉強会では、５年間は講師について学び、勉強会の折の厳しい講評に、何度もやめてしまいたいと思った事がありました。でもそのとき講師から「あなたの語りは上手とはいえないが、味があるし、語りに向いている声をしているので、頑張りなさい」と言われました。そのひと言がなかったら、今の私はなかったと思います。当時、小学生だった子どものクラスのお誕生会で語ったのがきっかけで、その翌年には全学年に、お話会をさせて頂けるようになりました。

地域のお母さん方も語りに興味を持ち、地区の子ども劇場の月例会でお話を取り入れて下さって、２年間毎月、２つのお話と楽しい催物との組み合わせで行ないました。

夏には大地沢キャンプ場で、たき火を囲んでこわいお話をした事。三つ叉たぬき山ぼうけん広場がオープンした時には、カチカチ山を語った事。今年で７回目になる成瀬台中学校の社会人先生にも出席させて頂いた事。また、開設10年目になる地域のケアセンターの敬老週間等でも、毎年語っている事などが、今、走馬灯の様に頭の中をかけ巡ります。

私の、地域を大切にとの思いが、地域での様々な語りの活動につながりました。このような活動のおかげで、子どもたちには“語りのおばさん”、お年寄りには“語りべさん”と言ってもらえるようになりました。語りへの強い思いがあったので、ＰＴＡの役員等にたずさわっていた多忙なときでも、語りを続けることが出来ました。

今後も、地域を大切に語って行きたいと思います。

1

いてみたところ、校長は驚いた様子で、「よく分かりましたね。もう大変なクラスで、三ヶ月前に担任替えをしてやっと少し落ちついてきたかなというところなんです」と言われました。お話を丸ごと楽しむには子どもの心が自由に羽ばたける状況にあるかどうかが、大切な要因なのです。

さまざまな選択肢のある生き方の物語を　肉声で語るお話は、怖いのが嫌な子、必要以上に怖がりたい子など、その子なりに自分の心理に合った聞き方ができます。耳をそばだてて聞く子どもの目は物語を見つめ、語り手と共に旅をし終えたとき、聞く前の自分と違うすっきりとした顔になっています。

新潟で軟禁されていた女の子が、もし「マーシャとくま」（ロシアの昔話）のようなお話を何度も聞いていたら、何とか逃げ出そうと努力したかもしれません。実際、小さい時祖母から何度も「姥捨て山」を聞いた人が戦争で未踏のジャングルに入った時、祖母のその語りを思い出し木の枝に印をつけながら進んだため奇跡的に無事生還できたという実話もあります。さまざまな選択肢のある生き方の物語を子どもたちの魂にたくさん送り込んでやることは、その子の内面の世界を開き、生きていく自分の物語を作るのに大いに役立つのです。

③　お話を聞く子どもたち

ゆったりした時の流れ、誰にも管理されない自由な場所と時間、子どもを肯定して見る語り手、心の深いところに肉声で届ける意味ある物語……。同じ物語（ファンタジー）を共有して楽しむライブの世界は、一心に耳を傾けて聞かねば一瞬にして消えてしまいます。お話は子どもの心をしっかりと掴み、耕し、よりよく生きるための鍵を手渡していきます。

「昔むかしあるところに……」、語り手は、聞き手を無意識の領域に働きかけ、時空を超えた世界へと誘っていきます。最初変におとなぶった態度を見せていた子も、いつの間にか真剣に聞き入っています。機械音と違った肉声の持つ心地よさと、物語という様々な主人公の出来事が、自分でも分からないモヤモヤしたものにフィットして明るみに出し、すっきりしてくるのでしょう。後ろの方でうつむいていたり涙を流したりしていた子も、お話が終わる頃には前に来て、晴れ晴れとした顔で聞いているということがよくあります。

聞く子どもの内的世界　四、五人の問題児に振り回されている二年生のクラスでのこと、先生は、窓枠に取り付けてあるストーブの上に寝転んでいる一人の男の子に、きちんと聞くようにと促していますが少しも聞きません。ざわついた雰囲気の中でわらべ歌を静かに歌い始め急遽プログラムを変更して面白いお話「ねことおんどり」を語り始めました。すると、ストーブをバンバン鳴らしながらその子が声を張り上げ質問してきます。その子を見て一つひとつ端的に答えているうちにだんだん静かになり、気がつくと前列に座って聞いていたのです。校長先生も心配で様子を見に来られましたが、熱心にお話に聞き入っているのを見て驚かれました。子どもは、真面目に向き合ってくれるおとなの言うことを信頼するものなのです。一年後そのクラスに行った時、真前に座ってお話を待っていてくれたのには、語り手である私の方が感激して、思わず「大きくなったね」とその子の頭をぎゅっと抱きしめてしまいました。

また、夏の暑い日、四年生のクラスで四時間目はプールという条件としては最悪の五時間目のおはなし会のことです。とにかく面白いお話をしなければ聞いてくれないだろうとロシアの昔話「魔法の馬」を語ることにしました。外部の声が聞こえないように窓を閉めたため、子どもたちも私も汗びっしょりになってお話を旅していきました。しっかりお話についてきてくれている様子が、目の輝きで分かります。「お祝いの宴が、いつまでもいつまでも続きました。おしまい」。子どもたちの目が現実を見る目に戻り、旅をした心地よい疲れが見て取れます。「暑かったね。窓を開けましょうね」といった途端、子どもたち全員が廊下に出て行ってしまいました。驚いているとすぐに戻ってきて元のように座り、さあ次のお話は何？　といった顔で私を見ています。水を飲んできたのでした。

いつか養護施設で、「うたうふくろ」（スペインの昔話）を語り終えた時、ひとりの女の子が怒ったようにフッと立って出て行ってしまいました。聞くとその子は、お母さんに捨てられた子だったのです。その物語は、お母さんに愛され、お母さんに助けられる女の子の物語でした。その子の気持ちを考えると、今も申し訳なさでいっぱいです。どの子も、自分に引き寄せてお話を聞いていることがよく分かります。

④お話は全ての子どもを対象に

少し前まで、五、六年生にみられた斜に構えたような子どもは、今や一、二年生にも見られます。落ち着きのない子どもも増え、感じる力、言葉の力も弱くなり、同じおはなしを語っていて反応の仕方がまるで違ってきているのに気づかされます。子どもらしい素直な感動があまり伝わってこないのです。子どもたちの多くは物語を必要としているのです。自分たちの狭い環境の枠を取り払い、他の方法では得られない種類の経験を物語の中に見出し、楽しい未知の世界を旅したがっているのです。

全ての子どもたちにたくさんの物語を肉声で届けるためには、全ての子どもがいる学校教育の中で取り組むことの必要性を感じます。子育てに熱心な親とそうでない親が二極分化しており、図書館や文庫に来てくれる子どもを待っているのでは、参加してほしい子どもは来ません。親に愛され体験を数多く持てる子どもたちはますます賢くなり、その対極に置き去りにされた子どもたちが逸脱行動をとっているのが現状のように思われます。

お話を聞き終えた時の満ち足りた顔を見るにつけ、全ての子どもが継続しておはなしを聞けるようになれば、きっともっと子どもの豊かな育ちがあると信じています。

生の声でのことばが行き交う日常を　肉声によるコミュニケーションが希薄になってきている現代、他人の物語だけではなく、おとな自身の体験を子どもの目を見ながら語ってほしいと思います。楽しくことばを交わすだけでも、信頼関係が生まれてきます。「海の潮が引いたら山へ逃げろ」と、島民に語り継がれてきたことばは、スマトラ沖地震の津波の時ただ一人の犠牲者を出したにとどまったというニュースもありました。その国の文化、知恵は伝承の話（昔話など）に潜んでいて、語り継いでいくということは、教育の原点であるともいわれています。繰り返し聞くことによって、自然に倫理観（モラル）・真理を学ぶことができるのです。

どうして人を殺してはいけないのかと、本気で聞く若者がいるので驚いたということが実話としてありますが、お話を聞く土壌がなくなってきたからではないでしょうか。

子どもの生活環境は全ておとなの手中にあり、子どもの周りにいるおとな自身が、子どもの目から見て魅力的な人間であるよう生き生きと楽しい人生を送っていく努力をしていかねばならないのではと思っています。

【増山　正子（ＮＰＯ法人　まちだ語り手の会）】

正式名称	NPO法人 まちだ語り手の会
所在地	〒194−0022 東京都町田市森野3−1−12 へそ文庫内 TEL／FAX ○四二−七二二−二四三 E-mail npo-ma.katarite@dream.email.ne.jp
連絡先	右に同じ
主な活動	・学校、図書館などでの、おはなし会活動 ・一般対象のおはなし会 ・読書ボランティアの養成講座・セミナーなどの開催
機関誌・出版物	・会報『いまむかし』毎月一日付けで発行
一言ＰＲ	要請があれば、おはなし会の出前をいたします。 また、講師派遣もします。

13 アーツマネジメントによる子どもの育ちと文化実践の広がり
— 地域づくりと文化創造をめぐる全国的な動きから：アウトリーチなど

① 中学校の「音楽室」での一コマ―クラシックのアウトリーチ―

「愛する人へ挨拶する時は、なんか照れくさかったり、恥しかったりするけれども、笑顔で挨拶しますよね。これから演奏する曲はそんな情景を曲にしたものです…」とMCのあとにエルガー作曲「愛の挨拶」の演奏が始まりました。目の前で繰り広げられるクオリティの高い演奏に加え、「夢」をテーマに生徒たちとのやりとりや、音楽の先生とアーティストとのセッションなども組み込まれ、生徒たちは次第に音楽の世界に入り込んでいきます。

二〇〇五年一月中旬、豊橋市前芝中学校の音楽室三年生の音楽の時間での一コマです。これは、豊橋市文化振興財団と財団法人地域創造（http://www.jafra.nippon-net.ne.jp/）との共催で行われた『公共ホール音楽活性化事業』のアクティビティの一つです。

財団法人地域創造では、『公共ホール音楽活性化事業』（通称：おんかつ）を一九九八年度より実施しています。クラシック音楽に触れることの少ない地域の公共ホール等との共催で、地域との交流を図るアクティビティとホールでのコンサートを実施するもので、オーディションで選出された約一〇名の若手演奏家のうち一組とコーディネーターが派遣され、クラシック音楽に対して抵抗感のある人や初心者でも、聴いて楽しくなるような、親しみのあるプログラムを、ホールの担当者を中心に演奏家・コーディネーターの三者で企画して

公共ホール音楽活性化事業　豊橋市前芝中学校でのアクティビティ
Violin：神谷美穂さん

財団法人地域創造
一九九四年九月に設立された総務省所管の外郭団体。文化芸術の振興によって、創造性豊かな地域づくりを目的に、地方自治体や公共文化施設を対象にさまざまな支援事業を展開しています。

いきます。

筆者が調べたところ、これまで六年間で、四二五回ものアクティビティが展開され、その内の約七〇％が一八歳未満の子どもたちを主対象としたもので、小中学生を対象としたものがその大方を占めていました。学校の音楽の授業に組み込まれた「ミニコンサート」が主流でしたが、高校生を対象としたものでは、吹奏楽部や合唱部といった部活を対象にしてクリニックなどが見受けられました。また、土曜日や長期休業期間中を利用して、子どもたちが自ら申し込み、音づくりや楽器づくりなどの創作体験などワークショップ型のアクティビティも近年増えつつあります。

豊橋市文化振興財団では、この「おんかつ」でノウハウを吸収し、次年度以降もアウトリーチを継続していくということです。豊橋市の例にもあるように、ノウハウを吸収して、次年度からは、それぞれの地域にあった事業を展開していく自治体が少なくありません。福岡県のある自治体では、「おんかつ」をきっかけに、毎年すべての小学五年生を対象にクラシックのアウトリーチを継続させており、現在では近隣の自治体と共催でアウトリーチを展開しているなど、こういった取り組みが広がりつつあります。

② アウトリーチとは

市民と文化芸術の良好な関係を築いていくためには、すべての人びとが文化芸術に出会い、触れるなど参加する機会を設けることが重要です。そのためには、日常生活の領域、つまり学校や公民館、病院といった場所に出かけていき、多くの市民が芸術文化に触れられる仕組みを作ることが求められてきます。そこで、「アウトリーチ」という取り組みが登場してきました。

このアウトリーチとは、もともと「手を伸ばすこと、（地域社会への）奉仕活動、地域出張サービス」といった意味ですが、明確な定義として確立しているわけではありません。子どもたちを対象としたもの、学校の「音楽」や「美術」、「総合的な学習の時間」などを活用したもの、病院や特別養護老人施設などの施設訪問として取り組まれているなど多種多様です。文化ホールでは、日頃、芸術や文化に触れる機会の少ない市民に対して、文化施設や芸術団体が働きかけを行うこと、つまり劇場やホールでは芸術普及活動全般を指していることが多いのです。

吉本光宏さんはアウトリーチについて、①呼び込み型アウトリーチ（「バックステージツアー」など文化施設と市民の距離をより近くする取り組み）、②お届け型アウトリーチ（先ほど紹介した「出前コンサート」の事例のように、文化施設から外へ出ていき、市民の生活している場で文化芸術活動を行う）、③バリアフリー型アウトリーチ（障がい者やマタニティ、育児支援などホールへのアクセスが他者に比べて難しい人びとに焦点を限定した内容のもの）と整理しています。

つまり、アウトリーチは、文化施設から外へ出て行くだけでなく、文化芸術と市民の新たな回路を築いていき、ひいては文化芸術を核としたあらたな社会サービスを提供していくための手法のひとつとして位置づけられているのです。

③ 市民活動と子どもの文化活動への参加・参画

一九九八年に制定された「特定非営利活動促進法」は、文化芸術の分野に関して新たな形態を生み出しました。市民のニーズと事業運営が収益性や公共性の観点から上手く歯車がかみ合わなかった文化施設にとっては、とりわけ市民参加による運営が可能となりました。東京都中央区晴海のトリトンスクエアー内に二〇〇一年に開館した「第一生命ホール」の事業運営は、ＮＰＯ法人トリトンアーツネットワークに委託されています。このＮＰＯでも積極的なアウトリーチ活動を展開しています。

市民団体の「Wonder Art Production」は、先駆的で多彩なアート活動を展開しています。済生会栗橋病院との共催で行っている「ホスピタル・アート」プロジェクトは大変興味深いプロジェクトです。開院十余年経過する病院の内外にアートを取り入れようとするもので、すでに七回開催され、病院の医師や看護師、患者やその家族、ボランティアが自由に参加できる内容となっています。その第三回目のプロジェクトでは、小児科病棟のプレイルームの壁と天井にアートが加えられました。その時にも入院中の子どもや医師、看護師等病院関係者や患者の家族が入れ替わり立ち替わり参加し、一日かけて壁に描いていました（Wonder Art Productionについて詳しくは、本書二五五～二六一頁をご覧ください）。

ＮＰＯ法人の「ＮＰＯ佐倉こどもステーション」では、二〇〇四年八月に「佐倉ミュージカル・パフォーマンス」というミュージカルを行いました。これは、子ども、市民、行政、商工、企業、ＮＰＯが協働でオリジナルの市民ミュージカルを創造することをとおして、年齢を超えて創作・表現活動をしていくことにより、希薄になった地域の人間関係に代わる新たな人びとのつながりのある生き生きとしたコミュニティ、より住みやすいまちを育てることを目的として行われました。当日は、悪天候のため、佐倉城址から室内の会場へ変更されましたが、約三〇〇人の結集の力により行われました。また、「子どもがつくるまちミニさくら」という、子どもたちが主役となって、擬似の「まち」を創造していく取り組みも注目を浴びています。遊びの要素がふんだんに取り入れられた内容で、三〇種類以上の仕事の中から、自分のなりたい職業を選び出して給与を稼ぎ、生活していくという疑似体験です。子どもが表現活動や生活疑似体験を通して、一人の市民として地域に目を向ける取り組みが意図的に試みられており、これは表現活動の新たな展開を示唆するものではないでしょうか。

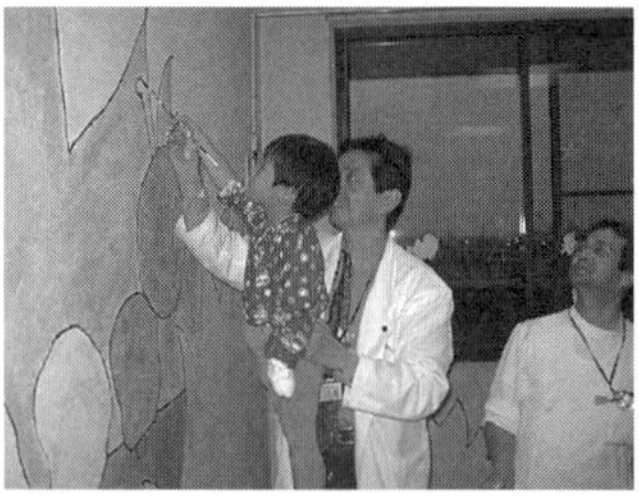

済生会栗橋病院での「ホスピタル・アート」の一コマ。医師や患者、病院関係者の協働により、壁一面がアートに。

④ アーツマネジメントの広がりと子どもの育ちと文化芸術

アーツマネジメントの広がりと「文化権」　これまで事例を挙げて紹介してきたとおり、文化芸術の活動が大きく転換しつつあります。それは、近年、文化芸術の領域において、「アーツマネジメント」という概念が広がってきたことにあります。この考え方は、地域の人びとと文化芸術の良好な関係づくりをしていこうとするものです。具体的に言えば、①アーティスト（芸術作品）と社会（市民）との健全な関係を築く、②アーティストが自ら育つ機能、③社会的ニーズに対応するアーティスト（芸術作品）の活用をコーディネートする、の三点が考えられます。

この概念が広がっていった背景は、大きく分けて二つあります。一つは、一九七〇年代頃から各地にホールや美術館などの文化施設が作られましたが、事業の中身までは深く問われずいわゆる「ハコモノ行政」の象徴となっていったことへの反省があります。二つ目には、一九八九年国連にて採択された「子どもの権利条約」や学校週五日制に代表されるような一九九〇年代の教育改革の一連の流れ、二〇〇一年に制定された「文化芸術振興基本法」や「子どもの読書活動推進法」といった政策施策への反映が挙げられます。

政策・施策の面で「文化」が意識されるようになったきっかけの一つとして、「子どもの権利条約」が挙げられます。この条約では、第三一条に「休息・余暇・遊び・文化的・芸術的生活への参加」が規定されています。わが国では、「生存権」や「学習権」は憲法において基本的人権として位置づけられていますが、いわゆる「文化権」自体が規定されておりませんでしたので、そういう意味でも衝撃的でした。この翌年（一九九五年）には、佐藤一子・増山均編『子どもの文化権と文化的参加』（第一書林）が刊行されました。これは子どもの権利条約を受けたもので、わが国における「文化権」の確立をその保障のあり方を問うという意味で非常に示唆に富むものでした。

そして、二〇〇一年制定の「文化芸術振興基本法」は、わが国初の文化振興に関する国や地方自治体の役割を示した法律で、第二三条では地域における子どもの文化芸術活動の推進について、第二四条では学校教育での子どもたちの文化芸術活動の推進について規定されており、歓迎すべき点が多々あります。しかし、残念ながら「文化権」そのものについて規定されなかったという点も踏まえておかなければなりません。

これまでも、文化庁をはじめ行政施策として芸術鑑賞の機会を普及するための事業が繰り広げられてきましたし、一九六〇年代に入ると「子ども劇場・おやこ劇場」に代表されるように、課題や想いを共にする市民のネットワークによる取り組みが盛んになり、各地域において子どもたちが文化に触れる機会が設けられてきました。学校教育においても特別活動の時間などを活用してその機会が設けられてきました。

一九九〇年代になると、「ワークショップ」の手法が文化芸術の分野において導入されるようになってきました。先駆的なものとして一九八五年に開館した東京都世田谷美術館が、子どもを対象にはじめた「教育普及プログラム」はあまりにも有名です。美術館内外を活用して、展示してある美術作品だけでなく、施設全体からさまざまな美術作品を発見しようという「体験型」のプログラムは非常に好評で、各地の学芸員の間に広がっていきました。そして、演劇や音楽の分野でも表現ワークショップやクリニック、ガイド付コンサート、幼児向けではリトミックなどといった取り組みが徐々にみられるようになっていきました。

このように、従来からの鑑賞型のものに加え、ワークショップのような参画・体験型の取り組みが子どもの文化芸術活動の柱となってきています。そして、これらの活動は、行政施策として、あるいは文化施設の事業として積極的に展開されるようになってきました。一方で、子ども劇場のような社会教育関係団体や新たなＮＰＯなどの市民団体が持っているノウハウや蓄積から、草の根的な活動を繰り広げています。

子どもたちの文化芸術へのニーズ　子どもたちの文化芸術に対するニーズはどのようなものだろうか？それを把握する手がかりとして、二〇〇〇年に実施された「国民の文化に関する意識調査（児童・生徒編）」の概要に触れておきたいと思います。

「芸術文化の『鑑賞』に対する関心」に関する問いに対して、「関心がある（とても、どちらかといえば）」小学生で六四・四％、中学生六〇・六％、高校生で七七・七％と高い数値を示しています。「最近一年間の芸術文化の鑑賞活動」についても、「鑑賞した」と回答したのが小・中学生ともに半数以上、高校生にいたっては七〇％と高くなっています。「鑑賞のきっかけ」という問いに対して、「学校の授業の一環で」という回答が小学生（二九・四％）中学生（三五・〇％）高校生（四七・三％）となっています。このほか、小学生では、「保護者に誘われたから」（三四・六％）が最も高く、中学高校生になると「友人に誘われたから」が増えています（中：三二・六％、高：三四・六％）。

一方、「鑑賞の際に困ること」という問いについては、「キップが高すぎる」が圧倒的に高く、次いで「近所に会場がない」「交通が不便」があげられています。また、小学生では「保護者が一緒に行ってくれない」が一六％もあがっていたのが特徴的です。

つまり、文化芸術への関心は高いものの、入場料の問題や子どもの生活領域や行動範囲との兼ね合いから、文化芸術の鑑賞や体験の機会が損なわれる可能性があることを示唆しています。これまで、文化芸術に触れる機会として「学校教育」の場面が圧倒的に多いということがわかります。学校教育の場面であれば、少なくとも特別活動の時間や音楽の時間を充てることで、上記の課題がクリアできるでしょう。しかし、学校五日制の完全実施や学習指導要領の改訂により、文化芸術振興基本法第二四条がどこまで保たれるのか危惧することと、同法第二三条に定められたように、地域においてどのようにしてその機会を築いていくかが課題となるといえるでしょう。

⑤ これからの課題―人材育成―

このように、市民活動、政策・施策の両面から活発に展開されることにより、子どもと文化芸術の接点が多くなることはとても好ましいことです。

しかし、子どもの文化芸術との出会いや活動の充実などを誰が図っていくのかという点についての議論が乏しいのです。先に紹介した文化芸術振興基本法では、職員や担い手といったマンパワーについて触れられていません。「アーツマネジメント」の重要性が叫ばれるようになってきた今日だからこそ、さまざまな関係をコーディネートする存在が求められてくるのではないでしょうか。

そのような中、「子ども劇場全国センター」が、二〇〇二年八月に「子どもに関する文化芸術振興の提案～文化芸術振興基本法基本方針づくりのために～」という提言を発表しました。子どもたちの文化芸術振興策、主に文化芸術振興基本法を受けて提言したもので、子育ちの視点を十二分に織り込んだ内容となっています。提言書の一節には、「キッズ・アートコーディネーター」という新たな制度を打ち出し、二〇〇三年九月に第一回目の「子どものためのアート・ボランティア&コーディネーター研修講座」を実施しました。文化芸術の政策に関することから、子どもの発達と文化に関する事項や具体的なワークショップという具合に理論的・実践的内容が組まれており、大変興味深いものとなっています。

このように、子どもの育ちの過程を十二分に織り込みつつ、よりよい文化芸術活動をコーディネートしていく人材が求められてくることでしょう。あわせて、民間や市民が展開している事業と政策・施策面との連携やネットワーク化が課題となってくることも想定されます。そういう意味で、多角的視点にたってさまざまな関係を紡ぎながら、子どもの文化芸術活動をより豊かにしていく時代に入っているといえるのではないでしょうか。

【深作　拓郎（埼玉純真女子短期大学）】

参考資料・文献（資料編に掲載されている文献とあわせて参考にしてみてください。）
佐藤一子『文化協同の時代―文化的享受の復権―』青木書店、一九八九年
佐藤一子編『文化協同のネットワーク』青木書店、一九九二年
佐藤一子・増山均編『子どもの文化権と文化的参加』第一書林、一九九五年
根本昭『文化政策の法的基盤』水曜社、二〇〇三年
小林真・小出郷の記録編集委員会編著『小出郷文化会館物語』水曜社、二〇〇二年
深作拓郎「表現活動における人と地域の再生―アウトリーチに見る可能性―」『月刊社会教育』二〇〇二年一〇月号、国土社、四～一三頁
深作拓郎「子どもの文化芸術活動の現状と課題―子どもの文化芸術活動の支援と社会教育（その三）」『埼玉純真女子短期大学研究紀要第二一号』二〇〇五年三月、七七頁～八五頁

14 ひろがる冒険遊び場づくり

——「冒険遊び場全国研究集会」をとおして〈NPO法人 日本冒険あそび場づくり協会〉

① 冒険遊び場とは

冒険遊び場は、子どもがのびのびと思いきり遊べる遊び場です。プレーパークともよばれ、子どもが「やりたい」と思ったことがなんでもできるように、禁止事項をなくし「自分の責任で自由に遊ぶ」ことを大切にしています。

日本冒険遊び場づくり協会では、

〝自分の責任で自由に遊ぶ〟をモットーにした「子どもの生活圏にあり、いつでも、だれでも遊べる、自然豊かな野外の、手作りの遊び場」をつくろうと提唱しています。そして、これを実現するため、次の三つの方法を提案しています。

・住民によって運営する
・住民と行政がパートナーシップを築く
・プレーリーダーを配置する

世界で最初の冒険遊び場[*1]は、一九四三年にデンマークのコペンハーゲン市につくられた「エンドラップ廃材遊び場」です。そして日本での冒険遊び場は、一九七三年に、『都市の

遊び場』（アレン卿夫人著、大村虔一・璋子訳、鹿島出版）で紹介されました。翻訳した大村夫妻は子どもの育つ環境に危惧を感じ、自分たちが訪れたヨーロッパのスライドを地域の人に見せ、賛同者を集めて「遊ぼう会」を結成しました。そして、実際に東京都世田谷区内で土地を借り、一九七五年と七六年の夏休みに「経堂子ども天国」を、翌年は一五ヵ月間「桜丘冒険遊び場」を開催しました。

そして一九七九年の国際児童年の記念事業として区立羽根木公園の一画に、羽根木プレーパークが誕生しました。公園行政や小児科医の第一人者などにも理解を求め、当時としては画期的な住民と行政のパートナーシップによるプレーパーク事業が実現しました。

② 子どもにとっての遊び

子どもにとって遊びは生きることそのもので、不可欠です。子どもは日々の遊びにおけるさまざまな経験を通して成長します。その過程で、人によって考え方や能力や体力に違いがあることに気づき、いろいろな場面に直面しながら、自分で判断し進むことを自然に身につけます。

冒険遊び場には、子どもがのびのびと、思いきり遊べるようにさまざまな工夫があります。素材、道具、きっかけ、そして何か起きたときの備え、などです。土・水・木という魅力的な自然の素材や、シャベル・ノコギリなどの道具類はいつでも使うことができます。それらを使って何かものを作ったり、地面を掘ったり、木に登ったり、あるいはたき火でヤキイモを焼いたり、かまどで料理をしたりすることもできます。

もちろん予想できない展開もあります。しかし、安全を最優先して事故を避けるのではなく、どんな遊びもできる環境を整え、子どもたちがそれぞれもつ、自らを守る能力や感覚を鍛えながら成長してほしいと考えています。プレーリーダーと呼ばれるおとながいつもいることで不測の事態にも対処します。プレーリーダーは場を用意するだけでなく、子どもの遊びの世界を活性化させ、社会に遊びの必要性を訴えるという重要な役割も果たします。

今の社会生活では、子どもが遊びながら経験を積む機会が、日常的には大変少なくなってしまいました。子どもを取り巻く環境は、大都市に限らず全国的に、少子高齢化の進展、子どもの身近に氾濫する情報機器、子どもが関わる犯罪の多発、地域社会の崩壊などの問題を抱えています。そんな時代だからこそ、冒険遊び場活動がさまざまな視点から注目されるようになってきました。

③冒険遊び場全国研究集会と日本冒険遊び場づくり協会

初めての冒険遊び場全国研究集会は、一九九八年の一一月に羽根木プレーパーク開設二〇周年記念事業として東京で開催されました。当時の「羽根木プレーパーク」には、公園、教育、福祉、まちづくりなど、さまざまな分野の専門家や関心を寄せる一般市民が、大変多く訪れていました。その中には、地元にプレーパークをつくろうと活動を始める人もいましたが、冒険遊び場に関する情報は全く未整理でした。第一回の冒険遊び場全国研究集会は、それまでの訪問者などに「社会的立場の違うおとなが今こそ集い、冒険遊び場をひとつでも増やすためのヒントときっかけを考え合いましょう」と呼びかけ、開催されました。文部省（当時）の「子どもの『心の教育』全国アクションプラン」委嘱事業になり、約四〇〇名の参加者が集まりました。その報告書『自分の責任で自由に遊ぶ』は冒険遊び場を紹介する冊子として、参加者や関係各所に配布されました。そこには「当面の重点課題には相互の情報ネットワークを密にすることを据え、全国の仲間の足取りに学びながら、各地でのそれぞれの思いを実践に移していくことにしたい」と記されています。資料編では、全国五七の活動団体が初めて一覧にされました。活動団体の地域は一八都県で、関東圏が全体の半数以上を占めていました。

初めての集会の成果と課題をかかえた実行委員会では、全国組織の必要性が検討され、翌一九九九年九月に「ＩＰＡ日本支部　冒険遊び場情報室」が設立されました。ＩＰＡとはInternational Play Association—Promoting the Child Right to Play（子どもの遊ぶ権利のための国際協会）で、一九六一年に「国連子どもの権利宣言」に「子どもの遊ぶ権利」を盛り込んだ人たちにより創設された国際組織です。ＩＰＡ日本支部は羽根木プレーパーク開設とほぼ同時に同じメンバーが設立しました。「冒険遊び場情報室」はその一部門として発足、プレーリーダーの養成システムの欧州調査や全国の冒険遊び場活動実態調査、プレーリーダー研修の試行などに取り組み、機関紙『Ｎ遊Ｓ』の発行を始めました。

第二回冒険遊び場全国研究集会は「子どもの世界をとりもどそう」と題し二〇〇一年六月に東京で行われました。この集会では活動実態調査報告「21世紀事始　これが２００１年冒険遊び場白書だ！」がありました。団体の活動開始年をみると、一九九六年以前と一九九七―一九九九年、二〇〇〇―二〇〇一年が、それぞれ三分の一ずつであることが発表され、活動の急増が明らかになりました。この第二回報告書には一一〇の活動団体が掲載されました。

その後全国組織は二〇〇三年八月にＩＰＡ日本支部から独立し、「特定非営利活動法人　日本冒険遊び場づくり協会」に生まれ変わり、全国の冒険遊び場づくり活動の支援をするＮＰＯ法人となりました。人材育成・相談支援・調査研究・普及啓発・計画立案を柱に事業を進め現在に至っています。

第二回から第三回の集会までの期間には、プレーリーダー全国交流会の「プレーリーダー宣言」の表明、ＮＰＯ認証記念フォーラム「拡がる冒険遊び場活動とその支援」の開催、冊子『乳幼児の野外遊び力を育む―冒険遊び場と子育て支援』『はじめよう！パートナーシップで冒険遊び場づくり』の発行などが行われました。

第三回冒険遊び場全国研究集会「つながりをつなげよう」は、初めて東京を離れ二〇〇四年一一月に兵庫県神戸市と西宮市で開催されました。北海道から沖縄までの全国各地から約四五〇名の参加者がありました。活動団体数は一九二で、三一都道府県に広がりました。実行委員会は震災一〇周年の兵庫県から「今、子どもが自由に遊び育つために必要な、さまざまなつながりをつなげよう」と発信しました。全体会では、文部科学省、厚生労働省、国土交通省、兵庫県、神戸市の担当各氏のパネルディスカッションがありました。これまでの冒険遊び場の活動実績で実現したものといえるでしょう。しかし、今後の発展にはさまざまな努力が必要であることも確かです。各団体の運営上の問題がいろいろな局面を迎え、段階別の支援にも工夫が求められます。

④冒険遊び場で遊び育っていった子どもたち

何万人もの子どもたちが、冒険遊び場で遊び育ち、巣立っていきました。その後、彼ら・彼女らは多様な生き様を見せ、頼もしく成長しています。

●冒険遊び場で遊ぶなかで身についた力を認識させられる言葉があります。

「一九八〇年の記録映画『子どもたちは甦る』に出ていた僕は自主保育の幼児でした。自分で何かやらなきゃ何もできないという環境でずっとやってきました。それが中学、高校と続き、今は社会に出ているわけですけれど、自分でやらないとおもしろくない、そんな事を感じます。ここでは何をするにも自分で責任持つということが大前提だったので、そういう意味では役に立っていると思います。」（二五歳会社員）（ＶＴＲ『冒険遊び場二〇年』わかば社、一九九八年）

「娘が不登校だった‥学校を離れた後の彼女のたくましい生き方を見ていると、そこに確実にプレーパークの体験が深く彼女の心に根ざしている事がわかる。例えば（中略）人を見た目で判断せず内面を見抜く目を持っていた。「できる、できない」がすべてでないことを知っていた。「自分は自分でいいのだ」と思うことができた‥など‥」一六歳女子の母（第二回冒険遊び場

全国研究集会報告書、二〇〇一年、四三頁）

●これまでに開催された三回の冒険遊び場全国研究集会では、子どもたちの話を聞く分科会がさまざまなテーマでもたれました。冒険遊び場は彼らの居場所です。その役割は計り知れません。

「自分の居場所に求めることは、人・人との関係・友との関係・放任されている空気・そのものを受け入れてくれること・チャレンジできること。押し付けがましくない、子どもに期待をしない大人。」（第一回冒険遊び場全国研究集会報告書、四七頁）

「プレーパークがなかったらオレやばかったよ。小学生の頃、すごい乱暴者だったからね。プレーパークで発散してるうちにプレーリーダーとも仲良くなってきて落ち着いてきたと思うよ。プレーパーク以外に居場所はまだない。」（第三回冒険遊び場全国研究集会報告書、六七頁）

●集会の分科会「冒険遊び場のある地域の子育て」で、ある父親が子どもの育ちについて述べています。

「小一の終わりごろから学校に行かなくなった長男が、小四の終わりごろから一人でプレーパークに遊びに行くようになり、中学生の時は一日中プレーパークで過ごすようになりました。プレーパークの中で思い切り遊んで、長男はのびのびと育ち、学校の中でうまく作れなかった人間関係を、いろんな大人、子どもの中で築いていきました。全国集会の趣旨文に「遊びとは、想像力を養い、自然との関係を学び、人間を知り、自己を確立し、知恵を育て、何よりも生きている喜びを実感し、生きる力を蓄える行為」とある、長男はプレーパークの遊びの中でこれらのことを学んだのだと思います。子どもは小中学生になれば、自らの力で育つ。大人は子どもたちが、まっすぐ育つ環境を作っていくのが仕事ではないでしょうか。」（第二回冒険遊び場全国研究集会報告書、四一頁）

⑤ おわりに

冒険遊び場は、子どもがいきいきと自分の責任で自由に遊び、その中でさまざまな経験を重ね、生きる力を身につけて、自ら育つことができる場です。今後、全国各地の冒険遊び場づくりをよりいっそう進め、いつでもだれでも子ども自身が行きたい時に行くことのできる遊び場を増やしていきたいものです。そのために日本冒険遊び場づくり協会は、冒険遊び場全国研究集会の各地での開催や、各種事業を通じた全国の冒険遊び場づくりの支援をすると同時に、さまざまな場面で多くの方の理解や協力を得ながら、子どもが自ら育つ社会の実現へと歩みを進めていきます。

【関戸　まゆみ（NPO法人　日本冒険遊び場づくり協会）】

＊1　造園家ソーレンセン教授が、子どもたちは大人がつくったこぎれいな遊び場よりも、危険だから遊んではいけないというような空き地や資材置き場で喜んで遊んでいると「廃材遊び場」を提案しました。イギリスの造園家アレン卿夫人はこの「廃材遊び場」に深く感銘を受け、ロンドンに冒険遊び場をつくり、運動を推し進めました。そして冒険遊び場運動は一九五〇～七〇年代にヨーロッパ、アメリカ、日本に広がりました。現在では、過度な事故責任の追及と安全第一の社会風潮によりアメリカの冒険遊び場はほとんど姿を消し、イギリスでも衰退しています。しかし、住民主体の動きが盛んな日本とドイツでは活発に活動が広がっています。

正式名称　NPO法人　日本冒険遊び場づくり協会

所在地　〒154–0003　東京都世田谷区野沢3–14–22　のざわテットーひろば内
TEL／FAX　〇三–五四三〇–一〇六〇
E-mail　asobiba@ipa-japan.org
URL　http://ipa-japan.org/asobiba/

連絡先　右に同じ

主な活動　全国の冒険遊び場づくり活動の支援

機関誌・出版物
・日本冒険遊び場づくり協会通信『N遊S』（季刊）
・『はじめよう！パートナーシップで冒険遊び場づくり』
・『乳幼児の野外遊び力を育む–冒険遊び場と子育て支援』
・『ヨーロッパのプレーリーダー～養成と支える仕組み』
・『自分の責任で自由に遊ぶ』
・『手づくり遊び場デザインブック&デザインカタログ』
・CD『あったらいいな！こんな遊び場』
・ビデオ『ひろがれ！冒険遊び場』ほか　FAX、E-mailで注文を受け付けています。

一言PR　冒険遊び場づくりを始めたい市民の方、行政の方、調査研究の対象とする方、その他冒険遊び場活動に興味、関心のある方、なんでも相談にのります。お気軽にお問い合わせ下さい。事務所で資料の紹介、閲覧もできます。

---

15 甦れ木造校舎と子どもたち：個人立の民営児童館の挑戦

―民営児童館・移動児童館の取り組み〔NPO法人 三波川ふるさと児童館「あそびの学校」〕

① 夢のある児童館をつくりたい！

珍しい個人立の民営児童館　あそびの学校（正式名、三波川ふるさと児童館「あそびの学校」）は、二〇〇一年四月に開館した世にも珍しい？児童館です。それは、施設からしてあの映画「学校の怪談」そっくりの築五八年の木造校舎の廃校。また、子どもがまわりに二人しかいない山の中の児童館だからです。さらにもう一つ、あそびの学校は個人立の民営（任意団体運営）の児童館なのです。このことは、児童福祉施設で唯一自由来館を特徴とする児童館の性格からしてとても大変なことで、保育所や他の施設と違って保育料はなくその上利用は無料など、つまり、財政的な基盤がないのです。そのため、全国約四六〇〇館の児童館のほとんどが自治体や社会福祉法人等が設置運営しているのも当然です。

以上のような点から考えると、私たちあそびの学校は、開館そのものがこれらの困難さに無謀にも挑戦せざるを得ない運命？なのです。

木造校舎の廃校との不思議な出会い　設立者である私は、二六年間埼玉県富士見市の児童館職員として勤務してきました。

その後半になっていろいろと悩んだ末に、現在の子どものあそびや生活の現状を打開するために、子どもが好きで子どもと徹底的につきあい、子どもをとりまく現状を一緒に考

木造校舎のあそびの学校と移動児童館車「あそびの出前」号

え行動する、そういう仲間で夢のある拠点施設をつくりたいと思うようになりました。それが、対象とする年齢も幅広く活動も幅広い、そして私が永年関わってきた児童館だったのです。

私が思い描く児童館とその活動は、自然に囲まれおとなも子どもも一緒に自然の中で活動できるキャンプ型で、日常的には子どもの生活圏に昔の紙芝居屋さんのように飛び込む「あそびの出前」型で、その活動をきっかけに地域に再び子どもの居場所や子ども社会、あそびなどを復活するものです。

私は、思い立ったら吉日と、日常的には児童館の仕事をしながら休日は、毎年の児童館キャンプで訪れた秩父方面に土地探しに行きました。そして数ヵ月後、埼玉と群馬にまたがる神流湖周辺に聞きまわっている時、「田舎売ります」の看板が目に飛び込みました。不動産屋の看板だったのです。その不動産屋さん「この近辺にはお宅の希望の場所は有りませんが、学校はどうですか？」と。「えっ学校？」と私。早速案内してもらって着いたところが山の中の古い廃校でした。もとは町立の中学校で二階建ての木造校舎です。私は校舎を見たとたんなぜかイメージが湧き出て「あそびの学校だー」と思わず叫びました。一九四七年開校、一九八六年閉校の群馬県鬼石町立三波川中学校との不思議な出会いでした。

②児童館の職員は夫婦、運営委員とスタッフはすべてボランティア～学校の運営と移動児童館の実践～

「この木造校舎の廃校に再び子どもの声をひびかせたい」との願いを目標に、市役所を退職し、夫婦で学校に移住し、校舎を修繕し、やっとのことで二〇〇一年四月「あそびの学校」を開館しました。運営にあたっては、会員を募り（二〇〇四年度八〇名）運営委員会（二〇〇四年度一四名）で具体的な計画を決定し、日常的な事業の執行については、運営委員及び事業スタッフ（二〇〇四年度一四名）があたるという組織形態をとりました。そして、日常的な学校業務は私と妻二人が職員としてこなしています。

あそびの学校は、児童館といっても山間部にあるので、日常的に子どもたちが遊びにくるのは大変です。そこで、あそびの学校では、二つの事業形態を取っています。

一つは、夏休みや週末にキャンプなどで利用できる校舎（施設）開放事業で、廃校に泊まるというワクワク体験が大好評です。

年々、学童保育や家族単位の利用が増えており、毎年利用の学童クラブは、三つのドラムカン風呂と校舎二階全体で実施するお化け屋敷のセットを寄贈？してくれました。

もう一つは、地元藤岡市内の、児童館が設置されていない公園や公民館に毎日「あそびの出前」を行う、移動児童館事業です。

この事業については、今日の子どもや母親の状況を踏まえて地域に飛び込むあそびの学校ならではの自慢の活動ですので、この四年間の実践の推移を詳しく報告します。

移動児童館「あそびの出前」はこうしてスタートしました

「あんたたち何売ってんだい？」「市役所に言ってあるのかい！」「この神社の公園で子どものあそぶ姿見たことないし集まるのかネェ」と公園すぐ横のおばさん。藤岡市内の児童館が無い（藤岡市には児童館一館）九カ所の地域の公園に毎日移動児童館車で出向き、午前は就園前の幼児と母親、午後は放課後の小学生を対象とする移動児童館「あそびの出前」、四年前のスタート当初はこのような地域の方の声で始まりました。

車で音楽とお誘いテープを流しながら実施公園に行くのですが、果たして何人集まるのか大変不安でした。実際、初の公園デビューの浅間神社ではたった親子三組（珍しい取り組みに取材の新聞記者がなぜか二紙も参加）その記者もブランコに揺られて「山崎さん、本当に集まるんですかァ？」。午後の神社でも小学生が三〜四人しか集まらず、神社すぐ脇のおばあちゃんは気の毒がって「私も昔は子どもだよ」と特別参加。その時運よく神社に取材に来ていた市の広報課の課長さん。「どうですか集まりは」と特別参加。帰り際、気の毒がってか「次の広報に写真入りで取り上げましょう」と約束。その後、おかげで参加者が少しずつ増えてきました。

いま公園がキーワード　ここ数年「公園デビュー」などと流行語になったほど、子育て中の母親の深刻な状況。また、放課後の小学生の中で「変なお兄さん、おじさんがいる怖い場所」と各地の子ども調査に表れる公園状況。身近な生活圏にある公園が親子や子どもの生活にとってキーワードになっています。

私が思いっきり遊んだ昭和三〇年代。地域の公園、空き地や路地裏は子ども天国でした。学校から帰るなり異年齢の仲間で暗くなるまで外で遊び、母親からも「家でゴロゴロしてないで外で遊んでおいで」とよく言われたものでした。子どもの社交場としては駄菓子屋や貸本屋があり、子どもが集まるところには紙芝居屋や粘土のカタ屋など子ども相手の商売がやってきました。それが今や「現代っ子晴れた日でも家の中」と言われるように室内でゲームやカード遊び、外で遊ぶ姿はほとんど見られません。子育て中の母親にとっても室内での孤独な子育てを強いられ、思い切って外の公園に行けば「公園デビュー」できたか、できないかという状況があります。

あそびの学校では、このような現在の親子や子どもの状況を捉え、キーワードである地域の身近な公園に私の子ども時代の紙芝居屋さん同様に毎日軽ワゴン車で出向き、午前は公園デビューを打開する子育て支援、午後は小学生を対象に安心して遊べる子育ち支援をめざし活動を始めました。

母親も子どももストレスいっぱい：ホットする居場所をめざして　地域の身近な公園に飛び込んでの活動は、現在の親子や子どもの状況を直接肌に感じて、本当に私自身（スタッフも）鍛えられます。一年目の夏休み前のことです。いつも午前の公園に参加しているお母さんからの手紙がポストに届いていました。そのお母さんは、居るだけで公園全体の雰囲気をふわっと和らげるぐらい明るく、誰にも声をかけていく方でした。ところが届けられた手紙には公園に参加する前の状況が切々と記されていました。保育園に入れた子どもが保育の内容になじめず、園を途中で辞め、母親も仕事を辞めたこと。親子とも精神的に落ち込んでいて、ずっと家にこもっていたこと。ちょうどその時期に「お気軽にお近くの〇〇公園に遊びに来てください」と音楽とお誘いの宣伝が聞こえてきたこと。そこで公園に思いきって行ってみると、愉快で声の大きいおじさん?をはじめスタッフが笑顔で迎えてくれ雰囲気がとても気に入ったこと。そして週一回だけでなく毎日公園に参加する中で、母子とも友だちがたくさんできたこと、が記されていました。

そして、参加して良かったという感想とともに、夏休み以後は、子どもに合った保育園を探し仕事に復帰することを決めました、と結んでありました。

移動児童館を公園で実施することによって母親どうしが間接的に言葉がかわせるようになり、いろいろな遊びや行事などを通して母親が「公園デビュー」しやすくするし、友だちができるという効果があります。また、公園を利用するお年寄りなど地域の方たちとの交流ができるという公園ならではの利点があります。実際、現在では母親のほかに孫を連れてのおばあちゃんの参加が増えています。

午後の小学生も週休完全二日制実施以降平日に授業が増え、二年目から三時に公園に行ってもまだ子どもが集まりません。放課後公園にくる高学年の女の子たちは「毎日チョー忙しいよ、こんな所に来ている暇はないんだから」「おっちゃんがかわいそうだからきてやっているんだからね」と口々に言う始末。そして参加費の一〇〇円を缶に入れると、人気のカタあそびをやるわけでもなく、最後の紙芝居を見るわけでもなく、最後まで若いスタッフとおしゃべりをしています。また、四年生の男の子は「おっちゃんはいいな、遊んで暮らしているんだから」「結婚してんのか?おっちゃん」と話しかけてきます。この様子を見ると、言葉とは裏腹に、毎週の公園が子どもにとっては気晴らしのできる「ホットする居場所」になっていることが感じられます。

本当に継続は力とはよく言ったものです。当初、「この神社で子どものあそぶ姿見たこと

平成一四年度。午前の移動児童館。庚申山公園。

ないし集まるのかネェ」と言っていた公園横のおばさんも、毎週の私たちの活動で子どもや親子が集まってくるようになると「紙芝居なんて懐かしい光景だね、あんたたち頑張りなよ」と差し入れをしてくれます。その結果、毎年のべ六〇〇〇人もの参加があり定着してきました。

困難な状況の中で新たな活動のひろがり　三年目の後半、移動児童館「あそびの出前」事業にとって、新たな困難が立ち塞がりました。それは、小学生の放課後や下校の最中に起きる誘拐や連れ去り事件の多発です。外では遊べない状況が生まれたのです。当初は、外あそびをふんだんにと公園を会場にしていましたが、このような事件の中では、「安全」「安心」という条件が求められます。そこで、急遽、午後の移動児童館の会場を、小学校前の公民館を借りて実施しました。雨が降っても暗くなっても中止が無く、その上公共施設での実施は、保護者に大変好評で四年目には教育委員会主催であそびの学校が運営を委託されるまでに発展しました。

③ 組織の発展と常設の居場所づくりめざして

いま、あそびの学校では開館五年目にあたって二つのことを目標として取り組んでいます。一つは、組織をＮＰＯ法人化し認可児童館とすることです。現在あそびの学校は、規約をもつ任意団体ですが、児童館の設置運営要綱の改正によってＮＰＯ法人も設置運営できることになったからです。民営の無認可児童館の運営はきびしく、認可までは幾多の困難がありますが、運営の安定化をめざし取り組んでいきたいと思っています。

もう一つは、移動児童館事業の充実とともに市の中心部に拠点となる常設の居場所を開設することです。あそびの学校にふさわしい紙芝居屋、粘土のカタ屋、泥だんご、めんこ、ベイごまなどの伝承あそびと駄菓子屋、懐かしのもんじゃ焼、あげパン、などをミックスした名づけて「スーパー駄菓子屋」開設事業です。

あそびの学校は、開館間もない児童館ですが、今後も民営の児童館らしく今日の子どもとおとな、それを取り巻く社会状況を踏まえ多くの仲間を増やし、身近な所におとなも子どももホットする居場所（児童館ほか）がたくさんできるよう大いに挑戦していきたいと思っています。

【山崎　茂（NPO法人 三波川ふるさと児童館「あそびの学校」）】

正式名称	NPO法人 三波川ふるさと児童館「あそびの学校」
所在地	〒370―1405 群馬県多野郡鬼石町三波川1869―2 旧三波川中学校 TEL／FAX 〇二七四―五二―六五三〇 E-mail jidoukanasobinogakko@muse.ocn.ne.jp
連絡先	右に同じ（校舎横元宿直室が事務所兼自宅 担当 校長 山崎茂）
主な活動	二本柱の事業 （一）木造校舎をいかした二つの事業 ・野外活動キャンプ事業 ・特別企画事業（夏休み、秋、春休み） （二）移動児童館「あそびの出前」事業 ・地元版（平日） ・県内（日曜日）児童館キャラバンとして ・子ども団体や地域、行政のイベント版
機関誌・出版物	・機関紙『あそびの学校通信』年四回発行
一言PR	木造校舎の廃校の児童館として、全国四六〇〇の児童館の中でも異色な存在なら、そのあそびも「光る！泥だんごの色あそび」「粘土のカタあそび」など、あそびの学校ならではのユニークなあそびがいっぱい。

16 チャイルド・ライフ・プログラムの取り組み：こどもが主役の医療を求めて

〔日本チャイルド・ライフ研究会〕

① チャイルド・ライフ・プログラムとは

チャイルド・ライフ・プログラムは、病院や地域において、精神的苦痛を経験した、あるいはこれから経験する可能性のあるこどもを精神的に支援する取り組みです。近年、医学の技術ではめざましい進歩がありましたが、病院生活にともなう精神的な弊害については置き去りにされてきました。このプログラムは、一九五〇年代より北米を中心に、病院のこどもとその家族のＱＯＬ（Quality Of Life）を高めることを考え発展しました。こどもはもともと力のある存在であること、常にこどもの視点に立つということ。チャイルド・ライフ・スペシャリストは、この理念に基づき、専門の教育と一定期間の実習を終え、国際的な資格を得て、世界中のさまざまな分野で活躍しています。

病院における役割は、こどもの病気や治療に関する不安やストレスをできる限り軽減すること、その子本来の成長や発達を援助することです。実際に私たちが行っている仕事の内容は多岐にわたり、治癒的遊びの援助、処置や検査前の心理的援助（プリパレイション）、処置や検査中の情緒的な援助、きょうだいへの情緒的援助、ターミナル期のこどもや家族への精神的援助、こどもの目線に立った環境づくり、などがあげられます。医療チームの一員ですが、医療行為は一切行わないため、こどもにとって「痛いことをしない」安心でき

る人であり、「遊び」を通して信頼関係を築き、こどもの視点をどこまでも主張する存在として、医療者とこどもや家族との架け橋的役割を担っています。

こどもにとって遊びとは、生活そのものであり、ストレスを発散させ発達を促進させます。また、言語表現がまだ不十分なこどもにとっては、コミュニケーションの手段となり、遊びによって自分の気持ちを表現することもできます。自尊心や自己治癒力を高めるという大切な役割もあります。病院という非日常的な環境において、遊びはこどもに日常の世界や自分を取り戻すきっかけになるのです。

② プログラムの実際

事例①　Aくんは七歳の男の子で、交通事故で足を骨折しました。彼の右太ももには太い銅線が貫かれ吊り下げられるような形で固定され、ベッド上での安静を強いられていました。おとなが見てもかなり痛々しい姿なのですが、元気いっぱいだった小学一年生の彼にとっての精神的なショックは想像以上に大きかったようです。今までできていた日常のことは全て誰かの手伝いが必要で、ご飯を食べさせてもらい、排泄の世話もしてもらい、そこにあるおもちゃを取ってもらうことさえ、お願いしなければならなくなったのです。何も自分じゃできない・・・とAくんは小さな声で言いました。もともと活発だった彼は、動けないことへのイライラが日に日に募るようになり、銅線の入った足に少しでも触れようものなら激しく怒ります。毎日、天井を眺めて時間をつぶしているAくんの部屋に行き、「今日は何かしたい？」と聞くのが私の日課になりました。初めて粘土で遊んだ日、Aくんは何もしゃべらずに、ただ紙粘土を力いっぱい机に何度も叩きつけていましたが、きっと彼なりの言葉にできない気持ちがあったのだと思います。何か真剣で簡単には話しかけられない雰囲気の彼の様子を、私はしばらく見守りました。そのうち、Aくんは粘土をつぶすことをやめて何かを作り始め、「これ、何だと思う?できたら教えてあげる」と楽しそうに話しながら作ったものは、彼の手よりもはるかに大きい怪獣でした。たくさんの手足がある怪獣で、「戦うときはこの手と足」「ご飯はこの手で食べるの」と解説してくれました。自由にできなくなった自身の思いを、この怪獣に託していたのかもしれません。翌日にカラフルな色をつけたその怪獣はAくんのお気に入りとなり、退院の日までいつもそばにありました。

病院では、注射をされる、薬を飲まされる、安静にさせられる、など常に受動的になり、自分自身を見失ってしまうこどもも、遊びの中では主体的になれ、自分も何かできるという感覚をもつことができます。チャイルド・ライフ・スペシャリストは、こどもの心を癒す「治癒的な遊び」の援助を行いますが、こどもが主体性を持って選び、自分で決定し行動することを大切に考え、こどもの意志を尊重し、こどものリードに従います。

事例② 治癒的な遊びのひとつとして、「メディカル・プレイ」があります。実際の、あるいはおもちゃの医療器具と人形を使うこの遊びは、こどもが自分自身の医療体験を再現することで理解を深め、何度も遊びを繰り返すことによって、自分なりに消化する過程です。言葉では表現できない、治療に関する不安や恐怖などの思いを、こどもが表現する場でもあります。この遊びでは、こどもが心を開放させ安心して遊びに没頭できるよう、実際に医療行為をしない安心できるおとなと行うところに意義があります。こども独自の「現実」と「遊び（空想）」の混乱が起こりうる年齢のこどもにとっては、治癒的な遊びのはずが、かえって逆効果になる危険性があるからです。チャイルド・ライフ・スペシャリストの役割は、医療体験に対するこどもの思いを受けとめ、検査や処置に対するこどもの不安や疑問を把握すること、誤解していることなどを遊びの中で自然に修正し、こどもが「遊びきる」のを見守ることです。

Bちゃん（五歳）は、採血などの痛みをともなう処置に対する恐怖感がかなり強い子で、毎週繰り返される採血もそのたびに嫌がります。ある日、Bちゃんとメディカル・プレイをしました。彼女の場合、医療行為に対する恐怖感が大きいため、実際の医療器具は使わず、おもちゃと人形を使って遊びました。初めて見る物に好奇心いっぱいのBちゃんは、まず聴診器をおそるおそる手に取りました。患者役の人形の胸に聴診器をあて、恥ずかしそうに笑いながらお母さんの顔を見ました。始めは「注射は嫌！」とおもちゃの注射器であっても触ることを拒否していたBちゃんですが、時間がたつにつれ注射器を手に取りながら、興味深そうに動かし始めました。そして医者役になったBちゃんは、患者役の人形に注射をしたのです。その後は「今から消毒するよ」「ちくっとするけど、一〇秒ぐらいで終わるからね」とBちゃんが普段言われているようなことを真似し、何度も何度も「注射をします！」と言っては、人形に注射をしていました。飽きることなく長い時間がすぎ、Bちゃんは晴れ晴れとした顔で「今日は終わり！」と言いました。このとき、Bちゃんは遊びきることができたのです。

事例③ プリパレイションは、未知の出来事に対しての不安や恐怖を軽減するために行う心理的な介入です。処置や検査、手術などの前に、こどもにわかるように話し、こどもの不安や思いを受けとめ、対処する方法を一緒に考える治癒的な関わりです。医療者が行う説明とは異なり、実際に医療行為を行わない人が行い、こどもが安心して治療に臨めるように「安心感」を与えることが重視されます。一人ひとりのこどもが違うように、プリパレイションには一定の道具や方法、マニュアルは存在しません。こどもの年齢、理解水準、性格、過去の医療経験、家族関係、発達段階など、様々な要素を査定し、そのこどもに合った個々の対応をしていきます。時期、場所、時間、内容など、一人ひとりによってアプローチの仕方は異なりますが、痛みをともなう処置（採血、骨髄穿刺など）だけでなく、痛みはともなわない検査（CT、放射線治療など）においても、大切な役割があります。心の準備をすることで、こどももただ闇雲に拒否し、怖がるのではなく、前向きに治療に臨むようになります。

Cちゃん（一四歳）は、入院する数カ月前に海外から日本にやってきました。入院している間に日本語も驚くほど早く覚え、とても陽気な性格の彼女でしたが、今度検査や処置が

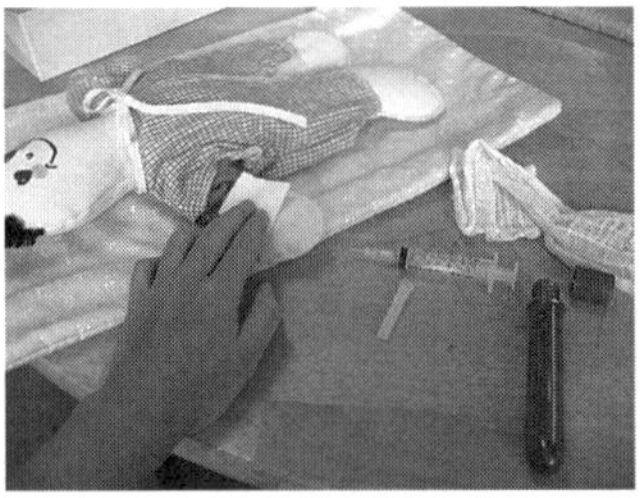

あると聞くと決まって不安になります。初めてのＭＲＩ検査の前にも主治医から話があり、「説明わかった？」と聞かれたＣちゃんは、「うん」とうなずきました。その直後「さっき先生何て言ってた？」と不安そうに聞いてきた彼女に、理解したことを確認しながら、どんな検査なのかポイントを絞ってもう一度ゆっくり話をしました。検査当日、薬を入れるための点滴をすることになり、Ｃちゃんは「点滴いや！」と言いながらも、以前にやったことがあるため自信をもって処置室に向かいました。しかし、そこで医師より「今日は手じゃなくて、足に点滴やりたい」と告げられたのです。彼女の自信や医療者への信頼感は全て失われ、激しく動揺しました。長い時間の医療者からの説得があり、Ｃちゃんは号泣しながら足に点滴ルートを取られました。ＭＲＩ検査までの時間がなく、そのままＣちゃんと検査室までいきましたが、さきほどの処置ですっかり動揺した彼女は、大きな機械を見て「怖い、嫌、やらない・・・」と泣き出してしまいました。耳栓をすることも嫌がり、ベッドに横になるも激しく動くため、その日の検査は中止になりました。医療者にとっては小さな違いだったかもしれませんが、こどもにとっては「心の準備」がいつも必要です。次の検査前には、医師と処置の仕方をしっかり確認し、Ｃちゃんともよく話をしました。そして、ＭＲＩの検査中に一人になるのが怖い、ということから検査室のスタッフとも相談し、私が検査中も付き添うことになりました。次の検査時には、ずっと顔を見ながら手をつないでいたため、全く動くことなく落ち着いて終えられました。

一〇歳のＤくんは、初めて放射線治療を受けることになりました。治療自体は数分で終わり痛みをともなわない治療ですが、長期の入院生活で辛い経験が何度もあるＤくんとご両親の不安はかなり強いものでした。Ｄくんとお母さんと一緒に、まず治療を受ける部屋を見学することから始めました。毎日短い時間ですが、実際に機械を動かしてもらい、部屋で一人になることを体験し、顔に付けるお面をして動かない練習もしました。彼のペースで事前にゆっくり時間をかけて体験していたため、いざ本当の治療が始まる日には、「もうここに来る道も覚えちゃった」と自信をもった笑顔で部屋に入ることができました。Ｄくんよりもずっと心配そうに待っていたお母さんですが、部屋から出てきたＤくんの小さなガッツポーズを見て、本当に嬉しそうな笑顔でした。

事例④ 実際の処置、検査、手術の際には、こどもに同行し、「安心感」を与えることもチャイルド・ライフ・スペシャリストの仕事のひとつです。具体的には、処置中に何が行われているのかを、こどもにわかるように伝え、わからない恐怖・不安を軽減させます。また、おもちゃや本、音楽を用いたり話をしながら、こどもの緊張感を和らげ、少しでもリラックスして検査を受けられるような介入も行います。

Eちゃん（一二歳）は、初めて腰椎穿刺という検査を受けることになりました。腰椎穿刺は、腰椎間から針を刺し、脊髄液を採取する検査です。検査中は、えびが丸まったような姿勢を強いられ、背中から麻酔もなく針を刺されるという、こどもにとっては痛みだけでなく恐怖もともなう検査です。Eちゃんとは前日にじっくり時間をかけてプリパレイションを行い、そのあと「明日の検査ではずっと一緒にいて、何が起こっているか伝えるから」という約束をしました。当日、やはり緊張した表情のEちゃんに、私は顔の見える側に座り、検査の間は手を握りながら話しかけました。見えない所で何かされ、じっと待つ恐怖を少しでも和らげるため、何を今行っているのかを細かく伝えました。「いちばん痛いところが終わった」ことを伝えると、Eちゃんは表情を緩ませ、終わる頃には「思ったより大丈夫だった」と笑顔を見せていました。

③ チャイルド・ライフ・プログラムの効果

チャイルド・ライフ・プログラムによる効果は大きく、円滑で安全な治療を促進します。例えば、採血時に暴れることなく受けられる、手術時に麻酔導入までリラックスしていられる、ＭＲＩで鎮静剤を使わずに受けられる、などさまざまな面での報告があります。また、こども自身が入院、病気、治療の経験をより積極的に受け入れ、検査後、退院後の心理的トラウマの軽減にもつながっています。日本ではまだ数少ないチャイルド・ライフ・スペシャリストですが、実際に共に働いている医療者、こども、家族の方からはその活動内容が評価され、なくてはならない存在だと認められています。小児医療現場において、その独自の専門性を主張し、医療チームの一員として受け入れる病院を増やしていくことが、現在の課題です。そして、今後の大きな展望として、日本でこの専門家を定着させるためにも、教育機関の設置、将来的には国家資格として認められるよう働きかけることが必須であると考えています。

【世古口 さやか（浜松医科大学附属病院／日本チャイルド・ライフ研究会）】

正式名称	日本チャイルド・ライフ研究会
所在地	〒170−0001 東京都豊島区西巣鴨一−二〇−一 五十嵐方 FAX 〇三−三九一八−八二七二 E-mail claj@mail.goo.ne.jp URL http://claj.npo.gr.jp/
主な活動	・年一回のカンファレンス （今年は第五回をむかえ、一二月初旬に関東で行う予定）
機関誌・出版物	・ニュースレター『にじ色ひろば』年二回発行 バックナンバーをご希望の方は、ご希望のナンバー、部数、送付先をご記入のうえ、一部につき二〇〇円と送料を事務局まで送付してください。
一言PR	「こどもは力ある存在である」というチャイルド・ライフの考えをもとに、病院や地域におけるこどもの精神的サポート、不安やストレスの軽減とこどもの本来の発達の援助を、多角的に考え実践していこうとする研究会です。チャイルド・ライフの考え方を広めていき、日本の小児医療においてチャイルド・ライフ・スペシャリストの普及をすすめています。

17 高校生による子育てマップ製作と地域交流の中で
―出会い・ふれあい・学びあい　〔千葉県立木更津東高校家庭クラブ〕

① はじめに

家庭での問題点を見つけ、その解決のために実践しまとめるという家庭科のホームプロジェクトの宿題が高校一年次の夏休みに出され、クラスの中で永野好美さんの取り組みが優れていると評価されました。そこで、学校代表として家庭科の研究発表県大会に出場し発表することになりました。コンピュータを使って発表するため、仲のよい三人と共に研究を深めた結果、県大会で優勝し、一年後沖縄で行われた平成一六年度全国高等学校家庭クラブ研究発表大会では全国二位の成績を収めることができました。

はじめは、母親の家事負担を減らすためにいろいろな便利グッズを作っていましたが、研究を進めるうちに、子育てには物より人の手が大切であると気づき、さらに保育園の保護者アンケートの結果から、子育てに役立つ情報を満載した子育てマップを作成するに至りました。

自分の興味関心に従い研究を進めていくうちに、「子育てには何が必要か」ということを高校生の視点で考え、その取り組みに対し、地域の伝統校で学ぶ高校生であるがゆえに地域の強力なバックアップがあり、そのおかげで活動を広げることができたことも今回の研

究には欠かせない背景であると思われます。

② 子育てマップができるまで

きっかけは家族から　永野さんの家には、三歳の弟を筆頭に三人の兄弟がいます。お母さんが忙しい毎日を過ごしているので、子育てを軽減する方法を考えます。

お母さんに聞くと、便利グッズが欲しいというので「赤ちゃんがひとりでミルクを飲める物」「洗髪時に赤ちゃんの耳に水が入らないようにする物」「紙おむつの臭いが漏れないゴミ箱」「寝かしつける道具」などを永野さんは試作し、いくつか成功しました。しかしできあがった「ひとりで飲めるほ乳瓶立て」を眺めているうちに、赤ちゃんがミルクを飲むわずかな時間、おとなが手を止めてつきあってあげることが大切であると気づきます。そこでお手伝いをして、お母さんが子育てに専念できる時間を作りました。同時に保育園の保護者アンケートで「二四時間体制の病院や託児施設を知りたい」という希望があったので、子育てに忙しい多くのお母さん方の役に立ちたいと思い、木更津市にある子育てに役立つ情報を集め、仲間とともに地図を作ります。

マップづくりの実際　地図を作るにあたり、まず初めにたくさんの人の話を聞きました。木更津市役所では、市の子育て支援がどのような援助のもとに、どのような組織で成り立っているか。また、木更津市の子育て支援センター設置が千葉県で四番目に早いこともわかりました。夜間保育と病気になった子どもの保育が現在の課題だそうです。子育てマップの製作を市でもしたいが、人手が足りなくてできないので是非頑張ってほしいと激励されました。市役所では「どこに行けば必要な情報が得られるか」を的確に教えてくれました。

子育て支援センター「ゆりかもめ」には、いつ行ってもたくさんの人が集まっていました。ここに来れば、一時保育や育児支援ネットなどさまざまな育児情報が手に入ります。また新聞等に「子ども預かります」の掲載があれば信頼できるか点検をしていました。主任保育士は、「一番大切なのは、人の手、人の思い」であると熱く語ってくださいました。

きさらづ子どもセンターでは遊びのイベント情報が手に入り、遊具の貸し出しもありました。ボーイスカウトの子どもたちが調べた公園マップや地域の方の調べた川沿いの桜マップもあり、たくさんの人の活躍を知りました。保健相談センターでは乳児に関する健康管理や相談をしていました。赤ちゃんが生まれる前から、その誕生を楽しみにしているお父さんやお母さんと出会いました。ＮＰＯ法人「子ども館ゆめのたまご」では、長年保育士をしていた方がお母さんたちのふれあいの場、児童の憩いの場として子育て支援から「子どもとおとなの共育ち」をめざして活動をしていました。木更津市には児童館がないので、初の民間児童館としてご自身の夢を実現されました。気軽に誰もが立ち寄れる優しい居場所になっていました。

また、学童保育主催の子育て相談会にも参加しました。たくさんのお母さんが子育ての悩みを語っていました。子育ての苦労話をたくさん聞けてよかったと思います。「高校生が子育て座談会に参加してくれると、小さい我が子の育つ道筋が見えて、子育てが安心してできる」と感謝されて驚きました。その半年後二度目に参加したときは、「そう、doingなのよ。何か行動に起こすことで人は変われるのよ。とっても自信に満ちたいいお顔になったわ」と言って生徒の成長を喜んでくださいました。そして公園で遊んでいる親子にも直撃インタビューをしました。お父さんの率直な意見も聞けました。

こうしてたくさんの確実な情報を得て、子育てマップの製作にかかりました。作った地図に一つでも誤りがあってはいけないと思い、掲載する病院は医師会に相談し、電話番号にはすべて実際に電話して施設の所在を確認しました。またできた地図を持ち、実際に歩けるか、そこに目指す建物があるか確認しました。そして下書きの段階で多くの立

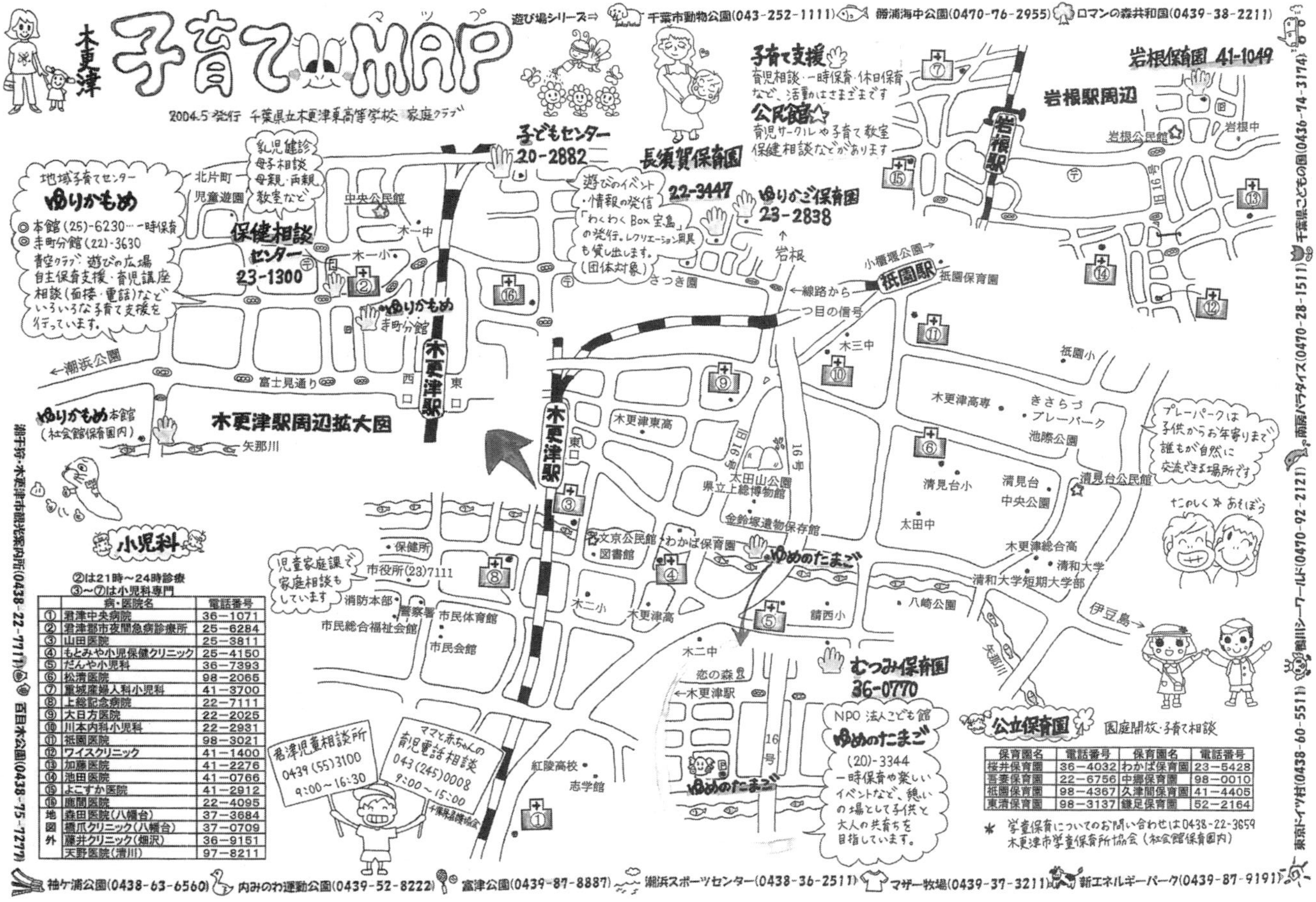

②は21時～24時診療
③～⑦は小児科専門

	病・医院名	電話番号
①	君津中央病院	36−1071
②	君津郡市夜間急病診療所	25−6284
③	山田医院	25−3811
④	もとみや小児保健クリニック	25−4150
⑤	だんや小児科	36−7393
⑥	松清医院	98−2065
⑦	重城産婦人科小児科	41−3700
⑧	上総記念病院	22−7111
⑨	大日方医院	22−2025
⑩	川本内科小児科	22−2931
⑪	祇園医院	98−3021
⑫	ワイスクリニック	41−1400
⑬	加藤医院	41−2276
⑭	池田医院	41−0766
⑮	よこすか医院	41−2912
⑯	鹿間医院	22−4095
地図外	森田医院(八幡台)	37−3684
	橋爪クリニック(八幡台)	37−0709
	藤井クリニック(畑沢)	36−9151
	天野医院(清川)	97−8211

保育園名	電話番号	保育園名	電話番号
桜井保育園	36−4032	わかば保育園	23−5428
吾妻保育園	22−6756	中郷保育園	98−0010
祇園保育園	98−4367	久津間保育園	41−4405
東清保育園	98−3137	鎌足保育園	52−2164

＊ 学童保育についてのお問い合わせは0438-22-3659 木更津市学童保育所協会（社会館保育園内）

場の人に検討してもらい、掲示できる色刷り版と各家庭に配布する白黒版を作成しました。

子育てマップの配布 作った地図を市役所・保育所・公民館・病院・子育て支援施設などに配布し、約九五カ所一万五〇〇〇枚配布しました。子育てマップは、子育てをしている親や保育士等多くの方に実用的でよいと大変喜ばれました。

地球との交流の中で 今までの子育てに関する研究を、子育て支援施設や集会等一一ヵ所で発表しました。保育園の保護者会でおこなったときは、終了後園長先生が涙を流し、「まさに私たちは助け合いの手をさしのべあう保護者会にしたい」とおっしゃってくださいました。また、「感動したよ」「いろいろなことを考えさせられたわ」「人と触れあうことのあたたかさがわかったよ」と言って涙を流してくださる方がたくさんいました。

③ 育ってゆく生徒たち

四人は以下のように、自分たちの気づきをまとめています。

・子育てマップを作ることで、いろいろな人に出会い、学んだことがたくさんありました。助けを求めれば、支えてくれる人がたくさん周りにいることがわかりました。
・赤ちゃんに自動でミルクを飲ませる道具は成功しましたが、できた作品を眺めているうちに、赤ちゃんがミルクを飲むわずかな時間、大人が手を止めつきあってあげることが大切であると気づきました。
・便利グッズに頼らず、人の手によって十分に愛を与えることが大切であると思いました。その手は実は身近なところにありました。父・祖父母・幼稚園の先生・近所のおばさん・赤ちゃんより年上のお兄ちゃん、そして高校生の自分。その手は大きかったり小さかったりしますが、求めればたくさんの手がありました。その人の手にどんなふうに助けを求めるか、母親ひとりで抱え込まずに、上手に助けを求める勇気をもつことが大切だと思いました。

・この研究を通し、我が家を見つめ、そこに生きている自分を見つめました。他人にどんなにがんばれと言われても、相談しても、結局自分で行動に移すことができなければ家族の関係は何も変わらないということに気づきました。

④ マップづくりが残したもの

まず研究を始める前から、担当教諭の私は該当する生徒四名に対して絶対的な信頼を置いていました。なぜなら、文化祭で行われた食物部の研究発表で、こだわりをもち丁寧に作品を仕上げていたからです。長丁場になる研究を、この四人なら丁寧に楽しみながら取り組むであろうと信じることができました。この研究を生徒の考えですすめ、コンピュータ画面作成も操作もすべて生徒の手でおこない、教師はオブザーバーに徹することができました。

約一年半にわたる研究は、朝早くから夜遅くまでおこない、土・日曜の休みさえない時が何カ月も続く中で、生徒はたくさんのハプニングを上手に乗り越え、お互いを許しあいながら、それぞれの良さを発揮して見事にまとまりました。

例えば、時間をかけて作った地図を誤ってシュレッダーにかけてしまったことがあります。すると生徒は懸命にいろいろな資料を探し、一回目に作った地図よりも素晴らしい地図を作りました。一回目に作った地図をシュレッダーにかけてしまったからこそ、よい地図を作ることができたと思います。

また、先生の声をテープに吹き込んだ後、操作ミスで何度も消してしまったこともあります。そのミスを責めず、どうしたらミスをなくすことができるか意見を出し合いました。たくさんのミスをするうちに、いつの間にか「ミスを指摘しない」ということがお互いの暗黙の了解になっていたように思います。失敗があるからこそ良い物ができる。失敗はピンチではなくチャンスである、ということをたくさんの失敗から学び意識の中に深めていったようです。

失敗が怖くなくなると、他人の意見が怖くなくなるのでしょうか。また生徒はさらによいものを求める気持ちが強くなり、人の意見を必ず一度は聞き入れました。まず言われたとおりやり、検討し、それから反対するなら意見を言う。全国大会の発表前日のリハーサルを終えた時、家庭科の指導主事が発表内容について二ヵ所指摘をしてくれました。普通なら明日本番なので直したくないと思うところですが、生徒は指摘してくれたことに目を輝かせて感謝し、夜の十一時まで時間をかけて発表内容を直しました。

四人はそれぞれの持ち味を生かし、活躍しました。発表者の永野さんは笑顔が素敵で、読むことが得意でした。石井愛子さんは文字を書くことが上手。今井恵さんはコンピュータを直感で扱うことができました。板倉愛さんは全体を見通してすき間の仕事を埋めました。疲れていても誰かが考えて、動いて物事が必ず前に進みました。一人ではできないことが四人で力を合わせれば何でもできる。そんなことの積み重ねの毎日でした。

「全国で一位になりたい」とい永野さんのかけ声をいつも聴いていると、はじめは笑っていた私までも「一位を取らせてあげたい」と思うようになりました。一位にはなれませんでしたが、二位という好成績を残せたのも、彼女の大きな思いがあったからこそだと思います。「まずは大きな夢をもち、頑張れば結果がついてくる」という体験を通し、大きな達成感を得て、仲間と自分への誇らしい気持ちを味わったことでしょう。私は彼女たちの柔らかで素直でまっすぐな心、そして好奇心をもって前に進み、いつも何事にも感動する姿を見て、私のさび付いた心も洗われる思いで、いつもいつも四人と一緒に居られることに感謝していました。

まもなく社会にでていく彼女たち。いつか自分の子育てに遭遇したときは、助けを求める勇気と手をさしのべる勇気をもち、地域の中に飛び出してたくさんの人に出会い、学び楽しみながら子育てをしていくことと思います。そしてその時に、この子育てマップが役立つことを祈りながら、卒業を祝いたいと思います。

【向井　幸子（千葉県立木更津東高等学校）】

正式名　千葉県立木更津東高等学校
所在地　〒299―0056　千葉県木更津市木更津二―二―四五
　　　　TEL　〇四三八―二三―〇五三八
　　　　FAX　〇四三八―二二―〇五六一
連絡先　右に同じ（担当　向井幸子）
主な活動　家庭クラブ活動に家政科生徒全員が加入し、自主性を持ち活動しています。（総会、研究発表等）
一言　生徒の可能性はすばらしいです

18 思春期の「性＝生」の自己決定能力を支えるピアカウンセリング
〈ピアカウンセリング・サークル「Deer Peer（親愛なる仲間達）」〉

思春期の若者における、性行動の低年齢化、活発化にともなう望まない妊娠や人工妊娠中絶、性感染症（ＳＴＤ）の急激な増加が大きな社会問題となり、また若者のコミュニケーション能力の低下も指摘されています。このような状況に対し、厚生労働省は二〇〇一年に、二一世紀の母子保健を推進する国民計画運動、いわゆる「すこやか親子21」を策定しました。その主要課題の一つに「思春期の保健対策の強化と健康教育の推進」を位置づけ、その有効な方法の一つとしてピアカウンセリングを推奨しています。

思春期におけるピアカウンセリングは、同じ年代の若者（ピア）によって、性に関する正しい情報を提供するとともに、価値観を共感・共有しながら、性や生について一緒に考え、自己決定を支えていく相談（カウンセリング）活動です。活動に参加するピアカウンセラーは、ピアカウンセリングの理論とスキル、およびセクシュアリティについて、規定のプログラムを受講した若者です。

活動の主体は、対象となる若者とピアカウンセラーです。しかしその出会いの場と、両者が活動しやすい環境をつくるためには、県や市町村の行政関係者、教育委員会や学校などの教育関係者、父兄や地域の関係者など、多職種・多機関の連携が必要です。福島県におけるピアカウンセリング活動は、図1のような実施体制で行われています。

当看護学部のピアカウンセリング・サークル「Deer Peer（親愛なる仲間達）」の活動は、二

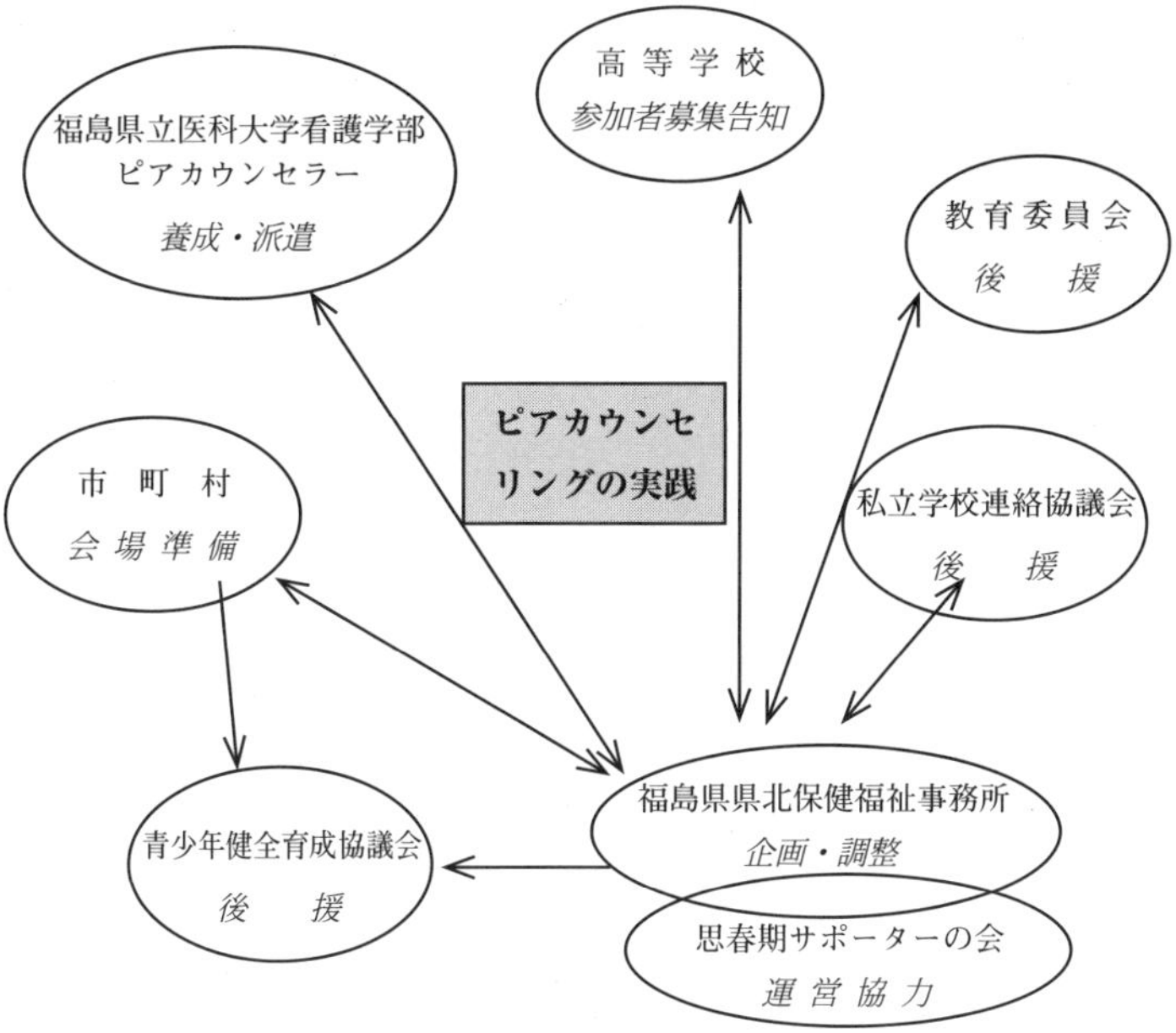

図1　実施体制

〇〇〇年度から始まりました。

主な活動の内容は、個人を対象とした「ピア・スペース」と、小集団を対象とした「若者のためのセクシュアリティ講座」（表1）です。

「ピアスペース」は、思春期の若者が気軽に立ち寄り、ピアカウンセラーとの交流や相談の場を設けたいという、福島県県北保健福祉事務所の企画で、二〇〇三年八月から始まりました。現在は福島市の中心地にある、市の公共施設の一室を利用して、毎月一回、第二土曜日の午後に実施しています。この他に高校等からの依頼を受けて「出前ピアスペース」を数回実施してきました。

ピアスペースは、個人を対象とした取り組みですが、二、三人で来室することが多く、性に関することだけでなく進路や、部活動、友人関係などさまざまです。中に妊娠してしまったという相談もありました。対応としては、訪れた若者自身が、そのことに対して今どのように感じているかを十分聴くようにしています。若者自身が、話すことで、どのようにしたいのかに、自ら気づくことができます。必要に応じて待機してい

表1　若者のためのセクシュアリティ講座の内容

【With Peer 目を閉じて…あなたを思い、わたしを思い、ともに生きること】

時間	項　目	内　容
午前	オープンエクササイズ	1．ゲ　ー　ム
	自分を見つめる	1．私は何色？あなたは何色？ ❶自分の色をイメージして書く ❷グループメンバーの色をイメージして書く ❸グループで伝え合う
	“あなた”を思う	1．“あなた”をイメージ ❶“あなた”をイメージする ❷イメージした人を出す（グループで） ❸“あなた”は自分にとってどんな人か話してもらう（グループで）
	前半のまとめ	
午後	好　き	“あなた”を思う、から… ↓ 「さっき、彼氏・彼女が好きという人もいたけれど…」 1．どんな人が好き？（グループで） 2．好きな人と何したい？（グループで）
	性の3つの特徴	好きな人と何したい？から… ↓ 手をつなぎたい→連帯性 他に→快楽性 産み育てる→生殖性
	事例（妊娠した高校生）	事例を読み 1．どうすればこのような結果にならなかったのか？（グループで） 2．相手はどのように思っているか？（グループで）
	避　妊	「産む」または「産まない」悩まないために… 1．避妊具の説明 2．コンドームスキル 3．その他 緊急避妊法等
	S　T　D	1．STDについて 2．予防にはコンドーム 3．避妊具とコンドームの併用を
	コンドームネゴシエイト	1．自分はコンドームをつけたいと思っているが、そのことをどのように相手に伝えるか？（グループで）
	全体のまとめ	

る保健師や養護教諭などの、専門相談員に対応してもらうこともあります。

二〇〇三年八月から〇四年二月までの来場者数は、若者本人が七一名、関係者・保護者一八名でした。

「若者のためのセクシュアリティ講座」は、性に関する正しい情報を提供するとともに、グループ討議を取り入れながら、参加した高校生や若者自らが考え、それぞれ主体的な意思決定ができるようにするものです。この講座は二〇〇〇年度から毎年一～二回、市町村の公民館等で実践しています。

この講座の準備には、約二カ月間かかります。

まず自分たちが高校生や若者に伝えたいことは何かを議論し、テーマを決定します。言葉は同じでも、その言葉に込められたピアカウンセラー一人ひとりの思いは異なるため、何度も話し合いながら伝えたい思いを共有していきます。表1は二〇〇四年二月に実施したプログラムの内容です。

この講座には、中学生や高校生二六名の参加がありました。講座終了後のアンケートには、「はじめは緊張していたが、楽しかった。」、「参加してよかった。」、という感想とともに、「自分の知らないことばかりで、知ってるつもりがぜんぜん分かっていなかった」、「来なかったら知らなかったことがとても多かったので、来て本当によかった」、と性に関する知識の不足や、曖昧な性情報をもっていたことに気づいています。また「いろいろ意見を聞けてとても勉強になった」、「いろいろな人の考えを聞くことができてよかった」、「もっといろいろな人の意見が聞きたい」というように、同じ仲間と話し合うことで、一人ひとりいろいろな考えを持っていることに気づいた喜びを表現しています。さらに「SEXは愛だけでは語れない」、「相手のことをもっと考えるということが今後に活用できそう」など、相手への思いやりにも気づいています。そして「改めて自分を考え直すことができた」、とか「〝やるな！〟というおとなと違って、なるべく被害を避ける方法を説明してくれたから、身近に感じました。」など、性を自分自身のこととして考えることの大切さに気づいています。

セクシュアリティ講座は、若者のためのプログラムですが、そのプログラムを展開するピアカウンセラー自身の学びの場でもあります。実践を企画した二年生の一人は、この時のプロセスを振り返り次のように述べています。

「私は今回初めてこの講座に参加したのですが、参加して感じたことは高校生たちに対して伝えたいことを伝える難しさやまた説明する難しさを感じました。今回の講座までに同じ二年生と毎日毎日夜遅くまで話し合い、何度も内容や台本を作り直し、当日に向けて準備を行っていたのですが、いざリハーサルを行ってみると、自分達が伝えたいことがいまいちはっきりと伝わらず、本番当日の朝になってやっと出来上がるという状態でした。この講座の内容を作る際に、常に自分達が伝えたいことは何なのか？テーマは？ということに注意して話し合いを繰り返し、メンバー全員が共通理解をしていたため、高校生たちに私達が伝えたいことを伝えることができたと思います。また、私は今回性感染症（ＳＴＤ）の説明を行ったのですが、高校生の反応を見つつ、正確な情報を伝えていくためには、まず自分自身が情報をきちんと理解し、自分の言葉として説明できるような状態にしておく重要性を感じました。

最後に、参加者の講座後のアンケートに、〝改めて自分を考え直すことができた〟、という意見がありましたが、私自身今回この講座に参加し、講座内容を考えていく際に同じメンバーでも自分とは考えが違うことを知り、その考えを聞き、自分の考えを振り返ることで、自分の考えをより深め、自分を見つめなおすよい機会になりました。」

（看護学部三年　Ａ・Ｍ）

このように、思春期のピアカウンセリング活動は、同世代の若者による、若者のための相談活動です。ピアカウンセラー自身も、思春期から青年期への移行期にあり、ピアカウンセラーにとっても、性＝生の自己決定能力と、人間としてのコミュニケーション能力を高める場となっています。以下はピアカウンセラーとして活動している学生の、サークル活動を通しての学びと今後の抱負です。

「私が養成講座を受けてピアカウンセラーとなってから一年と少しが経ちました。様々な活動を通して高校生や保健福祉事務所の方などとお話したり、カウンセリングスキルを学んだり、性に関する知識を学んだりと、とても貴重な経験が出来たと思います。

ピアカウンセリングは相手の気持ちに沿って、相手の問題解決能力を引き出していく方法です。つまり、ピアカウンセラーは表面上の会話や行動だけを見るのではなく、その根本に注目して考えるのです。これが意外と難しく、様々なスキルや経験を要します。しかしこの考え方は、日常における「思いやり」にも繋がることだと思います。例えば人を不快にさせる言動をする人に対して、「この人は嫌な人だ」と決め付けるのではなく、「この人はどうしてこんなことをするのか、どう思って行動しているのか」と考えることで、その人の本当の問題に気付いたり、違った見方が出来たりするかもしれません。ピアカウンセリングの考え方は、特定の場所（カウンセリングの場など）だけで使うのではなく、日常で人と接するときに少しでも心に留めておくことで、よりよい人間関係を築くことにも役立つはずです。

ピアカウンセリングは社会的にも、またカウンセラー自身にも非常に有益だと思います。今後は、メンバー全体の知識や経験をより豊かにし、もっと積極的な活動を行なっていきたいと思います。」

（医学部二年　A・N）

「ピアとして活動してきて、二年半が経ちました。これまで、本当にいろいろなことがあったように思います。話し合いがうまく進まず苦しんだこと、意見がぶつかり合って泣いたこと、高校生との接し方に悩んだこと、一緒にやってきた仲間に支えられ自分自身の生き方について少しずつ見出すことができたことなど、つらいことも楽しいこともたくさんありました。これまでを振り返って思うことは、活動を通して私自身が大きく成長できたなぁということです。ピアの活動は保健福祉事務所の方や高校の先生などの大人から、高校生といった幅広い年代の人たちと関わることができます。大人たちが考えることと、高校生が感じていること、そして自分たちが思うこと、というようにいろいろな考え方に触れることができるので、その分自分自身の視野も広げて来れたように思います。その中で私は、一人一人が違う感じ方、考え方をしていて、それを大切に接していくことが大切だと思っています。ピアとして高校生に関わるとき、私たちはいつも高校生の自己決定の過程を大切にするよう心がけています。私と違う考え方や感じ方をしていても、それが自分で決めたことなら間違っているわけではなく、その気持ちを尊重しようとする姿勢がピアでは大切だと思います。時代の流れや風潮は、私が高校生だったころより微妙に変わってきており、話題のズレで悩んだりすることもありますが、ピアの活動を通して、時代が変化しつつあっても、今、その高校生が何をどう感じているのかに着目して理解しようとすることが必要であると感じています。」

（看護学部三年　A・Y）

【石田　登喜子ほか（福島県立医科大学　ピアカウンセリング・サークル「Deer Peer」）】

正式名称　福島県立医科大学ピアカウンセリング・サークル「Deer Peer（親愛なる仲間達）」
所在地　〒960―1295　福島市光が丘1番地　福島県立医科大学看護学部
連絡先　右に同じ（担当　石田登喜子、長島彩子）
TEL／FAX　〇二四―五四七―一八五四
E-mail　ishida@fmu.ac.jp
主な活動　・「若者のためのセクシュアリティ講座」：一～二回／年
・「ピア・スペース」：毎月一回、第二土曜日13：30～16：00
福島市「ウイズもとまち」
・「出前ピア・スペース」：高等学校等からの依頼による
一言PR　私たちは親や学校の先生たちよりも高校生や若者に近い存在として、同世代の仲間という意識をもって活動しています。活動の中で私たちは、高校生や若者が今考えていることや、彼らの気持ち、意思決定を尊重できるように関わっています。高校生も若者も私たち自身も、楽しみながら、その中で自分自身のことをもっと深く見つめていくことができたらいいな、と思っています。

19 介護＋子育ち支援：三世代交流共生住宅
— 痴呆[*1]老人力を子育ちに生かす〔社会福祉法人 自立共生会　ひかりの里〕

人間が生殖能力を失った老人になっても生きながらえるのは、子育てに老人が大切な役割を果たしてきたからだという説があります。しかしながら、現在の日本では、核家族化が進行し、子育て等に経験豊富な老人の知恵が親・子どもに伝わらなくなり、家庭の養育力が低下してきています。われわれは、二〇〇一年より留守家庭児童の「生活の場」となるべき学童保育を併設するグループホーム、二〇〇三年度より託児機能を持つ宅幼老所を開設し、痴呆老人力を子育てに生かすことに取り組んでいます。

① 地域（桑名市）の概況

桑名市（人口約一一・一万人、高齢化率一七％）は、三重県の北端で、愛知県、岐阜県に接しています。市は、（A）江戸時代からの宿場町、城下町から発展した「古くからの桑名」、（B）昭和になってから桑名市に併合された「農業、工業地域」、（C）二五年前から都市開発された「西部丘陵地域」、に三分されます。ウエルネス医療クリニックとひかりの里（グループホームと放課後児童クラブ「パンの木」）は、西部丘陵地域の東端にあり、大山田団地（人口約二・五万人、高齢化率七・六％）の東の入口にある新西方団地（人口約二三五〇人）に位置して

一緒にゲーム・・・末期ガンを吹き飛ばす！

将棋では、飛車を斜めに動かし王手することも

います。桑名市では、グループホームや老人・障害者の福祉施設は住民の反対運動にあうこともあり、地価の安い街外れ等、人のあまり住まない所に建てられがちです。

「ひかりの里」建設に際しても、一部住民により「ボケた老人の顔が窓から見えたり、近所を徘徊されると住環境が悪くなり地価が下がる」と二〇〇〇年反対運動にあいました。自治会の求めに応じ説明会を行いましたが、「責任能力がない痴呆老人による住民の被害は誰が補償するのか」「建設を白紙にしないと話し合いに応じない」と要求されました。弁護士との相談の上、しぶる建設会社の尻を押し着工に踏み切り、多少の嫌がらせは受けましたが自治会（新西方三丁目）役員が交代後、共存に協力的になりました。「ひかりの里」竣工後は特に苦情もなく、二〇〇二年度自治会に入会。二〇〇三年度より、自治会の広報置き場も「ひかりの里」一階に移り、三丁目自治会役員会も児童クラブ「パンの木」の場所を使用するなど自治会・住民の態度は様変わりしました。

幼老複合施設の「ひかりの里」の評判が良かったので、二〇〇三年「宅幼老所・グループハウス」として「くわなの宿」を開所。「くわなの宿」は、江戸時代からの宿場町だった「古くからの桑名」の旧東海道沿いの街中にあり、釘を使わない木造商家（店舗付き住宅）を改装しました。一階はお泊りのできるデイサービスに、託児・学童保育を併設しています。新築でないため、建設の許認可がいらないこともあり、反対運動もありませんでした。「街を少しでも賑やかにしてほしい」と、空洞化する旧市街の活性化を期待する町内会の住民も多いのです。

「子育て支援」のつもりで一九九六年より始めた学童保育は「子育ての手抜き支援」になりがちでした。カップメンと娯楽で育てられ、弱いものいじめはするが、宿題はしない子どもたちを「生活の基礎ができるよう」に導くのは、極めて困難であり、学級崩壊を立て直すのと同等のエネルギーを要しました。しかし、いじめ対策に苦慮していた時に、子どもを複数の目が届くところで過ごさせるよう、高齢者の力を借りることを思いつき、学童保育併設のグループホームを建設。二〇〇一年の六月より運営を始め、痴呆性高齢者の能力を子育てに生かすことに取り組むことができるようになったのです。

② 痴呆性高齢者と児童の交流のしかけ（計画交流）

痴呆対応型共同生活介護のグループホームに学童保育専用室を併設し、さらに中庭を共有できるようにしながら、保育・子育て経験のあるケアスタッフを主に配置するなど、高齢者と子どもが日常的に交流できてなじみの関係が築けるように、さまざまなしかけや工夫をほどこしました。

例を挙げると次のようなことです（見取り図参照）。

① 思いで療法として、かまどに薪をくべて作るごはん炊き
② 中庭の農園（畑）での野菜作り、草むしり
③ 食事を共同で作ること（休校日）、一緒に食べること
④ 手作りおやつ
⑤ 一緒に遊ぶこと（伝承遊び、将棋、カルタ、トランプ、風船ボールなど）
⑥ 合同誕生会（毎月、《パンの木》とグループホーム一階のお年寄り）
⑦ 合同音楽療法（《パンの木》とグループホーム一階～三階のお年寄り）

《ひかりの里》　1階見取図

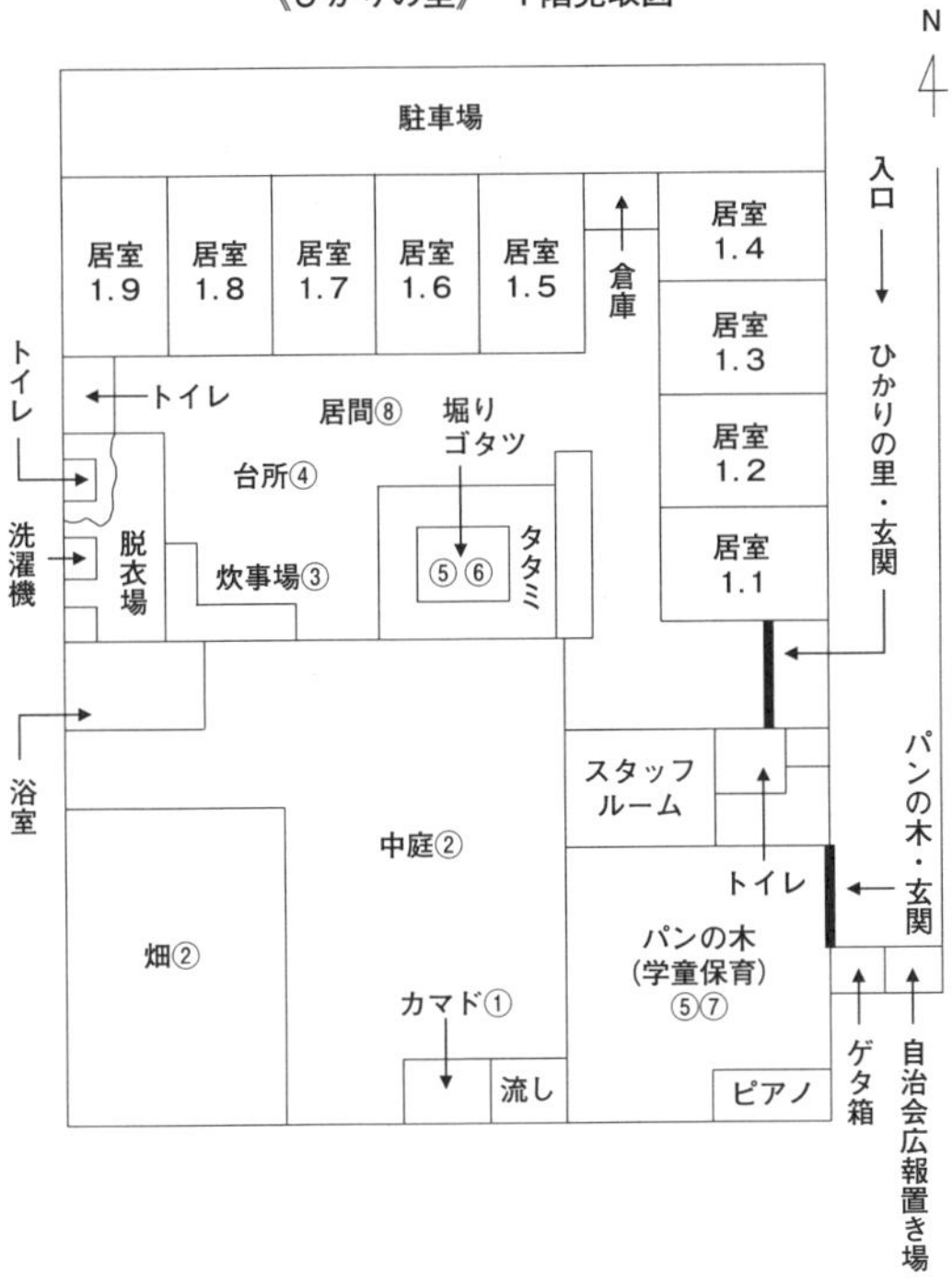

⑧ 学童保育の保育士がいない早朝（午前八時三〇分まで）や夕刻以降（午後五時三〇分から）はグループホームの居間で子どもを受け入れる
⑨ 一緒に散歩に行く
⑩ 一緒に合同行事に参加する（運動会、七夕、夏祭り、餅つき、クリスマス会、花見など）

さらにスタッフが次のような工夫も行いました。

⑪ 宿題、学習を一緒にすること
⑫ 体操、リハビリ、昼寝を一緒にすること
⑬ 悪いことをした子どもをお年寄りに叱ってもらうこと
⑭ 掃除を一緒にすること
⑮ 老人介護を子どもに手伝ってもらうこと

③食事作り　食事作りは高齢者と児童が一緒に作業をする中で自然と関わりが芽生えやすいものです。かつ、食事作りは高齢者が先生になりやすい場面（助言・注意）が多くあります。以前、ウエルネス児童館の児童クラブ《パンの木》では、学校給食の無い日を弁当持参日にすると全員がカップメンを持参することが多かったのです。親が弁当を作らないなら、子どもたちだけでも将来食事を作れるようにと、休校日は児童館で昼食を作ることにし、子どもたちに手伝わせるように誘導しました。しかし、家事が不得意な指導員、子どもを教えるゆとりのない指導員などもいて、うまくいかないことも多くありました。そこで、児童クラブを《ひかりの里》の一階へ移転後、休校日に高齢者と子どもが共同で食事を作り、職員がサポートするようにしました。

④手作りおやつ（交流の第一歩）　以前、ウエルネスのデイケア、デイサービスではリハビリを兼ねて週に一～二回、お年寄りにおやつを作ってもらい、ウエルネス児童館での手作りおやつと交換したりしていました（週の半分は手

作りおやつ）。しかし、「トイレの後きちんと手を洗わないお年寄りのおやつは食べる気がしない」という職員や、「クン、クン、クン、・・・・年寄りくさい臭いがする」とからかう児童などもいて、いろいろ抵抗もありました。しかし、《ひかりの里》ではなじみの関係をつくる交流の第一歩となり、抵抗もありませんでした。時間が合えば、一緒におやつを作っています（くわなの宿でも）。おやつ作りは、三歳以上の子どもならほぼ誰でも参加でき、老人と子どもの交流も自然とできます。しかし、たまに行う老人ホーム等のイベント交流では、老人の作ったものは「きたない」と言って食べない職員や子どもがいることを多々耳にします。

⑪学習・宿題（痴呆性高齢者は優秀な先生）　以前、学童保育の子どもたちは、「宿題なんか無理、学習障害児の集まり」と元教員の指導員らに見放されていました。一方、帰宅願望が強く、理屈っぽいＩＨさんなどは、児童の宿題や勉強の面倒を見ることができ、その間は帰宅願望がおさまりました。教えることが上手なＩＲさんは子どもたちに「Ｉ先生！」と慕われていました。ただし、算数の解答については、痴呆性高齢者は間違ってしまったりするので、子どもたちは高齢者にわからないように気をつかって直したりするようです。また、一桁の足し算が十分できない児童もおり、計算力が落ちたお年寄りは良い学習相手となります。

⑤遊び（伝承遊び、将棋、カルタ、トランプなど）　子どもを消費者として位置づけるテレビ番組やゲームなどの娯楽を上回る面白い遊びを日々行うことは困難です。しかし、将来を担う子どもたちを単なる娯楽の〝奴隷〟にするわけにはいきません。暇のあるお年寄りの中から子どもたちと一緒に遊べる人を見つけ、それが遊びを豊かにする活動となりました。多様な価値の創造につなげることが狙いです。

③ しつけ（痴呆性高齢者はしかり上手、ほめ上手）

しかること（老人は子どもをしかると元気になる） 学童クラブ《パンの木》は《ひかりの里》へ移転後、以前のような弱いものいじめ（小さい子、新入生、弱点をもつ指導員をいじめること）はなくなりました。しかし、行儀の悪い子はいます。それが老人に意外な効果を与えることに気がつきました。老人はスタッフにしかられると、「わしはだめだ」と自信をなくしますが、子どもをしかると元気になります。たいがいの高齢者は、悪いことをする子どもの前では背筋を伸ばし、「あんた、そんなことでは・・・」としかり、親の役になります。スタッフの言うことを聞かない子どもも、真剣にしかる老人の前では素直に言うことを聞きます。

ほめること（子どもはほめられるとやる気が出る） どんな小さなことにしても痴呆性高齢者は上手に褒めてくれます。子どもたちは自信がつき、やる気が出ます。痴呆性高齢者はしかるときは本気でしかります。

落ち着きがなく、しつけができていない「どもならん子」たちに宿題をさせること（教員たちが不可能と言ったこと）が、なぜ痴呆性高齢者にできるのか？

① 騒いでいる子を「本気でしかり」机に座らせる
② 机に座って落ち着くまで見守る
③ できているかチェックをして、できていればほめる

よくできましたと拍手するお年寄り

本を読む子ども

この三点が秘訣と思われます。

④　子どもの親からの評価

ひかりの里建設時に近隣の住民から「ボケた老人の姿が見えるのはイヤだ」「窓を付けるな」などと、地域から排除すべき存在かのようなことを言われました。その影響もあり、ひかりの里で痴呆老人と交流する子どもたちやその親たちから何を言われるか分からないと心配していました。しかし、蓋をあけてみると子どもたちの親からの評判はすこぶる良かったのです。ひかりの里二、三階の入居者の家族からも子どもたちとの交流の要望が出るようになり、院内保育の乳幼児との交流が始まっています。

子どもの親たちの感想

- 最近は核家族化の影響で人間関係が希薄になっています。うちの子は一人っ子で、お年寄りとの接点があまりありません。子どもが、《ひかりの里》でお年寄りにどのように接してもらっているのかを実際に見ていないので、具体的な様子はわかりませんが、いろいろな世代の人達との交流は子どもにとって良い人間関係をつくるトレーニングになると思います。（母親　ＹＭ）
- 親に時間が取れず、まだまだ子どもたちだけではさせられない台所の作業も、お友達やお年寄りといっしょなので安心です。子どもたちもいろいろな経験をすることが大切な時期なので、ありがたいと思っています。（母親　ＫＭ）
- ピアノにとても興味を持っていて練習をしています。《パンの木》で子どもがピアノを弾いていたところ、家で教えたことが少し違っていたようで、ピアノの得意なお年寄りに教えてもらったそうです。家に帰って早速、得意げに弾いてくれました。（母親　ＨＡ）
- 宿題も親だと、「何でわからないの！」とヒートアップしてしまいます。その点、ほかのお友だちやお年寄りのみなさんに教えてもらうと、子どもも親も穏やかに過ごすことができてよいのではないかと思います。（母親　ＫＭ）
- 核家族で暮らしているので、日ごろ、お年寄りとの交流はあまりありません。子どもがお年寄りのところへ行ってどんなことをしているのか、具体的なことは母親の私ではよくわかりませんが、勉強などを見てもらうことをとても楽しそうに話してくれます。効果はすぐに目に見えるわけではありませんが、子どもにとっては貴重な体験になっていると思っています。（母親　ＫＨ）

●恵理はお年寄りといっしょに将棋をして、とても楽しいようです。家では一番弱い恵理も、この日は「二勝二敗だったよ！」と大喜び。恵理は「こんな交流がまたあればいいな」と言っています。（母親　ＫＴ）

●子どもたちはお年寄りと将棋をするのが楽しいようです。将棋を覚えたての光一郎にとって、やっと対等に真剣勝負で戦える相手が見つかったようです。真帆里はお年寄りのＭさんと将棋をしたら、「飛車が斜めに動いて負けちゃった」と悔しそうに話します。変則ルールを受け入れられることは、すばらしい子どもの成長と思います（父親　ＭＴ）

●はじめの頃、娘はよく掘りごたつの下にもぐって遊んでいたようです。我が家の場合は、両親ともフルタイムで仕事をしているので、長い時間お世話になっていますが、《ひかりの里》のお年寄りやスタッフの方がいらっしゃると思うととても心強いです。今後ともよろしくお願いします。（母親　ＭＹ）

●子どもを《パンの木》に入れる前は大丈夫かと心配していましたが、「春休みや、運動会や、公園や、パン屋さんへ買い物してとても楽しかった」というのを聞き安心しました。おやつの時間はお年寄りといっしょに食べて、「好きなおやつの時と苦手なおやつの時がある」と言っていました。（母親　ＫＮ）

⑤　子どもたちの変化

学童の変化　指導員をからかい悪態をつく子どももまだ若干いますが、以前の「宿題はしないが弱い者いじめはする状態」からは立ち直りました。

①　宿題をしてから遊ぶ習慣がついた（全員）
②　挨拶ができるようになった
③　半分以上の子どもが食事を作れるようになった（包丁さばきがすばらしい子どもも数人いる）
④　気遣い出来る子どもが増えた（お年寄りの体調が悪い時は騒がないようにしたり、ぶつからない様にスピードを加減するなど）

⑤　職員を驚かせるような、すばらしい高齢者ケアを「ごっこ遊び」としてできる子どもが出現した（徘徊するお年寄りに対して「タイホごっこ」など）

⑥　少なくとも表面上は弱い者いじめは無い。集団での暴力行為も全く見られなくなった。

乳幼児の変化　お年寄りを最初は怖がって泣いていましたが、交流を一ヵ月〜三ヵ月続けると慣れてきて、お年寄りの名前を呼んで手を振り、抱きつく子どもが増えました。名前を呼ばれるとお年寄りも感激して、生きがいや生活に張りが生まれるようになりました。

以上、お年寄りは痴呆になってもすばらしい能力をもっている人が多く、それを子育てに生かすことは、少子高齢化対策の一つの切り札となりえます。また、障害をもったお年寄りと日常生活を共にすることで、子どもたちはお年寄りのことを心配したり、プライドを傷つけないように接する術を自ら学び成長します。教えてもらったことが間違っていても、話がトンチンカンでもうまく対応するようになるのには驚かされます。まさに、子育ち支援を、一石三鳥以上の効果でもってわれわれは実践していることを実感しています。

【多湖　光宗（社会福祉法人　自立共生会　ひかりの里）】

＊1　本原稿では「認知症」ではなく、「痴呆」という用語を使用した。

正式名称　社会福祉法人　自立共生会　ひかりの里
所在地　〒511–0863　三重県桑名市新西方三丁目一八七番地
TEL　〇五九四–二三–九二九二
FAX　〇五九四–二四–六九一四
連絡先　右に同じ（理事長　多湖光宗　施設長　中井佐保子）
機関誌・出版物　・多湖光宗編著『痴呆老人力を子育てに生かす』社会福祉法人　自立共生会、二〇〇三年

資料編

本編は、『子育ち学』の理念である①臨床学であること、②実践学であること、③学際学であること、④発達論的視点にたつこと、の視点に基づき、六名の若手研究者によって資料の収集にあたった。内容、量ともに多岐にわたり、すべてを網羅することは紙数の関係もあり困難を極めた。

また、一九九六年刊行の『子どもの地域生活と社会教育』（学文社）、二〇〇〇年刊行の『子育ち学へのアプローチ』（エイデル研究所）、二〇〇二年刊行の『子どもの豊かな育ちと地域支援』（学文社）である程度資料が整理されていることから、本編では、おおむね二〇〇二年以降の「文献・論文等」「年表」、「主要法律」の三点について掲載した。なお、前巻で取りこぼしたもので重要と思われるものについては収載した。

特に、文献・論文編は、研究の基礎的資料としてはもとより、今後の実践活動に役立つと思われる主なものを挙げた。収集漏れや分類についても不適当な点が多々あると思うが、適時ご指摘いただければ幸いであり、読者の皆さんのご協力により、さらに完成されたものになることを期待している。

一．文献・論文

① 子ども研究関連

・芹沢俊介『子どもたちはなぜ暴力に走るのか』岩波書店、一九九八年
・本田和子『変貌する子ども世界』中公新書、一九九九年
・本田和子『子ども一〇〇年のエポック―「児童の世紀」から「子どもの権利条約」まで―』フレーベル館、二〇〇〇年
・村山士郎＋大東文化大学文学部教育学研究科村山ゼミナール編著『激変する日本の子ども：子どもデータバンク』桐書房、二〇〇〇年
・中西新太郎『思春期の危機を生きる子どもたち』はるか書房、二〇〇一年
・「特集・暴発してしまう若者」『教育と医学』第四九巻二号、慶應義塾大学出版会、二〇〇一年
・小島新平『子どもの人間学』晃洋書房、二〇〇一年
・増山均「子ども観・文化観の貧困―三一条からみた第二回政府報告書批判」『季刊人間と教育』第三四号、旬報社、二〇〇二年
・杉本厚夫『自分のことは自分でしない　子どもの臨床社会学』ナカニシヤ出版、二〇〇二年
・宮本みち子『若者が《社会的弱者》に転落する』洋泉社、二〇〇二年
・小川博久「児童学の射程をさぐる：『児童（子ども）研究』の統合可能性」『日本女子大学大学院紀要　家政学研究科・人間生活学研究科九』二〇〇三年
・清川輝基『人間になれない子どもたち』枻出版社、二〇〇三年
・増山均『余暇・遊び・文化の権利と子どもの自由世界～子どもの権利条約第三一条論～』青踏社、二〇〇四年
・一番ヶ瀬康子・小沼肇編、日本福祉文化学会監修『実践福祉文化シリーズ第二巻　子どもと福祉文化』明石書店、二〇〇四年
・日本子どもを守る会　健康福祉委員会『未来シリーズ五　子どもの「からだと心」の異変・元凶をさぐる』日本子どもを守る会、二〇〇四年
・瀧井宏臣『こどもたちのライフハザード』岩波書店、二〇〇四年
・中西新太郎『若者たちに何が起こっているのか』花伝社、二〇〇四年

② 社会教育関連

・白井愼監修、小木美代子・姥貝荘一・立柳聡編『子どもの豊かな育ちと地域支援』学文社、二〇〇二年
・日本社会教育学会編『子ども・若者と社会教育―自己形成の場と関係性の変容―』日本の社会教育第四六集、東洋館出版社、二〇〇二年
・増山均「子どもの権利と社会教育―子どもの権利条約が提起する課題―」日本社会教育学会五〇周年記念講座刊行委員会編『現代

的人権と社会教育の価値―講座現代社会教育の理論Ⅱ―』東洋館出版社、二〇〇四年

③ 地域づくり（学地連携、生活体験等を含む）

・ロジャー・ハート著、木下勇・田中治彦・南博文監修／ＩＰＡ日本支部訳『子どもの参画―コミュニティづくりと身近な環境ケアへの参画のための理論と実際』萌文社、二〇〇〇年
・住田正樹『地域社会と教育―子どもの発達と地域社会―』九州大学出版会、二〇〇一年
・大橋保明「学校教育と社会教育の協働―公民分館活動を軸に―」『日本社会教育学会紀要』No.37、二〇〇一年
・佐藤一子『子どもが育つ地域社会　学校五日制と大人・子どもの共同』東京大学出版会、二〇〇二年
・朝倉景樹編著『子ども・若者の参画―Ｒ・ハートの問題提起に応えて』、萌文社、二〇〇二年
・「特集／教育の危機からあらたな共同・協同へ」『教育』六八八号、国土社、二〇〇三年五月号
・喜多明人・荒牧重人・森田明美・内田塔子編『子どもにやさしいまちづくり自治体子ども施策の現在とこれから』日本評論社、二〇〇四年

④ 教育改革関連（五日制問題を含む）

・池上洋通、久富善之、黒沢惟昭著『学校選択の自由化をどう考えるか』大月書店、二〇〇〇年
・「【特集】総批判・教育改革国民会議」『季刊人間と教育』第二九号、旬報社、二〇〇一年
・「特集／検証―学校評議員制度と学校協議会」『教育』六六四号、国土社、二〇〇一年
・「【特集】地域と学校の再生　社会教育との共同を築く」『月刊社会教育』五六〇号、国土社、二〇〇二年六月号
・「特集／東京の教育はどうなっているのか」『教育』六七九号、国土社、二〇〇二年八月号
・「特集　教育基本法改正論議と教育改革」『季刊教育法』一三二号、総合労働研究所、二〇〇二年
・佐貫浩『イギリスの教育改革と日本』高文研、二〇〇二年
・苅谷剛彦『教育改革の幻想』ちくま新書、二〇〇二年
・「特集／学校五日制・絶対評価　一年目の検証」『教育』六八五号、国土社、二〇〇三年二月号
・「特集／なぜ、いま教育基本法の改正か」『教育』六八七号、国土社、二〇〇三年四月号
・「特集　教育基本法改正の焦点」『季刊教育法』一三六号、総合労働研究所、二〇〇三年
・堀尾輝久、浪本勝年、石山久男編著『今、なぜ変える教育基本法Ｑ＆Ａ』大月書店、二〇〇三年
・「【特集】学校統廃合とたたかう」『季刊人間と教育』第四二号、旬報社、二〇〇四年
・「特集／グローバル時代の教育科学」『教育』七〇〇号、国土社、二〇〇四年五月号
・「特集／教育基本法『改正』批判」『教育』七〇六号、国土社、二〇〇四年一一月号
・ジェフ・ウィッティ著／堀尾輝久・久富善之監訳『教育改革の社会学：市場、公教育、シティズンシップ』東京大学出版会、二〇〇四年
・乾彰夫「東京都の教育改革―分権改革下における教育と教育行政の専門性・自律性をめぐって」『教育学研究』第七一巻第一号、二〇〇四年
・堀尾輝久・小島喜孝編『地域における新自由主義教育改革：学校選択、学力テスト、教育特区』エイデル研究所、二〇〇四年
・斎藤貴男『教育改革と新自由主義』、子どもの未来社（寺子屋新書）、二〇〇四年

⑤ その他教育関連

・「特集／教育の公共性のゆらぎ」『教育』六七六号、国土社、二〇〇二年五月号
・「【特集】学力問題に挑む」『季刊人間と教育』第三三号、旬報社、二〇〇二年

・石戸教嗣「公共圏としての学校のシステム論的再編―アレンとの『見捨てられた境遇』からルーマンの『尊厳』へ―」『教育学研究』第六九巻第二号、二〇〇二年
・「特集・世界の幼児教育」『教育と医学』第五一巻二号、慶應義塾大学出版会、二〇〇三年
・「特集／ナショナリズムの現在と教育の問題」『教育』六九八号、国土社、二〇〇四年三月号
・稲垣恭子「市場化する社会における子どもと学校空間の変容」『社会学評論』五四(四)、二〇〇四年
・紅林伸幸「学校の自律性に関するシステム論的検討―学校は教育の責任主体たりうるか―」『教育学研究』第七一巻第二号、二〇〇四年
・J・Sブルーナー著／岡本夏木・池上貴美子・岡村佳子訳『教育という文化』岩波書店、二〇〇四年
・「特集／「ニート」……過保護な若者？無保護な若者？」『教育』七一一号、国土社、二〇〇五年四月号

⑥ 子どもの組織論関連

・圓入智仁「戦前における海洋少年団の理念」『日本社会教育学会紀要』No.38、二〇〇二年

⑦ 居場所論

・馬居政幸『地域社会　新しいぼくたちの居場所』ポプラ社、二〇〇〇年
・田中治彦編著『子ども・若者の居場所の構想』学陽書房、二〇〇一年
・住田正樹・南博文編著『子どもたちの「居場所」と対人的世界の現在』九州大学出版会、二〇〇三年
・子どもの参画情報センター編『子ども・若者の参画シリーズⅠ　居場所づくりと社会つながり』萌文社、二〇〇四年

⑧ 子どもの権利条約関連

・子どもの権利条約総合研究所編『子どもの権利研究』創刊号〜No.6、日本評論社、二〇〇二〜二〇〇五年
・瀬戸則夫『子どもの人権弁護士と公的子どもオンブズ』明石書店、二〇〇三年

⑨ 福祉関連

・垣内国光・櫻谷真理子編著『子育ての現在：豊かな子育てコミュニティの形成をめざして』ミネルヴァ書房、二〇〇二年
・森田明美「地域福祉計画の策定プロセスと市民参加―子ども計画を手がかりにして―」『月刊自治研』第四四巻五一三号、二〇〇二年
・荒牧重人「自治体子ども施策と子どもの権利研究の課題」子どもの権利条約総合研究所編『子どもの権利研究　創刊号』日本評論社、二〇〇二年
・吉永省三『子どものエンパワメントと子どもオンブズパーソン』明石書店、二〇〇三年
・鈴木力編著『児童養護実践の新たな地平　子どもの自立支援と権利擁護を実現するために』川島書店、二〇〇三年
・竹中哲夫他編『「子どもの権利条約」時代の児童福祉①　子どもの世界と福祉［改訂版］』ミネルヴァ書房、二〇〇三年
・堀正嗣『子どもの権利擁護と子育ち支援』明石書店、二〇〇三年
・望月彰『Minerva 福祉専門職セミナー12　自立支援の児童養護論―施設でくらす子どもの生活と権利』ミネルヴァ書房、二〇〇四年
・島田修一「子どもの教育・福祉の権利考」『教育と福祉が築く地域文化』（研究所年報第二号）、社会教育・生涯学習研究所、二〇〇四年
・国際ソーシャルワーカー連盟編著　日本社会福祉士会国際委員会『ソーシャルワークと子どもの権利』筒井書房、二〇〇四年

⑩ 保育関連

・日本保育学会編『わが国における保育の課題と展望』世界文化社、一九九七年
・中山徹・杉山隆一・保育行財政研究会編著『幼保一元化―現状と

課題―』自治体研究社、二〇〇四年
・柏女霊峰／監修・全国保育士会編『全国保育士会倫理綱領ガイドブック』全国社会福祉協議会、二〇〇四年
・全国社会福祉協議会編『「保育の友」五〇年、これからの保育の未来を探る』全国社会福祉協議会、二〇〇四年
・加藤繁美『子どもへの責任―日本社会と保育の未来―』ひとなる書房、二〇〇四年
・柏女霊峰『次世代育成支援と保育―子育ち・子育ての応援団になろう―』全国社会福祉協議会、二〇〇五年

⑪ 児童館・放課後児童クラブ

・下浦忠治『学童保育』岩波ブックレット、二〇〇二年
・全国学童保育連絡協議会『学童保育の実態と課題―二〇〇三年版実態調査のまとめ―』全国学童保育連絡協議会、二〇〇三年
・渡部平吾『子どもの心を育てる学童保育と児童館―豊かな感性とやさしさを…―』ごま書房、二〇〇四年
・全国学童保育連絡協議会『学童保育　施設整備の手引き（二〇〇四年度改訂版）』全国学童保育連絡協議会、二〇〇四年

⑫ 子育て支援・子育ち支援

・駿河輝和・西本真弓「育児支援策が出生行動に与える影響」『季刊社会保障研究』国立社会保障・人口問題研究所、二〇〇二年
・池本美香「社会保障改革とこれからの子育て（特集）」『ぜんほきょう全国保育協議会』全国社会福祉協議会・全国保育協議会 第一〇八号、二〇〇二年
・厚生労働省政策統括官付社会保障担当参事官室「少子化をめぐる最近の動向（上）」『ねんきん』全国社会保険協会連合会 第四三巻第一一号、二〇〇二年
・社会経済生産性本部『子育て支援政策の今日的意義と課題福祉政策特別委員会専門委員会「子育て支援政策研究会」報告』社会経済生産性本部、二〇〇二年
・竹﨑孜『スウェーデンはなぜ少子国家にならなかったのか』あけび書房、二〇〇二年
・子育て支援環境づくり実践ハンドブック作成委員会『預かりとひろば子育て支援環境づくり実践ハンドブック』ＮＰＯ事業サポートセンター、二〇〇三年
・池本美香『失われる子育ての時間―少子化社会脱出への道―』勁草書房、二〇〇三年
・小木美代子「現代家族と子育て―ゆれうごく『近代家族』と社会的子育てシステム再創造の課題―」日本社会教育学会五〇周年記念講座刊行委員会編『現代的人権と社会教育の価値―講座現代社会教育の理論Ⅱ―』東洋館出版社、二〇〇四年、一八二～一九七頁
・「特集　子育て支援の今」『教育』七〇四号、国土社、二〇〇四年九月号
・郷地二三子『少子化地域における子育て支援』二〇〇四年、新読書社
・毎日新聞社人口問題調査会編『超少子化時代の家族意識―人口・家族・世代世論調査報告書第一回』毎日新聞社、二〇〇五年

⑬ いじめ・虐待関連

・日本子ども家庭総合研究所編『厚生省・子ども虐待対応の手引き（平成一二年一一月改定版）』有斐閣、二〇〇一年
・竹中哲夫「児童虐待問題と児童相談所」『総合社会福祉研究』第一八号、総合社会福祉研究、二〇〇一年
・芝野松次郎編『子ども虐待ケース・マネジメント・マニュアル―』有斐閣、二〇〇一年
・庄司順一『子ども虐待の理解と対応―子どもを虐待から守るために―』フレーベル館、二〇〇一年
・太田誠一他著『きこえますか子どものＳＯＳ―児童虐待防止法の解説―』ぎょうせい、二〇〇一年
・春原由紀・土屋葉『保育者は幼児虐待にどうかかわるか』大月書店、二〇〇四年
・日本子ども家庭総合研究所・厚生労働省『母子保健情報第五〇号―特集これからの子ども虐待防止を考える―』恩賜財団母子愛育会、二〇〇五年

⑭「子育ち・子育て」と文化・民俗

・松田道雄『駄菓子屋楽校—小さな店の大きな話・子どもがひらく未来学—』新評社、二〇〇二年
・川端有子・戸刈恭紀・難波博孝『子どもの文化を学ぶ人のために』世界思想社、二〇〇二年
・イェラ・レップマン著／森本真実訳『子どもの本は世界の架け橋』こぐま社、二〇〇二年
・多田千尋『遊びが育てる世代間交流—子どもとお年寄りをつなぐ—』黎明書房、二〇〇二年
・石井久雄「携帯電話で結ばれた青少年の人間関係の特質—『フルタイム・インティメート・コミュニティ』概念をめぐって」日本子ども社会学会編『子ども社会研究九号』ハーベスト社、二〇〇三年
・加藤理「『子ども』と『文化』の間のねじれ—児童文化研究の動向と行方—」日本子ども社会学会編『子ども社会研究九号』ハーベスト社、二〇〇三年、一二三〜一二八頁
・松澤員子・南出和余「文化人類学における子ども研究」日本子ども社会学会編『子ども社会研究九号』ハーベスト社、二〇〇三年
・川勝泰介「児童文化研究の立場から」日本子ども社会学会編『子ども社会研究一〇号』ハーベスト社、二〇〇四年、一一〜一六頁
・坂元一光「子どもの娯楽メディアにおける文化政治—表現と実践をめぐる大人／子どもの関係性—」日本子ども社会学会編『子ども社会研究一〇号』ハーベスト社、二〇〇四年、一〇三〜一一四頁
・深作拓郎「子どもの文化芸術活動の現状と課題」『埼玉純真女子短期大学研究紀要二一号』、二〇〇五年、七七〜八五頁

⑮子育ち・子育てのスポーツ

・大野木龍太郎「部活動の自治と地域再生を」『教育』六七二号、国土社、二〇〇二年一月号
・【特集】『総合型地域スポーツクラブ』もいいけれど……」『月刊社会教育』五五七号、国土社、二〇〇二年三月号
・「特集1　子どもの体力低下、いま何を考えるべきか」『体育科教育』五〇巻四号、大修館書店、二〇〇二年三月号
・「特集1　学校週五日制の現実」『体育科教育』五〇巻一四号、大修館書店、二〇〇二年一一月号
・永井洋一『スポーツは「良い子」を育てるか』生活人新書、二〇〇四年
・太田順暢『スポーツと教育　教育実践からの再考』近代文芸社、二〇〇四年
・「特集　子どもとスポーツ」日本発育発達学会編『子どもと発育発達』杏林書院、Vol2、No1、二〇〇四年
・「特集　スポーツをとおして、子どもに何を伝えるか」『体育科教育』五三巻一号、大修館書店、二〇〇五年一月号
・安倍大輔「福祉文化の視点から子どもの地域スポーツを考える〜スポーツ少年団に着目して〜」『福祉文化研究』第一四号、二〇〇五年
・野井真吾「今、子どものからだに何が起こっているのか」『体育科教育』五三巻二号、二〇〇五年二月号

【①〜⑦、⑮：安倍大輔（一橋大学大学院）】
【⑧〜⑬：長谷部真琴（東洋大学大学院）】
【⑭：深作拓郎（埼玉純真女子短期大学）】

二、子ども関係年表（二〇〇〇～二〇〇五・三）

	子ども政策・施策	社会情勢、国際的な動向、等	子どもトピック
二〇〇〇（H一二）	◆文部省：学校教育法施行規則の改正を発表 ◆厚生省：「健康日本21」 ◆厚生省：「健やか親子」一〇年計画策定 ◆中教審報告：「少子化と教育について」 ◇児童虐待防止法成立 ◆中曽根文相：国立大学等を独立行政法人化すると正式発表 ◆中曽根文相：中教審に「新しい時代における教養教育のあり方」を諮問 ◇改正児童手当法成立 ◆文部省：学校新生プラン策定 ◆文部省の協力者会議：「幼児教育の振興について」提言 ◆文部省二〇〇〇年度学校基本調査：不登校が小中学校で一三万人を超える ◇改正少年法成立（翌年施行） ＜一九四九以降初の抜本的な改正、厳罰化に重点、刑事罰一六歳以上から一四歳以上へ＞ ◆教育改革国民会議が最終答申：小中高での奉仕活動実施や教育基本法のも見直しを提言 ◇人権教育・啓発法　施行	◎国連人権委員会：少年兵禁止条約採択 ◎国連人権委員会「児童買春に刑事罰」など条約：合意 ◎G8「教育サミット」開催 ◎アメリカで「世界子どもサミット」開催 ●都：青少年条例を年度内改正へ ◎東京で「世界フリースクール大会」開催 ◎国連子どもの権利委員会が日本の教育に対し二度目の勧告 ●東京都品川区で全国初の学校選択制導入	■新潟県三条市の小学四年女子が連れ去られ、九年余りにわたる監禁事件で柏崎市の無職の男性容疑者が逮捕される ■名古屋市緑区、一五歳の無職少年三人が中学在学中に同級生から五〇〇〇万円脅し取ったとして逮捕 ■愛知県豊川市の主婦刺殺事件で高三男子逮捕 ■西鉄バスジャック事件、一七歳の少年逮捕 □「せたがやチャイルドライン」常設化 □川崎市で全国初の「子どもの権利条例」が成立
二〇〇一（H一三）	◆文科省：「二一世紀教育新生プラン」発表　奉仕活動推進、不適格教員転職などの法改正を国会に提出し、教育基本法見直しなどを中教審に諮問　「子どもゆめ基金」創設へ ◇DV防止法成立 ◇教育改革関連法案（地教行法、学校教育法、社会教育法の各改革案）成立 ◆男女共同参画会議：仕事と子育ての両立支援策を決定 ◆総務省二〇〇〇年国勢調査抽出速報：子ども人口比が老人	●小泉純一郎内閣発足　文部科学省に遠山敦子元文化庁長官が就任 ◎米国で同時多発テロ発生 ■兵庫県明石市の花火大会で見物人が将棋倒し、子ども九人を含め一一人が死亡 ◎第二回子どもの商業的性的搾	□映画「ハリーポッターと賢者の石」公開 ■大阪教育大学附属池田小学校に刃物を持った男が乱入、一・二年生八人を殺害、一五人に重軽傷を負わせる ●経済協力開発機構（ＯＥＣＤ）の生徒の学習到達度調査、

	人口を初めて下回る ◆文科省学校基本調査：不登校は過去最高の小・中学校合計で一三万四〇〇〇人◆国土交通省：安全な遊び場づくりで指針案提出 ◇改正育児介護休業法成立 ＜育児・介護休業の取得を理由とする不利益取扱いの禁止、措置義務の対象となる子どもの年齢が一歳未満から三歳未満へ引き上げ、など＞ ◆厚労省調査：二〇〇〇年度児童虐待で一時保護六〇〇〇件以上、自相が事実を把握しながら親の暴行で死亡した子ども一一人 ◆遠山文科相：中教審に教育基本法の見直しと教育振興基本計画の策定を一括諮問 ◇改正児童福祉法成立 ＜認可外施設に対する規制と監督の強化、保育士制度の法定化、保育の供給の拡大義務、など＞ ◆文科省省令改正：大学と大学院への飛び入学を規定 ◆厚労省全国児童福祉主幹課長会議、待機児童ゼロ作戦の推進策提示 ◇子どもの読書活動推進法成立 ◇文化芸術振興基本法成立	取に反対する世界会議が横浜市で開催	日本の読解力は八位、数学・科学は一位、二位 ■中一少女中国道転落死亡事故で兵庫県香住町立中学校教諭を監禁容疑で逮捕
二〇〇二（H一四）	◆文科相新方針：「ゆとり学習」から「確かな学力の向上」へ ◆完全学校週五日制と新小中学校学習指導要領開始 ◆中教審：「奉仕・体験活動の推進方策」「大学の新たなシステムの構築」の両中間報告 ◆総務庁統計局：「子どもの数」調査、一五歳未満は総人口の一四・三％ ◆厚労省二〇〇一年人口動態調査：出生率過去最低の一・三三人 ◆地方分権改革推進会議：義務教育国庫負担金を一般財源化するよう中間報告	◎「子どもサミット」が国連本部で開催（五月八日～一〇日まで）。はじめて各国から五〇〇人超える子ども参加。「子どものふさわしい世界」文書採択 ◎W杯日韓大会開幕（ブラジル優勝） ●愛媛県教委：「新しい歴史をつくる会」編の歴史教科書を新設中高一貫校で採択決定。	■東京都東村山市でホームレスの男性を集団で暴行死させたとして同市中学校二年の生徒三人が逮捕、一人補導 □国立ではじめて児童専門図書館である「国際子ども図書館」会館 □子ども劇場全国センター：「子どもに関する文化芸術振興」を提案 □「CAPプログラム」が日本

年			
	◆中教審：奉仕・体験活動推進方策を答申 ◆文科省学校教育基本調査：不登校が小・中学校計で一三万九〇〇〇人 ◆中教審：奉仕・体験活動推進方策を答申 ◆文科省学校教育基本調査：不登校が小・中学校計で一三万九〇〇〇人 ◇健康増進法成立 ◆厚生労働省：待機児童保育所状況発表　待機児童二万五四四七人 ◆文科省の専門家会議中間報告：障害種越えた特別支援学校設置を提言 ◆厚生労働省調査：学童保育に待機五八五一人 ◆文科省研究会推計：学習障害児ほぼ二〇人に一人 ◆中教審：子どもの体力向上策を提言 ◆文科省会議：学校に防犯カメラ設置提言へ ◆中教審中間報告：教育基本法の見直しを提言 ◆厚生労働省調査：全国認可保育所の児童総定員は一九三万九〇六七人に対して入所数は一九四万九八九九人ではじめて上回る ◇改正学校教育法成立 ◆厚生労働省：「少子化対策プラスワン」発表 〈男性を含めた働き方の見直し、地域における子育て支援、社会保障における次世代支援、子供の社会性の向上や自立の促進〉 ◇児童扶養手当改正法成立 〈児童扶養手当支給額の減額、など〉 ◆文科省：「学校への不審者侵入の危機管理マニュアル」発表 ◆文科省：株式会社の学校経営を容認へ	公立中で初。 ◎ピョンヤンで初の日朝首脳会談、国交正常化交渉再開で合意、共同宣言発表、北朝鮮拉致を認めて謝罪	でも普及 □長野・平谷村、新潟・聖籠町で中学生が住民投票参加 □豊島区・児童館の居酒屋風たまり場リニューアルオープン □平和教育の「沖縄なんくる学校」開校
二〇〇三（H一五）	◆文化庁方針：小中学生一万人に「伝統文化教室」 ◆文科省：改革特区でNPOの学校設立を容認へ	●神奈川県川崎市で学童保育を廃止、「わくわくプラザ」開	□秋田県で少子化対策として第一子のゼロ歳児について保育

◆文科省の協力者会議：特殊教育の対象に学習障害などを加え、「特殊」から「特別支援」教育へと転換するよう求めた最終報告をまとめる
◆国立教育政策研究所：不登校の子のどもの学び舎に対する初の全国調査
◆文科省・厚労省：「幼保一体化特区」容認へ
◇児童買春・ポルノ処罰法改正案　成立
◆内閣府『国民生活白書』：フリーター四一七万人若年層の五人に一人
◆厚労省二〇〇二年人口動態統計：合計特殊出生率は過去最低の一・三二人
◇改正ＮＰＯ法施行
＜特定非営利活動の種類が一二分野から一七分野へ、設立認証申請の場合の申請書類の簡素化など＞
◇インターネット児童誘引規制法　成立
◆厚生労働省全国調査：高校三年生女子の五人に一人が思春期やせ症（神経性食欲不振）
◆四月から高校でも総合学習の時間を開始
◇地方独立行政法人法成立
◇次世代育成支援対策推進法成立
＜子ども育つ健康に生まれ育つ環境整備、自治体ごとの行動計画策定指針告示＞
◇改正児童福祉法成立
◇環境学習推進法成立
◇少子化社会対策基本法成立
＜はじめて妊娠支援策がもり込まれる＞
◆文科省調査：公立小学校の七四％が習熟度別授業を実施
◆厚労省：小児慢性特定疾患治療研究事業を二〇〇四年度に法制化する方針を決定
◆厚労省：一歳未満の子どもを持つ親の育児休業を最長二年未満に延長
◆文科省学校基本調査：小・中学生の不登校がわずかながら

始
◎米英、国連決議なしでイラク攻撃開始
◎世界水フォーラム「子ども水宣言」発表
●構造改革特区第一号五七件発表（教育分野三件、幼保一体化推進分野四件）群馬県太田市英語の小中高一貫校設置など
◇個人情報保護法案
◇有事三法が参院で可決・成立
◇「出会い系」サイト規制法成立
◎子どもの権利委員会勧告『子どもの権利条約』に基づく子どもの健康と権利」
●全国学童保育連絡協議会、公的資格の「学童保育士」創設が必要とする設置、運営基準を国に求める
◇テロ特措法延長案　成立
●政府、構造改革特区で株式会社による学校設置を認めるよう求めた三自治体の申請を認定
（東京都千代田区、大阪市、岡山県御津市）
●都教委：国旗掲揚細則を通達

料を一年間無料にする方針決定
□長崎・高校生署名活動ＯＢら「平和ネット」結成
□ピースウオークin渋谷、首都圏八〇人の高校生参加
□長野県平谷村、合併の是非を問う住民投票に中学生参加
■長崎市で四歳の幼稚園児が市内の中学一年生に駐車場屋上から突き落とされ死亡
■東京都稲城市の小学六年生四人が三〇代男性に監禁される
□北海道空知管内奈井江町での自治体合併を問う住民投票で小中学生を対象に「子ども投票」が行われる
□佐賀県神埼郡三瀬村が一五歳以上の住民投票条例案を可決

	減少、一三万一〇〇〇人に ◆文科省：次年度概算要求・地域に「子ども教室」計画盛り込む ◆厚労省：二〇〇五年度から民間にも児童館運営を認める方針発表 ◆文科省：「子どもの居場所づくり推進室」を生涯学習政策局内に設置 ◇改正地方自治法施行 〈指定管理者制度の導入へ〉 ◆厚労省：子ども問題相談の窓口を市町村へ移行、児童相談所を「児童虐待と非行問題を中心に対応する機関」と明確に位置づける ◆中教審答申：新指導要領を「学力重視型」へ改訂 ◆文科省：義務教育費国庫負担金で「総額裁量制」を提案 ◆総務省：義務教育費国庫負担金のうち約三一〇〇億円を二〇〇四年度地方に全額税源委譲を求める方針 ◆「若者自立・挑戦プラン」発表（文科省・厚労省・経済産業省・内閣府で関連施策推進） ◆文科省調査：全国公立小中学校すべてで一四年度卒業式の日の丸掲揚率一〇〇%に達する。君が代斉唱率は九九% ◆厚生労働省など・育児支援拠点「幼保一元化」総合施設の検討案 ◆中教審中間報告：「地域運営型」など多様な学校形態示す		
二〇〇四（H一六）	◆厚労省：二〇〇五年度に保育所と幼稚園の一体施設モデル実施 ◆中教審答申：「栄養教諭」創設へ ◆文科省：障害児教育を「特別支援教育」へ転換 ◆保育士対象に幼稚園教諭資格試験を創設 ◇義務教育国庫負担法改正案　成立 ◆厚労省発表：合計特殊出産率一・二九% ◇改正障害者基本法施行 ◇改正DV防止法成立	◎国連子どもの権利委員会、日本に対し二回目の勧告を公表 ●日本小児科医会：「子どもとメディアの問題に対する提言」を発表。乳幼児のメディアに接する時間の制限を呼びかける ◎イラク邦人人質事件：「自己責任」論激化	■大阪府岸和田市で二〇〇三年一一月に保護された中学三年生の長男に食事を与えないなどの虐待をしたとして殺人未遂容疑で実父と同居中の女が逮捕される ■大阪市で一年七ヶ月にわたり自宅に監禁されていた小学六年生の児童が衰弱死。母親と

＜配偶者からの暴力の定義の拡大など＞
◇改正地教行法成立
◇改正児童手当法成立
＜支給対象となる児童の年齢を小学校就学前から小学校三年生修了前までとする＞
◆厚労省全国児童相談所長会議：全国の児童相談所が〇三年度に処理した児童虐待相談件数は過去最高の二万六五七三件
◆文科省学校基本調査：〇三年度三〇日以上小中学校欠席児童生徒一二万六二二二人
◆文科省：「子どもの居場所づくり新プラン」（地域子ども教室推進事業）開始
◆厚労省調査：学童保育所設置基準あるのは全国で二％未満
◆厚生労働省調査：保育所への待機児童二万四〇〇〇人
◆中教審：幼小一貫教育を提言へ
◆中教審提言：「盲・ろう・養護学校改め特別支援学校設置へ」
◇改正児童虐待防止法施行
＜虐待を受けた子どもを発見した国民の通告義務の拡大、国・自治体の責任を明記＞
◇発達障害者支援法成立（翌年施行）
＜発達障害の定義・理解への促進、発達障害者に対する生活全般にわたる支援の促進、支援を担当する部局相互の緊密な連携の確保等を図ることなど＞
◇改正児童福祉法成立（翌年施行）
＜「子ども相談」の窓口を市町村へ移行し児童相談所は深刻な問題に限ることとするなど＞
◇改正育児介護休業法成立（翌年施行）
＜パートや契約、派遣など有期雇用者も一定の条件の基で休暇取得の対象となる、など＞
◆文科省：ゆとり教育見直し、授業時間数増へ
◆厚労省：子ども・子育て応援プラン（新エンゼルプラン）

◇有事関連七法案成立
●全国学童保育連絡協議会：学童保育数の調査結果発表
●都：〇四年度から一三年度までの特別支援教育推進計画発表
◎第二八回オリンピック・アテネ大会開幕
●都教委：来年度から開校の中高一貫校で「つくる会」の教科書を採択することを決定
●第二次小泉内閣発足
●北海道で初の少子化対策推進条例制定へ
◎対人地雷廃絶　世界子どもサミット
●新潟中越地震
◎スマトラ沖地震・津波　犠牲者の三分の一が子ども
●都：二〇〇七年度から都立高校全校に「奉仕」を必修科目として導入する方針を決定

知人を逮捕。
■東京都港区の六本木ヒルズで六歳男子が回転ドアに頭部を挟まれ死亡
■新宿区の団地で中学二年女子が五歳の男児を突き落とし負傷させる
■長崎県佐世保市の市立小学校で六年生女子が同級生の首をカッターナイフで切り殺害
※インターネット上でのやり取りが問題とされる
□宮城県で障害児が通常学級で学ぶ形をモデル校で施行
□福岡県杷木町：「杷木町文化芸術振興条例」制定
子どもの文化権の保障を明記
□神奈川県大和市：常設の住民投票条例で一六歳以上に住民投票権を与える
□プレイステーションポータブル（PSP）発売

	決定 ＜二〇〇五年度からの五年間に政府が取り組む少子化対策、企業や地域の取り組みを重視＞ ◆文科省：小中学校などの授業時間数を増やすため，標準授業時間数の見直しの検討に着手		
二〇〇五（H一七）	◆文科省：中教審へ学習指導要領全体の見直しなどについて検討するよう要請 ◆文科省：不登校児のフリースクール等での学習を就学義務履行として認める検討始める ◆厚労省：「障害児タイムケア事業」実施 ◇次世代育成支援対策推進法施行 ◇食育基本法成立	◎京都議定書発効、温室効果ガス削減を義務付け	

◆…国の施策・政策　●…その他の施策　◇…法律関係
◎…国際関連　□…子どもトピック　■…子どもに関わる事件

＜参考文献＞
・日本子どもを守る会編『子ども白書』草土文化：各年版
・クレヨンハウス総合文化研究所編『月間　子ども論』クレヨンハウス総合文化研究所：各巻
・教育科学研究会編集『教育』国土社：各巻
・「月刊社会教育」編集委員会『月刊社会教育』国土社：各巻
・小木美代子、姥貝荘一、立柳聡編者『子どもの豊かな育ちと地域支援』学文社、二〇〇二年

【上野陽子（東京都立大学学生）】

三 関連重要法規・勧告等

教育基本法

昭和二二年三月三一日法律第二五号

われらは、さきに、日本国憲法を確定し、民主的で文化的な国家を建設して、世界の平和と人類の福祉に貢献しようとする決意を示した。この理想の実現は、根本において教育の力にまつべきものである。

われらは、個人の尊厳を重んじ、真理と平和を希求する人間の育成を期するとともに、普遍的にしてしかも個性ゆたかな文化の創造をめざす教育を普及徹底しなければならない。

ここに、日本国憲法の精神に則り、教育の目的を明示して、新しい日本の教育の基本を確立するため、この法律を制定する。

第一条（教育の目的）

教育は、人格の完成をめざし、平和的な国家及び社会の形成者として、真理と正義を愛し、個人の価値をたつとび、勤労と責任を重んじ、自主的精神に充ちた心身ともに健康な国民の育成を期して行われなければならない。

第二条（教育の方針）

教育の目的は、あらゆる機会に、あらゆる場所において実現されなければならない。この目的を達成するためには、学問の自由を尊重し、実際生活に即し、自発的精神を養い、自他の敬愛と協力によつて、文化の創造と発展に貢献するように努めなければならない。

第三条（教育の機会均等）

すべて国民は、ひとしく、その能力に応ずる教育を受ける機会を与えられなければならないものであつて、人種、信条、性別、社会的身分、経済的地位又は門地によつて、教育上差別されない。

2　国及び地方公共団体は、能力があるにもかかわらず、経済的理由によつて修学困難な者に対して、奨学の方法を講じなければならない。

第四条（義務教育）

国民は、その保護する子女に、九年の普通教育を受けさせる義務を負う。

2　国又は地方公共団体の設置する学校における義務教育については、授業料は、これを徴収しない。

第五条（男女共学）

男女は、互に敬重し、協力し合わなければならないものであつて、教育上男女の共学は、認められなければならない。

第六条（学校教育）

法律に定める学校は、公の性質をもつものであつて、国又は地方公共団体の外、法律に定める法人のみが、これを設置することができる。

2　法律に定める学校の教員は、全体の奉仕者であつて、自己の使命を自覚し、その職責の遂行に努めなければならない。このためには、教員の身分は、尊重され、その待遇の適正が、期せられなければならない。

第七条（社会教育）

家庭教育及び勤労の場所その他社会において行われる教育は、国及び地方公共団体によつて奨励されなければならない。

2　国及び地方公共団体は、図書館、博物館、公民館等の施設の設置、学校の施設の利用その他適当な方法によつて教育の目的の実現に努めなければならない。

第八条（政治教育）

良識ある公民たるに必要な政治的教養は、教育上これを尊重しなければならない。

2　法律に定める学校は、特定の政党を支持し、又はこれに反対するための政治教育その他政治的活動をしてはならない。

第九条（宗教教育）

宗教に関する寛容の態度及び宗教の社会生活における地位は、教育上これを尊重しなければならない。

2　国及び地方公共団体が設置する学校は、特定の宗教のための宗教教育その他宗教的活動をしてはならない。

第一〇条（教育行政）

教育は、不当な支配に服することなく、国民全体に対し直接に責任を負つて行われるべきものである。

2　教育行政は、この自覚のもとに、教育の目的を遂行するに必要な諸条件の整備確立を目標として行われなければならない。

第一一条（補則）

この法律に掲げる諸条項を実施するために必要がある場合には、適当な法令が制定されなければならない。

附則

この法律は、公布の日から、これを施行する。

学校教育法（抄）

昭和二二年三月三一日法律第二六号
最終改正年月日：平成一六年五月二一日法律第四九号

第一章　総則

第一条　この法律で、学校とは、小学校、中学校、高等学校、中等教育学校、大学、高等専門学校、盲学校、聾学校、養護学校及び幼稚園とする。

第二条　学校は、国（国立大学法人法（平成一五年法律第一一二号）第二条第一項に規定する国立大学法人及び独立行政法人国立高等専門学校機構を含む。以下同じ。）、地方公共団体（地方独立行政法人法（平成一五年法律第一一八号）第六八条第一項に規定する公立大学法人を含む。次項において同じ。）及び私立学校法第三条に規定する学校法人（以下学校法人と称する。）のみが、これを設置することができる。

2　この法律で、国立学校とは、国の設置する学校を、公立学校とは、地方公共団体の設置する学校を、私立学校とは、学校法人の設置する学校をいう。

第八五条　学校教育上支障のない限り、学校には、社会教育に関する施設を附置し、又は学校の施設を社会教育その他公共のために、利用させることができる。

社会教育法（抄）

昭和二四年六月一〇日　法律第二〇七号
最終改正年月日：平成一五年七月一六日　法律一一九号

第一章　総則

（この法律の目的）

第一条　この法律は、教育基本法（昭和二二年法律第二五号）の精神に則り、社会教育に関する国及び地方公共団体の任務を明らかにすることを目的とする。

（社会教育の定義）

第二条　この法律で「社会教育」とは、学校教育法（昭和二二年法律第二六号）に基き、学校の教育課程として行われる教育活動を除き、主として青少年及び成人に対して行われる組織的な教育活動（体育及びレクリエーションの活動を含む。）をいう。

（国及び地方公共団体の任務）

第三条　国及び地方公共団体は、この法律及び他の法令の定めるところにより、社会教育の奨励に必要な施設の設置及び運営、集会の開催、資料の作製、頒布その他の方法により、すべての国民があらゆる機会、あらゆる場所を利用して、自ら実際生活に即する文化的教養を高め得るような環境を醸成するように努めなければならない。

2　国及び地方公共団体は、前項の任務を行うに当たつては、社会教育が学校教育及び家庭教育との密接な関連性を有することにかんがみ、学校教育との連携の確保に努めるとともに、家庭教育の向上に資することとなるよう必要な配慮をするものとする。

（国の地方公共団体に対する援助）

第四条　前条第一項の任務を達成するために、国は、この法律及び他の法令の定めるところにより、地方公共団体に対し、予算の範囲内において、財政的援助並びに物資の提供及びそのあつせんを行う。

（市町村の教育委員会の事務）

第五条　市（特別区を含む。以下同じ。）町村の教育委員会は、社会教育に関し、当該地方の必要に応じ、予算の範囲内において、次の事務を行う。

1　社会教育に必要な援助を行うこと。

2 社会教育委員の委嘱に関すること。
3 公民館の設置及び管理に関すること。
4 所管に属する図書館、博物館、青年の家その他社会教育に関する施設の設置及び管理に関すること。
5 所管に属する学校の行う社会教育のための講座の開設及びその奨励に関すること。
6 講座の開設及び討論会、講習会、講演会、展示会その他の集会の開催並びにこれらの奨励に関すること。
7 家庭教育に関する学習の機会を提供するための講座の開設及び集会の開催並びにこれらの奨励に関すること。
8 職業教育及び産業に関する科学技術指導のための集会の開催及びその奨励に関すること。
9 生活の科学化の指導のための集会の開催及びその奨励に関すること。
10 運動会、競技会その他体育指導のための集会の開催及びその奨励に関すること。
11 音楽、演劇、美術その他芸術の発表会等の開催及びその奨励に関すること。
12 青少年に対しボランティア活動など社会奉仕体験活動、自然体験活動その他の体験活動の機会を提供する事業の実施及びその奨励に関すること。
13 一般公衆に対する社会教育資料の刊行配布に関すること。
14 視聴覚教育、体育及びレクリエーションに必要な設備、器材及び資料の提供に関すること。
15 情報の交換及び調査研究に関すること。
16 その他第三条第一項の任務を達成するために必要な事務

（都道府県の教育委員会の事務）

第六条 都道府県の教育委員会は、社会教育に関し、当該地方の必要に応じ、予算の範囲内において、前条各号の事務（第三号の事務を除く。）を行う外、左の事務を行う。
1 公民館及び図書館の設置及び管理に関し、必要な指導及び調査を行なうこと。
2 社会教育を行う者の研修に必要な施設の設置及び運営、講習会の開催、資料の配布等に関すること。
3 社会教育に関する施設の設置及び運営に必要な物資の提供及びそのあつせんに関すること。
4 市町村の教育委員会との連絡に関すること。
5 その他法令によりその職務権限に属する事項

（教育委員会と地方公共団体の長との関係）

第七条 地方公共団体の長は、その所掌事項に関する必要な広報宣伝で視聴覚教育の手段を利用しその他教育の施設及び手段によることを適当とするものにつき、教育委員会に対し、その実施を依頼し、又は実施の協力を求めることができる。
2 前項の規定は、他の行政庁がその所掌に関する必要な広報宣伝につき、教育委員会に対し、その実施を依頼し、又は実施の協力を求める場合に準用する。

第八条 教育委員会は、社会教育に関する事務を行うために必要があるときは、当該地方公共団体の長及び関係行政庁に対し、必要な資料の提供その他の協力を求めることができる。

（図書館及び博物館）

第九条 図書館及び博物館は、社会教育のための機関とする。
2 図書館及び博物館に関し必要な事項は、別に法律をもつて定める。

第二章　社会教育主事及び社会教育主事補（略）

第三章　社会教育関係団体（略）

第四章　社会教育委員（略）

第五章　公民館（略）

第六章　学校施設の利用（略）

第七章　通信教育（略）

地方自治法（抄）

昭和二二年四月一七日法律第六七号
最終改正：平成一七年四月一日法律第二五号

第二編　普通地方公共団体

第一〇章　公の施設

（公の施設）

第二四四条　普通地方公共団体は、住民の福祉を増進する目的をもつてその利用に供するための施設（これを公の施設という。）を設けるものとする。

2　普通地方公共団体（次条第三項に規定する指定管理者を含む。次項において同じ。）は、正当な理由がない限り、住民が公の施設を利用することを拒んではならない。

3　普通地方公共団体は、住民が公の施設を利用することについて、不当な差別的取扱いをしてはならない。

（公の施設の設置、管理及び廃止）

第二四四条の二　普通地方公共団体は、法律又はこれに基づく政令に特別の定めがあるものを除くほか、公の施設の設置及びその管理に関する事項は、条例でこれを定めなければならない。

2　普通地方公共団体は、条例で定める重要な公の施設のうち条例で定める特に重要なものについて、これを廃止し、又は条例で定める長期かつ独占的な利用をさせようとするときは、議会において出席議員の三分の二以上の者の同意を得なければならない。

3　普通地方公共団体は、公の施設の設置の目的を効果的に達成するため必要があると認めるときは、条例の定めるところにより、法人その他の団体であつて当該普通地方公共団体が指定するもの（以下本条及び第二四四条の四において「指定管理者」という。）に、当該公の施設の管理を行わせることができる。

4　前項の条例には、指定管理者の指定の手続、指定管理者が行う管理の基準及び業務の範囲その他必要な事項を定めるものとする。

5　指定管理者の指定は、期間を定めて行うものとする。

6　普通地方公共団体は、指定管理者の指定をしようとするときは、あらかじめ、当該普通地方公共団体の議会の議決を経なければならない。

7　指定管理者は、毎年度終了後、その管理する公の施設の管理の業務に関し事業報告書を作成し、当該公の施設を設置する普通地方公共団体に提出しなければならない。

8　普通地方公共団体は、適当と認めるときは、指定管理者にその管理する公の施設の利用に係る料金（次項において「利用料金」という。）を当該指定管理者の収入として収受させることができる。

9　前項の場合における利用料金は、公益上必要があると認める場合を除くほか、条例の定めるところにより、指定管理者が定めるものとする。この場合において、指定管理者は、あらかじめ当該利用料金について当該普通地方公共団体の承認を受けなければならない。

10　普通地方公共団体の長又は委員会は、指定管理者の管理する公の施設の管理の適正を期するため、指定管理者に対して、当該管理の業務又は経理の状況に関し報告を求め、実地について調査し、又は必要な指示をすることができる。

11　普通地方公共団体は、指定管理者が前項の指示に従わないときその他当該指定管理者による管理を継続することが適当でないと認めるときは、その指定を取り消し、又は期間を定めて管理の業務の全部又は一部の停止を命ずることができる。

子どもの読書活動の推進に関する法律

平成一三年一二月一二日法律第一五四号

（目的）

第一条　この法律は、子どもの読書活動の推進に関し、基本理念を定め、並びに国及び地方公共団体の責務等を明らかにするとともに、子どもの読書活動の推進に関する必要な事項を定めることにより、子どもの読書活動の推進に関する施策を総合的かつ計画的に推進し、もって子どもの健やかな成長に資することを目的とする。

（基本理念）

第二条　子ども（おおむね一八歳以下の者をいう。以下同じ。）の読書活動は、子どもが、言葉を学び、感性を磨き、表現力を高め、創造力を豊かなものにし、人生をより深く生きる力を身に付けていく上で欠くことのできないものであることにかんがみ、すべての子どもがあらゆる機会とあらゆる場所において自主的に読書活動を行うことができるよう、積極的にそのための環境の整備が推進されなければならない。

（国の責務）

第三条　国は、前条の基本理念（以下「基本理念」という。）にのっとり、子どもの読書活動の推進に関する施策を総合的に策定し、及び実施する責務を有する。

（地方公共団体の責務）

第四条　地方公共団体は、基本理念にのっとり、国との連携を図りつつ、その地域の実情を踏まえ、子どもの読書活動の推進に関する施策を策定し、及び実施する責務を有する。

（事業者の努力）

第五条　事業者は、その事業活動を行うに当たっては、基本理念にのっとり、子どもの読書活動が推進されるよう、子どもの健やかな成長に資する書籍等の提供に努めるものとする。

（保護者の役割）

第六条　父母その他の保護者は、子どもの読書活動の機会の充実及び読書活動の習慣化に積極的な役割を果たすものとする。

（関係機関等との連携強化）

第七条　国及び地方公共団体は、子どもの読書活動の推進に関する施策が円滑に実施されるよう、学校、図書館その他の関係機関及び民間団体との連携の強化その他必要な体制の整備に努めるものとする。

（子ども読書活動推進基本計画）

第八条　政府は、子どもの読書活動の推進に関する施策の総合的かつ計画的な推進を図るため、子どもの読書活動の推進に関する基本的な計画（以下「子ども読書活動推進基本計画」という。）を策定しなければならない。

2　政府は、子ども読書活動推進基本計画を策定したときは、遅滞なく、これを国会に報告するとともに、公表しなければならない。

3　前項の規定は、子ども読書活動推進基本計画の変更について準用する。

（都道府県子ども読書活動推進計画等）

第九条　都道府県は、子ども読書活動推進基本計画を基本とするとともに、当該都道府県における子どもの読書活動の推進の状況等を踏まえ、当該都道府県における子どもの読書活動の推進に関する施策についての計画（以下「都道府県子ども読書活動推進計画」という。）を策定するよう努めなければならない。

2　市町村は、子ども読書活動推進基本計画（都道府県子ども読書活動推進計画が策定されているときは、子ども読書活動推進基本計画及び都道府県子ども読書活動推進計画）を基本とするとともに、当該市町村における子どもの読書活動の推進の状況等を踏まえ、当該市町村における子どもの読書活動の推進に関する施策についての計画（以下「市町村子ども読書活動推進計画」という。）を策定するよう努めなければならない。

3　都道府県又は市町村は、都道府県子ども読書活動推進計画又は市町村子ども読書活動推進計画を策定したときは、これを公表しなければならない。

4　前項の規定は、都道府県子ども読書活動推進計画又は市町村子ども読書活動推進計画の変更について準用する。

（子ども読書の日）

第一〇条　国民の間に広く子どもの読書活動についての関心と理解を深めるとともに、子どもが積極的に読書活動を行う意欲を高めるため、子ども読書の日を設ける。

2　子ども読書の日は、四月二三日とする。

3　国及び地方公共団体は、子ども読書の日の趣旨にふさわしい事業を実施するよう努めなければならない。

（財政上の措置等）

第一一条　国及び地方公共団体は、子どもの読書活動の推進に関する施策を実施するため必要な財政上の措置その他の措置を講ずるよう努めるものとする。

附則

この法律は、公布の日から施行する。

文化芸術振興基本法（抄）

平成一三年一二月七日法律第一四八号

文化芸術を創造し、享受し、文化的な環境の中で生きる喜びを見出すことは、人々の変わらない願いである。また、文化芸術は、人々の創造性をはぐくみ、その表現力を高めるとともに、人々の心のつながりや相互に理解し尊重し合う土壌を提供し、多様性を受け入れることができる心豊かな社会を形成するものであり、世界の平和に寄与するものである。更に、文化芸術は、それ自体が固有の意義と価値を有するとともに、それぞれの国やそれぞれの時代における国民共通のよりどころとして重要な意味を持ち、国際化が進展する中にあって、自己認識の基点となり、文化的な伝統を尊重する心を育てるものである。

我々は、このような文化芸術の役割が今後においても変わることなく、心豊かな活力ある社会の形成にとって極めて重要な意義を持ち続けると確信する。

しかるに、現状をみるに、経済的な豊かさの中にありながら、文化芸術がその役割を果たすことができるような基盤の整備及び環境の形成は十分な状態にあるとはいえない。二一世紀を迎えた今、これまで培われてきた伝統的な文化芸術を継承し、発展させるとともに、独創性のある新たな文化芸術の創造を促進することは、我々に課された緊要な課題となっている。

このような事態に対処して、我が国の文化芸術の振興を図るためには、文化芸術活動を行う者の自主性を尊重することを旨としつつ、文化芸術を国民の身近なものとし、それを尊重し大切にするよう包括的に施策を推進していくことが不可欠である。

ここに、文化芸術の振興についての基本理念を明らかにしてその方向を示し、文化芸術の振興に関する施策を総合的に推進するため、この法律を制定する。

第一章　総　則

（目的）

第一条　この法律は、文化芸術が人間に多くの恵沢をもたらすものであることにかんがみ、文化芸術の振興に関し、基本理念を定め、並びに国及び地方公共団体の責務を明らかにするとともに、文化芸術の振興に関する施策の基本となる事項を定めることにより、文化芸術に関する活動（以下「文化芸術活動」という。）を行う者（文化芸術活動を行う団体を含む。以下同じ。）の自主的な活動の促進を旨として、文化芸術の振興に関する施策の総合的な推進を図り、もって心豊かな国民生活及び活力ある社会の実現に寄与することを目的とする。

（基本理念）

第二条　文化芸術の振興に当たっては、文化芸術活動を行う者の自主性が十分に尊重されなければならない。

2　文化芸術の振興に当たっては、文化芸術活動を行う者の創造性が十分に尊重されるとともに、その地位の向上が図られ、その能力が十分に発揮されるよう考慮されなければならない。

3　文化芸術の振興に当たっては、文化芸術を創造し、享受することが人々の生まれながらの権利であることにかんがみ、国民がその居住する地域にかかわらず等しく、文化芸術を鑑賞し、これに参加し、又はこれを創造することができるような環境の整備が図られなければならない。

4　文化芸術の振興に当たっては、我が国において、文化芸術活動が活発に行われるような環境を醸成することを旨として文化芸術の発展が図られ、ひいては世界の文化芸術の発展に資するものであるよう考慮されなければならない。

5　文化芸術の振興に当たっては、多様な文化芸術の保護及び発展が図られなければならない。

6　文化芸術の振興に当たっては、地域の人々により主体的に文化芸術活動が行われるよう配慮するとともに、各地域の歴史、風土等を反映した特色ある文化芸術の発展が図られなければならない。

7　文化芸術の振興に当たっては、我が国の文化芸術が広く世界へ発信されるよう、文化芸術に係る国際的な交流及び貢献の推進が図られなければならない。

8　文化芸術の振興に当たっては、文化芸術活動を行う者その他広く国民の意見が反映されるよう十分配慮されなければならない。

第三章　文化芸術の振興に関する基本的施策

（青少年の文化芸術活動の充実）

第二三条　国は、青少年が行う文化芸術活動の充実を図るため、青少年を対象とした文化芸術の公演、展示等への支援、青少年による文化芸術活動への支援その他の必要な施策を講ずるものとする。

（学校教育における文化芸術活動の充実）

第二四条　国は、学校教育における文化芸術活動の充実を図るため、文化芸術に関する体験学習等文化芸術に関する教育の充実、芸術家等及び文化芸術活動を行う団体（以下「文化芸術団体」という。）による学校における文化芸術活動に対する協力への支援その他の必要な施策を講ずるものとする。

（施行期日）

1　この法律は、公布の日から施行する。

スポーツ振興法（抄）

昭和三六年六月一六日法律第一四一号
最終改正：平成一七年三月三一日法律第二三号

第一章　総則

（目的）

第一条　この法律は、スポーツの振興に関する施策の基本を明らかにし、もつて国民の心身の健全な発達と明るく豊かな国民生活の形成に寄与することを目的とする。

2　この法律の運用に当たつては、スポーツをすることを国民に強制し、又はスポーツを前項の目的以外の目的のために利用することがあつてはならない。

（定義）

第二条　この法律において「スポーツ」とは、運動競技及び身体運動（キャンプ活動その他の野外活動を含む。）であつて、心身の健全な発達を図るためにされるものをいう。

（施策の方針）

第三条　国及び地方公共団体は、スポーツの振興に関する施策の実施に当たつては、国民の間において行なわれるスポーツに関する自発的な活動に協力しつつ、ひろく国民があらゆる機会とあらゆる場所において自主的にその適性及び健康状態に応じてスポーツをすることができるような諸条件の整備に努めなければならない。

2　この法律に規定するスポーツの振興に関する施策は、営利のためのスポーツを振興するためのものではない。

（計画の策定）

第四条　文部科学大臣は、スポーツの振興に関する基本的計画を定めるものとする。

2　文部科学大臣は、前項の基本的計画を定めるについては、あらかじめ、審議会等（国家行政組織法（昭和二三年法律第一二〇号）第八条に規定する機関をいう。第二三条において同じ。）で政令で定めるものの意見を聴かなければならない。

3　都道府県及び市（特別区を含む。以下同じ。）町村の教育委員会は、第一項の基本的計画を参しやくして、その地方の実情に即したスポーツの振興に関する計画を定めるものとする。

4　都道府県及び第一八条第二項の審議会その他の合議制の機関が置かれている市町村の教育委員会は、前項の計画を定めるについては、あらかじめ、同条第三項に規定するスポーツ振興審議会等の意見を聴かなければならない。

第二章　スポーツの振興のための措置

（スポーツ行事の実施及び奨励）

第七条　地方公共団体は、ひろく住民が自主的かつ積極的に参加できるような運動会、競技会、運動能力テスト、スポーツ教室等のスポーツ行事を実施するように努め、かつ、団体その他の者がこれらの行事を実施するよう奨励しなければならない。

2　国は、地方公共団体に対し、前項の行事の実施に関し必要な援助を行なうものとする。

（青少年スポーツの振興）

第八条　国及び地方公共団体は、青少年スポーツの振興に関し特別の配慮をしなければならない。

（職場スポーツの奨励）

第九条　国及び地方公共団体は、勤労者が勤労の余暇を利用して積極的にスポーツをすることができるようにするため、職場スポーツの奨励に必要な措置を講ずるよう努めなければならない。

（野外活動の普及奨励）

第一〇条　国及び地方公共団体は、心身の健全な発達のために行なわれる徒歩旅行、自転車旅行、キャンプ活動その他の野外活動を普及奨励するため、コースの設定、キャンプ場の開設その他の必要な措置を講ずるよう努めなければならない。

（指導者の充実）

第一一条　国及び地方公共団体は、スポーツの指導者の養成及びその資質の向上のため、講習会、研究集会等の開催その他の必要な措置を講ずるよう努めなければならない。

（施設の整備）

第一二条　国及び地方公共団体は、体育館、水泳プールその他の政令で定めるスポーツ施設（スポーツの設備を含む。以下同じ。）が政令で定める基準に達するよう、その整備に努めなければならない。

（学校施設の利用）

第一三条　学校教育法（昭和二二年法律第二六号）第二条第二項に規定する国立学校及び公立学校の設置者は、その設置する学校の教育に支障のない限り、当該学校のスポーツ施設を一般のスポーツのための利用に供するよう努めなければならない。

2　国及び地方公共団体は、前項の利用を容易にさせるため、当該学校の施設（設備を含む。）の補修等に関し適切な措置を講ずるよう努めなければならない。

（スポーツ事故の防止）

第一六条　国及び地方公共団体は、登山事故、水泳事故その他のスポーツ事故を防止するため、施設の整備、指導者の養成、事故防止に関する知識の普及その他の必要な措置を講ずるよう努めなければならない。

第三章　スポーツ振興審議会等及び体育指導委員

（スポーツ振興審議会等）

第一八条　都道府県に、スポーツの振興に関する審議会その他の合議制の機関を置くものとする。

2　市町村に、スポーツの振興に関する審議会その他の合議制の機関を置くことができる。

3　前二項の審議会その他の合議制の機関（以下「スポーツ振興審議会等」という。）は、第四条第四項に規定するもののほか、都道府県の教育委員会若しくは知事又は市町村の教育委員会の諮問に応じて、スポーツの振興に関する重要事項について調査審議し、及びこれらの事項に関して都道府県の教育委員会若しくは知事又は市町村の教育委員会に建議する。

4　スポーツ振興審議会等の委員は、スポーツに関する学識経験のある者及び関係行政機関の職員の中から、教育委員会が任命する。この場合において、都道府県の教育委員会は知事の、市町村の教育委員会はその長の意見を聴かなければならない。

5　第一項から前項までに定めるもののほか、スポーツ振興審議会等の委員の定数、任期その他スポーツ振興審議会等に関し必要な事項については、条例で定める。

（体育指導委員）

第一九条　市町村の教育委員会は、社会的信望があり、スポーツに関する深い関心と理解を持ち、及び次項に規定する職務を行うのに必要な熱意と能力を持つ者の中から、体育指導委員を委嘱するものとする。

2　体育指導委員は、教育委員会規則の定めるところにより、当該市町村におけるスポーツの振興のため、住民に対し、スポーツの実技の指導その他スポーツに関する指導、助言を行なうものとする。

3　体育指導委員は、非常勤とする。

第四章　国の補助等

（国の補助）

第二〇条　国は、地方公共団体に対し、予算の範囲内において、政令で定めるところにより、次の各号に掲げる経費について、その一部を補助する。この場合において、国の補助する割合は、それぞれ当該各号に掲げる割合によるものとする。

一　地方公共団体の設置する学校の水泳プールその他の政令で定めるスポーツ施設の整備に要する経費　三分の一

二　地方公共団体の設置する一般の利用に供するための体育館、水泳プールその他の政令で定めるスポーツ施設の整備に要する経費

三分の一

二　国は、地方公共団体に対し、予算の範囲内において、政令で定めるところにより、次の各号に掲げる経費について、その一部を補助する。

一　国民体育大会の運営に要する経費であつてその開催地の都道府県において要するもの

二　その他スポーツの振興のために地方公共団体が行なう事業に要する経費であつて特に必要と認められるもの

三　国は、学校法人に対し、その設置する学校のスポーツ施設の整備に要する経費について、予算の範囲内において、その一部を補助することができる。この場合においては、私立学校振興助成法（昭和五〇年法律第六一号）第一一条から第一三条までの規定の適用があるものとする。

四　国は、スポーツの振興のための事業を行なうことを主たる目的とする団体であつて当該事業がわが国のスポーツの振興に重要な意義を有すると認められるものに対し、当該事業に関し必要な経費について、予算の範囲内において、その一部を補助することができる。

（他の法律との関係）

第二一条　前条第一項から第三項までの規定は、他の法律の規定に基づき国が負担し、又は補助する経費については、適用しない。

（地方公共団体の補助）

第二二条　地方公共団体は、スポーツの振興のための事業を行なうことを主たる目的とする団体に対し、当該事業に関し必要な経費についてその一部を補助することができる。

（審議会への諮問等）

第二三条　国又は地方公共団体が第二〇条第四項又は前条の規定により団体に対し補助金を交付しようとする場合には、あらかじめ、国にあつては文部科学大臣が第四条第二項の政令で定める審議会等の、地方公共団体にあつては教育委員会がスポーツ振興審議会等の意見を聴かなければならない。この意見を聴いた場合においては、社会教育法（昭和二四年法律第二〇七号）第一三条の規定による意見を聴くことを要しない。

附　則　抄

（施行期日）

一　この法律は、平成一七年四月一日から施行する。

環境の保全のための意欲の増進及び環境教育の推進に関する法律（抄）

平成一五年七月二五日法律第一三〇号

（目的）

第一条　この法律は、健全で恵み豊かな環境を維持しつつ、環境への負荷の少ない健全な経済の発展を図りながら持続的に発展することができる社会（以下「持続可能な社会」という。）を構築する上で事業者、国民及びこれらの者の組織する民間の団体（以下「国民、民間団体等」という。）が行う環境保全活動並びにその促進のための環境保全の意欲の増進及び環境教育が重要であることにかんがみ、環境保全活動、環境保全の意欲の増進及び環境教育について、基本理念を定め、並びに国民、民間団体等、国及び地方公共団体の責務を明らかにするとともに、基本方針の策定その他の環境保全の意欲の増進及び環境教育の推進に必要な事項を定め、もって現在及び将来の国民の健康で文化的な生活の確保に寄与することを目的とする。

（定義）

第二条　この法律において「環境保全活動」とは、地球環境保全、公害の防止、自然環境の保護及び整備その他の環境の保全（良好な環境の創出を含む。以下単に「環境の保全」という。）を主たる目的として自発的に行われる活動のうち、環境の保全上直接の効果を有するものをいう。

2　この法律において「環境保全の意欲の増進」とは、環境の保全に関する情報の提供並びに環境の保全に関する体験の機会の提供及びその便宜の供与であって、環境の保全についての理解を深め、及び環境保全活動を行う意欲を増進するために行われるものをいう。

3　この法律において「環境教育」とは、環境の保全についての理解を深めるために行われる環境の保全に関する教育及び学習をいう。

（基本理念）

第三条　環境保全活動、環境保全の意欲の増進及び環境教育は、地球環境がもたらす恵みを持続的に享受すること、豊かな自然を保全し及び育成してこれと共生する地域社会を構築すること並びに循環型社会を形成し、環境への負荷を低減することの重要性を踏まえ、国民、民間団体等の自発的意思を尊重しつつ、持続可能な社会の構築のために社会を構成する多様な主体がそれぞれ適切な役割を果たすこととなるように行われるものとする。

2　環境保全活動、環境保全の意欲の増進及び環境教育は、森林、田園、公園、河川、湖沼、海岸、海洋等における自然体験活動その他の体験活動を通じて環境の保全についての理解と関心を深めることの重要性を踏まえ、地域住民その他の社会を構成する多様な主体の参加と協力を得るよう努めるとともに、透明性を確保しながら継続的に行われるものとする。

3　環境保全活動、環境保全の意欲の増進及び環境教育は、森林、田園、公園、河川、湖沼、海岸、海洋等における自然環境をはぐくみ、これを維持管理することの重要性について一般の理解が深まるよう、必要な配慮をするとともに、国土の保全その他の公益との調整に留意し、並びに農林水産業その他の地域における産業との調和、地域住民の生活の安定及び福祉の維持向上並びに地域における環境の保全に関する文化及び歴史の継承に配慮して行われるものとする。

（学校教育等における環境教育に係る支援等）

第九条　国、都道府県及び市町村は、国民が、その発達段階に応じ、あらゆる機会を通じて環境の保全についての理解と関心を深めることができるよう、学校教育及び社会教育における環境教育の推進に必要な施策を講ずるものとする。

2　国、都道府県及び市町村は、環境の保全に関する体験学習等の学校教育における環境教育の充実のための措置、環境教育に係る教育職員の資質の向上のための措置その他必要な措置を講ずるよう努めるものとする。

3　国は、都道府県及び市町村に対し、第一項に規定する施策及び前項に規定する措置に関し必要な助言、指導その他の措置を講ずるよう努めるものとする。

4　国は、前項の措置を講ずるに当たっては、都道府県及び市町村に対し、第一七条の規定による情報の提供（第一一条第七項に規定する登録人材認定等事業に関する情報の提供を含む。）その他の環境教育の推進に資する情報の提供等により、学校教育及び社会教育における環境教育の実施の際に、環境の保全に関する知識、経験等を有する人材が広く活用されることとなるよう、適切な配慮をするよう努めるものとする。

5　国、都道府県及び市町村は、環境教育の内容及び方法についての調査研究を行い、その結果に応じて、これらの改善に努めるものとする。

少子化社会対策基本法

平成一五年七月三〇日法律第一三三号

第一章　総則

（目的）

第一条　この法律は、我が国において急速に少子化が進展しており、その状況が二一世紀の国民生活に深刻かつ多大な影響を及ぼすものであることにかんがみ、このような事態に対し、長期的な視点に立って的確に対処するため、少子化社会において講ぜられる施策の基本理念を明らかにするとともに、国及び地方公共団体の責務、少子化に対処するために講ずべき施策の基本となる事項その他の事項を定めることにより、少子化に対処するための施策を総合的に推進し、もって国民が豊かで安心して暮らすことのできる社会の実現に寄与することを目的とする。

（施策の基本理念）

第二条　少子化に対処するための施策は、父母その他の保護者が子育てについての第一義的責任を有するとの認識の下に、国民の意識の変化、生活様式の多様化等に十分留意しつつ、男女共同参画社会の形成とあいまって、家庭や子育てに夢を持ち、かつ、次代の社会を担う子どもを安心して生み、育てることができる環境を整備することを旨として講ぜられなければならない。
2　少子化に対処するための施策は、人口構造の変化、財政の状況、経済の成長、社会の高度化その他の状況に十分配意し、長期的な展望に立って講ぜられなければならない。
3　少子化に対処するための施策を講ずるに当たっては、子どもの安全な生活が確保されるとともに、子どもがひとしく心身ともに健やかに育つことができるよう配慮しなければならない。
4　社会、経済、教育、文化その他あらゆる分野における施策は、少子化の状況に配慮して、講ぜられなければならない。

（国の責務）

第三条　国は、前条の施策の基本理念（次条において「基本理念」という。）にのっとり、少子化に対処するための施策を総合的に策定し、及び実施する責務を有する。

（地方公共団体の責務）

第四条　地方公共団体は、基本理念にのっとり、少子化に対処するための施策に関し、国と協力しつつ、当該地域の状況に応じた施策を策定し、及び実施する責務を有する。

（事業主の責務）

第五条　事業主は、子どもを生み、育てる者が充実した職業生活を営みつつ豊かな家庭生活を享受することができるよう、国又は地方公共団体が実施する少子化に対処するための施策に協力するとともに、必要な雇用環境の整備に努めるものとする。

（国民の責務）

第六条　国民は、家庭や子育てに夢を持ち、かつ、安心して子どもを生み、育てることができる社会の実現に資するよう努めるものとする。

（施策の大綱）

第七条　政府は、少子化に対処するための施策の指針として、総合的かつ長期的な少子化に対処するための施策の大綱を定めなければならない。

（法制上の措置等）

第八条　政府は、この法律の目的を達成するため、必要な法制上又は財政上の措置その他の措置を講じなければならない。

（年次報告）

第九条　政府は、毎年、国会に、少子化の状況及び少子化に対処するために講じた施策の概況に関する報告書を提出しなければならない。

第二章　基本的施策（略）

第三章　少子化社会対策会議（略）

附　則　抄

（施行期日）

一　この法律は、公布の日から起算して六月を超えない範囲内において政令で定める日から施行する。

次世代育成支援対策推進法

平成一五年七月一六日法律第一二〇号

第一章　総則

（目的）

第一条　この法律は、我が国における急速な少子化の進行並びに家庭及び地域を取り巻く環境の変化にかんがみ、次世代育成支援対策に関し、基本理念を定め、並びに国、地方公共団体、事業主及び国民の責務を明らかにするとともに、行動計画策定指針並びに地方公共団体及び事業主の行動計画の策定その他の次世代育成支援対策を推進するために必要な事項を定めることにより、次世代育成支援対策を迅速かつ重点的に推進し、もって次代の社会を担う子どもが健やかに生まれ、かつ、育成される社会の形成に資することを目的とする。

（定義）

第二条　この法律において「次世代育成支援対策」とは、次代の社会を担う子どもを育成し、又は育成しようとする家庭に対する支援その他の次代の社会を担う子どもが健やかに生まれ、かつ、育成される環境の整備のための国若しくは地方公共団体が講ずる施策又は事業主が行う雇用環境の整備その他の取組をいう。

（基本理念）

第三条　次世代育成支援対策は、父母その他の保護者が子育てについての第一義的責任を有するという基本的認識の下に、家庭その他の場において、子育ての意義についての理解が深められ、かつ、子育てに伴う喜びが実感されるように配慮して行われなければならない。

（国及び地方公共団体の責務）

第四条　国及び地方公共団体は、前条の基本理念（次条及び第七条第一項において「基本理念」という。）にのっとり、次世代育成支援対策を総合的かつ効果的に推進するよう努めなければならない。

（事業主の責務）

第五条　事業主は、基本理念にのっとり、その雇用する労働者に係る多様な労働条件の整備その他の労働者の職業生活と家庭生活との両立が図られるようにするために必要な雇用環境の整備を行うことにより自ら次世代育成支援対策を実施するよう努めるとともに、国又は地方公共団体が講ずる次世代育成支援対策に協力しなければならない。

（国民の責務）

第六条　国民は、次世代育成支援対策の重要性に対する関心と理解を深めるとともに、国又は地方公共団体が講ずる次世代育成支援対策に協力しなければならない。

第二章　行動計画（略）

第三章　次世代育成支援対策地域協議会（略）

第四章　雑則（略）

第五章　罰則（略）

附　則

（施行期日）

第一条　この法律は、公布の日から施行する。ただし、第七条及び第二二条第一項の規定は公布の日から起算して六月を超えない範囲内において政令で定める日から、第八条から第一九条まで、第二二条第二項、第二三条から第二五条まで、第二六条第一号から第三号まで及び第二七条の規定は平成一七年四月一日から施行する。

（この法律の失効）

第二条　この法律は、平成二七年三月三一日限り、その効力を失う。

二（略）

三（略）

（検討）

第三条　政府は、この法律の施行の状況を勘案し、必要があると認めるときは、この法律の施行後五年を経過した場合において、この法律の規定について検討を加え、その結果に基づいて必要な措置を講ずるものとする。

児童虐待の防止等に関する法律

平成一二年五月二四日法律第八二号

最終改正：平成一六年一二月三日法律第一五三号

（目的）

第一条　この法律は、児童虐待が児童の人権を著しく侵害し、その心身の成長及び人格の形成に重大な影響を与えるとともに、我が国における将来の世代の育成にも懸念を及ぼすことにかんがみ、児童に対する虐待の禁止、児童虐待の予防及び早期発見その他の児童虐待の防止に関する国及び地方公共団体の責務、児童虐待を受けた児童の保護及び自立の支援のための措置等を定めることにより、児童虐待の防止等に関する施策を促進することを目的とする。

（児童虐待の定義）

第二条　この法律において、「児童虐待」とは、保護者（親権を行う者、未成年後見人その他の者で、児童を現に監護するものをいう。以下同じ。）がその監護する児童（一八歳に満たない者をいう。以下同じ。）について行う次に掲げる行為をいう。

一　児童の身体に外傷が生じ、又は生じるおそれのある暴行を加えること。

二　児童にわいせつな行為をすること又は児童をしてわいせつな

行為をさせること。

三　児童の心身の正常な発達を妨げるような著しい減食又は長時間の放置、保護者以外の同居人による前二号又は次号に掲げる行為と同様の行為の放置その他の保護者としての監護を著しく怠ること。

四　児童に対する著しい暴言又は著しく拒絶的な対応、児童が同居する家庭における配偶者に対する暴力（配偶者（婚姻の届出をしていないが、事実上婚姻関係と同様の事情にある者を含む。）の身体に対する不法な攻撃であって生命又は身体に危害を及ぼすもの及びこれに準ずる心身に有害な影響を及ぼす言動をいう。）その他の児童に著しい心理的外傷を与える言動を行うこと。

（児童に対する虐待の禁止）

第三条　何人も、児童に対し、虐待をしてはならない。

（国及び地方公共団体の責務等）

第四条　国及び地方公共団体は、児童虐待の予防及び早期発見、迅速かつ適切な児童虐待を受けた児童の保護及び自立の支援（児童虐待を受けた後一八歳となった者に対する自立の支援を含む。第三項及び次条第二項において同じ。）並びに児童虐待を行った保護者に対する親子の再統合の促進への配慮その他の児童虐待を受けた児童が良好な家庭的環境で生活するために必要な配慮をした適切な指導及び支援を行うため、関係省庁相互間その他関係機関及び民間団体の間の連携の強化、民間団体の支援その他児童虐待の防止等のために必要な体制の整備に努めなければならない。

2　国及び地方公共団体は、児童相談所等関係機関の職員及び学校の教職員、児童福祉施設の職員、医師、保健師、弁護士その他児童の福祉に職務上関係のある者が児童虐待を早期に発見し、その他児童虐待の防止に寄与することができるよう、研修等必要な措置を講ずるものとする。

3　国及び地方公共団体は、児童虐待を受けた児童の保護及び自立の支援を専門的知識に基づき適切に行うことができるよう、児童相談所等関係機関の職員、学校の教職員、児童福祉施設の職員その他児童虐待を受けた児童の保護及び自立の支援の職務に携わる者の人材の確保及び資質の向上を図るため、研修等必要な措置を講ずるものとする。

4　国及び地方公共団体は、児童虐待の防止に資するため、児童の人権、児童虐待が児童に及ぼす影響、児童虐待に係る通告義務等について必要な広報その他の啓発活動に努めなければならない。

5　国及び地方公共団体は、児童虐待を受けた児童のケア並びに児童虐待の予防及び早期発見のための方策、児童虐待を行った保護者の指導及び支援のあり方、学校の教職員及び児童福祉施設の職員が児童虐待の防止に果たすべき役割その他児童虐待の防止等のために必要な事項についての調査研究及び検証を行うものとする。

5　何人も、児童の健全な成長のために、良好な家庭的環境及び近隣社会の連帯が求められていることに留意しなければならない。

（児童虐待の早期発見等）

第五条　学校、児童福祉施設、病院その他児童の福祉に業務上関係のある団体及び学校の教職員、児童福祉施設の職員、医師、保健師、弁護士その他児童の福祉に職務上関係のある者は、児童虐待を発見しやすい立場にあることを自覚し、児童虐待の早期発見に努めなければならない。

2　前項に規定する者は、児童虐待の予防その他の児童虐待の防止並びに児童虐待を受けた児童の保護及び自立の支援に関する国及び地方公共団体の施策に協力するよう努めなければならない。

3　学校及び児童福祉施設は、児童及び保護者に対して、児童虐待の防止のための教育又は啓発に努めなければならない。

（児童虐待に係る通告）

第六条　児童虐待を受けたと思われる児童を発見した者は、速やかに、これを福祉事務所若しくは児童相談所又は児童委員を介して福祉事務所若しくは児童相談所に通告しなければならない。

2　前項の規定による通告は、児童福祉法（昭和二二年法律第一六四号）第二五条の規定による通告とみなして、同法の規定を適用する。

3　刑法（明治四〇年法律第四五号）の秘密漏示罪の規定その他の守秘義務に関する法律の規定は、第一項の規定による通告をする義務の遵守を妨げるものと解釈してはならない。

第七条　児童相談所又は福祉事務所が前条第一項の規定による通告を受けた場合においては、当該通告を受けた児童相談所又は福祉事務所の所長、所員その他の職員及び当該通告を仲介した児童委員は、その職務上知り得た事項であって当該通告をした者を特定させるものを漏らしてはならない。

（通告又は送致を受けた場合の措置）

第八条　児童相談所が第六条第一項の規定による通告又は児童福祉法第二五条の二第一号の規定による送致を受けたときは、児童相談所長は、必要に応じ近隣住民、学校の教職員、児童福祉施設の職員その他の者の協力を得つつ、当該児童との面会その他の手段により当該児童の安全の確認を行うよう努めるとともに、必要に応じ同法第三三条第一項の規定による一時保護を行うものとする。

2　前項の児童の安全の確認又は一時保護を行う児童相談所は、速やかにこれを行うよう努めなければならない。

（立入調査等）

第九条　都道府県知事は、児童虐待が行われているおそれがあると認めるときは、児童委員又は児童の福祉に関する事務に従事する職員をして、児童の住所又は居所に立ち入り、必要な調査又は質問をさせることができる。この場合においては、その身分を証明する証票を携帯させなければならない。

2　前項の規定による児童委員又は児童の福祉に関する事務に従事する職員の立入り及び調査又は質問は、児童福祉法第二九条の規定による児童委員又は児童の福祉に関する事務に従事する吏員の立入り及び調査又は質問とみなして、同法第六二条第一号の規定を適用する。

（警察署長に対する援助要請等）

第一〇条　児童相談所長は、第八条第一項の児童の安全の確認又は一時保護を行おうとする場合において、これらの職務の執行に際し必要があると認めるときは、当該児童の住所又は居所の所在地を管轄する警察署長に対し援助を求めることができる。都道府県知事が、前条第一項の規定による立入り及び調査又は質問をさせようとする場合についても、同様とする。

2　児童相談所長又は都道府県知事は、児童の安全の確認及び安全の確保に万全を期する観点から、必要に応じ適切に、前項の規定により警察署長に対し援助を求めなければならない。

3　警察署長は、第一項の規定による援助の求めを受けた場合において、児童の生命又は身体の安全を確認し、又は確保するため必要と認めるときは、速やかに、所属の警察官に、同項の職務の執行を援助するために必要な警察官職務執行法（昭和二三年法律第一三六号）その他の法令の定めるところによる措置を講じさせるよう努めなければならない。

（児童虐待を行った保護者に対する指導）

第一一条　児童虐待を行った保護者について児童福祉法第二七条第一項第二号の規定により行われる指導は、親子の再統合への配慮その他の児童虐待を受けた児童が良好な家庭的環境で生活するために必要な配慮の下に適切に行われなければならない。

2　児童虐待を行った保護者について児童福祉法第二七条第一項第二号の措置が採られた場合においては、当該保護者は、同号の指導を受けなければならない。

3　前項の場合において保護者が同項の指導を受けないときは、都道府県知事は、当該保護者に対し、同項の指導を受けるよう勧告することができる。

（面会又は通信の制限等）

第一二条　児童虐待を受けた児童について児童福祉法第二七条第一項第三号の措置（以下「施設入所等の措置」という。）（同法第二八条の規定によるものに限る。）が採られた場合においては、児童相談所長又は同号に規定する施設の長は、児童虐待の防止及び児童虐待を受けた児童の保護の観点から、当該児童虐待を行った保護者について当該児童との面会又は通信を制限することができる。

第一二条の二　児童虐待を受けた児童について施設入所等の措置（児童福祉法第二八条の規定によるものを除く。）が採られた場合において、当該児童虐待を行った保護者が当該児童の引渡し又は当該児童との面会若しくは通信を求め、かつ、これを認めた場合には再び児童虐待が行われ、又は児童虐待を受けた児童の保護に支障をきたすと認めるときは、児童相談所長は、次項の報告を行うに至るまで、同法第三三条第一項の規定により児童に一時保護を行うことができる。

2　児童相談所長は、前項の一時保護を行った場合には、速やかに、児童福祉法第二六条第1項第一号の規定に基づき、同法第二八条の規定による施設入所等の措置を要する旨を都道府県知事に報告しなければならない。

(児童福祉司等の意見の聴取)

第一三条　都道府県知事は、児童虐待を受けた児童について施設入所等の措置が採られ、及び当該児童の保護者について児童福祉法第二七条第一項第二号の措置が採られた場合において、当該児童について採られた施設入所等の措置を解除しようとするときは、当該児童の保護者について同号の指導を行うこととされた児童福祉司等の意見を聴かなければならない。

(児童虐待を受けた児童等に対する支援)

第一三条の二　市町村は、児童福祉法第二四条第三項の規定により保育所に入所する児童を選考する場合には、児童虐待の防止に寄与するため、特別の支援を要する家庭の福祉に配慮をしなければならない。

2　国及び地方公共団体は、児童虐待を受けた児童がその年齢及び能力に応じ充分な教育が受けられるようにするため、教育の内容及び方法の改善及び充実を図る等必要な施策を講じなければならない。

3　国及び地方公共団体は、居住の場所の確保、進学又は就業の支援その他の児童虐待を受けた者の自立の支援のための施策を講じなければならない。

(親権の行使に関する配慮等)

第一四条　児童の親権を行う者は、児童のしつけに際して、その適切な行使に配慮しなければならない。

2　児童の親権を行う者は、児童虐待に係る暴行罪、傷害罪その他の犯罪について、当該児童の親権を行う者であることを理由として、その責めを免れることはない。

(親権の喪失の制度の適切な運用)

第一五条　民法(明治二九年法律第八九号)に規定する親権の喪失の制度は、児童虐待の防止及び児童虐待を受けた児童の保護の観点からも、適切に運用されなければならない。

(大都市等の特例)

第一六条　この法律中都道府県が処理することとされている事務で政令で定めるものは、地方自治法(昭和二二年法律第六七号)第二五二条の一九第一項の指定都市(以下「指定都市」という。)及び同法第二五二条の二二第一項の中核市(以下「中核市」という。)においては、政令で定めるところにより、指定都市又は中核市(以下「指定都市等」という。)が処理するものとする。この場合においては、この法律中都道府県に関する規定は、指定都市等に関する規定として指定都市等に適用があるものとする。

附　則　抄

(施行期日)

第一条　この法律は、公布の日から起算して六月を超えない範囲内において政令で定める日から施行する。ただし、附則第三条中児童福祉法第一一条第一項第五号の改正規定及び同法第一六条の二第二項第四号の改正規定並びに附則第四条の規定は、公布の日から起算して二年を超えない範囲内において政令で定める日から施行する。

(検討)

第二条　児童虐待の防止等のための制度については、この法律の施行後三年を目途として、この法律の施行状況等を勘案し、検討が加えられ、その結果に基づいて必要な措置が講ぜられるものとする。

附　則(平成一五年七月一六日法律第一二一号)抄

(施行期日)

第一条　この法律は、平成一七年四月一日から施行する。

附　則(平成一六年四月一四日法律第三〇号)抄

(施行期日)

第一条　この法律は、平成一六年一〇月一日から施行する。ただし、第二条の規定は児童福祉法の一部を改正する法律(平成一六年法律第一五三号)附則第一条第三号に掲げる規定の施行の日から、附則第三条の規定は同法の施行の日から施行する。

(検討)

第二条　児童虐待の防止等に関する制度に関しては、この法律の施行後三年以内に、児童の住所又は居所における児童の安全の確認又は安全の確保を実効的に行うための方策、親権の喪失等の制度のあり方その他必要な事項について、この法律による改正後の児童虐待の防止等に関する法律の施行状況等を勘案し、検討が加えられ、その結果に基づいて必要な措置が講ぜられるものとする。

附　則（平成一六年一二月三日法律第一五三号）抄

（施行期日）

第一条　この法律は、平成一七年一月一日から施行する。ただし、次の各号に掲げる規定は、当該各号に定める日から施行する。

三　第二条（次号に掲げる改正規定を除く。）並びに附則第三条、第四条、第六条及び第一〇条（次号に掲げる改正規定を除く。）の規定　平成一七年四月一日

四　第二条中児童福祉法第五九条の四の改正規定及び附則第一〇条中児童虐待の防止等に関する法律（平成一二年法律第八二号）第一六条の改正規定　平成一八年四月一日

発達障害者支援法（抄）

平成一六年一二月一〇日法律第一六七号

第一章　総則

（目的）

第一条　この法律は、発達障害者の心理機能の適正な発達及び円滑な社会生活の促進のために発達障害の症状の発現後できるだけ早期に発達支援を行うことが特に重要であることにかんがみ、発達障害を早期に発見し、発達支援を行うことに関する国及び地方公共団体の責務を明らかにするとともに、学校教育における発達障害者への支援、発達障害者の就労の支援、発達障害者支援センターの指定等について定めることにより、発達障害者の自立及び社会参加に資するようその生活全般にわたる支援を図り、もってその福祉の増進に寄与することを目的とする。

（定義）

第二条　この法律において「発達障害」とは、自閉症、アスペルガー症候群その他の広汎性発達障害、学習障害、注意欠陥多動性障害その他これに類する脳機能の障害であってその症状が通常低年齢において発現するものとして政令で定めるものをいう。

2　この法律において「発達障害者」とは、発達障害を有するために日常生活又は社会生活に制限を受ける者をいい、「発達障害児」とは、発達障害者のうち一八歳未満のものをいう。

3　この法律において「発達支援」とは、発達障害者に対し、その心理機能の適正な発達を支援し、及び円滑な社会生活を促進するため行う発達障害の特性に対応した医療的、福祉的及び教育的援助をいう。

（国及び地方公共団体の責務）

第三条　国及び地方公共団体は、発達障害者の心理機能の適正な発達及び円滑な社会生活の促進のために発達障害の症状の発現後できるだけ早期に発達支援を行うことが特に重要であることにかんがみ、発達障害の早期発見のため必要な措置を講じるものとする。

2　国及び地方公共団体は、発達障害児に対し、発達障害の症状の発現後できるだけ早期に、その者の状況に応じて適切に、就学前の発達支援、学校における発達支援その他の発達支援が行われるとともに、発達障害者に対する就労、地域における生活等に関する支援及び発達障害者の家族に対する支援が行われるよう、必要な措置を講じるものとする。

3　発達障害者の支援等の施策が講じられるに当たっては、発達障害者及び発達障害児の保護者（親権を行う者、未成年後見人その他の者で、児童を現に監護するものをいう。以下同じ。）の意思ができる限り尊重されなければならないものとする。

4　国及び地方公共団体は、発達障害者の支援等の施策を講じるに当たっては、医療、保健、福祉、教育及び労働に関する業務を担当する部局の相互の緊密な連携を確保するとともに、犯罪等により発達障害者が被害を受けること等を防止するため、これらの部局と消費生活に関する業務を担当する部局その他の関係機関との必要な協力体制の整備を行うものとする。

（国民の責務）

第四条　国民は、発達障害者の福祉について理解を深めるとともに、社会連帯の理念に基づき、発達障害者が社会経済活動に参加しよう

とする努力に対し、協力するように努めなければならない。

第二章　児童の発達障害の早期発見及び発達障害者の支援のための施策

（保育）

第七条　市町村は、保育の実施に当たっては、発達障害児の健全な発達が他の児童と共に生活することを通じて図られるよう適切な配慮をするものとする。

（教育）

第八条　国及び地方公共団体は、発達障害児（一八歳以上の発達障害者であって高等学校、中等教育学校、盲学校、聾学校及び養護学校に在学する者を含む。）がその障害の状態に応じ、十分な教育を受けられるようにするため、適切な教育的支援、支援体制の整備その他必要な措置を講じるものとする。

2　大学及び高等専門学校は、発達障害者の障害の状態に応じ、適切な教育上の配慮をするものとする。

（放課後児童健全育成事業の利用）

第九条　市町村は、放課後児童健全育成事業について、発達障害児の利用の機会の確保を図るため、適切な配慮をするものとする。

第四章　補則

（民間団体への支援）

第二〇条　国及び地方公共団体は、発達障害者を支援するために行う民間団体の活動の活性化を図るよう配慮するものとする。

（国民に対する普及及び啓発）

第二一条　国及び地方公共団体は、発達障害に関する国民の理解を深めるため、必要な広報その他の啓発活動を行うものとする。

（専門的知識を有する人材の確保等）

第二三条　国及び地方公共団体は、発達障害者に対する支援を適切に行うことができるよう、医療、保健、福祉、教育等に関する業務に従事する職員について、発達障害に関する専門的知識を有する人材を確保するよう努めるとともに、発達障害に対する理解を深め、及び専門性を高めるため研修等必要な措置を講じるものとする。

附　則

（施行期日）

1　この法律は、平成一七年四月一日から施行する。

（見直し）

2　政府は、この法律の施行後三年を経過した場合において、この法律の施行の状況について検討を加え、その結果に基づいて必要な見直しを行うものとする。

【田家文衛（明治学院大学学生）】
【深作拓郎（埼玉純真女子短期大学）】
【星野一人（社会教育・生涯学習研究所）】

編著者

小木美代子　日本福祉大学
立柳　　聡　福島県立医科大学
深作　拓郎　埼玉純真女子短期大学
星野　一人　社会教育・生涯学習研究所

子育ち支援の創造――アクション・リサーチの実践を目指して

2005年9月1日　第1版第1刷発行

編著者　小木美代子
立柳　　聡
深作　拓郎
星野　一人

発行者　田　中　千津子
発行所　株式会社　学　文　社

〒153-0064　東京都目黒区下目黒3-6-1
電　話　03（3715）1501㈹
FAX　03（3715）2012
http://www.gakubunsha.com

印刷　新灯印刷㈱
乱丁・落丁の場合は本社でお取替えします。
定価はカバー，売上カードに表示。

ISBN 4-7620-1450-8